Georg Popp

Die Großen des Glaubens

Die Mitarbeiter:
Prof. Dr. Norbert Baumert SJ, Frankfurt;
Dieter Böhler SJ, München;
Prof. Dr. Lieselotte von Eltz, Salzburg;
Christian Feldmann, Regensburg;
Dr. Dr. Horst R. Flachsmeier, Hamburg;
P. Dr. Anselm Grün OSB, Münsterschwarzach;
Charles Hallgarten, Oestrich-Winkel;
Dr. Paul Handschin, Zürich;
Werner Hehl, Stuttgart; Dr. Karl Hillenbrand, Würzburg;
P. Dr. Paul Imhof SJ, München; Ursula Kurth M.A., Berlin;
P. Dr. Odilo Lechner OSB, Abt von St. Bonifaz, München;
Klaus Lehner, Wien; P. Dr. Michael Marsch OP, Lindau;
Hans Mayer, Tübingen; Uwe Natus, Paderborn;
Hans-Joachim Pagel, Stuttgart; Rose Maria Raatz, Königsfeld;
Bruno Rottenbach, Würzburg; Heinz Schanbacher, Stuttgart;
Prof. Dr. Paul-Werner Scheele, Bischof von Würzburg;
Roland Schertler, Olching b. München;
Esther Schöler, Nürtingen;
Margarete von Schwarzkopf, Hannover;
Karl Rolf Seufert, Hallgarten;
P. Dr. Josef Sudbrack SJ, München;
Heinz Vonhoff, Steinheim;
Dr. Volkmar Zühlsdorff, Bad Godesberg

Georg Popp

Die Großen des Glaubens

Quell Verlag Stuttgart
Verlag Friedrich Pustet Regensburg

1. Auflage 1985, 1.–20. Tausend
2. Auflage 1986, 21.–30. Tausend
3. Auflage 1990, 31.–35. Tausend

ISBN 3-7918-1998-4 (Quell)
ISBN 3-7917-0986-0 (Pustet)

Gesamtherstellung: Ebner Ulm

Meinen Enkeln

Katharina
Kristina
Julia
Florian
Maximilian
Verena
Benedikt
Johanna

Inhalt

Personen-Verzeichnis

Vorwort

Sich von der Liebe Gottes getragen und geführt zu wissen – das war das große Geheimnis der Glaubenden aller Zeiten, die in diesem Buch neu vorgestellt werden. Nicht ihre Position, nicht ihre Brillanz oder ihre Intelligenz haben sie ausgezeichnet und zu »Großen des Glaubens« gemacht. Im Gegenteil: Sie waren Menschen wie wir, voller Schwächen und Fehler, voller Sehnsüchte und Träume. Der bekannte Heiligenbiograph Walter Nigg sagte einmal: »Die Boten Gottes sind selten den geraden Weg gegangen und kaum sozusagen im militärischen Taktschritt im Himmel angekommen.« Und über Mary Ward, diese große Frau des 17. Jahrhunderts, bemerkte er: »Jedenfalls war sie nicht schon in den Windeln heilig.« – Ein köstliches, aber auch tröstliches Wort.

Doch was hat sie dann ausgezeichnet, die »Großen des Glaubens« aus allen Jahrhunderten, die Frauen und Männer aus allen christlichen Kirchen, deren Leben eine unvergängliche Spur hinterlassen hat?

Sie hatten sich nicht auf ihre eigene Kraft verlassen, sondern ihr Leben ganz auf Gott ausgerichtet. Er allein war ihr Leitbild, ihr Ideal, ihr Ziel. Sie hatten ihr Herz Gott gegeben, »ihr Herz in Gott festgemacht«. Denn das heißt »glauben« in seiner ursprünglichen Bedeutung! Die Herkunft des lateinischen Wortes »credere« (glauben) zeigt es uns deutlich: Das indogermanische Wort »crad-dha«, auf das es zurückgeht, bedeutet »das Herz auf etwas setzen«.

»Mein Herz in Gott festmachen«: das war das große Geheimnis dieser Frauen und Männer, die Kirchengeschichte gemacht haben und von deren Beispiel wir heute noch leben und uns Kraft und Hilfe holen. Sie haben der Allmacht und Güte, der Kraft und Liebe Gottes mehr vertraut als ihren eigenen Kenntnissen und Fähigkeiten. Von Gott allein haben sie sich die Richtung und den Sinn ihres Lebens weisen lassen. Im Glauben an seine Gegenwart und Hilfe haben sie die Schicksalsschläge in ihrem Leben getragen und überwunden.

So will dieses Buch am Beispiel vieler großer Glaubenszeugen neu den Weg zeigen, wie auch wir Menschen der modernen Zeit – die Fragenden unter den Jugendlichen ebenso wie die Suchenden unter den Erwachsenen – »unser Herz festmachen« können. Es will auf das hinweisen, was unser Leben wirklich trägt und ihm Halt und Richtung gibt und was man aus seinem Leben machen kann, wenn man es ganz der Führung Gottes unterstellt. Ignatius von Loyola hat einmal gesagt: »Die wenigsten Menschen ahnen, was Gott aus ihnen machen könnte, wenn sie sich ihm ganz zur Verfügung stellten.«

Noch ein Zweites will dieses Buch: Verständnis wecken für die Gläubigen der anderen christlichen Kirchen. Wie viele falsche Vorstellungen herrschen zum Beispiel noch zwischen den evangelischen und den katholischen Schwestern und Brüdern über ihren Glauben, ihre Frömmigkeit, ihr Denken und Wollen! Für mich war es faszinierend zu lesen, welch ein heiligmäßiger, das heißt tief frommer, gläubiger, Gott liebender Mensch Calvin war – Calvin, von dem ich noch in meiner Jugendzeit gelernt habe, er sei »einer der größten Ketzer« gewesen ... Gott sei Dank sind diese Zeiten vorbei, und die christlichen Kirchen begegnen einander heute in großer Aufgeschlossenheit. Aber noch müssen wir viele Vorurteile überwinden. Auch dazu will dieses Buch einen Beitrag leisten, indem es hinweist auf die alle Konfessionsgrenzen hinter sich lassende Kraft des Glaubens an den einen Gott.

Georg Popp

Der Vater des Glaubens
Abraham

(Zwischen 2000 und 1400 v. Chr.)

Roland Schertler

Eigentlich war an Abraham gar nichts Besonderes. Wie seine Vorfahren hütete auch er die Schafe. Im Zweistromland, zwischen Euphrat und Tigris, zog er mit seinen Verwandten und Nachbarn umher, immer auf der Suche nach Weide- und Futterplätzen für seine Herde.
Und doch geschieht eines Tages das Unerwartete: Gott spricht zu Abraham. Er selbst hätte es später nicht sagen können: Kam die Stimme nun von außen oder war es eine innere Stimme? Abraham hat nicht lange darüber nachgedacht. Zu genau hatten sich ihm die Worte eingeprägt, die ihm zeitlebens nie mehr aus dem Kopf gehen sollten:
»Zieh weg aus deinem Land, von deiner Verwandtschaft und aus deinem Vaterhaus in das Land, das ich dir zeigen werde. Ich werde dich zu einem großen Volk machen, dich segnen und deinen Namen großmachen. Ein Segen sollst du sein« (Gen 12,1 f.).
Abraham kennt diesen Gott nicht, der da ruft. Er kann diesen fremden Ruf nicht wegschieben. Er findet keine Ruhe. Immer deutlicher hört er die Forderung: Zieh weg! Zieh in das Land, das ich dir zeigen werde!

Es soll ein dreifacher Auszug werden: Land, Verwandtschaft, Vaterhaus. Als erstes soll er sein Land verlassen! Das Land, in dem er seit jeher zu Hause war. Keinen Landstrich gab es, den er nicht kannte ...
Die Verwandtschaft. Zur Verwandtschaft gehörte damals die ganze Sippe, eine wahre Sippschaft von Großfamilien. Jeder Strauchdieb konnte einen Hirten überfallen, wenn nicht eine Sippe hinter ihm stand. Die Sippe war so etwas wie Gericht, Polizei und Staat in der Welt der Wandernden. Wenn Abraham seine Sippe verläßt, wird er zu einem Außenseiter. Kein schöner Gedanke, auch nicht für Abraham.
Als drittes sollte er sein Vaterhaus verlassen. Das bedeutete: Seine bis dahin gültige Lebensorientierung, alle bis dahin selbstverständlichen Traditionen und Konventionen – die sollte er alle aufgeben!

Als Gott ihn rief, war Abraham bereits ein alter Mann. Und doch kann man sagen, daß die eigentliche Geschichte dieses Mannes mit diesem »Anruf« Gottes erst beginnt. Gewiß: Auch vorher hatte er gelebt; jedermann kannte ihn, er galt als Mann ohne Fehl und Tadel. Und doch war da in Abrahams Leben ein Schmerz, die große Lebensenttäuschung: Er hatte keine Kinder und war inzwischen mit seiner Frau Sara nun in einem Alter, da man nicht mehr an Kinder denken konnte.
Ein Stammeschef ohne Kinder: Das war ein Mann ohne Zukunft. Er wird noch ein paar Jahre leben und dann sein »Erbe« seinem Knecht Eliëser übergeben.
Und nun dieses Wort: »Zieh weg!« Für Abraham hieß das: Mein Leben soll grundlegend anders werden, in meinem Alter soll ich noch einmal ganz neu anfangen, ich soll mich auf einen Weg machen, von dem ich nicht weiß, wo er enden wird. Aufbruch bedeutet: Gott stellt die Menschen an bestimmten Punkten ihres Lebens in eine Entscheidung, indem er ihnen einen bestimmten Auftrag gibt.
Das Große an Abraham: Er antwortet mit einer Entscheidung! Er grübelt nicht ein Leben lang herum an diesem Wort, sondern er gibt die Antwort des Glaubens. Er entscheidet sich, diesem ihm noch fremden Gott zu trauen. Seit dieser Zeit sagt man von einem Menschen, der sich auf die Führung Gottes wirklich einläßt: Er traut Gott, er vertraut ihm. Und das ist nun wirklich das Größte, was über einen Menschen gesagt werden kann.

Jeder, der die Geschichte Abrahams in der Bibel nachliest, stellt sich doch die Frage: Wie gewinnt Abraham Sicherheit, daß tatsächlich Gott zu ihm gesprochen hat und daß es diesen Gott auch wirklich gibt?
Bei Abraham war das so: Nur dadurch, daß er auf Gottes Wort eingeht, kann er die doppelte Erfahrung machen, daß Gott ihn führt und daß er ihn dem Ziel näher bringt. Wäre Abraham nicht von Haran aufgebrochen, dann hätte er die Erfahrung des Glaubens niemals gemacht. Der Glaube Abrahams zeigt sich nicht daran, daß er alles über Gott weiß, sondern daran, daß er den Weg geht, den Gott ihm zeigt und den dieser Gott mit ihm geht. Abraham konnte sich keine letzte Sicherheit verschaffen! Hätte er alle Reiseprospekte über Palästina studiert, dann hätte er trotzdem den Schritt ins Unbekannte wagen müssen. Am Ende seines Lebens, da steht ihm klar vor Augen: Ja, es war Gott der Herr, der mit mir war, mein Leben lang. Aber den ersten Schritt auf diesen Gott hin mußte er gehen ohne diese Glaubenssicherheit. Seine Gottesvorstellungen waren nur vage. Da ging es ihm nicht anders als manch einem heute. Aber zumindest eines wird

ihm nach und nach klargeworden sein: daß Gott mit ihm mitgeht. Immer wieder heißt es im Buch Genesis: Gott rief Abraham. Gott »erschien« ihm. Und jedesmal bricht Abraham von neuem auf.
Abrahams Aufbruch ins verheißene Land scheint zunächst immer wieder fehlzuschlagen: Nirgends kann er so richtig Fuß fassen. Und als er endlich, nach der Trennung von Lot (Gen 13), Weideplätze findet, als Gott ihm das Land, auf dem er steht, ausdrücklich schenkt, da findet er es von den Kanaanitern besetzt. Jahrzehntelang mußte Abraham die Verheißung von zahlreicher Nachkommenschaft (Gen 12,2) als unrealistisch ansehen. Sein Glaube aber entscheidet sich gegen den Augenschein, für die Möglichkeiten Gottes, die von jeher unbegrenzt sind. In seinem Brief an die Römer schreibt Paulus später über Abraham: »Gegen alle Hoffnung hat er voll Hoffnung geglaubt, daß er der Vater vieler Völker werde« (Röm 4,18).

Zwei Stationen im Leben Abrahams: Abraham sitzt unter einem Baum vor dem Zelteingang und hält seine Mittagsruhe. Als er die Augen aufmacht, stehen drei Männer vor ihm. Er hat sie kaum gesehen, da lädt er sie an seinen Tisch. Die Gastfreundschaft Abrahams läßt nichts zu wünschen übrig. Abraham bewirtet die drei Männer – aber in Wirklichkeit ist es Gott, der in diesen drei Männern bei ihm einkehrt.
»Wo ist Sara, deine Frau?« – »In einem Jahr komme ich wieder zu dir, dann wird Sara einen Sohn haben« (Gen 18,10). Sara, die hinter dem Zelteingang gelauscht hat, hört's und lacht in sich hinein: Ich und einen Sohn, dafür bin ich doch schon viel zu alt! Und dann kommt eine irritierende Frage: »Ist beim Herrn etwas unmöglich?«
Gott hat seinen eigenen Terminkalender. Er tut alles zu seiner Zeit. Das ist eine der wichtigsten Realitäten Gottes, die ein Glaubender lernen muß: Gottes Uhren gehen anders. Nach langem, vergeblichem Warten kann plötzlich eine Verheißung Gottes mit einem Schlag in Erfüllung gehen. Überall kann Gott unverhofft vorbeikommen, so wie die drei Männer an dem Baum, unter dem Abraham seine Mittagsruhe hielt. Aber der Vorübergehende will eingeladen sein, er will gedrängt sein. Auch gegenüber den Emmausjüngern hat der Auferstandene getan, als wolle er weitergehen (Lk 24,28 f.).
Die Feuerprobe (Gen 22): »Nach diesen Ereignissen stellte Gott Abraham auf die Probe.« – »Nach diesen Ereignissen« – das bedeutet ja, daß Abraham vor dieser Prüfung auch einiges andere erlebte! Die ganze Zeit des Wartens, die der Geburt Isaaks vorausging, war eine tägliche Glaubensprobe für ihn.

In deutlicher Steigerung der Schwierigkeiten hat ihn der Herr von einer Lektion zur anderen geführt. Nun aber wird der Bogen bis zum Zerreißen gespannt. Jetzt kommt die schwerste aller Proben, die Feuerprobe: »Nimm deinen Sohn, deinen einzigen, der dir ans Herz gewachsen ist ... und bringe ihn mir als Brandopfer dar« (Gen 22,2).
Ein unbegreiflicher Befehl! Etwas Unvorstellbares soll geschehen: Isaak soll sterben, sein einziger Sohn, auf den er so lange gewartet hat. Es sieht ganz so aus, als wollte Gott alles, was er Abraham bis dahin geschenkt hatte, jetzt wieder wegnehmen. Abraham sollte sich auf den Drei-Tage-Weg nach Morija begeben, ohne zu wissen, wie dieser Weg enden würde ...
Es ist aufschlußreich festzustellen, auf was Gott den Glauben Abrahams prüfend untersucht. Dabei machen wir die Entdeckung: Gott will testen, wie weit die Bereitschaft zum Gehorsam geht. Den Gott Abrahams interessiert brennend, ob wir bereit sind, aus unserem Glauben Konsequenzen zu ziehen. Erst als Abraham den Weg ging, lichtete dieser sich schließlich und endete im Sieg.
Abraham erkennt in der Stimme, die zu ihm spricht, die Stimme dessen, dem er sein Leben verschrieben hat. Er erkennt die Stimme des Gottes, dem er traut und der jetzt Vertrauen von ihm fordert gegen alle bisherigen Erfahrungen. Es geht nun um einen Glauben, der auch da noch an Gott festhält und ihm die Zukunft überläßt, wo derselbe Gott sich anschickt, dem Glaubenden alles wieder zu nehmen, was er ihm bisher gegeben hat.
Wenn Gott den Glauben prüft, heißt das: Glaube ist nie Besitz, immer wieder muß er neu ergriffen werden. Gegen den Augenschein, hoffend gegen alle Hoffnung, im Sich-Festmachen an Gottes Zusage: »Du sollst ein Segen sein. Und durch dich sollen alle Geschlechter der Erde Segen erlangen.« So ist Prüfung immer untrennbar verbunden mit der Gnade des Allmächtigen.

Glaube hat immer auch mit Erfahrung zu tun. Eine biblische Gestalt wie Abraham kann uns helfen, daß wir unsere eigenen Erfahrungen darin wie in einem Spiegel wiedererkennen. In der Geschichte des Volkes Gottes gibt es immer wieder Menschen, die sichtlich leben, was sie glauben. Abraham war ein solcher Mann, an dem wir beispielhaft erkennen können, was Glaube ist. Wer die ganzen Abrahams-Geschichten liest (Gen 12–25), weiß, daß Abraham alles andere als ein Held war. Nur durch Gottes Berufung und Führung wurde er zum »Vater des Glaubens«. Er war ein Pionier, der sich einließ auf den Ruf und den Weg seines Gottes, und diesen Weg mußte er Schritt für Schritt erfahren. Menschen, die heute einen Glaubensweg gehen,

berichten von der gleichen Struktur dieses Weges: das Aufbrechen auf Gottes Wort hin, die vielfältigen Prüfungen und auch den Segen durch den gleichen Gott.
Glauben ist das Vertrauen, daß Gott wirklich der Herr meines Lebens werden kann. Nach und nach darf ich lernen, auf Absicherungen, Versicherungen zu verzichten. Schritt für Schritt darf ich wagen, ins noch Unbekannte zu gehen. Glaube verzichtet nie auf Wirklichkeit, sondern er streckt sich aus nach der Verwirklichung der Zusage Gottes.
Bei Abraham zeigt sich das Elementare des Glaubens: Die Bereitschaft, aufzubrechen, wenn Gott mich ruft. Das Vertrauen, daß er mich führt, und die Gewißheit, daß der Gott, der mit mir geht, mich sicher zum Ziel bringt. Auf sein Wort hin aufbrechen, unter seiner Führung ankommen, sein Erbteil empfangen: Das ist der Glaube Abrahams.

Abraham

Die Anfänge Israels liegen nicht in grauer Vorzeit. In Mesopotamien lassen sich von 5000 v. Chr. an Festungsmauern und Bewässerungsanlagen nachweisen. Ausgrabungen bezeugen eine erstaunlich hohe Kultur. Durch umfangreiche Ausgrabungen können wir uns zum Beispiel von der Stadt Ur ein Bild machen. Ur war durch ausgedehnten Handel reich geworden. Durch sieben Tore führten Straßen nach allen Himmelsrichtungen, Handelswaren wurden ein- und ausgeführt. Man lebte in Ur in behaglicher Wohnkultur. Man hatte stattliche Häuser, zum Teil mit zehn, zwanzig Wohnräumen, ausgestattet mit allen erdenklichen Bequemlichkeiten. Zwischen 2000 und 1400 v. Chr. – genauer läßt sich diese Zeit nicht bestimmen – wanderte nun die westsemitische Sippe Abrahams aus der Stadt Ur (südlich am Euphrat, nahe am Persischen Golf gelegen) aus, um nach Kanaan zu ziehen (Gen 11,31). Es waren Halbnomaden, die mit ihren Kleintierherden, Schafen und Ziegen am Rand des Kulturlandes weideten.
Auffallend ist das persönliche Verhältnis, das Abraham und seine Nachkommen zu ihrem Gott haben. Gott spricht zu ihnen, er gibt Verheißungen und führt sie durch sein Wort. So ist ihr Gott tatsächlich ein »persönlicher« Gott, der dem wandernden Volk nahe ist.

Der Lehrer der Völker
Paulus

(Um 5 bis 64/67)

Norbert Baumert

An diesem Morgen war er früher fertig als der Vater, der ihn sonst oft am Sabbat mahnen mußte, damit sie noch rechtzeitig zum Gottesdienst kämen. Aber heute war Sauls 12. Geburtstag: Bar Mizwa – Aufnahme in die Gottesdienstgemeinde der Synagoge. Mindestens zehn Männer waren notwendig, um einen jüdischen Gottesdienst halten zu können, und ab heute würde auch er als Vollmitglied gezählt! Das war keineswegs unwichtig in dieser kleinen Diasporagemeinde, denn in Tarsus gab es nur wenige jüdische Familien. Wenn sein Vater und andere Kaufleute längere Zeit auf Reisen waren, dann brauchte man am Sabbat »jeden Mann«!

Stolz ging er zwischen Vater und Großvater durch die Gassen der kleinen kilikischen Hafenstadt, in denen sich gerade das bunte Leben eines normalen Geschäftstages entwickeln wollte. Mit seinem neuen Festgewand stach er ab von den anderen Jungen seines Alters, die beim Anblick der feierlichen Gestalten scheu zurückwichen. Andere spotteten über diese seltsamen Juden, und zwei kleine Römer neckten ihn wieder einmal mit seinem lateinischen Namen: »Na, Paule – ›Kleiner‹ –, heute bist du aber groß!« Sie hatten es nicht leicht in dieser heidnischen Umgebung; das wurde dem jungen Saulus Paulus heute neu bewußt. Von diesem Tag an würde die Kluft zu seinen Spielgefährten wohl noch größer werden.

Aber wichtiger war für ihn in diesem Augenblick, daß am Eingang der Synagoge schon der Rabbiner auf ihn wartete. Feierlich entfaltete Saul den breiten Gebetsschal, den die Mutter ihm mit viel Liebe gewebt und bestickt hatte, und legte ihn sich um die Schultern. Zum erstenmal durfte er an dem heiligen Schrein die Schriftrollen in Empfang nehmen und vor der ganzen Gemeinde aus Jesaja 49 vorlesen: »Hört auf mich, ihr Inseln, merkt auf, ihr Völker in der Ferne! Der Herr hat mich schon vom Mutterleib berufen und gesagt: ›Ich mache dich zum Licht für die Völker, damit mein Heil bis an das Ende der Erde reicht.‹«

Merkwürdig! Von wem sagte dies der Prophet? Der Vater sprach von einem

Messias, dem »Gesalbten des Herrn«; er werde Israel erlösen. Wann wird das sein? Und wie wird Gott das tun? – Fröhlicher Lärm riß ihn gegen Ende des Gottesdienstes aus seinen Gedanken, denn an der Synagogentür sangen bereits die Frauen und Mädchen, die ihn erwarteten: »David, ha Melek Israel – David, der König Israels!« Ach ja, der Messias wird ein König sein, noch größer als David!

Jahre später, in der Schule des großen Rabbi Gamaliel in Jerusalem, versteht der junge Student, was jenes »Lied vom Gottesknecht« bei Jesaja 49 zu bedeuten hat: Gott wird sein erwähltes Volk »sammeln und heimführen«. Der Messiaskönig wird in der Hand Gottes »zu einem scharfen Schwert« und »einem spitzen Pfeil«. So werden die Juden vor allen Völkern mächtig dastehen. Die Römer werden aus dem Land vertrieben sein und »Fürsten werfen sich nieder« vor dem »Befreier Israels«!

Dies war eine frohe Botschaft, für die es sich einzusetzen lohnte. Denn Gott wird seine Verheißung ganz bestimmt erfüllen.

Saul entschloß sich endgültig, sein Leben ausschließlich in den Dienst dieser Botschaft zu stellen. Er hatte auch verstanden, daß dieser Sieg nicht zuerst ein Werk menschlicher Kriegskunst sein würde. Gott selbst wird für sie kämpfen wie zur Zeit des Hiskija gegen die Assyrer, und er wird seinen König dann senden, wenn die Menschen sein Gesetz treu erfüllen. So wurde Saul noch eifriger im Studium der Thora und gewissenhafter in der Erfüllung der vielen Vorschriften im Alltagsleben. Er war ein leidenschaftlicher Verfechter der Überlieferung der Väter, wenn andere vielleicht gedankenlos und oberflächlich darüber hinweggingen. Er fühlte sich nicht wenig stolz, wenn er sich damit vor seinen Altersgenossen hervortat. Gott sollte sich auf ihn verlassen können!

Doch dann trat eine Störung in das Leben des jungen Rabbi. Schon während seines Studiums hatte er von einem Wanderprediger gehört, der Schüler um sich sammelte, obwohl er keine Thoraschule besucht hatte. Die Leute erzählten von ihm merkwürdige Dinge, fast wie von einem Propheten: Heilungen von Kranken und beeindruckende Reden. Aber der Hohe Rat hatte diesen Jesus von Nazareth zum Tod verurteilt und damit eindeutig erklärt, was von ihm zu halten war.

Warum jedoch wurden seine Anhänger jetzt immer zahlreicher? Dies war das Schlimmste: Sie hielten sich nicht mehr an den Sabbat und an die Opfer im Tempel, sie verkündeten einen »neuen Weg« und behaupteten sogar, dieser zum Tod Verurteilte sei der Messiaskönig! Das war zu viel für Saul; diese armselige Gestalt hatte nichts von einem »Schwert in der Hand Gottes« an sich und war kein »spitzer Pfeil« zur Überwindung der Feinde

Israels. Es erschien Saul wie ein Hohn auf die herrlichen Verheißungen Gottes. War es nicht eine Beleidigung Jahwes, dessen erhabene Messiasgestalt auf das Niveau eines gekreuzigten Verbrechers herabgezerrt und dadurch lächerlich gemacht wurde? Und Saul schwor sich, diesem Treiben Einhalt zu gebieten und jene Abtrünnigen aufzuspüren. Nach dem Gesetz des Mose mußte man solche Gotteslästerer steinigen wie Stefanus. Aber da die Römer es nicht zuließen, daß die Juden nach ihrem Gesetz verfuhren, wollte er sie wenigstens ins Gefängnis bringen! Schließlich stand nicht nur das Ansehen seines Volkes und seiner Religion auf dem Spiel, sondern die Ehre Gottes selbst! So holte er sich vom Hohenpriester einen Empfehlungsbrief und ging nach Damaskus.

»Saul, warum verfolgst du mich?« – Noch ganz benommen von dem Sturz merkt er, wie diese Stimme sich in sein Inneres bohrt. Kein äußerer Gegner hatte ihn zu Boden geworfen, sondern in seinem Innern spürt er einen, der stärker ist als er. Er öffnet die Augen, aber statt seine Umgebung sieht er nur ein helles Licht, das seine Augen blendet. Saul fragt: »Wer bist du?« In diesem Augenblick offenbart sich ihm der Gott, für den er kämpft. Aber es geschieht das Unerwartete: Er zeigt ihm seinen eigenen Sohn, und dieser Sohn ist kein anderer als der, den er verfolgt!

Der Gekreuzigte lebt? Der Getötete ist auferstanden! – Mit großer Liebe wirbt Jesus um diesen eifernden Rabbi, und Saul schaut ihm zum erstenmal voll in die Augen. »Du bist es? Du der Messias? Du der Sohn, den der Vater liebt?« Wie ein Eisklumpen in einem Schmelzofen, so sind auf einmal Gewalttätigkeit und Widerstand in ihm weggeschmolzen. Saul beginnt zu ahnen, daß Gottes Art ganz anders ist, als er bisher meinte. Er kommt nicht mit gesetzlichen Forderungen, sondern im Geist des Zutrauens und der Freundschaft. Jesus macht ihm keinen Vorwurf, sondern umfängt ihn mit einer Liebe, die bis ins Innerste dringt und ihn zu einer offenen Begegnung fähig macht.

Drei Tage muß er ganz für sich sein, damit jene Begegnung in ihm Raum finden und Gestalt werden kann. Er ißt nichts und trinkt nichts. Die Augen sind ihm blind geworden von dem göttlichen Licht, und Saul zieht sich zurück, um mit seinem neuen Herrn allein zu sein und zu ihm zu beten. Aber dieses Beten ist anders geworden. Alles Drängen und Eifern für Gott ist verschwunden. Fort ist aller Zwang, sich vor Gott in ein gutes Licht zu setzen und vor den Menschen als fromm zu erscheinen.

Saul weiß auf einmal, daß nicht er die Ehre Gottes durch Verfolgung und Schwert verteidigen muß, sondern daß Gott seine Herrlichkeit selbst zum

Leuchten bringt, und zwar in der stillen, einfachen Liebe Jesu. Er weiß, daß nicht er Gott retten muß, sondern daß Gott ihn rettet, ihn herauslöst aus der gesetzhaften Enge und krampfhaften Leistungsfrömmigkeit, mit der er sich bisher selbst unter Druck gesetzt hatte. Er weiß von nun an: Jesus Christus ist der Herr! Er, den ich als Toten verfolgte, lebt und ist mir nahe durch seinen Geist.

Nachdem er getauft ist, wieder sehen und essen und trinken kann, lernt Saul in dem Geist, der ihn nun erfüllt, zu stammeln: »Abba – Papa – lieber Vater.« So innig und herzlich wird sein Gebet zu Gott, daß er bis zu seinem Lebensende nicht mehr aufhört zu staunen über die Zärtlichkeit, das Zutrauen und die Liebe Gottes, die seinem Herzen gleichsam eingegossen ist durch den Heiligen Geist. Saul wird Jahre brauchen, bis er das alles formulieren kann.

Die Umgebung kennt sich mit ihm nicht mehr aus. Aber auch er selbst merkt, daß Jesus ihn wegruft von den Menschen, wie seinerzeit die 12 Jünger, um ihn in der Einsamkeit – irgendwo in Arabien – zu einem neuen Menschen zu formen: ihm andere Wertmaßstäbe zu geben, seine Verhaltensweisen zu verändern und seine Empfindungen zu reinigen. Wenn sich in den langen Zeiten des Hörens und Wartens Zweifel an dem neuen Weg einstellen, merkt er, daß dies nicht die Stimme Gottes ist. Denn die Stimme vor Damaskus hatte Freude in ihm geweckt, nicht Druck oder Verdüsterung. So bindet er sich immer enger an seinen Herrn. Hatte er zunächst gefragt: »Was willst du, daß ich tun soll«, möchte er nun vor allem »ihm gefallen«.

Irgendwann wird ihm bewußt, daß nicht nur Jesus, sondern auch er selbst wie ein »spitzer Pfeil im Köcher Gottes« geworden ist, da Gott durch ihn die Herzen vieler Menschen treffen will. »Der mich vom Mutterleib an gerufen hat«, so wird er später das Wort Jesajas auf sich selbst anwenden, »hat mich gerufen, das Heil zu allen Völkern zu tragen.«

Nach mehreren Jahren in seiner Heimat Tarsus holt ihn Barnabas in die Gemeinde nach Antiochien. Er gehört nun zum engen Kreis der »Propheten und Lehrer«. Hier erhält er die Sendung, die Botschaft von der Liebe Jesu nach Zypern und Kleinasien zu bringen, gleichsam im großen Bogen um seine Heimatstadt herum.

Aber in den Synagogen, die er besucht, nehmen die meisten Juden Jesus nicht an. Schmerzlich wird Paulus an seine eigene Vergangenheit erinnert. Um so erstaunter ist er darüber, daß viele Phrygier, Griechen und Römer für das Zeugnis von dem Auferstandenen offen sind. Sie empfangen den Heiligen Geist und erfahren wie Paulus die Liebe Gottes unabhängig vom jüdischen Gesetz.

Doch nun beginnt der tiefste Konflikt seines Lebens, denn Paulus sieht, daß viele Christen, die aus dem Judentum kommen, dies nicht verstehen. Sie bringen es nicht fertig, sich voller Zutrauen in die Liebe Gottes hineinfallen zu lassen, sondern suchen sich wie bisher durch jüdische Bräuche abzusichern oder fordern sogar für alle Heidenchristen die Beschneidung. Paulus wird mit seiner Überzeugung alleingelassen von seinen jüdischen Mitaposteln. Petrus steht in Antiochien nicht zu der Freiheit, die er selbst in Jerusalem mitbeschlossen hatte, und selbst sein Freund Barnabas zieht sich für eine Zeit von ihm zurück. Aber Jesus bleibt treu und gibt ihm Kraft und Sicherheit, mutig einzutreten für die Freiheit des Evangeliums, in einer Kirche, die dies erst langsam zu begreifen beginnt.
In diesen Jahren und später in der Gefangenschaft in Cäsarea und Rom lernt Paulus durch die eigene Not immer mehr den Weg Jesu verstehen, der sich lieber schlagen ließ, als daß er zurückschlug. »Täglich werden wir, die wir in Jesus leben, mit ihm in den Tod überliefert, damit das Leben Jesu in

Paulus

führte von Anfang an den Doppelnamen Saul (hebräisch) und Paulus (sein lateinischer Name, da er vom Vater das römische Bürgerrecht mitbekam). Um 5 geboren in Tarsus in Kilikien (Süden Kleinasiens), war er zwischen 25 und 30 Schüler des berühmten Rabbi Gamaliel in Jerusalem. Zwischen 33 und 35 erfolgte seine Bekehrung; danach war Paulus in Arabien und in Tarsus. Um 45 holt ihn Barnabas nach Antiochien, um 47 beginnt er seine erste Missionsreise nach Zypern und in den Süden von Kleinasien.
Um 48/49 war Paulus auf dem Apostelkonzil in Jerusalem, von 50 bis 52 fand seine zweite Missionsreise statt durch Kleinasien nach Griechenland. Gemeindegründungen in Philippi, Thessalonich, Beröa, Korinth (18 Monate).
Von 53 bis 55 dritte Missionsreise nach Ephesus und über Griechenland nach Jerusalem. 58 oder 59 war er in Haft in Jerusalem und Cäsarea. 60 oder 61 kam er als Gefangener nach Rom. 64 oder 67 erlitt er das Martyrium durch Enthauptung in Rom.
Eine kurze Selbstbiographie schreibt Paulus im Brief an die Galater, Kapitel 1 und 2. Eine ausführliche Lebensbeschreibung gibt Lukas in der Apostelgeschichte, Kapitel 9 und 12 bis 28. Am besten lernt man ihn kennen, wenn man seine Briefe liest: Vielleicht zuerst 1. Thessalonicher, dann Philipper, 1. und 2. Korinther, Philemon, Galater, Römer.

unserem sterblichen Fleisch auch offenbar wird«, schreibt er in seinem zweiten Brief an die Korinther. In seinen äußeren Bedrängnissen erfährt er von Christus her ein tiefes Glück und eine geistliche Freude, die er »tägliche Auferstehung« nennt. Denn Gott »tröstet ihn in aller Bedrängnis, damit er viele andere trösten kann«. So wächst die Gemeinde Jesu Christi. Seine ganze Persönlichkeit und sein Wirken werden Ausdruck der göttlichen Lebenskraft in ihm bis hin zu seinem Martyrium in Rom.

Eine Verheißung ist erfüllt, die sich der junge Saul so nie hätte träumen lassen! Gott hat ihn zum »Lehrer der Völker« gemacht, zum Apostel für alle Menschen, zu einem »Diener des Neuen Bundes, nicht mehr des Buchstabens, sondern des Geistes«. Eingefügt in den »Leib Christi«, durchdrungen von dem liebenden, kraftvollen Leben des Heiligen Geistes, wurde er so durch Gott, den Vater, zu einem »neuen Menschen«.

Der Märtyrer für Christus
Ignatius von Antiochien

(Um 37 bis 110/115)

Volkmar Zühlsdorff

»Ich schreibe an die Gemeinden und trage ihnen auf, daß ich gern für Gott sterbe, wenn ihr mich nicht daran hindert. Ich bitte euch, erweist mir kein unzeitiges Wohlwollen. Laßt mich die Speise der wilden Tiere werden, durch die ich Gottes teilhaftig werden kann. Ein Fruchtkorn Gottes bin ich, und von den Zähnen der wilden Tiere will ich zermahlen werden, damit ich zum reinen Brote Christi werden möge.«
Es ist ein erstaunliches Wort, das einen noch heute, nach fast zweitausend Jahren, erschauern läßt. Ignatius schrieb es, der zweite Bischof von Antiochien, dem heutigen Antakya in der Türkei, am 23. August des Jahres 107. Er befand sich in Smyrna, dem heutigen Izmir, als Strafgefangener, in Ketten, vom römischen Statthalter von Syrien als Christ zum Tode verurteilt und auf dem Weg nach Rom zu seiner Hinrichtung. Weil Ignatius ein Mann von Rang und Würden war, sollte die Vollstreckung des Todesurteils in der Hauptstadt der Welt, in der Arena des Großen Zirkus vor allem Volk durch Löwen und Tiger vollzogen werden.
Von Antiochien nach Rom war ein weiter Weg, und die zehn Soldaten, die den Gefangenen bewachten, wählten weder den kürzesten Weg, noch schienen sie es besonders eilig zu haben. Bei einem Aufenthalt in Smyrna erhielt Ignatius Gelegenheit, Trost- und Mahnbriefe an christliche Gemeinden zu schreiben. Darunter einen Brief an die Römer, der diesen durch Glaubensbrüder aus Ephesus, die auf rascherem Wege vorauseilten, überbracht wurde.

Nun gab es schon früh unter den Christen in Rom einflußreiche Persönlichkeiten, zeitweilig sogar Anverwandte der Kaiser, und wir wissen, daß unter Trajan, der von 98 bis 117 regierte, die Stadt Rom selber eine Zeitlang einen christlichen Statthalter hatte. Trajan war ein gemäßigter Herrscher. Zwar hielt er daran fest, daß es strafbar sei, dem Kaiser vor allem Volk die gebührenden Opfer zu verweigern, weil dies nach damaliger Auffassung

Leugnung der Reichsgewalt und Hochverrat bedeutete. Aber er befahl zugleich, wie wir aus einem Schreiben an den jüngeren Plinius, damals Statthalter der Provinz Bithynien-Pontos, wissen, anonyme Anzeigen unbeachtet zu lassen und den Christen nicht nachzuspüren. Denn, so schrieb der Kaiser wörtlich, dergleichen sei »von übelstem Beispiel und dem Geiste unseres Jahrhunderts nicht gemäß«.

Daß die christlichen Brüder in der Hauptstadt viel vermochten, wußte Ignatius sehr wohl, denn er selber schreibt an sie: »Euch ist es ja ein leichtes, das, was ihr wollt, auch durchzusetzen.« Nichts lag also näher, als daß er sie gebeten hätte, sich beim Kaiser für die Aufhebung des Todesurteils und für seine Begnadigung zu verwenden. Er hatte ja kein Verbrechen begangen. Die Christen waren in Wahrheit keine Aufrührer, sie waren der Obrigkeit untertan und gaben dem Kaiser, was des Kaisers ist. Mehr noch, sie waren die besten Bürger und stellten die treuesten Soldaten und unbestechlichsten Beamten.

Ignatius aber tat nichts dergleichen. Mit keinem Wort bittet er um Hilfe beim Kaiser oder irgendeiner anderen weltlichen Gewalt. Nicht einmal stillschweigend läßt er es zu, daß sich die Christen in Rom, wie sie dies für alle Glaubensgenossen in Not taten, für ihn, den Bischof, einsetzen. Im Gegenteil. Sein Brief ist ein einziger beschwörender Aufruf, sie möchten dem Schicksal, dem er entgegengehe, seinen Lauf lassen. Wenn er um etwas bittet, so ist es nur, daß sie durch ihr Gebet seine Kraft und seinen Mut stärken möchten bis zum Ende.

Wer war dieser Mensch, so fragt man sich unwillkürlich, der Christus so sehr liebte, mit solcher Kraft an ihn glaubte, daß er nicht nur bereit war, sein Blut für ihn zu vergießen, sondern daß er den Martertod mit Inbrunst herbeisehnte wie ein hohes Fest? Und daß nur die Sorge ihn beseelte, das Opfer für seinen geliebten Gott könnte ihm am Ende doch noch versagt bleiben?

Die Wahrheit ist, daß wir über Ignatius keine Lebensbeschreibung aus seiner Zeit haben. Wir wissen nur allzu wenig von ihm, und das meiste hiervon stammt aus sieben Briefen, die uns von ihm geblieben sind. Er schrieb sie auf dem Weg nach Rom von Smyrna aus an die Gemeinden in Ephesus, Magnesia, Tralles und Rom, dann aus Troas, bei einem weiteren Aufenthalt, an jene in Philadelphia und Smyrna sowie an den Bischof von Smyrna, Polykarp.

Aber man erkennt aus diesen Sendschreiben, daß Ignatius bis zuletzt, noch kurz vor seinem Tod, seine ganze Kraft einsetzte für Friede und Eintracht in den Gemeinden, gegen Spaltung und Irrlehren und für die Stärkung der leitenden Aufgaben von Bischöfen, Priestern und Diakonen. Wenn manche behaupteten, Christus habe nur einen Scheinleib gehabt und nur zum Schein gelitten, so bekennt Ignatius im Brief an die Smyrnäer: »Wahrhaft hat er gelitten, wie er auch wahrhaft auferstanden ist . . . Er aß und trank nach seiner Auferstehung mit ihnen als einer, der einen Leib hat, obgleich er dem Geiste nach eins ist mit dem Vater.«

Und den Tralliern schreibt er, wäre Christus, wie Ungläubige sagen, nur zum Schein gestorben: »Wozu bin ich dann in Banden? Wozu wünsche ich, mit den wilden Tieren zu kämpfen? Um nichts also sterbe ich? Ist dann nicht, was ich vom Herrn selbst rede, Lüge?«

Und wenn andere erklärten, sie wollten nicht glauben, es sei denn, sie sähen es schriftlich in den Archiven, so bekennt Ignatius den Philadelphiern: »Mir dient statt der Archive Jesus Christus. Meine unentdeckten Archive sind sein Kreuz und sein Tod und seine Auferstehung und der Glaube, der von ihm stammt!«

Man nimmt an, Ignatius war syrischer Abkunft, doch Sicheres weiß man weder hierüber noch über Ort und Zeit seiner Geburt, noch über seine Erziehung. In späteren Jahrhunderten wird die fromme Legende aufkommen, er sei eines der Kinder gewesen, derentwegen Jesus die Jünger zurechtwies: »Lasset die Kinder zu mir kommen und wehret ihnen nicht, denn ihrer ist das Himmelreich!« Doch Johannes Chrysostomos erklärt ausdrücklich, Ignatius habe auf Erden den Erlöser nie erblickt. Vermutlich wurde er erst einige Jahre nach der Kreuzigung geboren. Ob er ein Jünger des Apostels Johannes war, wissen wir auch nicht sicher.

Gewiß dagegen ist, daß Ignatius andere der Apostel gekannt hat, jedenfalls Petrus und Paulus, die beide, wie die Apostelgeschichte berichtet, in der Gemeinde von Antiochien wirkten. Von einem von beiden – nach Chrysostomos war es Petrus – wurde er zum Bischof geweiht.

Ignatius war also ein unmittelbarer Nachfolger der Apostel. Er hat jene gesehen, gesprochen, geliebt und verehrt, die Christi Jünger waren, die seine Lehren unmittelbar empfangen und die seine Wunder, seine Kreuzigung, seine Auferstehung und Himmelfahrt mit eigenen Augen gesehen und miterlebt hatten. Sie haben Ignatius unterwiesen und getauft, sie haben ihm Amt und Weihegewalt durch Auflegen der Hände selber übertragen. Der Glaube und die Glut jener großen Männer, die in so erstaunlich kurzer Zeit die Botschaft von der Menschwerdung Gottes und der Erlösung im ganzen Römischen Reich ausbreiteten, haben auch seinen

Glauben entzündet. So paßt der Name Ignatius, der »Entflammte«, sehr gut zu ihm, wie auch sein Beiname Theophoros, der »Gottesträger«, den er vielleicht bei seiner Taufe erhielt.
Wer die Auferstehung so aus dem eigenen Mund der Apostel erfuhr, für den konnte der Tod keinen Schrecken mehr haben. Für Ignatius aber ist es noch mehr. Es ist eine inbrünstige Erwartung, die Sehnsucht nach einem Tod, der auch die Frömmsten erschauern ließe und sie bewegen würde, zu Gott um Errettung vor solchem Schicksal zu flehen – zerrissen zu werden von den Klauen und Zähnen hungriger Bestien. Ignatius sorgt sich nur, er könnte eines solchen Opfers nicht für würdig befunden werden. »Nichts möge mich noch anfechten«, schreibt er den Römern, »weder Sichtbares noch Unsichtbares, wenn ich nur Teil habe an Jesus Christus. Mögen es Feuer oder Kreuz, die Rudel wilder Tiere sein, Zerreißen, Zerteilen, Verrenken der Glieder oder Zerschlagen der Gebeine, die Zerstückelung des ganzen Leibes und alle Schrecken und Martern des Teufels – wenn ich nur zu Jesus Christus gelange!«

Ignatius war, als er all dies schrieb, etwa siebzig Jahre alt. Daß er zu einer so leidenschaftlich gläubigen Haltung nicht ohne innere und äußere Kämpfe gefunden haben mag, darf man nach menschlicher Erfahrung annehmen. Manche haben gerade aus seiner Sehnsucht nach dem Martertod geschlossen, er habe vielleicht in seiner Jugend ein Leben geführt, das ihn reuig nach Sühne dürsten ließ. Doch dies sind reine Vermutungen; wir wissen hierüber nichts.

Ignatius von Antiochien

Kirchenvater, Heiliger und Märtyrer. Geboren um 37, vermutlich in Syrien. Von Petrus oder Paulus zum Bischof geweiht. Als Bischof von Syrien mit dem Sitz in Antiochien in Kleinasien führte er seine Gemeinde durch die Christenverfolgungen von Domitian und Trajan. Er selber wurde, wohl 107, vom Statthalter von Syrien als Christ zum Tode verurteilt und zur Hinrichtung durch wilde Tiere nach Rom gebracht. Unterwegs schrieb er sechs Briefe an christliche Gemeinden und einen an Bischof Polykarp von Smyrna. Sein Todesjahr liegt zwischen 110 und 115. Das Fest des hl. Ignatius ist im Westen der 17. Oktober, im Osten der 20. Dezember.

Auch ist es nicht so, als habe Ignatius das Grauen nicht verspürt, das jeden Menschen bei der Vorstellung der gewaltsamen Zerstörung des eigenen Leibes befällt; darum bittet er um das Gebet der Brüder. Auch Christus hat ja auf dem Ölberg gebetet, der Kelch des Leidens möge, wenn es möglich sei, an ihm vorübergehen. Weil es aber der Wille des Vaters war, hat er das ganze Leiden bis zum bitteren Ende auf sich genommen, und diesem Vorbild wollte Ignatius folgen.

Was er mit so großer Kraft der Liebe und des Glaubens ersehnte, wurde Ignatius zuteil. Seine Gebeine, die im Sand der Arena zurückblieben, wurden nach Antiochien überführt und auf dem Friedhof vor dem Daphnistor beigesetzt. Dreihundert Jahre später ließ der oströmische christliche Kaiser Theodosius II. einen Tempel in der Stadt selbst, das Tychaion, in eine Kirche des Märtyrers umwandeln und seine Reliquien dorthin überführen.

Der Patron der Prediger Johannes Chrysostomos

(Um 350 bis 407)

Lieselotte von Eltz

Johannes Chrysostomos, der gegen Ende des 4. Jahrhunderts als Bischof von Konstantinopel wirkte, war einer der bedeutendsten Prediger des frühen Christentums. Die Gewalt seiner Rede hinterließ einen so nachhaltigen Eindruck, daß man ihm später jenen Beinamen »Chrysostomos – Goldmund« gab, unter dem er dann in die Geschichte der Kirche einging. Die etwa siebenhundert Predigten, die neben einer Reihe von anderen Schriften von ihm erhalten sind, vermögen den Leser auch heute noch zu fesseln.

Die Wirkkraft seines Wortes beruhte jedoch nicht nur auf seiner rednerischen Gewandtheit und der Bildhaftigkeit der Sprache, sondern auch darauf, daß er in seinen Predigten die Botschaft des Evangeliums in unmittelbarer Weise lebendig werden ließ. Dabei ging er als einer der ersten von der damals üblichen allegorischen (gleichnishaften) Auslegung der Bibel ab und brachte so die biblischen Texte wieder in ihrem ursprünglichen Sinn zur Geltung. Zugleich war Chrysostomos ein Mann, der die Lauterkeit seines Glaubens durch sein eigenes Leben und Leiden bezeugte. Auf diese Weise gehört er zu den leuchtenden Gestalten der frühen Kirche.

Johannes Chrysostomos wurde etwa um 350 n. Chr. in der syrischen Stadt Antiochia geboren. Er entstammte einer vornehmen Familie und war der Sohn eines Feldobersten namens Sekundus. Als der Vater bald nach Johannes' Geburt starb, widmete sich die Mutter Anthusa ganz der Erziehung ihres Sohnes und ließ ihm eine hervorragende Ausbildung zuteil werden. Einer der berühmtesten Gelehrten jener Zeit, der heidnische Philosoph Libanius, wurde sein Lehrer. Ihm verdankte Chrysostomos vor allem seine Ausbildung in der Redekunst. Er widmete sich zunächst dem Studium der Rhetorik und der Philosophie und wollte anfänglich Jurist werden.

An der Staatsbeamtenlaufbahn fand er jedoch keinen Gefallen und ließ sich nun durch Meletius von Antiochien drei Jahre lang in der christlichen Lehre unterweisen. Schließlich zog er sich mit Gleichgesinnten zu asketischen Übungen und theologischen Studien in die Einsamkeit der Berge zurück. Nach vier Jahren mußte er allerdings wegen eines Magenleidens diese Lebensweise aufgeben und kehrte nach Antiochien zurück. Bald darauf berief ihn der Bischof dieser Stadt in den Dienst der christlichen Gemeinde. Dabei entfaltete er eine wunderbare Beredsamkeit, und rasch verbreitete sich sein Ruf als Prediger und Seelsorger.

Als im Jahre 387 in Antiochien ein Aufstand ausbrach, erwies sich Chrysostomos als besondere Stütze seiner Gemeinde. In der Empörung über die hohen Steuerlasten war es unter der Bevölkerung der Stadt zu Tumulten, Straßenaufzügen und allerlei Ausschreitungen gekommen. Eine wütende Menge hatte die öffentlich aufgestellten Statuen der kaiserlichen Familie gestürzt und durch die Straßen geschleift.

Durch Eilboten erfuhr Kaiser Theodosius von diesen Vorfällen. Nun befürchtete man ein furchtbares Strafgericht, und lähmendes Entsetzen legte sich auf die Bewohner der Stadt. Viele flüchteten aus Antiochien, um so dem Zorn des Kaisers zu entgehen. Unter ihnen befand sich auch sein früherer Lehrer Libanius. Chrysostomos aber verharrte bei seiner Gemeinde und nahm sich der Verzweifelten an. In seinen berühmt gewordenen »Säulenpredigten« – nach den umgestürzten Säulen so benannt – richtete er die Verzagten auf, ermahnte sie zur Selbstbesinnung und Umkehr und forderte sie zu einem christlichen Lebenswandel auf. Dank der Vermittlung des Bischofs Flavian von Antiochien, der den Kaiser zu besänftigen verstand, ging die Stadt dann noch einmal straffrei aus.

Wenige Jahre später starb der Patriarch von Konstantinopel, Nektarius. Eifrig bemühte sich nun Theophilus, der Bischof von Alexandrien, einem seiner Günstlinge dieses einflußreiche Amt zu verschaffen. Doch am kaiserlichen Hof hatte man sich anders entschieden. Durch die Fürsprache des mächtigen Ministers Eutropius fiel die Wahl auf den durch seine Predigten und seine Gelehrsamkeit bereits weithin berühmten Johannes Chrysostomos. Da ihm jedoch jegliches Streben nach Ruhm und Ehre fehlte, schien es fraglich, ob er bereit sein werde, Stellung und Würde eines Patriarchen von Konstantinopel anzunehmen. Außerdem mußte man den Widerstand der Gemeinde von Antiochien, bei der Chrysostomos in so hohem Ansehen stand, befürchten. Daher bediente sich Eutropius einer List. Eines Tages wurde Chrysostomos zu einem Abendessen in ein Landhaus bei Antiochien eingeladen. Da man ihm nicht zumuten konnte, den Weg zu Fuß zurückzulegen, sollte er mit einer Kutsche abgeholt

Paulus *Tafel I*

Augustinus

Kilian

Tafel II

Benedikt von Nursia

Bonifatius

werden. So geschah es auch. Statt ihn jedoch zu dem vorgegebenen Bestimmungsort zu bringen, wurde er kurzerhand nach Konstantinopel entführt.
Chrysostomos blieb keine Wahl; er mußte sich der kaiserlichen Entscheidung fügen. Mit der Berufung nach Konstantinopel betrat er freilich einen gefährlichen Boden. Der Kaiser war schwach, die Kaiserin Eudoxia ehrgeizig und eitel, der Hof sittenlos und intrigant, die Geistlichen waren verweltlicht, und unter dem Volk hatten sich mancherlei Irrlehren ausgebreitet, die zu heftigen Streitigkeiten Anlaß gaben. Chrysostomos ließ sich jedoch von alldem nicht beirren, und nach seinem Amtsantritt begann er sogleich, tatkräftig zu wirken.
Unerschrocken wandte er sich gegen die Mißstände, die er hier vorfand. So nötigte er die in Prunk und Müßiggang lebende Priesterschaft zu einem einfachen und geistlichen Leben, setzte eine Reihe von Bischöfen ab, die sich ihre Ämter erkauft hatten, und vereinfachte die eigene Hofhaltung. Er ordnete das Gemeindeleben und gab den Gottesdiensten eine neue Gestaltung. Es wurden Abendandachten eingerichtet, Hymnengesänge eingeführt und nächtliche Lichterprozessionen veranstaltet. Unter Chrysostomos fand auch erstmals in Konstantinopel die Feier des Weihnachtsfestes statt. Seine besondere Fürsorge aber galt den Armen. Er ließ Spitäler errichten, leitete die Gemeinde zum praktischen Dienst am Nächsten an und veranlaßte vor allem die Frauen, sich der Kranken und Bedürftigen anzunehmen. Mit alldem gewann er die Liebe des Volkes und errang sich auch die Achtung einflußreicher Kreise.
Durch die Strenge seiner Auffassung und sein unnachgiebiges Vorgehen in allen geistlichen Belangen schuf er sich allerdings auch manchen Feind. Vor allem verübelte man ihm sein scharfes Auftreten gegen die sittenlose und ausschweifende Lebensweise der Reichen. Als sein erbittertster Gegner aber trat Theophilus auf, der unentwegt gegen ihn schürte und durch allerlei Ränke seinen Sturz herbeizuführen suchte.
Als Chrysostomos in seinen Predigten auch die Prunksucht und den Luxus des Hofes angriff, verscherzte er sich damit die Gunst der Kaiserin Eudoxia. Unter einem Vorwand bezichtigte man ihn der Irrlehre und beschuldigte ihn, die Kaiserin öffentlich beleidigt zu haben. So kam es im Jahre 403 zu seiner ersten Verbannung. Als sie bekannt wurde, entstand unter dem Volk ein Aufruhr. Die Gläubigen scharten sich um ihren Bischof und beschworen ihn zu bleiben.
Chrysostomos aber besänftigte die aufgebrachte Menge durch sein Wort und sagte: »Was soll ich fürchten? Den Tod? Christus ist mein Leben. Die

Verbannung? Die Erde ist überall des Herrn. Ich verachte die Schrecken der Welt und spotte ihrer Herrlichkeiten. Trauert nicht um mich; ich war nicht der erste Lehrer und werde auch nicht der letzte sein.« Dann begab er sich in die Hände der Schergen, die bereits auf ihn warteten und ihn auf das Schiff brachten.
Schon glaubten die Widersacher des Chrysostomos, über ihn gesiegt zu haben. Als jedoch in der Nacht darauf ein Erdbeben die Stadt erschütterte, sah die Kaiserin darin einen strafenden Fingerzeig Gottes. Erschrocken und in ihrem Gewissen beunruhigt, ließ sie Chrysostomos zurückholen. Von einer begeisterten Volksmenge empfangen, begleitete man ihn zur Apostelkirche. In Gegenwart des kaiserlichen Hofes forderte nun Chrysostomos die Versammelten auf, Gott für die wunderbare Wendung der Dinge zu preisen: »Vertrieben aus eurer Mitte, lobte ich den Herrn; zurückgekehrt zu euch, tue ich ein gleiches; der Mut des rechten Steuermannes wird weder durch die Windstille erschlafft noch durch den Sturm erschüttert.«

Dennoch blieb Chrysostomos den Mächtigen am Hof des Kaisers ein Dorn im Auge, und der wiederhergestellte Friede war nur von kurzer Dauer. Ein Vorfall, der von neuem den Zorn der Kaiserin entfachte, brachte den unliebsamen Patriarchen dann endgültig zu Fall. Als nämlich die Kaiserin Eudoxia eine silberne Bildsäule errichten ließ und das damit verbundene Volksfest durch seinen Lärm den Gottesdienst in der nahe gelegenen Kirche störte, wandte sich Chrysostomos in unmißverständlichen Worten gegen diese Ausschreitungen. Abermals wurde er nun wegen Majestätsbeleidigung angeklagt und zum zweitenmal seines Amtes enthoben. Der Kaiser verbannte ihn an die äußerste Grenze seines Reiches nach Kukusum in Armenien. Als jedoch Chrysostomos diese Beschlüsse nicht anerkannte und weiterhin mit seiner Gemeinde Gottesdienste im Freien abhielt, wurde er im Frühjahr 404 gewaltsam zur Abreise gezwungen. Auch gegen seine Anhänger, die sich der Absetzung ihres Bischofs nicht fügen wollten, wurde Waffengewalt angewendet.
Chrysostomos blieb allerdings auch in dem entfernten Armenien mit seinen Freunden in Verbindung. Er schrieb immer wieder Trostbriefe an seine Gemeinde und ermahnte sie, treu im Glauben zu stehen. »Wehret euch gegen die Seelentraurigkeit«, rief er ihnen zu, »sie ist ein gefährliches Übel, ein innerer Krieg, der die Seele entkräftet und aufzehrt.«
Noch hofften Chrysostomos und seine Anhänger im stillen, daß er eines Tages zurückkehren werde. Aber alle Bemühungen, die man inzwischen unternommen hatte, blieben vergeblich. Als sich dann sogar der römische

Bischof im Verein mit dem weströmischen Kaiser Honorius um die Wiedereinsetzung des verbannten Patriarchen bemühte, war man in Konstantinopel über diese Einmischung so erbost, daß es deswegen erstmals zum Bruch mit Rom kam.

Chrysostomos aber wurde nun in das noch viel weiter entfernte Gebiet des Kaukasus nach Pythos verbannt. Von zwei Kriegsknechten bewacht, mußte sich der greise Bischof auf die beschwerliche Wanderschaft begeben. Mehrmals brach er auf diesem Fußmarsch entkräftet zusammen, bis er schließlich nach einer Reise von drei Monaten am 14. September 407 in dem Ort Komona den Strapazen erlag. Er starb mit seinem Wahlspruch auf den Lippen: »Gott sei gelobt für alles.« So war Chrysostomos buchstäblich zu Tode gehetzt worden.

Dreißig Jahre später wurden seine Gebeine auf Befehl des Kaisers Theodosius II. nach Konstantinopel zurückgeholt und feierlich in der Apostelkirche bestattet. Diese im nachhinein erfolgte Rechtfertigung konnte freilich das Unrecht nicht ungeschehen machen, das Konstantinopel seinem größten Bischof angetan hatte. Der Nachwelt aber blieb er vor allem wegen seiner glänzenden Rednergabe in Erinnerung, und noch heute klingt über die Zeiten hinweg sein mahnendes Wort an die Christenheit: »Die Zeiten ändern sich, unser Ziel jedoch bleibt: daß es wohl stehe um den Acker Gottes.«

Johannes Chrysostomos

gilt als der größte Prediger der griechischen Kirche. Er wurde um 350 n. Chr. in Antiochien (Syrien) geboren und erhielt eine hervorragende Erziehung. Später ließ er sich in der christlichen Lehre unterweisen und verbrachte drei Jahre als Mönch in der Einsamkeit. Wegen seiner Gelehrsamkeit und seiner außergewöhnlichen Rednergabe wurde er 397 als Bischof nach Konstantinopel berufen, wo er gegen die Mißstände der Kirche einschritt. Durch seine Gegner zu Fall gebracht, wurde er jedoch im Jahre 403 abgesetzt und verbannt. Nach seiner Rückkehr erfolgte eine zweite Verbannung mit dem Bestimmungsort Pythos am Ostufer des Schwarzen Meeres. Am 14. September 407 erlag er in Komona den Strapazen dieser Reise. 438 wurden seine Gebeine nach Konstantinopel zurückgeholt und in der Apostelkirche bestattet. Pius X. ernannte ihn zum Patron der Prediger.

Der Kirchenvater des Abendlandes Augustinus

(354 bis 430)

Karl Rolf Seufert

»Du hast uns zu dir hin geschaffen, und unruhig ist unser Herz, bis es ruht in dir.«

Dieser einzigartige Satz, unvergleichlich auch in seiner prägnanten Kürze, gehört zum Tiefsten, was die christlichen Denker in nahezu zweitausend Jahren über das Verhältnis des Menschen zu Gott sagten. Er steht am Anfang der »Confessiones« (Bekenntnisse).

Autor des Buches ist Aurelius Augustinus, ein Mann, der als theologischer Denker und Schriftsteller, ja auch als machtvolle Persönlichkeit alle seine christlichen Vorgänger überragt. Er ist die erste ganz große philosophische Begabung seit den goldenen Zeiten der griechischen Philosophie; schon zu Lebzeiten galt er als der große Wegweiser der lateinischen Kirche; und die neu aufsteigende christliche Kultur fand in ihm ihren bedeutendsten Sprecher.

Sein Einfluß setzte sich bereits im 5. und 6. Jahrhundert im ganzen christlichen Westen durch, und über mehr als fünfzehnhundert Jahre ließen seine Fragen und Erkenntnisse keinen geistigen Führer Europas gleichgültig. Politiker, Dichter und Philosophen setzten sich ebenso mit seinen Werken auseinander wie die Kirchenmänner aller Jahrhunderte bis hin in unsere Zeit. Er war für die protestantischen Reformatoren keine geringere Autorität als für die katholischen Gegenreformatoren.

Von Philipp Melanchthon wissen wir, daß Martin Luther die Werke des Augustinus nicht nur gelesen, sondern auch »tadellos im Gedächtnis« hatte und sich dessen bewußt war, was er Augustinus verdankte. So schrieb Luther im März 1532: »Der Kirchenlehrer Augustin war der beste Ausleger der Schrift und überragte alle anderen.« Und im Mai oder Juni 1540 stellte er fest: »Er ist der größte Theologe unter denen, welche nach den Aposteln schrieben.«

Was uns heute an diesem »allumfassenden, immer schaffenden Geist«, wie ihn Karl Jaspers einmal nannte, neben seinen theologischen Aussagen besonders bewegt, ist der Mensch Augustinus: sein Ringen gegen Egoismus, Ehrgeiz und Sinnlichkeit und sein Weg zu Gott – Kämpfe, die er in großartigen Bildern und Formulierungen voller Leidenschaft über alle Jahrhunderte hinweg zum Erlebnis macht.

Die »Confessiones«, in denen Augustinus in der Form eines Gebets sein Leben bis zum Zeitpunkt der Bekehrung schildert, zählen zu den großen Bekenntnisbüchern der Weltliteratur, selbst in unserer Zeit nicht weniger diskutiert als die Werke Pascals, Kierkegaards oder Dostojewskis.
Das gilt auch für sein zweites Hauptwerk. Der Siegeszug seines Buches »De civitate Dei« (Gottesstaat) war beispiellos. Außer dem griechischen Philosophen Platon nahm wahrscheinlich kein Schriftsteller mit einem Buch so viel Einfluß auf das Denken der abendländischen Menschheit wie Augustinus mit diesem Werk.
Doch wer war dieser Denker, »der einzige Kirchenvater, der bis auf den heutigen Tag eine geistige Macht geblieben ist« und in besonderer Weise Antike und abendländisches Christentum miteinander verband?

Aurelius Augustinus stammte aus Thagaste in Numidien, dem Hinterland von Karthago im heutigen Tunesien. Er wurde dort als Sohn eines heidnischen Vaters namens Patricius und der Christin Monnica am 13. November 354 geboren. Er war, wie er selbst berichtet, zwar begabt, aber kein guter Schüler.
Der Vater ließ ihn in Karthago zum Rhetor ausbilden. Bereits mit 19 Jahren schloß er sein Studium ab und unterrichtete fortan als Lehrer für Rhetorik (Redekunst) zunächst in Thagaste und Karthago, später dann in Rom. 384 erhielt er in der kaiserlichen Residenzstadt Mailand eine Professur.
Im Gegensatz zu seiner beruflichen Karriere fand er jedoch nur über beträchtliche Umwege zum Christentum. Obwohl er von der frommen Mutter christlich erzogen und sogar unter die Katechumenen aufgenommen worden war, also am Taufunterricht teilnahm, kam es damals nicht zur Taufe, vielleicht mit Rücksicht auf den Vater.
Sicher ist, daß der junge Augustinus auch keine ernste Bindung wollte, weder zu Gott noch zu irgendeinem Menschen. Neugier, Abenteuersucht und Lebensfreude waren stärker. Er wollte das Leben genießen. Die jungen Leute, ebenso egoistisch und närrisch wie er, bewunderten ihn – sein schnelles Urteil, den Spott, seinen scharfen Verstand –, und so trieb er im schillernden Widerspruch der eigenen Stimmungen dahin, »ein Gewirr von Liebeshändeln ums Haupt«, wie er gesteht.

Daran änderten auch die Tränen der verzweifelten Mutter nichts, ihre Beschwörungen und Mahnungen. Er wußte wohl, daß die Mutter um seine Errettung aus diesem seichten, inhaltslosen Leben betete, und hatte nur ein nachsichtiges Lächeln dafür.

Augustinus lernte ein Mädchen kennen, das seine Geliebte wurde. Obwohl sie ihm einen Sohn gebar und ihn nach Italien begleitete, heiratete er sie nicht. »Unablässig setzte man mir zu, eine Frau zu nehmen«, vor allem auch die Mutter, die hoffte, ihn damit von seinen Freunden zu trennen und für das Christentum zu gewinnen. Doch es kam nicht zu einer Ehe.

Bedeutung gewann für ihn eine Schrift des römischen Philosophen Cicero, »Hortensius«, mit ihrem Aufruf zur Philosophie. »Das Buch war es, das meinen Sinn umwandelte und meinem Wünschen und Verlangen neuen Inhalt gab.« Er war begeistert und las es immer wieder. Er begann auch die Bibel zu studieren, legte sie aber schon bald wieder aus der Hand. »Aufgeblasen, wie ich war, widerstrebte mir ihr Maß, und mein Scharfsinn drang nicht in ihre Tiefe.«

Er schloß sich statt dessen der Erlösungslehre der Manichäer an, einer von ihrem Stifter Mani aus vielen Elementen zusammengesetzten Mischreligion aus heidnischen, christlichen, altpersischen und indischen Ideen. Augustinus hing dieser Sekte, trotz wachsender Zweifel und immer größerer Vorbehalte, neun Jahre an. Schließlich wandte er sich den Lehren des Philosophen Plotin zu, eines Zeitgenossen Manis, und studierte dessen Werke aus der Mitte des dritten Jahrhunderts. Doch auch sie konnten ihn auf Dauer nicht befriedigen.

Die »letzte, endgültige Wahrheit«, die er nun immer heftiger begehrte und um die er rang, wollte sich nicht finden lassen. Wo war die Antwort auf alle seine Fragen? Er beschloß, Karthago zu verlassen. »Nicht darum wollte ich nach Rom übersiedeln, weil mir dort von den Freunden, die mich berieten, größere Einnahmen und höheres Ansehen in Aussicht gestellt wurden, obschon auch das damals auf mich Eindruck machte, . . . sondern wegen der üblen, alles Maß überschreitenden Zuchtlosigkeit.«

Als Augustins Mutter von diesem Plan erfuhr, war sie verzweifelt. »Bitter beklagte sie meine Abreise«, gesteht er später, »und folgte mir bis ans Meer nach. Ich aber täuschte sie, die sich an mich klammerte, um mich entweder zurückzuhalten oder mit mir zu fahren. Ich gab vor, bei einem Freund bleiben zu wollen, um auf günstigen Wind zur Abfahrt zu warten. So belog ich meine Mutter und machte mich davon.«

Doch auch Rom enttäuschte ihn. Die Wende bahnte sich an, als er mit 31 Jahren nach Mailand ging. Er hatte sich um die Stelle eines Rhetors beworben und durch einen »Probevortrag, der beifällig aufgenommen wurde«, erreicht, »daß mich der damalige Präfekt nach Mailand entsandte. So kam ich nach Mailand zum Bischof Ambrosius.«

Die Auseinandersetzung mit den Grundlagen des Christentums und die Begegnung mit Bischof Ambrosius führten schließlich zu seiner Bekehrung. Ambrosius, Sohn eines römischen Beamten, Berater dreier Kaiser und vor seiner Wahl zum Bischof von Mailand Statthalter der Provinzen Liguria und Aemilia, war eine hochgebildete Persönlichkeit, außerdem ein bedeutender Redner. Augustinus war ein aufmerksamer Zuhörer: »Denn obwohl mir nichts daran lag, zu erfahren, was er sagte, sondern nur zu hören, wie er's sagte – nur diese eitle Sorge war in mir –, so drang doch zugleich mit den Worten, die mir gefielen, auch der Inhalt, nach dem ich nichts fragte, in meine Seele.«

Er fand hier, besonders auch durch die Vermittlung der Mutter, die ihm aus Nordafrika nachgereist war, nicht nur einen väterlichen Freund und gleichwertigen Gesprächspartner, sondern auch einen Lehrer, der ihn verständnisvoll in die Heilige Schrift einführte.

Das letzte, alles entscheidende Erlebnis hatte er, zusammen mit seinem Freund Alypius, in der Einsamkeit seines Gartens vor den Toren von Mailand, wie er in den »Confessiones« schildert:

»Ein kleiner Garten lag bei unserer Wohnung, den wir das ganze Jahr zur Verfügung hatten; denn unser Hausherr wohnte nicht da. Dorthin trieb mich der Aufruhr in meiner Brust, denn niemand konnte mich da in dem erbitterten Kampf stören, den ich mit mir selbst ausfocht. Aber sinnvoll war's, denn meine Verzweiflung war ein Erwachen zum Leben. Ich wußte nun, wieviel Böses an mir war, aber nicht, wieviel Gutes bald mein eigen sein würde.

So ging ich in den Garten, und Alypius folgte mir auf dem Fuß, denn seine Gegenwart konnte mich nicht stören. Ich warf mich – ich weiß nicht wie – unter einen Feigenbaum zur Erde und ließ den Tränen freien Lauf. Sie flossen in Strömen aus meinen Augen, und ich sprach: ›O Herr, wie lange noch? Wie lange noch willst du mir zürnen? Denke nicht an meine alten Missetaten!‹ Denn ich fühlte, daß sie es waren, die mich festhielten, und klagte: ›Wie lange? Wie lange noch ...?‹ Ich hörte immer bloß: ›Morgen, morgen ...!‹ ›Warum nicht jetzt. Warum nicht in dieser Stunde ein Ende mit meiner Schmach?‹

So sprach ich und weinte in bitterster Zerknirschung. Und siehe, da hörte ich vom Nachbarhaus her im singenden Tonfall – ich weiß nicht, ob eines Knaben oder eines Mädchens Stimme, die immer wieder sagte: ›Nimm und lies! Nimm und lies!‹

Ich dachte angestrengt nach, ob wohl Kinder bei irgendeinem Spiel so zu singen pflegten, doch konnte ich mich nicht erinnern, je dergleichen vernommen zu haben.

Ich stand auf und konnte mir's nicht anders erklären, als daß ich den göttlichen Befehl empfangen habe, die Schrift aufzuschlagen und die erste Stelle zu lesen, auf die meine Blicke träfen.

So kehrte ich schleunigst dahin zurück, wo Alypius noch saß; denn dort hatte ich die Briefe des Apostels Paulus liegen gelassen. Ich griff sie, öffnete und las den ersten Abschnitt, der mir in die Augen fiel:

›Nicht in Schwelgen und Zechen, nicht in Unzucht und Schande, nicht in Hader und Neid, sondern ziehet an den Herrn Jesus Christus . . .‹

Ich wollte nicht weiterlesen, brauchte es auch nicht. Denn kaum hatte ich den Satz beendet, durchströmte mein Herz das Licht der Gewißheit, und alle Schatten des Zweifels waren verschwunden.«

Von Ambrosius vorbereitet, empfing Augustinus in der Osternacht 387, zusammen mit seinem Sohn, die Taufe. Zur gleichen Zeit entdeckte er das Klosterleben mit seinen entschiedenen Forderungen, angeregt durch das Vorbild des heiligen Antonius, das seinem Suchen nach Weisheit, Sinn und Erfüllung entgegenkam.

Er gab alle Ämter in Mailand auf und beschloß, fortan ein zurückgezogenes Leben zu führen – allein dem Gebet, dem Studium und der Betrachtung gewidmet.

Über Pisa und Ostia wollte er mit Alypius und der glücklichen Mutter nach Nordafrika zurückkehren. Da erkrankte sie am Fieber und starb neun Tage später in Ostia bei Rom. Dort wurde sie auch bestattet.

Augustinus führte in den Jahren zwischen 388 und 391 ein zurückgezogenes Leben, allein dem Studium, dem Gebet und der Betrachtung hingegeben. 391 weihte ihn Bischof Valerius zum Priester, und nur fünf Jahre später, 396, wurde er der Nachfolger des greisen Valerius auf dem Bischofsstuhl von Hippo Regius.

Augustinus starb am 28. August 430, während die Vandalen die Bischofsstadt Hippo Regius belagerten.

Religion war für ihn immer Gebet gewesen, ein Gebet, das vom demütigen Rufen aus der Tiefe zur Höhe des Lobpreises aufsteigt. Einige seiner bedeutendsten Gedanken beschäftigten sich mit dem Phänomen der Zeit.

»Was ist an ihr wirklich?« fragte er. »Bei genauem Hinsehen allein die Gegenwart, das Jetzt. Vergangenheit existiert nur in unserer Erinnerung, Zukunft nur in unserer Erwartung. Damit sind beide nicht eigentlich wirklich. Es ist die Beschränktheit unseres menschlichen Bewußtseins, die das immer Seiende allein im Nacheinander zu fassen vermag. Was aber in nicht endender Folge vor uns auftaucht und vorüberzieht, das ist vor Gottes Auge alles gleich gegenwärtig...«

Was Augustinus, der geniale Denker, hier mit äußerster Präzision formulierte, erinnert in verblüffender Weise an die Erkenntnisse der modernen Naturwissenschaften, insbesondere der Relativitätstheorie, wenn man sie einmal von ihren mathematischen Einbindungen befreit. – Das mag ein Hinweis sein auf die staunenswerte Erkenntnistiefe Augustins, die bis heute nichts von ihrer Faszinationskraft eingebüßt hat.

Aurelius Augustinus,

der als theologischer Denker alle seine Vorgänger überragt, wurde am 13. November 354 in Thagaste bei Karthago im heutigen Tunesien als Sohn eines heidnischen Vaters und der Christin Monnica geboren. Der Vater ließ den begabten Sohn zum Rhetor ausbilden.

Augustinus begann seine Lehrtätigkeit in Thagaste und Karthago, ging dann 383 nach Rom und schon ein Jahr später als Professor der Rhetorik nach Mailand.

Er fand erst spät, auf dem Umweg über die Philosophie, vor allem auch durch den Einfluß des Ambrosius von Mailand, den Weg zum Christentum. In der Osternacht 387 empfing er in Mailand die Taufe. In den zwischen 397 und 398 geschriebenen »Confessiones« (Bekenntnissen) hielt er den Weg seiner Wandlung fest, ein Werk, das zu den großen Bekenntnisbüchern der Weltliteratur zählt.

In den Jahren 388 und 391 lebte er mit Gleichgesinnten in einer klösterlichen Gemeinschaft. Bischof Valerius weihte ihn 391 zum Priester. Fünf Jahre später, 396, wurde er dessen Nachfolger als Bischof von Hippo Regius in Nordafrika.

Ein umfangreiches Werk entstand in diesen Jahren, darunter auch die geistesgeschichtlich einzigartige Arbeit »De civitate Dei« (Vom Gottesstaat), geschrieben zwischen 413 und 426.

Augustinus, der bedeutendste aller Kirchenväter, der Mann, der Antike und abendländisches Christentum miteinander verband, starb am 28. August 430, während die Vandalen Hippo Regius belagerten.

Der Schutzpatron Europas
Benedikt von Nursia

(480 bis ca. 560)

Odilo Lechner

»Dein Antlitz leuchtet Frieden – dir ist der Tag bestellt«, schrieb Reinhold Schneider in der Zeit der Bedrängnis in einem Gedicht über Benedikt. Was wissen wir von diesem Mann, der das Abendland entscheidend geprägt hat?
Über sein Leben (480 bis ca. 560) schrieb der berühmte Papst Gregor I. um 593. Er läßt die Gestalt Benedikts in manchen wundervollen Begebenheiten aufleuchten. Fortgelebt hat Benedikt durch seine Ordnung des klösterlichen Lebens, das er in Subiaco und Monte Cassino einrichtete. Seine Regel ist vor allem seit dem 8. Jahrhundert ungezählten Mönchen und Nonnen Richtschnur ihres Lebens geworden und ist auch für viele andere Menschen eine Weisung, wie man gemeinsam Gott suchen kann.

Aufbruch und Suche: Benedikt bricht als Student in Rom auf, um in der Einsamkeit Gott zu suchen. Er ist unzufrieden mit seinem Leben in der vom Untergang bedrohten Zivilisation Roms; er spürt, daß es eine abschüssige Bahn des Verderbens sein könnte. Er löst sich vom Vaterhaus, von seinem Besitz, vom Studium, von künftiger Karriere. Er sucht ein ganz anderes Leben im Umkreis der Mönchsbewegung, die schon eineinhalb Jahrhunderte lang eine Alternative ist zu einem angepaßten und im römischen Staat mächtig gewordenen Christentum.
Zuerst lebt er mit seiner Amme in einer Gemeinschaft frommer Männer. Als ein Wunder ihm Ansehen verschafft, erkennt er die Gefahr, sich von Lob und Gunst der Menschen bestimmen zu lassen. Er entflieht in die Berge von Subiaco, um ganz allein Gott zu suchen. Nur ein anderer Mönch hilft ihm dabei, gibt ihm das Mönchsgewand und unterstützt seine radikale, einsame Suche nach Gott in der abgelegenen Berghöhle.
Benedikt weiß, daß der Mensch ein Leben lang nach Gott suchen muß. Bei jedem, der sich der klösterlichen Gemeinschaft anschließen will, muß man zuerst gewissenhaft prüfen, »ob er wirklich Gott sucht«.

Horchen und Gehorchen: Benedikts Suche nach Gott ist geprägt vom Horchen. Darauf will er sich zunächst in der Einsamkeit konzentrieren. Das Vorwort zu seiner Regel beginnt mit dem Wort »Horche ... neige das Ohr deines Herzens«. Auf die innere Bereitschaft zu hören kommt es an. Wir leben davon, daß Gott uns anspricht. Unser Verderben ist es, wenn wir nicht offen sind und uns in das eigene Wissen und Wollen verschließen. Darum kann Benedikt schreiben: »Was gibt es Schöneres als die Stimme des Herrn, der uns einlädt? Seht, in seiner Güte zeigt uns der Herr den Weg zum Leben.«

Freilich kann der Mensch, der Gott allein sucht, sich täuschen. Benedikt erfährt den Wert der Gemeinschaft: Nach drei Jahren der Einsamkeit kommt am Osterfest ein Priester zu ihm und bringt ihm etwas von seinem Festmahl: »Komm, wir wollen jetzt essen, denn heute ist Ostern.« Benedikt, ganz außerhalb von Zeit und Ordnung, antwortet: »Ja, heute ist für mich Ostern, weil ich dir begegnen darf.« Der Priester belehrt ihn, daß wirklich Ostern ist und sie zusammen die Gaben Gottes genießen sollten.

Auf der Suche nach Gott brauchen wir die Stütze der Gemeinschaft. Das Wort Gottes wird uns in der Gemeinschaft überliefert, wird in ihr ausgelegt, aktualisiert zu konkreter Weisung. Der auf Gott Horchende wird ein Gehorchender. Er läßt sich durch das Wort anderer aus dem Eigenen herausreißen. Darum wählen sich nach der Regel Benedikts die Mönche einen Abt, einen Vater, der die Weisung Gottes für die Gemeinschaft konkretisiert. Darum soll auch der Abt auf den Rat seiner Brüder hören, darum sollen die Mönche auch einander gehorchen.

Auf dem Wege bleiben: Benedikts Ruf, sein gerader Sinn, zieht andere an. Eine benachbarte Mönchsgemeinschaft, deren Abt gestorben war, will ihn zum Vater haben und gibt nicht nach, bis er zusagt. Als er aber nicht erlaubt, auch nur einen Schritt vom rechten Weg abzuweichen, erkennen die Mönche: Unerlaubtes bleibt bei ihm unerlaubt. Ihre Verkehrtheit stößt sich an seiner Geradheit. So suchen sie ihn zu vergiften. Als sie ihm aber den Becher mit dem tödlichen Trank reichen, macht Benedikt darüber mit ausgestreckter Hand das Kreuzzeichen, und der Becher zersplittert, als hätte Benedikt einen Stein geworfen. Benedikt sagt mit gelassener Miene und innerer Ruhe: »Brüder, der allmächtige Gott erbarme sich eurer, warum habt ihr mir das antun wollen? Warum? Habe ich euch nicht zuvor gesagt, eure Lebensweise vertrage sich nicht mit der meinen? Darum geht hin und sucht euch einen Vater nach eurer Sinnesart.« Er kehrt in den Frieden seiner Einsamkeit zurück. Die Ausrichtung auf Gott gibt ihm eine Gerad-

linigkeit, die ihn alle falsche Anpassung und alles Hin- und Herschwanken vermeiden läßt.
Er sieht auch im Mönchtum seiner Zeit viel Unbeständigkeit und Wildwuchs. Er verabscheut die Mönche des unsteten Umherwandelns, die ihren Launen und Gelüsten folgen – »immer umherschweifend, niemals beständig«. Darum will er, daß seine Mönche, wenn sie nach eingehender Prüfung in einem Kloster das Mönchsleben als ihren Weg erkannt haben, Stabilität versprechen, Beständigkeit und Treue zu ihrer klösterlichen Gemeinschaft.
Wir möchten gern unseren Schwierigkeiten entfliehen, Orte und Umgebung wechseln. Je mehr wir in unserer Gesellschaft viele Möglichkeiten vor uns haben, je weniger uns ein äußerer Rahmen Halt gibt, desto mehr bedürfen wir der Festigkeit, die aus freiwilliger Bindung kommt. Gregor berichtet von einem Einsiedler, der sich selbst an eine eiserne Kette legte, um an seinem Platz auszuharren. Benedikt läßt ihm durch einen Schüler ausrichten: »Wenn du ganz Gott gehörst, dann sollte dich nicht eine eiserne Kette, sondern die Kette Christi halten.« Auf dies Wort hin legte der Einsiedler die Kette ab und überschritt trotzdem nie die Grenze, die er sich selbst gesetzt hat.
So will uns Benedikt zu einer inneren Festigkeit aus Freiheit führen. Das Ziel ist, so etwa in seinem grundlegenden Kapitel über die Demut, daß man aus Liebe und nicht mehr aus Furcht handelt, daß das Gute nicht mehr äußere Pflicht, sondern innere Natur wird. Dazu aber bedarf es des Kampfes und der Anstrengung, des Verzichts auf das viele, das wir wünschen und begehren könnten, der Konzentration auf den einen Willen Gottes.

Nach einer Ordnung des Friedens suchen: Benedikt sammelt in zwölf kleinen Klöstern in Subiaco Schüler um sich, Söhne vornehmer Römer, entlassene Sklaven, fremde Goten. Sie alle gehören zur einen Familie Gottes. Benedikt nimmt das Pauluswort ernst: »Ob Sklave oder freier Mann, in Christus sind wir alle eins. Bei Gott gibt es ja kein Ansehen der Person.« Die Mönche sollen nichts als ihr Eigentum betrachten, sondern wie in der Urgemeinde von Jerusalem soll »alles allen gemeinsam« sein. Das bedeutet für Benedikt keine Gleichmacherei, weil er um die Verschiedenheit der Menschen und um die Eigenart jedes einzelnen weiß. So legt er auch Wert auf ein anderes Wort der Apostelgeschichte: »Jedem wurde zugeteilt, was er nötig hatte.« Die Verteilung erfolgt also nach den Bedürfnissen. So heißt es im 34. Regelkapitel: »Wer also weniger braucht, danke Gott und sei nicht traurig; wer aber mehr braucht, demütige sich wegen seiner Armseligkeit und überhebe sich nicht, weil man auf ihn Rücksicht nimmt. Auf diese Weise bleiben alle Glieder in Frieden.«

Benedikt sucht nach einem gemeinsamen Maß für die vielen, nach einer Ordnung von Gebet und Arbeit, in der alle froh ihren Dienst tun können ohne Murren und Unzufriedenheit.

Einem einfältigen Goten gibt einmal Benedikt das im See versunkene Arbeitsgerät auf wunderbare Weise zurück mit den Worten: »Da, nimm, arbeite und sei nicht mehr traurig.« Die Ordnung von Arbeit und Gebet überwindet die Traurigkeit und gibt dem ganzen Leben den einen Sinn, »daß in allem Gott verherrlicht werde«.

Etwa um das Jahr 529 zieht Benedikt von Subiaco weiter nach Süden, um auf dem Monte Cassino ein großes Kloster zu gründen. Er sucht ein Stück der Welt aus dem Glauben zu ordnen, es zu einem Haus Gottes zu heiligen. Das Kloster ist auch für Benedikt nicht eine stille Insel im wilden Getöse der Welt; es bleibt Welt mit aller Gefährdung. Aber es ist ein Ort der Friedenssuche, von dem aus auch die übrige Welt etwas von der umwandelnden Kraft des Glaubens erfahren kann. Als der Gotenkönig Totila nach Monte Cassino kommt, schickt er seinen Schwertträger als König verkleidet voraus, um Benedikt irrezuführen. Benedikt ruft diesem zu: »Leg ab, was du trägst; es gehört nicht dir.«

Die Sicht des Glaubens durchschaut den falschen Schein, demaskiert und korrigiert. Als dann Totila selber kommt und sich ehrfürchtig niederwirft, geht Benedikt zu ihm und richtet ihn auf. Er wirft ihm seine Untaten vor und sagt ihm seine Zukunft voraus. Gregor der Große bemerkt über Totila: »Seitdem war er weniger grausam.« Ein Leben aus dem Glauben beginnt immer wieder am eigenen Ort Welt zu ändern und Welt zu befrieden; es schafft gewiß nicht eine heile Welt, aber es vermag sie zu einer weniger grausamen zu machen.

Ausschau nach dem Ewigen: Benedikts Friede kommt aus der Verankerung im Ewigen. Gregor schildert Benedikt als einen Menschen, der schon als junger Mensch das Herz eines Alten hatte, das heißt reife Einsicht besaß und früh mit Leidenschaft nach dem Unvergänglichen suchte. Darum hat er auch den Tod nicht verdrängt. In seiner Regel gibt er seinen Mönchen die Devise, sich täglich den drohenden Tod vor Augen zu halten und mit der ganzen Sehnsucht des Geistes nach dem ewigen Leben zu verlangen.

Aus den späten Jahren Benedikts wird berichtet: Eines Nachts schaut er in einer Lichterscheinung die gesamte Welt wie in einem einzigen Sonnen-

strahl zusammengefaßt. Gregor erklärt diese Vision: Wenn die Seele auch nur ein klein wenig vom Licht ihres Schöpfers schaut, wird alles Geschaffene klein. Durch das Licht der inneren Schau weitet sich das Innere und dehnt sich in Gott dermaßen aus, daß es über die Welt erhaben ist.
Benedikt weiß den Tag seines Ablebens voraus. Sechs Tage vor seinem Hinscheiden läßt er sein Grab eröffnen. Den immer schwächer Gewordenen tragen seine Jünger in die Kapelle. Er empfängt Leib und Blut des Herrn. Seine kraftlosen Glieder auf die Hände seiner Jünger stützend, die Arme gen Himmel erhoben, steht er aufrecht da und stirbt.
Gerade weil Benedikt sein Leben auf den Tod und auf das Ewige ausgerichtet hatte, konnte er bewußt und gelassen dem Sterben entgegensehen. Sein Frieden in der Zeit kam aus der Nähe des Ewigen.

Benedikt

(Benedictus – der Gesegnete), geboren um 480 in Nursia (Norcia, Mittelitalien), lebte nach seinem Weggang aus seiner Studienstadt Rom zunächst als Einsiedler, dann als Begründer klösterlicher Gemeinschaften in den Bergen von Subiaco. Der Überlieferung nach im Jahr 529 zieht er weiter nach Süden und errichtet in Monte Cassino ein großes Kloster. Unter Benützung älterer Vorlagen verfaßt er eine Regel für seine Mönche. Er stirbt vor 560. Papst Gregor I., der Große, beschrieb um 593 in seinen Dialogen das Leben Benedikts. Man gab Benedikt die Ehrentitel: Patriarch des abendländischen Mönchtums, Vater Europas (Pius XII.), Schutzpatron Europas (Paul VI.).

Die Glaubensboten aus Irland
Kilian, Kolonat und Totnan

(650 bis 689)

Bruno Rottenbach

Gemeinsam knieten sie vor dem Gekreuzigten und sprachen das nächtliche Stundengebet: »Mitten in der Nacht erheb' ich mich, um dich zu preisen. Die Gottlosen lauern mir auf, mich zu vernichten, aber auf deine Satzung achtet mein Sinn ...« Die Worte verhallten in der Stille und heiligten den neuen Tag. Doch ihn sollten Kilian und seine Gefährten Kolonat und Totnan nicht mehr erleben. Die Nokturn war noch nicht verklungen, als sich die Tür ihrer Klause in einem Seitenflügel des Würzburger Herzogshofes öffnete und Henkersknechte mit gezücktem Schwert über die Schwelle drängten. Von Gailana, der Frau des fränkischen Herzogs Gosbert, gedungen, überfielen sie die irischen Mönche und enthaupteten sie. Die Mörder vollbrachten ihre ruchlose Tat mit solcher Hast, daß den Mönchen kaum die Zeit zu einem Stoßgebet blieb. Kilian sprach es ruhig und gefaßt: »Fürchtet nicht diejenigen, die zwar den Leib töten, die Seele aber nicht töten können. Herr, erbarme dich unser.«

Während im Sterben der drei Märtyrer die Herrlichkeit Christi aufleuchtete, suchten die Häscher hastig die Spuren des Mordes zu beseitigen. Unter den Bohlen eines nahen Stalles verscharrten sie die Leiber und gaben den irischen Missionaren die Zeugnisse ihres Wirkens mit ins Grab. Die Eile war begründet, denn in jener Nacht weilte Herzog Gosbert nicht am Würzburger Herzogshof.

Sobald er dorthin zurückgekehrt war, forschte er nach den drei Dienern Gottes. Sie waren ihm längst gute Freunde und Berater geworden. Schon vor ihrer Ankunft im Jahr 686 hatte sich die Herzogsfamilie samt dem fränkischen Adel taufen lassen. Ihre Taufe war zugleich die Entscheidung über die Religionszugehörigkeit ihrer Untertanen. Damit waren die Franken zwar noch keine überzeugten Christen, aber die Saat war in den Boden gebracht, wo sie keimte und wuchs. Die irisch-schottischen Mönche hatten am Wachstum der Frucht reichen Anteil. Daher war es auch nicht ihre schon drei Jahre währende Missionstätigkeit, die zum Märtyrertod geführt hatte. Ursache war das Aufeinanderprallen der neuen christlich-ethischen Forderungen mit den alten Anschauungen einer im Umbruch befindlichen Zeit.

Herzog Gosbert war eine Ehe mit Gailana, der Witwe seines Bruders, eingegangen. Nach dem Kirchenrecht war eine solche Schwägerschaft ein Ehehindernis. Zweifellos hatte Kilian in zahlreichen Gesprächen mit dem Herzog versucht, diesen von der Auffassung der Kirche zu überzeugen. Herzog Gosbert schien im Lauf der Zeit auch geneigt, den strengen sittlichen Forderungen Kilians nachzugeben. Schließlich ging es dabei nicht allein um sein persönliches Glück, vielmehr galt es, ein leuchtendes Beispiel für alle Franken zu geben. Kilian hatte ihn überzeugt, daß er gar keine andere Möglichkeit hatte, war doch schon in den bedeutendsten Rechtsvorschriften der fränkischen Zeit als Strafe für eine derartige blutschänderische Ehe der Verlust des gesamten Vermögens festgesetzt.

Gailana aber fühlte sich durch Kilians Bemühungen nicht nur in ihrer Liebe zu Gosbert verletzt, sondern auch zutiefst in ihrer Existenz und Ehre getroffen. Als sie schließlich Gosberts Schwanken spürte, als sie erlebte, wie sich der Konflikt zuspitzte, sah sie keinen anderen Ausweg als die Vernichtung derer, die Gosbert von ihr zu trennen suchten. Daß der Tod der irischen Mönche und Freunde ihres Gatten unweigerlich auch zu einer Entfremdung zwischen ihr und dem Herzog führen mußte, das hatte die gekränkte und haßerfüllte Frau nicht bedacht.

So nahm das Schicksal seinen Lauf. Der fränkischen Herzogsfamilie brachte die Ermordung der Missionare Kilian, Kolonat und Totnan nur Unglück. Es traf Gailana hart, führte zur Ermordung Gosberts und der Vertreibung seines Sohnes, und es suchte die Henker schwer heim.

Zunächst wahrte eine kleine Christengemeinde das Andenken der Frankenapostel. Die Klarheit ihrer Gewissensentscheidung als gültiger Maßstab christlichen Lebens wurde von ihren Mitgliedern geschätzt. Oft pilgerten sie an die Stätte, an der Kilian und seine Gefährten am 8. Juli 689 den Tod erlitten hatten, denn sie galt ihnen als geheiligter Ort. Bald jedoch sprengte die Verehrung der Glaubensboten aus dem fernen Irland die lokalen Grenzen. Der iro-schottische Wanderbischof Kilian wurde zum »Heilsbringer des fränkischen Reichsvolkes«, das sich damals – als Ostfränkisches Reich – von der Normandie bis an die slawische Grenze erstreckte. Durch die Neubelebung des in Franken vorgefundenen Christentums und die weitere Verbreitung des Glaubens wurde das Castellum Wirziburc zum Mittelpunkt der ostfränkischen Missionstätigkeit. Denn das missionarische

Wirken Kilians färbte auch auf Gosberts Nachfolger, Herzog Hetan II., ab. Er schenkte dem Friesenmissionar Willibrord 717 unter anderem das Castellum Hammelburg unweit Würzburg, um dort ein Kloster zu gründen. Kilian hatte auch den Weg bereitet für die Gründung des Bistums Würzburg durch Bonifatius im Jahr 742.
Das Ansehen dieses Bistums wuchs unvorstellbar, als im Jahr 752 die Gebeine der Märtyrer Kilian, Kolonat und Totnan unter jenem Stall gefunden wurden, unter dem sie die Häscher Gailanas vergraben hatten. Durch die Erhebung der Gebeine durch Würzburgs ersten Bischof Burkhard im Jahr 752 gewann Kilian die Bedeutung eines Schutzherrn »über die mittlerweile im Osten entstandene königliche Machtbasis«.
Zunächst waren die Reliquien der Märtyrer in die Marienkirche auf dem Marienberg gebracht worden. Aber schon drei Jahre später, 755, wurden sie in die Salvatorkirche auf dem Platz des heutigen Neumünsters überführt, die über der Fundstelle der Gebeine errichtet worden war.

Kilian, Kolonat und Totnan gingen aus dem irischen Mönchtum hervor. Der Mann, der dieser irisch-schottischen Kirche ihr besonderes Gepräge gab, war Abt Columban. Als Bekehrer Schottlands gründete er mehr als 40 Klöster. Im Jahr 562 wanderte er mit etwa 100 Gefährten aus zur Hebrideninsel Hy, Iona genannt und an der Westküste Schottlands gelegen. Dieses Kloster Hy wurde unter Columban und seinen Nachfolgern Vorbild und Ausgangspunkt der Missionsarbeit und kirchlichen Organisation im gesamten iro-schottischen Gebiet. Das irische Mönchtum erlangte auf kirchlichem, geistigem und sozialem Gebiet eine überragende Stellung. Erfüllt vom Ideal mönchischer Askese, vertrauensvollen Gehorsams gegenüber dem Abt und rastlosen Missionseifers zogen viele der irischen Mönche gleich Columban freiwillig für Christus in die Fremde. Dieses Kloster Hy gilt als die geistige Heimat Kilians und seiner Gefährten.
Daß Kilian möglicherweise um 650 in Mullagh, das damals zum Bistum Kilmore gehörte, als »Sohn aus bedeutendem Geschlecht« geboren wurde, ist eine Vermutung und wird durch Urkunden nicht bestätigt. Aber die »Passio Minor«, eine Lebensbeschreibung aus dem 8. Jahrhundert, bescheinigt ihm einen heiligen Lebenswandel, Ehrfurcht und frommen Eifer. In einem der Klöster Banhot, Monasterboice oder Armagh, in welchen die Zeit weise eingeteilt war in Gebet, Arbeit und Studium, reifte er heran zu einem Mann voll Glaubenskraft und Liebesmut. Den Samen des göttlichen Wortes, der in ihm so herrlich aufgegangen war, wollte er nun auch in andere Herzen säen, als Samenkorn des ewigen Lebens.

Als die Stunde der Aussendung gekommen war, segelte er im Jahr 686 mit mehreren Gefährten vermutlich von Laurages aus übers Meer. Gottvertrauen und die feste Zuversicht, daß der Allmächtige ihn und die Seinen auf ihrem gefahrvollen Weg führen und schützen werde, verbannten jegliche Furcht vor dem Aufbruch ins Ungewisse. Die Meerfahrt wurde gut überstanden, das Schiff landete sicher an der Küste des fränkischen Reiches. Doch nun erst begann die eigentliche Pilgerfahrt durch Austrasien, das ostfränkische Reich. Für die Missionare aus Irland waren die dortigen Machtverhältnisse reichlich undurchsichtig. Kriegerische Auseinandersetzungen hatten zwar zur Eingliederung Thüringens in das fränkische Reich geführt und dadurch eine entscheidende Voraussetzung für die endgültige Ausbreitung der fränkischen Macht östlich des mittleren Rheins geschaffen. Aber noch dauerten die Kämpfe an, gewann der Adel in dem Maße an Macht, wie das Königshaus sie verlor. Zudem waren weite Landstriche unwirtlich und dicht bewaldet. Nur mäßig war das Gebiet von Siedlungsland durchsetzt. Doch die Mühsal der entbehrungsreichen Wanderung bis ins Herz Frankens wurde überstanden.
Was Kilian und seine Gefährten schließlich bewog, am Main zu bleiben und das Castellum Wirziburc als Mittelpunkt für eine segensreiche Missionsarbeit auszuwählen, das überliefert die Passio Minor mit den Worten Kilians an seine Gefährten: »Seht, Brüder, wie schön ist das Land und wie angenehm die Menschen.« Daß Kilian blieb, danken ihm heute nicht nur die Franken.

Kilian

wurde um 650 in Mullagh, Bistum Kilmore, in Irland geboren. Er genoß eine Klostererziehung im Geiste des Abtes Columban. 686 erfolgte die Aussendung Kilians und zahlreicher Gefährten von Laurages aus ins Reich der Franken. Am 8. Juli 689 Enthauptung der Frankenapostel Kilian, Kolonat und Totnan durch Henkersknechte, die von der Frau des Frankenherzogs Gosbert, Gailana, gedungen waren. 752 Auffindung der Gebeine der drei Märtyrer. 755 Überführung der Reliquien der Märtyrer von der Rundkirche auf dem Marienberg, wo sie einstweilen aufbewahrt worden waren, in die Salvatorkirche am Platz des heutigen Neumünsters. 788 feierliche Prozession Karls des Großen zum Grab der Frankenapostel.

Der Apostel der Deutschen
Bonifatius

(672/73 bis 754)

Karl Rolf Seufert

Das europäische Festland wurde von den Britischen Inseln her missioniert. Um die Mitte des sechsten Jahrhunderts kamen irische Mönche. Sie predigten zuerst in der Bretagne, dann in Burgund und gründeten in Luxeuil in den Vogesen ein Kloster, das lange Zeit der Mittelpunkt der Christianisierung blieb. Unter ihrem Wirken, das sich bis zum Bodensee und in die Schweiz erstreckte, schloß sich der Kontinent zum erstenmal seit der Völkerwanderung wieder zu einer geistigen Einheit zusammen.
Den Iren folgten im achten Jahrhundert angelsächsische Missionare. Papst Gregor der Große hatte ihnen den Auftrag erteilt, den Völkerschaften Nord-, Mittel und Westeuropas das Christentum zu bringen.
Der bekannteste unter ihnen wurde Bonifatius, Erzbischof und Vikar des ostfränkischen Reichsgebietes. Sein Lebenswerk hatte weltgeschichtliche Wirkung. Er wurde einer der Begründer des abendländischen Mittelalters – und blieb dennoch allezeit der demütige Diener Gottes, ein Mann des Gebetes, ein Benediktinermönch, als der er über den Kanal gekommen war.

Winfrid, wie Bonifatius eigentlich hieß, wurde 672 oder 673 im nordwestenglischen Königreich Wessex geboren. Die Eltern brachten den begabten Knaben schon mit sieben Jahren zur Erziehung in das Benediktinerkloster Nursling. England besaß damals die besten Schulen diesseits der Alpen; es waren Klosterschulen, denen eine ansehnliche Bibliothek angegliedert war. Zur Tradition gehörte auch das Studium der weltlichen Wissenschaften; es galt als Grundlage für das geistliche Studium, vor allem für das Verstehen der Heiligen Schrift. Hinzu kam die ausgewogene »Regula« des heiligen Benedikt mit der Liturgie als gelebtem Mittelpunkt. Sie prägte den jungen Bonifatius, wurde ihm selbstverständliche und absolute Verpflichtung. Trotz seiner wissenschaftlichen Interessen versäumte er nicht, in geradezu vorbildlicher Weise an Gebet und Gottesdienst teilzunehmen, wie es die Ordensregel der Benediktiner fordert.

Bonifatius wurde zunächst Lehrer und verfaßte eine Grammatik und Metrik (Lehre vom Versmaß) sowie mehrere schöngeistige Werke. Gerade der Grammatik, die Bonifatius in der Klosterschule lehrte, wurde besondere Bedeutung beigemessen. Sie galt als Kernfach und diente nicht nur der sicheren Sprachbeherrschung. An ihr führte man die Schüler auch in die Werke der christlichen und heidnischen Klassiker ein. Für Bonifatius, den begeisterten Pädagogen, war das rechte Lernen ebenso ein Anliegen wie das rechte Ziel des Lernens. Lernen hieß für ihn wie für seine Zeitgenossen, stufenweise – auf den sieben Stufen der Freien Künste – aufzusteigen zur Weisheit, dem höchsten, unverlierbaren Glück. »Denn nichts in dieser Welt kann mit der Weisheit verglichen werden. Sie ist es, die den Niedrigen erhöht und dem Mächtigen Glanz gibt.« So formulierte es einmal Alkuin, gleichfalls Angelsachse und Lehrer, später Berater Karls des Großen.

Erst mit über vierzig Jahren, schon lange nicht mehr jung, gemessen an der damaligen Lebenserwartung, folgte auch Bonifatius 716 dem Zug der Missionare über den Kanal. Es war sicher kein leichter Entschluß für den angesehenen Grammatiklehrer gewesen, die Geborgenheit des Klosters aufzugeben, jene Atmosphäre frommer Einfachheit und Gelehrsamkeit, sondern eine Entscheidung, die in Jahren inneren Ringens gereift sein mußte.

Er fuhr nach Friesland und unterstützte den angelsächsischen Benediktiner Willibrord, der seit zwanzig Jahren am Niederrhein missionierte, das Kloster Echternach gründete und später Bischof von Utrecht wurde. Bonifatius kam nicht als streitbarer Eiferer; er war kein Fanatiker, und er wußte sehr wohl, was ihn an Schwierigkeiten, Mühsalen und Gefahren erwarten würde. Was ihn im letzten bewog, alles hinter sich zu lassen, was sein bisheriges Leben ausmachte, war das Wort des Herrn: »Gehet hin in alle Welt und lehret alle Völker und taufet sie.« Er fühlte sich tief in der Schuld der Unerlösten.

Doch bald mußte er erkennen, daß der Zeitpunkt ungünstig gewählt war. Die politischen Wirren jener Jahre ließen keine erfolgreiche Missionierung zu, und so brach er, zusammen mit Willibrord, die Arbeit ab. Immerhin hatten ihm die wenigen Monate gezeigt, daß die Bekehrung der Germanen nur dann gelingen konnte, wenn sie von den Mächtigen des Landes unterstützt wurde – eine Lehre, die sein künftiges Handeln bestimmen sollte.

Er kehrte nach England zurück, und obwohl man ihn in Nursling nun zum Abt wählte, blieb er bei seiner Entscheidung. Er hatte in der Missionierung der Germanen seine Lebensaufgabe gefunden. Bereits 718 segelte er erneut zum Festland. Sein Ziel war diesmal Rom. Am 15. Mai 719 gab Papst Gregor II. dem Benediktinermönch Winfrid den Namen Bonifatius nach dem Heiligen vom Vortag, einem römischen Märtyrer; außerdem ernannte er ihn zu seinem »Conminister« und beauftragte ihn mit der Heidenmission.

Von Rom kehrte Bonifatius auf dem Landweg zurück. Er reiste zunächst durch die Lombardei, überquerte die Alpen und wandte sich nach Thüringen. Dort erreichte ihn die Kunde vom Tod des christenfeindlichen Friesenkönigs Radbod. Sofort zog er weiter nach Friesland, wo er dann Bischof Willibrord drei Jahre lang beim Wiederaufbau half.

Bonifatius leistete gute Arbeit. Er überzeugte die Menschen, wohin er auch kam, durch seine Beredsamkeit, seinen hohen persönlichen Mut, mehr aber noch durch seine Persönlichkeit. Willibrord hätte ihn gern für immer in Friesland gehalten; er bot ihm sogar die Nachfolge im Bistum Utrecht an. Doch Bonifatius lehnte ab. Er sah die größere Aufgabe .

Anfang 722 wandte er sich nach Süden, wanderte nach Oberhessen, gründete dort das Kloster Amöneburg und taufte, wie sein Biograph Willibald berichtet, in kurzer Zeit viele tausend Heiden.

Noch im gleichen Jahr reiste er auf Einladung des Papstes erneut nach Rom. Der Papst bestätigte ihm die selbstgewählte Lebensaufgabe: Er weihte ihn zum Bischof ohne festen Wohnsitz und ließ ihm bei der Missionierung Deutschlands freie Hand.

Wieder kehrte er über die Alpen zurück, diesmal ausgestattet mit der höchsten päpstlichen Vollmacht und mehreren Empfehlungsschreiben. Die neue Stellung wirkte sich aus. Bonifatius, nunmehr offizieller Abgesandter des Papstes, wurde von Karl Martell, dem karolingischen Hausmeier, mit allen Ehren empfangen – und nicht nur das. Er ließ dem Bischof einen Schutzbrief überreichen, »damit er, wo immer er sich aufhält, mit unserer Geneigtheit und unter unserem Schutz und Schirm unangefochten und gesichert sei«.

Bonifatius wandte sich zunächst nach Hessen, wo er mit wachsendem Erfolg missionierte. Dabei kam es 724 auf dem Gudensberg bei Geismar zu jenem dramatischen Ereignis, das in die Geschichte einging und bis heute als Durchbruch des Christentums in Deutschland und darüber hinaus in Mitteleuropa gilt. Der Chronist Willibald berichtet:

»Damals empfingen viele Hessen, die den katholischen Glauben angenommen hatten, die Handauflegung. Andere, deren Geist noch nicht

erstarkt war, weigerten sich, die unverletzbaren Wahrheiten des reinen Glaubens anzunehmen. Einige opferten heimlich Bäumen und Quellen, weissagten aus dem Vogelflug oder anderen Zeichen und pflegten die verschiedensten Opferbräuche. Wieder andere, deren Geist schon erstarkt war, taten nichts dergleichen und versagten sich allen heidnischen Götzendiensten.
Auf den Rat der schon Getauften und mit ihrer Hilfe unternahm er es dann, eine ungeheure Eiche, die mit ihrem heidnischen Namen Joviseiche hieß, zu fällen.
Dies geschah in einem Ort, der Gäsmera (Geismar) hieß, im Beisein der ihn umgebenden Knechte Gottes (gemeint sind die Helfer des Bonifatius und die bereits getauften Hessen). Als er nun kühn entschlossen den Baum zu fällen begann, verwünschte ihn die große Schar der herbeigeeilten Heiden als einen Feind ihrer Götter.
Als er jedoch nur wenig den Baum angehauen hatte, stürzte dieser zur Erde und barst in viele Teile. Als dies die vorher fluchenden Heiden sahen, wurden sie anderen Sinnes, legten ihre Bosheit ab, priesen Gott und glaubten.«
Aus dem Holz der Eiche baute man bei Fritzlar eine Kirche, die Bonifatius dem Petrus weihte. Eine andere baute er in Hamenaburg zu Ehren des Erzengels Michael.

Gegen Ende des Jahres 724 verließ Bonifatius Hessen wieder und zog mit seinen Begleitern nach Thüringen, wo er volle zehn Jahre predigte und taufte. Kreuz und quer reiste er durch die Lande. Auf den unsicheren Wegen war er ständig Belästigungen und Gefahren ausgesetzt.
Doch er schonte sich nicht. Eifer, Frömmigkeit und die Sorge um das Leben der Begleiter machten es ihm unmöglich, anderen das Reisen und Predigen zu überlassen. Er wußte auch, niemand konnte die Menschen so überzeugen, wie es ihm gelang. Niemand vermochte die Massen so zu begeistern, daß sie sich vielerorts spontan von den alten Göttern lossagten und die Taufe verlangten.
Sein Ruf wuchs jetzt von Jahr zu Jahr und verbreitete sich, wie sein Chronist berichtet, über weite Teile Europas bis hin in die alte Heimat. »Und so kamen aus den Gauen Englands sehr viele Gottesknechte (Mönche) zu ihm. Männer, die im Lesen, Schreiben und in anderen Künsten wohlbewandert waren. Sehr viele davon unterwarfen sich seinen Weisungen; andere zerstreuten sich unter die Hessen und Thüringer und predigten weit und breit in Gauen und Dörfern das Gotteswort.«

Zu den Mönchen, die aus Irland und England die abenteuerliche Reise nach Sachsen, Hessen und Thüringen unternahmen, um ihm zu helfen, gehörten der Mönch Lullus, der später sein Nachfolger auf dem Mainzer Bischofsstuhl werden sollte, dann Burchard, der erste Bischof von Würzburg, sowie die Brüder Willibald, später Bischof von Eichstätt, und Wunibald, später Abt von Kloster Heidenheim, dann der Priester Denehard, der als Bote die Verbindung zwischen Rom und Bonifatius aufrechterhielt.
Auch Frauen unterstützten ihn, darunter seine Verwandte Lioba, ursprünglich Lehrerin im Kloster Wimborne. Bonifatius hatte sie »als Trost seines Wanderns im fremden Land und zur Hilfe bei seinem Werk« gerufen. Er wies ihr später das neugegründete Biscofesheim, heute Tauberbischofsheim, als festen Wohnsitz zu. Lioba errichtete dort ein bedeutendes Kloster, dem sie vierzig Jahre vorstand. Sie gilt als erste Ordensfrau im deutschen Raum. Mit ihr kamen Thekla, später Äbtissin in Kitzingen, Walburgis und Chunihild, die Tante des Lullus, mit ihrer Tochter und Chunidrut.

Den Jahren 737 und 738 kommt besondere Bedeutung zu. Die eigentliche Heidenmissionierung war beendet. Bonifatius besuchte zum drittenmal Rom, und Papst Gregor III. nahm den nunmehr Sechzigjährigen mit Freude auf. Bonifatius erstattete Bericht und empfing die Weisung, sich fortan dem inneren Aufbau der Kirche zu widmen, dazu gehörte auch eine innere Erneuerung, vor allem des Klerus. Um ihn für diese schwierige Aufgabe mit mehr Autorität auszustatten, ernannte er ihn zum Erzbischof und päpstlichen Vikar des ostfränkischen Reichsgebietes. Außerdem erhielt er ein Empfehlungsschreiben, das an alle Bischöfe, Priester und Äbte gerichtet war, und ein zweites Schreiben, bestimmt für den Adel und das Volk in Germanien.
Unmittelbar nach seiner Rückkehr von Rom begann er damit, die Kirche neu zu organisieren. Er wandte sich zunächst nach Bayern und teilte das Land in vier Bistümer: Regensburg, Passau, Freising und Salzburg. Eine Nationalsynode, wahrscheinlich in Regensburg, schloß sein Wirken in Bayern ab. Er reiste nun zu den Franken. Hier stellte er die regelmäßigen Synodalversammlungen wieder her »und führte das Volk zum wahren Glauben zurück«. Außerdem gründete er vier weitere Bistümer: zunächst Eichstätt, dann Buraburg bei Fritzlar, Würzburg und Erfurt. Die Bistümer Buraburg und Erfurt verwaisten später wieder. Als Primas von Deutschland wählte er sich Köln als erzbischöflichen Sitz. Der Papst bestätigte diese Wahl. Tatsächlich ließ er sich jedoch 745 in Mainz nieder.

Doch dann tat Bonifatius etwas, das niemand erwarten konnte. Er ging zurück in das Land, in dem er als Vierzigjähriger seine Missionsarbeit begonnen hatte – nach Friesland. Er war schon gebrechlich, gezeichnet von Sorgen und Strapazen.

Am 5. Juni 754 kam es zu einem Überfall. Feinde drangen mit Speeren und Schilden, die Waffen schwingend, in das Lager. Schon wollten sich die Christen zur Wehr setzen, da erschien Bonifatius: »Schlagt nicht zu, Leute, und laßt ab vom Kampf!« rief er ihnen zu. »Durch das Zeugnis der Heiligen Schrift werden wir unterwiesen, nicht Böses mit Bösem zu vergelten, sondern für das Böse Gutes zu tun.« Bonifatius sammelte seine Schüler und Getreuen um sich und bereitete sie auf das Martyrium vor. Nun stürzten die Krieger unter rasendem Geschrei mit den Schwertern auf sie und »metzelten die Leiber der Heiligen nieder«. Willibald, der selbst nicht anwesend war, erfuhr später von einer alten Frau, daß Bonifatius, »als er den tödlichen Schwertstreich empfangen sollte, an sein Haupt das heilige Evangelienbuch legte, so daß er unter diesem den Hieb des Mörders

Bonifatius,

eigentlich Winfrid, wurde 672 oder 673 in Wessex (England) geboren. Er war zunächst im Benediktinerkloster Nursling Lehrer und wirkte ab 716 neben Willibrord in der Friesenmission. 719 erhielt er von Papst Gregor II. den Namen Bonifatius. 721 ging er nach Hessen, wo er die Klöster Fritzlar und Amöneburg gründete. Ein Jahr später wurde er in Rom zum Bischof geweiht. Mit wachsendem Erfolg missionierte er in Hessen und Thüringen.
732 wurde er Erzbischof und päpstlicher Vikar des ostfränkischen Reichsgebietes. Er gründete die Bistümer Salzburg, Freising, Regensburg, Passau, Eichstätt, Fritzlar, Erfurt und Würzburg.
747 übernahm er das Bistum Mainz. Mit achtzig Jahren brach er noch einmal nach Friesland auf, um auch dort die Missionierung zu beenden. Dabei wurde er von heidnischen Friesen 754 bei Dokkum erschlagen. Durch seine lebenslange Aufbauarbeit und sein Genie als Organisator schuf er eine der entscheidenden Grundlagen zur zivilisatorischen Entwicklung des Frankenreichs im 8. und 9. Jahrhundert. Seit dem 16. Jahrhundert trägt er den Ehrentitel »Apostel der Deutschen«.

empfing und bei seinem Tod den Schutz des Buches hatte, dessen Lesung er in seinem Leben so sehr geliebt hatte«.
Die Leiche wurde zunächst nach Mainz gebracht und von dort feierlich nach Fulda überführt. Der Mann, der durch seine selbstlose Aufbauarbeit, durch die zahlreichen Klostergründungen zwischen Elbe und Loire, vor allem jedoch durch sein Genie als Organisator wesentlich zur zivilisatorischen Entwicklung des Frankenreichs und zur Einigung des Abendlandes beitrug, hatte seine letzte Ruhe gefunden. Der Ehrentitel »Apostel der Deutschen«, schon seit dem 16. Jahrhundert bekannt, blieb ihm bis heute. In beiden Kirchen gilt er als der demütige Diener Gottes, der Mann des Gebetes, der Prediger, der unter Einsatz seines Lebens und im Vertrauen auf Gott das Christentum in Deutschland verkündete: ein Vorbild aller Glaubenden und einer der Wegbereiter des christlichen Abendlandes.

Der Missionar des Nordens
Ansgar

(Um 801 bis 865)

Esther Schöler

Als Ansgar um 801 geboren wurde, gehörte seine Heimat Nordwestfrankreich zum Fränkischen Reich Karls des Großen. Weder das Kloster Corvey, wo Ansgar Lehrer und Prediger wurde, noch seinen späteren Bischofssitz Hamburg gab es damals schon. Hamburg wurde erst einige Jahre später als Missionsstation gegründet. Das Missionsgebiet lag gar nicht weit entfernt. Die Wikinger im skandinavischen Raum verehrten noch die germanischen Götter. Die Lebensgeschichte Ansgars ist mit ihrer Geschichte eng verknüpft. Er wurde zum päpstlichen Legaten bei den Bewohnern Skandinaviens. Diese Ernennung allerdings geschah sehr viel später als seine Berufung, die er in einer Vision, einem traumähnlichen Erlebnis, unmittelbar von Gott erhalten hatte.

In einer Pfingstnacht erhielt Ansgar seinen ersten Sendungsauftrag. Der junge Mönch, der dieser Welt absterben und nur Gott leben wollte, glaubte in jener Nacht tatsächlich sterben zu müssen. Seine Seele verließ den Körper. Sie wurde von Johannes dem Täufer und dem Apostel Petrus ins Fegefeuer geführt. Dort mußte er, wie er selbst berichtet hat, »vieles erdulden, vor allem undurchdringliche Finsternis, fürchterliche Angst und Beklemmung«. Dann kamen die beiden Heiligen wieder und geleiteten ihn aus dem Fegefeuer zu Gott. Ansgar sah keine Gestalt, sondern ein unermeßliches Licht und hörte eine Stimme, die zu ihm sprach: »Gehe hin, und mit dem Martyrium gekrönt kehre zu mir zurück!«

Danach wurde er von Johannes und Petrus weggeführt. Seine Seele kehrte zurück in seinen Körper. Ansgar hatte für eine kurze Zeit das Ziel seines Glaubens vor Augen gehabt und zugleich den Auftrag erhalten, für diesen Glauben unter Einsatz seines Lebens Zeugnis zu geben.

Es ist begreiflich, daß diese Vision Ansgars Leben prägte und ihn zu einer ungewöhnlichen Konsequenz in der Erfüllung seiner Berufung befähigte. Im Gedanken an die Qualen des Fegefeuers wurde seine Bußgesinnung gestärkt; die Begegnung mit der Majestät Gottes gab seiner Glaubensüberzeugung eine unerschütterliche Festigkeit; die Stimme Gottes hielt sein Sendungsbewußtsein allzeit lebendig. Noch hatte sein Auftrag keine Umrisse, aber Ansgar bereitete sich durch strenges Fasten, gute Werke und Gebet darauf vor.

Er war deshalb keineswegs überrascht, als sein Abt Wala und Kaiser Ludwig der Fromme ihn fragten, ob er bereit sei, den Dänenkönig Harald als Missionar nach Dänemark zu begleiten. Harald, der Gast am Hof des Kaisers war, hatte sich bekehren lassen und war bei einem großen Festakt mit Familie und Gefolge in der Albanskirche zu Mainz getauft worden. Ansgar erkannte: Dies war der Auftrag, der ihm in der Vision angedeutet worden war. Er sollte Blutzeuge seines Glaubens bei den Wikingern werden. Der Märtyrertod des Bischofs Bonifatius in Friesland war den Christen im Fränkischen Reich noch sehr deutlich in Erinnerung.

Ansgar willigte ohne Zögern ein. Er schreckte weder vor der Gefahr zurück noch vor den radikalen Veränderungen seiner Lebensumstände, wie sie ihm manche Mitbrüder im Kloster Corvey sehr eindringlich klarmachten: Die Heimat, die vertraute Geborgenheit bei den Brüdern im Kloster, mit denen er aufgewachsen war, wollte er aufgeben, um fremde Völker aufzusuchen, bei den Barbaren zu leben und wahrscheinlich durch sie umzukommen.

Ansgar fehlte jede Erfahrung. Bis jetzt hatte er völlig weltabgewandt gelebt. Nun mußte er sich mit der Welt einlassen. Ansgar blieb nicht unberührt von solchen Reden. Ein Bruder beobachtete, wie er sich sorgenvoll und bekümmert absonderte. Aber sein Verlangen, Gottes Auftrag zu erfüllen, und sein Vertrauen auf Gottes Hilfe waren stärker als alle Bedenken.

Sein Vertrauen war harten Prüfungen ausgesetzt. Es erging ihm wie dem großen Dulder Hiob. Es wurde ihm viel gegeben, aber auch viel genommen. Obwohl Ansgar im Lauf seines Lebens von Kaiser und Papst immer größere Vollmachten erhielt, nützten sie ihm wenig. Er wurde reich ausgestattet und war doch oft bitterer Not ausgesetzt. Er bekam Gehilfen, stand jedoch in schweren Stunden ganz allein da. Die erprobten Mittel zur Unterstützung der Mission versagten bei ihm.

Die Förderung der Mission durch König Harald blieb ohne größere Auswirkung. Harald mußte vor seinen Feinden fliehen und Ansgar mit ihm. Auf der ersten Schwedenreise des jungen Missionars wurde sein Schiff von Wikingern geentert. Alle Geschenke des Kaisers, Bücher und kirchliche Geräte, fielen in die Hände der Piraten. Ansgar konnte sich nur durch einen Sprung ins Wasser retten. Er mußte seine Reise in kleinen Booten oder zu Fuß fortsetzen und kam als armer Mann beim schwedischen König an.

Das neugegründete Bistum Hamburg und Kloster Turholt in Flandern sollten ihm wirtschaftliche und geistliche Unterstützung bei der Missionsarbeit gewähren. Aber bei einem Wikingerüberfall ging Hamburg in Flammen auf, und die Hilfe Turholts verlor Ansgar durch die Erbteilung unter den Söhnen Ludwigs des Frommen. Die treuen Gehilfen Ansgars kamen um oder starben, und die wankelmütigen ließen ihn im Stich, wenn ihnen zu große Opfer abverlangt wurden.

Ansgar nahm die Rückschläge ohne Klagen hin. Das entsprach seiner Bereitschaft zu Buße und Leiden. Er gab nicht auf. Sein Sendungsbewußtsein und sein Gottvertrauen waren größer als jede Not: »Menschlicher Hilfe bar, nahm er wie gewöhnlich seine Zuflucht zu Gott. Und seine Hoffnung trog ihn nicht. Der Herr beruhigte ihn durch eine innere geistliche Tröstung.«

Ansgar überließ sich ganz der Führung Gottes. Für wichtige Entscheidungen verlangte er Bedenkzeit und betete um die Erleuchtung des Heiligen Geistes. Dann handelte er mit Entschlossenheit, Umsicht und Tatkraft.

Die widrigen Umstände erlaubten es ihm nur, einige Stützpunkte für die Mission des Nordens zu schaffen, sowohl im Missionsgebiet selbst wie auch im Bistum Hamburg-Bremen, das gleichsam die Patenschaft für die junge Kirche Skandinaviens zu übernehmen hatte. Stützpunkte, das waren die neuerbauten Kirchen, Klöster und Schulen; das waren jedoch vor allem die Menschen, in denen Ansgar einen besonderen Glaubenseifer geweckt hatte durch seine Predigt, seine Belehrung und sein Beispiel.

In Birka auf einer Insel im Mälarsee hatte er den Vorsteher Hergeir bekehrt. Als dort später Ansgars geistliche Nachfolger vertrieben wurden, erwies sich Hergeir in Auseinandersetzungen mit den Heiden als glaubensstarker und mutiger Christ. In Turholt hatte Ansgar dem Klosterschüler Rimbert seine besondere Fürsorge zugewandt. In ihm gewann er später einen geistigen Sohn, der ihn in seiner Arbeit unterstützte und sein Nachfolger im Bischofsamt wurde. (Ansgar war 832 zum Bischof von Hamburg geweiht und 845 zum Bischof der vereinigten Diözesen Hamburg und Bremen bestellt worden.)

Rimbert hat Ansgars Lebensgeschichte aufgeschrieben. Ihm ist es zu danken, daß wir seinen Lehrer und Freund nicht nur aus seinen geschichtlich bedeutsamen Leistungen kennen, sondern auch in seinen alltäglichen Gewohnheiten vor Augen haben. Solange es Ansgars Gesundheit zuließ, lebte er nur von Wasser und Brot. Während seines Bischofsamtes in Bremen waren in der Fastenzeit täglich vier Arme als Gäste zu ihm geladen. Er bediente sie selbst und setzte sich erst zu Tisch, wenn sie bewirtet waren. Auch wollte er sich – wie der Apostel Paulus – nur durch eigene Arbeit seinen Lebensunterhalt verdienen; deshalb knüpfte er während seines Psalmengesangs Netze. Am Morgen nutzte er die Zeit des Anziehens zum Gebet. Und wenn es ihm seine Pflichten erlaubten, zog er sich in eine eigens für ihn erbaute Zelle zum Gebet zurück. Ansgar nannte die Zelle seine »Raststätte und Trösterin«. Hier wurde ihm neue Kraft geschenkt für seine vielfachen Aufgaben.

Von Rimbert wissen wir um Ansgars Gewissensnöte vor seinem Tod. Ansgar hatte zeit seines Lebens die Vision seiner Sendung als eine Verheißung des Märtyrertods verstanden, nicht als eine Prophezeiung außergewöhnlicher Leiden und Opfer. Nun gab er sich selbst die Schuld, daß die Verheißung nicht in Erfüllung ging. Er zweifelte an seiner eigenen Würdigkeit, die Märtyrerkrone zu empfangen. Sein ganzes Lebenswerk sah er damit in Frage gestellt. Erst als er durch eine Erleuchtung während

Ansgar,

der Apostel des Nordens, wurde um 801 in der Picardie geboren. Nach dem Tod der Mutter weihte ihn sein Vater im Benediktinerkloster zu Corbie Gott. Als Mönch wurde Ansgar zunächst Lehrer in Corbie, ab 823 in Corvey an der Weser, wo er auch das Predigtamt versah. 826 unternahm er seine erste Missionsreise nach Dänemark, 830 nach Schweden.

832 wurde er zum Bischof des neugegründeten Bistums Hamburg geweiht. Nach der Zerstörung Hamburgs durch die Wikinger 845 wurde Ansgar Bischof der vereinigten Diözesen Hamburg und Bremen.

Weitere Missionsreisen unternahm Ansgar 848 (Dänemark) und 852/853 (Schweden). Er baute Kirchen, Schulen, Klöster und ein Armenspital. Am 3. Februar 865 starb er in Bremen.

Ansgar hat eine Gebetsammlung »Pigmenta« und eine Lebensgeschichte seines Vorgängers Willehad von Bremen verfaßt. Von dem Bericht seiner Visionen sind nur Bruchstücke in Rimberts »Leben des heiligen Ansgar« erhalten.

eines Meßopfers getröstet wurde, kam er zur Ruhe. Er ließ drei Kerzen gießen, eine für den Marienaltar, die andern beiden für die Altäre von Johannes und Petrus, die seine Seele wie bei der Vision seiner Sendung zu Gott geleiten sollten.

Die von Rimbert verfaßte Lebensbeschreibung wurde bedeutsam für die weitere Missionierung des Nordens, bedeutsamer als die drei Kirchenbauten Ansgars. Sie verpflichtete die folgenden Generationen, nach Ansgars Vorbild den an ihn ergangenen Sendungsauftrag fortzusetzen. Zugleich gab sie Zeugnis davon, daß die Missionierung auf unmittelbares Geheiß Gottes geschah. Der Glaubensbote Ansgar war erfüllt vom Heiligen Geist, genauso wie die Apostel am Pfingsttag. Dies wird ganz deutlich in seiner Vision vor der Berufung zum Bischof von Bremen:
»Ansgar glaubte ein schweres Erdbeben zu verspüren und zu Boden zu stürzen ... Die Salbung durch den Heiligen Geist kam über ihn, so daß er sich wie neugeboren fühlte in der Gnade Christi.«

Die Lehrer der Slawen Kyrill und Methodios

(826 bis 869 und 815 bis 885)

Volkmar Zühlsdorff

»Es lebte in der Stadt Thessalonike ein Mann, der war reich und aus edlem Geschlecht. Sein Name war Leo, er hatte den Rang eines Obersten und unterstand dem Statthalter dieser Provinz. Fromm und gerecht achtete er alle Gebote Gottes ganz wie Hiob. Von den Kindern, die er mit seinem Weib zeugte, war das siebente und jüngste der Philosoph Konstantin, unser Lehrer und Erzieher.«

Dies ist ein zeitgenössischer Bericht aus dem neunten Jahrhundert über Kyrill, der bei seiner Geburt Konstantin hieß, aufgezeichnet vermutlich nach seinem frühen Tod 869 in Rom auf Geheiß seines älteren Bruders und Mitstreiters Methodios, der ihn um sechzehn Jahre überlebte. Wie im Westen Bonifatius zum »Apostel der Deutschen« wurde, so hat man die beiden Brüder Kyrill und Methodios um ihres großen Werkes willen als Missionare und Lehrer die »Apostel der Slawen« genannt.

Es war ein gewaltiges Feld, diese Missionsaufgabe, denn im byzantinischen Ostrom hatten sich die Stürme der Völkerwanderung vom vierten bis siebten Jahrhundert anders ausgewirkt als im Weströmischen Reich. Im Westen blieb trotz aller Zerstörung genügend erhalten für einen ungebrochenen Fortgang antiker Kultur und des christlichen Erbes in den neuen Staaten der germanischen Eroberer. Diese wurden selber, im Heiligen Römischen Reich Deutscher Nation (wie es später hieß), zum Träger des Kaisertums und übernahmen das Lateinische als universale Reichssprache der Regierung, der Kirche und der Bildung.

Im Osten dagegen hatte der Barbarensturm auf dem flachen Land fast alles hinweggefegt, auch in den alten Kirchenprovinzen war vom Christentum so gut wie nichts geblieben. Nur einige der größten Städte hatten standgehalten. Neben der Hauptstadt Konstantinopel, Sitz des oströmischen Kaisers, waren es vor allem Serdica (das heutige Sofia), Adrianopel (heute Edirne) und Thessalonike (das heutige Saloniki), genannt nach der Schwester Alexan-

ders des Großen und seit apostolischer Zeit Mittelpunkt einer blühenden christlichen Gemeinde, an die Paulus die beiden Briefe an die Thessalonicher gerichtet hatte.
Als Methodios um 815 und Kyrill 826 oder 827 geboren wurden, waren die Eroberer bereits seßhaft und befriedet. Auch den christlichen Glauben hatten viele angenommen, aber von den drei klassischen Sprachen der Christenheit, Hebräisch, Griechisch und Latein, verstanden sie keine. Wer die Seele dieser Völkerscharen für den Glauben wahrhaft gewinnen wollte, mußte mit Worten zu ihnen sprechen, die ihnen zu Herzen gingen, in ihrer eigenen, der slawischen Sprache. Auch die Bulgaren, obgleich ein Turkvolk, hatten die slawische Sprache angenommen.
Keiner der beiden Brüder, die das Schicksal für die so schwere Aufgabe der Slawen-Mission vorausbestimmte mit ihren aufreibenden Kämpfen mit Fürsten und Mächtigen, mit Glaubensfeinden aber auch Glaubensbrüdern, hätte sich diese wohl aus eigener Neigung gewählt. Beider Sehnsucht ging auf ein Leben, dem Studium und Gebet gewidmet, der Vervollkommnung in mönchischer Stille, fern von Haß und Streit und Wirren der Welt. Aber keiner der beiden versagte sich, als der Ruf an ihn erging.

Über die Jugend des älteren Bruders ist uns wenig überliefert. Wir wissen nicht einmal sicher, ob er Michael hieß, denn Methodios ist sein späterer geistlicher Name als Mönch. Er war von stattlichem Wuchs und hochbegabt, zeichnete sich aus als Jurist und Soldat, und der Kaiser ernannte ihn in jungen Jahren – eine hohe Ehre – zum Statthalter einer nachgeordneten Provinz. Aber bald legte er dieses Amt nieder und zog sich zurück in ein Kloster auf dem Berg Olymp (nicht dem in Griechenland, sondern im kleinasiatischen Bithynien) und empfing die Weihen. Bereits als Diakon, nicht erst als Priester, wurde er Vorsteher des Klosters. Die Übernahme eines Sprengels als Bischof lehnte er ab.

Viel mehr ist vom jungen Kyrill überliefert. Von den weltlichen Freuden zog er sich zurück, so heißt es, als er beim Verlust seines Lieblingsfalken, den ihm ein Sturmwind entriß, nach tagelang trauerndem Fasten die Vergänglichkeit alles Irdischen begriff. Seitdem widmete er sich ganz dem Studium, er begann, die Werke des griechischen Kirchenvaters und Dichters Gregor von Nazianz auswendig zu lernen. Als ihm im Traum, so heißt es weiter, die Jungfrauen der Stadt gezeigt wurden, erwählte er für sich Sophia, die ihm die allerschönste schien, die göttliche Weisheit. Später sagte er einmal, wonach er sich sehne, das sei »urväterliche«

Kyrill *Methodios*

Bernhard von Clairvaux

Tafel III

Dominikus

Franziskus

Tafel IV

nach Amerika bringen soll. Es war nicht Abenteuerlust, die John Wesley in die Neue Welt lockte, sondern der Wunsch, seine »eigene Seele zu retten«. Doch der erste Sturm auf See ließ Wesley erkennen, daß er aufgrund seiner Todesfurcht kein guter Missionar werden würde. Zwar gelang es ihm, in der Neuen Welt kirchlich aktiv zu werden, doch kehrte er enttäuscht nach England zurück. Eine Begegnung mit dem Deutschen Peter Böhler wurde für ihn wichtig, denn der gab ihm den Rat: »Predige den Glauben, bis du ihn hast, dann wirst du Glauben predigen, weil du ihn hast!«

Am 24. Mai 1738 erlebt John Wesley das, was zum eigentlichen Wendepunkt in seinem Leben wird. Er schreibt selbst von jenem Abend, den er in einer Versammlung in der Aldersgate Street verbrachte und dabei die Vorlesung von Luthers Vorrede zum Römerbrief hörte: »Als der Vorlesende die Wandlung beschrieb, die Gott durch den Glauben an Christus im Menschenherz vollzieht, spürte ich, wie es mir seltsam warm wurde ums Herz. Ich spürte, daß ich für das Heil meiner Seele auf Christus vertraute, auf Christus allein; und es wurde mir die Gewißheit geschenkt, daß er mir meine Sünden weggenommen, gerade die meinen, und mich vom Gesetz der Sünde und des Todes erlöst habe.«

Diese Erfahrung hat einen erfolglosen, gehemmten Menschen in einen Evangelisten verwandelt, der in der Geschichte kaum seinesgleichen hat. Sie rettete einen Menschen vor ungesunder Selbstbespiegelung und richtete sein Augenmerk auf die Bedürfnisse der Mitmenschen. Sie gab ihm Vertrauen in die weltumfassende rettende Kraft des Evangeliums.

So wurde Wesley ein furchtloser Evangelist, der innerhalb seiner bestehenden anglikanischen Kirche die Rolle eines Missionars übernehmen wollte. »Die Welt ist mein Kirchspiel und Seelen retten mein Beruf!« Das war Wesleys Losung.

Doch die Tendenz, ihm und andern Predigern der entstehenden Erwekkungsbewegung die Kanzeln zu verweigern, führte dazu, Predigten auf freiem Feld zu halten. Dies hatte zur Folge, daß er Zugang zu den größten Menschenansammlungen hatte, die ein Prediger sich wünschen konnte. Dies war der Anfang der Erweckung, aus der schließlich gegen John Wesleys Willen eine neue Kirche entstehen sollte. Gemeinden begannen zu wachsen. In Bristol wurde es nötig, eine Kapelle zu bauen. In London wurde eine ehemalige Gießerei gekauft und für die Bedürfnisse einer Gemeinde umgebaut.

Zeit seines Lebens war Wesley unermüdlich tätig. Ein eigenes Heim hat er kaum je gekannt, denn er befand sich fast ständig auf Reisen, die er zumeist zu Pferd zurücklegte. Wesley ließ sich einen Spezialsattel machen, versehen mit Tintenfässern, einer festen Schreibunterlage sowie Fächern und Taschen, um darin Bücher und Schreibmaterial unterzubringen. Was Wesley insgesamt an Büchern veröffentlicht hat, ist einfach erstaunlich. Für seine Laienprediger stellte er eine eigene Bibliothek zusammen. Er nannte sie die »Christliche Bibliothek«.

Wesley war ein unermüdlicher Seelsorger, dem England die große Erwekkungsbewegung verdankt. Es ist schwer, für den Einfluß, den John Wesley als Prediger ausübte, eine Erklärung zu finden. Seine Predigten waren streng logisch aufgebaut und stark mit lehrhaftem Gut befrachtet. Es sind keine sogenannten »Evangelisationspredigten«.

Das Geheimnis seiner Autorität lag wohl darin, daß die Leute in ihm einen echten Zeugen erkannten. Er predigte als ein Mensch, der aufgrund eigener Erfahrung entdeckt hat, daß man Gott finden kann.

Wesley erfreute sich bis in sein hohes Alter hinein eines klaren Verstandes und geistiger Frische. Mit 83 Jahren beklagte er sich, er könne nicht mehr länger als fünfzehn Stunden am Tag schreiben, ohne daß seine Augen dabei zu ermüden begännen.

John Wesley starb am 2. März 1791. Seine letzten, mit klarer Stimme gesprochenen Worte waren: »Das Beste von allem ist, daß Gott mit uns ist.«

John Wesley

wurde am 17. Juni 1703 in Epworth, England, als fünfzehntes Kind eines anglikanischen Pfarrers geboren. Eine Feuersbrunst in frühester Jugend ließ ihn vor Gott erschrecken. Schon bald versuchte er, ein methodisch frommes Leben zu führen. 1735 ging er als Missionar nach Nordamerika, kehrte aber bald enttäuscht zurück. Am 24. Mai 1738 erlebte er eine Bekehrung, die sein Leben völlig veränderte. John Wesley wurde zum »Kirchengründer wider Willen« (nämlich der »Methodisten«), der auf seine Weise viel zur Verbesserung der sozialen Verhältnisse und der Abschaffung der Sklaverei beigetragen hat. Er starb am 2. März 1791 in London.

Der Pfarrer von Ars
Jean Marie Vianney

(1786 bis 1859)

Michael Marsch

Die Hebamme soll bei seiner Geburt ausgerufen haben: »Ein großer Heiliger – oder ein großer Schurke wird der.« Schon der Vierjährige flüchtet aus dem Geschwisterkreis, um im Kuhstall ruhiger beten zu können. »Die Freude am Gebet und am Altar? Nach Gott verdanke ich sie meiner Mutter«, sagt er später.

Solche Freuden sind zu dieser Zeit in Frankreich alles andere als selbstverständlich. Laut von Gott zu sprechen oder gar zu beten, kann das Leben kosten. Die Revolution herrscht. Die Kirchen sind geschlossen. Schon der Knabe Jean Marie muß Gott suchen, wo er sich finden läßt: im Herzen der Ärmsten. Bis zu zwei Dutzend heimatloser Kinder bringt er abends mit nach Hause, wenn er von seinen Wanderungen mit der Schafherde heimkehrt. Die Mutter versorgt sie mit Essen und Decken, er selbst übernachtet mit seinem Bruder im Stall.

Siebzehnjährig beginnt der Bauernjunge ein privates Theologiestudium beim Pfarrer des Nachbardorfes. Er weiß: er will Priester werden. Die Mitstudenten lachen ihn aus, weil er kein Latein kann und beim Lernen besonders langsam ist. Mit 23 Jahren wird er vom Kaiser Napoleon zum Militärdienst einberufen, entzieht sich aber dem Gebrauch der Waffen. Nach gut einem Jahr im Versteck schließt er irgendwie seine Studien ab. Trotz kläglichen Versagens in Latein und fraglicher Zulassung zum Beichtehören wird er 1815 zum Priester geweiht – durch das persönliche Wohlwollen des Bischofs und aufgrund eines guten Wortes seines Lehrers, des Pfarrers Balley in Ecully, dem er auch gleich als Vikar zugeteilt wird. Nachdem Pfarrer Balley 1817 gestorben ist, schickt man seinen Vikar Anfang 1818 als Pfarrer nach Ars, einem abgelegenen Dorf von 230 Seelen, wo er nicht viel verderben kann: »Es gibt dort nicht viel Gottesfurcht«, sagt man ihm im voraus, »Sie werden sie dort einpflanzen müssen.«

Vierzig niedrige Häuser und eine kleine Kapelle, um deren Geläut sich kaum jemand kümmert: das ist sein neues Wirkungsfeld. Der Pfarrer von

Ars hält es dennoch für viel zu gewaltig, so elend, so unwürdig fühlt er sich... »Wenn er nur nicht so engelhaft wäre«, sagt jemand nach seinem ersten Gottesdienst in Ars.
Damit ist ein unerbittlicher Zweikampf zwischen der Trägheit der Seelen und dem geistlichen Feuer des Pfarrers beim Namen genannt – ein Kampf, der vierzig Jahre dauern sollte. Dabei schildern die Leute den Pfarrer als einen Menschen von großer Güte, heiter und umgänglich. Aber er weiß, was er will, kann beobachten, ja durchschauen. Daß das Pfarrhaus nobler eingerichtet ist als das Haus Gottes, ist ihm unerträglich. Möbel werden verschenkt, Zimmer verschlossen. Eine Bettstelle mit einem Strohsack, zwei alte Schränke, zwei Tische, ein paar Stühle – das ist sein Reich. Den Bauern gefällt die Einfachheit, man begegnet dem Pfarrer mit einer gewissen Ehrfurcht – aber noch ist keiner bereit, sein Leben zu ändern. Weit mehr als die Religion schätzen die meisten den Tanz und das Vergnügen.
Wie reagiert der Pfarrer von Ars auf so viel Gleichgültigkeit? Mit Tränen! Aber nicht mit Tränen des Zorns und der Verbitterung, sondern mit Tränen der Freude über Gott – und Tränen des Mitleidens mit den Menschen. Aus dieser Freude und diesem Schmerz ruft er die Menschen zum häufigen Empfang der Heilsmittel Gottes auf: des Abendmahls und der Beichte. Das war für seine Zeit ein ungewöhnlicher Schritt, aber seine Begründungen sind zwingend für das Herz: »Sagt nicht, daß ihr zu viel zu tun habt. Hat nicht der göttliche Erlöser gesagt: Kommt zu mir, ihr, die ihr arbeitet und nicht weiterkommt – kommt zu mir, ich will euch erquicken?« – »Sagt nicht, daß ihr Sünder seid, daß ihr zu elend seid... – ebensogut könntet ihr sagen, daß ihr zu krank seid und deswegen keinen Arzt rufen wollt!«
Nur aus dem Verlangen, seine Pfarrei glücklich zu sehen, ist sein von Anfang an gewagtes Vorgehen gegen die »Götter« seiner Gläubigen zu verstehen: gegen die Sonntagsarbeit, das Wirtshaus, den Tanz, seine Folgen... Und nicht nur die Predigt dient ihm dazu: Er weiß zu handeln – wenn auch auf seine Weise. Er steht nachts um ein Uhr auf und verbringt fünf Stunden im einsamen Gebet auf den Stufen des Altars: »Bekehre meine Pfarrei!« ruft er immer wieder unter Tränen aus. Tagelang verzichtet er auf jedes Essen, oft begnügt er sich mit ein paar kalten Kartoffeln, meist schon leicht schimmlig, weil nur einmal in der Woche gekocht wird. Auf die Vorwürfe, er übertreibe und schade sich selbst, antwortet er: »Liebend leiden ist kein Leiden mehr.«
Seine Liebe zur Armut ist kein Selbstzweck, sie ist Liebe zu den Ärmsten.

Und diese Liebe läßt dem Pfarrer von Ars keine Ruhe. Er will den Heimatlosen ein Dach über dem Kopf verschaffen, den Hungernden zu essen geben. Durch Bettel- und Predigtreisen hat er 1825 ein Haus nahe der Kirche von Ars erwerben können: »La Providence – die Vorsehung« nennt er es – denn von ihr ganz allein will er als Ärmster unter den Armen leben. »Halbnackt und mit Ungeziefer bedeckt« bringt der Pfarrer elternlose und heimatlose junge Menschen von der Straße mit in das von ihm eigenhändig immer wieder vergrößerte Haus. Niemand weiß genau, wieviel Menschen es aufnehmen kann (50 bis 60?), kein Mensch, wovon alle satt werden – Gott allein weiß es. Und Gott greift ein: Als der Pfarrer sich gezwungen meint, seine Schützlinge entlassen zu müssen, weil nichts mehr zu essen da ist, füllt sich ein leerer Speicher von selbst mit Korn. Der Pfarrer weiß sich bestraft – bestraft für seinen Kleinglauben an Gottes Vorsehung. »Was hat dir bis jetzt gefehlt?« sagt eine Stimme deutlich zu ihm, als er sich übermäßige Sorgen um die Zukunft macht.
Aber die »Providence« ist nicht nur eine Unterkunft. Sie ist auch Schule, Ort der Verkündigung und des intensiven Unterrichts. Zwanzig Jahre lang bestreitet ihn der Pfarrer von Ars fast allein. Seine Zuhörer sind bald schon nicht mehr nur die jungen Menschen der »Providence«: die Gläubigen von Ars kommen – und bald ein immer dichterer Strom von Pilgern.
Das schläfrige, abgelegene Ars wird zu einem der religiösen Zentren Europas. Dreißig Jahre hindurch strömen die Massen – bis zu hunderttausend Menschen pro Jahr schätzt man –, um den Pfarrer von Ars zu sehen, zu hören, bei ihm zu beichten. Neue Hotels müssen gebaut, neue Verkehrsverbindungen geschaffen werden. Bis zu siebzehn Stunden am Tag ist der Pfarrer in dem winzigen Beichtstuhl der ungeheizten Kirche gegenwärtig. Stundenlang steht man Schlange vor der Kirche, auch wenn der Schnee tobt oder die Sonne brennt. Bis zu drei Wochen muß man sich in Ars aufhalten, um vielleicht eine Viertelstunde mit dem Pfarrer allein zu sein.
Viele halten ihn längst für einen Heiligen, denn von ihm gehen viele medizinisch nicht erklärbare Heilungen aus. Ein Junge, dem man eine alte Mütze des Pfarrers aufsetzt, wird spontan von einer eiternden Wunde geheilt, die sich bis dahin nicht schließen ließ. Ein schwer lungenkranker Priester hilft nach Kräften in der »Providence« aus, bis ihm der Pfarrer von Ars sagt: »Der liebe Gott hat seine Absicht geändert: Sie werden gesund werden, nachdem Sie schon zum Tode bestimmt waren, und in Ihrer Stadt der heiligen Philomena eine Statue errichten.« Beides trifft ein.
Der Pfarrer von Ars wußte durch sein Gebet nicht nur offenkundige Wunden des Leibes und der Seele zu heilen. Er hatte auch die Gabe,

verborgene Krankheiten, Störungen und Sünden zu erkennen, aufzudekken, zu heilen. Einen Heuchler schickt er fort, weil er ihn durchschaut hat; der Heuchler bekehrt sich – und wird liebend vom Pfarrer aufgenommen. Immer geht es ihm um die Bekehrung der Sünder, um ihre Umkehr zu einem liebenden Gott. »Wenn Gott nicht so gut wäre! Aber er *ist* so gut! Wie roh muß ein Mensch sein, um einen so guten Vater so zu beleidigen?«
Seine Berühmtheit steigt von Jahr zu Jahr. Bischöfe und Staatsoberhäupter kommen zur Beichte nach Ars. Aber mit dem Ruhm wächst auch die Verfolgung – leider recht häufig durch neidische Priester der Gegend. »Neben dem Weihrauchschwenken gibt es auch Fußtritte«, sagt er lächelnd. Man verspottet ihn nicht nur wegen seiner zerrissenen Kleidung, man erklärt ihn auch für geizig und dumm – weil er sich selbst immer noch für ungeeignet und unwürdig hält als Priester. Ja, manchmal ist er der Verzweiflung nahe über sich selbst, seinen Kleinglauben und seine Mißerfolge als Seelsorger. Wie alle großen Heiligen hält er sich für den größten Sünder.
Zweimal, 1840 und 1843, nachdem er selbst von einer tödlichen Krankheit über Nacht geheilt ist, versucht er, aus Ars in die Einsamkeit zu fliehen. Er ist einfach erschöpft. Man gibt ihm einen Vikar, der in Ars Ordnung schaffen möchte – und dem Pfarrer das Leben zur Hölle macht. Er erträgt diesen Vikar mit Sanftmut und Demut. Doch seine Kräfte lassen nach. Er hat sich verzehrt in der Liebe zu Gott und den Menschen. Bis wenige Tage vor seinem Tod am 4. August 1859 verbringt er noch immer 17 Stunden am Tag im Beichtstuhl. Als er das Bett nicht mehr verlassen kann, um in die Kirche zu gehen, sagt er: »Wie gut der liebe Gott ist. Wenn ich nicht mehr zu ihm gehen kann, kommt er zu mir!«

Jean Marie Vianney

wurde am 8. Mai 1786 in Dardilly bei Lyon geboren. Von 1802 bis 1809 studierte er bei Pfarrer Balley in Ecully. 1810 bis 1811 Kriegsdienstverweigerung, 1812 bis 1814 Abschluß des Theologiestudiums im Seminar Verrières, 1815 Priesterweihe in Grenoble. Von 1815 bis 1818 war er Vikar bei Pfarrer Balley in Ecully und von 1818 bis 1859 Pfarrer von Ars, wo er am 4. August 1859 starb. 1925 wurde er in Rom heiliggesprochen, 1929 zum Schutzheiligen der Pfarrer erklärt.

Der Zeuge des Glaubens John Henry Newman

(1801 bis 1890)

Charles Hallgarten

Sein besonderer Rang unter den Kirchenmännern des neunzehnten Jahrhunderts stand eigentlich von Anfang an außer Zweifel. Viele nannten ihn schon zu Lebzeiten einen religiösen Klassiker, andere einen modernen Kirchenvater, und alle rühmen den Ernst und die strenge Folgerichtigkeit seines Denkens ebenso wie die Musikalität seiner Sprache. Vieles von dem, was er lehrte und verteidigen mußte, weil es als gewagt und gefährlich galt, ist uns heute selbstverständlich.

Was aber macht ihn für das zwanzigste Jahrhundert bedeutsam? John Henry Newman ist für uns eine ökumenische Gestalt, ein Mann, der allen Christen gehört und dem beide Kirchen zu Dank verpflichtet sind. Die Annäherung der christlichen Bekenntnisse war zeitlebens sein Ziel – zumindest das geduldige und aufrichtige Bemühen, sich besser zu verstehen und gegenseitig höher zu achten. Er predigte für die Wiedervereinigung der Kirchen im Glauben, und er betete darum, wohl wissend, daß rasche Erfolge nicht zu erwarten waren.

Newman war Engländer, in London geboren – »in seinen Lebensgewohnheiten der englischste aller Menschen«, stellt einer seiner Biographen fest. Und als Engländer las er die Bibel: »Schon von Kindheit an wurde ich angehalten, gern in der Heiligen Schrift zu lesen, doch hatte ich bis zu meinem fünfzehnten Lebensjahr keine religiösen Überzeugungen.«

Der Vater schickte ihn in eine Privatschule in Ealing bei London. Er lernte leicht und gern; kein Junge habe schneller die Schule durchlaufen als er, urteilte einer seiner Lehrer.

»Die große Wende im Denken«, die ihn zum Christen machte, wie er es nannte, erfolgte 1816. Im Oktober des nächsten Jahres ging er nach Oxford. Er studierte Mathematik und Physik sowie die »Classics«, antike Literatur und Philosophie. 1822 wurde er zum Fellow von Oriel (Lehrer an einer besonders geschätzten Oxford-Fakultät) gewählt und trat, zwei Jahre später, wie es für ein Mitglied des Lehrkörpers üblich war, in den geistlichen Stand der anglikanischen Kirche ein. 1828 wurde ihm die Stelle eines »Vicar of St. Mary's« übertragen.

»Der Reiz der englischen Kirche jener Tage«, urteilte er später, »lag in ihrem reinen, einfachen Familienleben. Aber ihr Makel war die beruhigte Weltlichkeit. Die Geistlichen erfreuten sich reicher Pfründe, wachten eifersüchtig über ihre Rechte und Privilegien, gingen auf die Jagd, waren vernünftig, tolerant und menschenfreundlich. Alles das war gut, sogar bewundernswert. Aber das Leben des Neuen Testaments war es nicht.«

Der junge Vikar war aus anderem Holz. Stille und Beschaulichkeit konnten ihn nicht locken. Ihn beschäftigten die Spannungen der Zeit, die Auseinandersetzungen zwischen Glauben und Wissenschaft vor dem Hintergrund der Philosophie des 18. Jahrhunderts. Alles Übernatürliche, nicht mit der Vernunft Erfaßbare, sollte abgeschafft werden. Das Christentum sollte »entmythologisiert« werden. An Wunder glaubte man nicht mehr. Tatsachen und Beweise nach Art der Naturwissenschaften waren die Schlagwörter in den Universitäten und selbst auf den Kanzeln. »Es stank nach Logik.« Alles am Christentum stellte man in Frage und hielt die Gläubigen dazu an, ihren Glauben vor der Vernunft neu zu begründen.

Einer der Wortführer, die sich gegen diese Entwicklung stemmten, war Newman. Sonntag für Sonntag predigte er in der überfüllten Universitätskirche gegen diesen zersetzenden Zeitgeist, den er »Liberalismus in der Religion« nannte, gegen »den Mißbrauch, jene offenbarten Lehren, die ihrer Natur nach über dem menschlichen Urteil stehen und von ihm unabhängig sind, diesem doch zu unterwerfen ...«

Seine Ansprachen waren das Ereignis der Woche. Ohne die Stimme zu erheben, ohne all jene Kunstgriffe, die geübten Rednern zur Verfügung stehen, las er seine Predigten.

Man sprach von der »magnetischen Kraft« Newmans, die ihm eigen sei und die selbst Außenstehende erfasse, vor allem auch junge Menschen. Ergriffen, bis ins Innerste aufgewühlt, ja erschüttert lauschten sie seinen Predigten. »That's Newman«, flüsterten sie, wenn er ihnen auf der Straße in leicht gebückter Haltung, mit raschen Schritten und abwesendem Blick begegnete.

Gleichzeitig wandte er sich mit Flugschriften, die er »Tracts for the Times – Zeitgemäße Abhandlungen« nannte, an eine breite Öffentlichkeit. Die meisten schrieb er selbst, oft unter starkem Zeitdruck. Nicht selten mußte er sie auch den Beziehern zustellen. Er ritt dann zu Pferd über Land und brachte sie von Pfarrhaus zu Pfarrhaus.

Auch in den Tracts wandte er sich gegen die Überbewertung der Vernunft. »Sie wurde über alles erhoben, was Gott heißt oder was Anbetung bedeutet«, schreibt er. »Das einzige Mittel jedoch, das Himmel und Erde verbindet, ist der Glaube. Er ist das Mittel, um zur Wahrheit zu gelangen, ein neues Prinzip – ein übernatürliches Prinzip. Der Glaube hat seinen eigenen Ursprung und seine eigene Grundlage, und er ist mehr als Vernunft. Glaube setzt die freie Entscheidung voraus, und er ist darüber hinaus Wagnis und Verantwortung.«

Die Wirkung sowohl der Predigten wie auch der Tracts war gewaltig. Leidenschaftlich diskutierten die Menschen diese Thesen. Die Flugschriften wanderten in die entlegensten Pfarrhäuser, und mancher selbstzufriedene Pfarrer stutzte ob dieser ungewohnten Stimme, die ihn daran zu erinnern wagte, daß seine Amtsgewalt nicht von Seiner Majestät Regierung stammte, sondern von Gott. Es fehlte nicht an Zustimmung und Ermunterung; aber auch kritische, ja verletzende Stimmen wurden laut. Manche behaupteten, das Ganze klinge verdächtig nach katholischem Gedankengut, und fragten nach dem Weg, den dieser Mann steuere. Newman hörte diese Alarm- und Warnrufe. Noch hatte er selbst, wie er später in seinen Lebenserinnerungen gestand, kein klares Ziel. »Ich hatte nie eine feste Hand«, bekannte er. »Mir rissen einfach die Zügel.«

Um zu einer größeren Klarheit zu finden, ging Newman in die Einsamkeit. Im Frühjahr 1840 richtete er sich in dem Dörfchen Littlemore eine Zuflucht ein. Der Ort gehörte noch zur Pfarrei St. Mary's. Er wollte dort, ungestört von Freund und Feind, die Verfassung der englischen Staatskirche auf ihre katholische Tragfähigkeit hin überprüfen. Die »39 Artikel« waren vor Jahrhunderten (unter Eduard und Königin Elisabeth) als Kompromißlösung zwischen dem protestantischen und dem katholischen Standpunkt ausgehandelt worden. Die Untersuchung bestätigte seine Vermutung: Der Wortlaut war bewußt unbestimmt gehalten und ließ auch eine katholische Deutung zu.

Die Wirkung der Schrift, in der er seine Ergebnisse veröffentlichte, war ungeheuer. Doch Newman blieb gelassen. Seine Entscheidung war gefallen.

Am 18. September 1843 reichte er seinen Rücktritt als Pfarrer von St. Mary's ein. Eine Woche später predigte er zum letzten Mal von der Kanzel der Universitätsbibliothek herab. Tiefes Schweigen herrschte. Unter den Besuchern waren auch Gladstone und Henry Manning, später Kardinal von Westminster. Jedermann ahnte, daß etwas Unvergeßliches geschehen würde.

Newman wählte als Thema der Predigt: Abschied von Freunden. Er sprach leise, zögernd; sichtlich ergriffen ging er die Gestalten in den großen Abschiedsszenen der Bibel durch: Christus beim letzten Abendmahl, Jakob, David, Paulus. Schließlich brach er in die Klage aus:
»... und jetzt, meine Freunde, wenn ihr einen Menschen kennt, der euch durch Wort und Schrift geholfen hat, als er euch eure Not und eure Gefühle erklärte, der euch verstand und mit euch fühlte – o meine Freunde, erinnert euch seiner in der kommenden Zeit, auch wenn ihr ihn nicht mehr hört, und betet für ihn.«
Ruhig, nach außen hin gelassen, stieg Newman von der Kanzel und warf den schalartigen, auf Brust und Rücken herabfallenden Umhang über die Altarschranke. Hunderte schluchzten. Alle waren sich der besonderen Symbolik dieses Tuns bewußt. Doch den letzten, endgültigen Schritt tat er erst ein Jahr später. Durch einen Freund sind wir über die Einzelheiten unterrichtet:
»Es regnete in Strömen, und der Sturm heulte um die kleinen Häuser von Littlemore. Newman hatte alle wissen lassen, daß er nicht gestört werden wollte. Gegen Abend erschien ein Fremder und fragte nach Newman. Er wurde in ein halbdunkles Zimmer geführt. Während er noch am Feuer seinen durchnäßten Mantel trocknete, öffnete sich die Tür und Newman erschien, ein Lächeln im Gesicht. Er warf sich zu Füßen des Priesters und begann seine Beichte. Am anderen Morgen legte er das römische Glaubensbekenntnis ab. Am 10. Oktober 1845 empfing er mit Andacht die heilige Kommunion.«
Es war, wie Gladstone später gestand, für die Kirche von England der schwerste Schlag seit der Reformation. Im Parlament gab Premierminister John Russel folgende Erklärung ab: »Wir bedauern mitteilen zu müssen, daß ein Mann von großem Talent und reichem Wissen in höchster Stellung die Kirche Englands verlassen hat – John Henry Newman.«
Newman wurde am 30. Mai 1847 von Papst Pius IX. in Rom empfangen und dort zum katholischen Priester geweiht. Wenig später ließ er sich in Edgbaston, dem Armenviertel von Birmingham, nieder. Seine Gemeinde bestand aus Fabrikarbeitern, eingewanderten Iren, schwerarbeitenden Menschen, die kaum das Nötigste zum Leben hatten und die in treuer Verehrung an ihrem Pfarrer hingen, ohne zu ahnen, wen sie vor sich hatten. Als die Cholera im Nachbarort ausbrach und der Pfarrer wegen Erschöpfung ausfiel, betreute er auch dessen Gemeinde.
1849 veröffentlichte er den ersten Band katholischer Predigten, die er in

Birmingham gehalten hatte. Er griff auch darin das Thema auf, das ihn zeitlebens beschäftigte:
»Jeder soll sich die Frage vorlegen, was er auf die Wahrheit der Verheißung Christi eingesetzt hat. Wir wissen, was es heißt, in irgendeinem Unternehmen dieser Welt zu investieren. Wir riskieren unser Eigentum bei Projekten, die Erfolg versprechen, bei Projekten, an die wir glauben. Was aber haben wir für Christus gewagt?
Ich fürchte wirklich, daß die meisten sogenannten Christen, wie immer ihr Bekenntnis sein mag, dennoch so leben, weder viel besser noch viel schlechter, wie sie auch leben würden, wenn sie das Christentum für eine Fabel hielten ... Sie wagen nichts, riskieren nichts, opfern nichts, geben nichts auf um des Glaubens willen an Christi Wort.«

Die Jahre zwischen 1859 und 1864 nannte er zusammenfassend »trübe Tage«. Die Zeit schien über ihn hinweggegangen zu sein – ein vergessener Mann? Newman ging in Birmingham seinen Tagespflichten nach, schrieb Briefe, besorgte Einkäufe, predigte, saß stundenlang im Beichtstuhl, war noch Küster dazu und übte mit den Schülern lateinische Theaterstücke ein. Aus den Zeitungen war sein Name seit langem verschwunden. »I am down – Ich bin erledigt«, bekannte er.
Da schickte man ihm zu Weihnachten 1863 eine Nummer der Zeitschrift »Macmillan's Magazine« zu. Ein Abschnitt enthielt schwerste Anschuldigungen und bezichtigte ihn der Unwahrhaftigkeit und Täuschung der Öffentlichkeit. Newman forderte den anonymen Autor zum Widerruf auf, der nun seine Anschuldigungen noch verschärfte. Der Streit wäre heute bedeutungslos, hätte er ihn nicht zum Anlaß genommen, die »Geschichte seiner religiösen Überzeugungen« (Apologia pro vita sua) zu schreiben, in der Newman seine Erlebnisse, Gedanken, Hoffnungen und Enttäuschungen offenlegte.
Newmans »Apologia« wurde zum Wendepunkt. Die Zeitungen brachten begeisterte Besprechungen. Sie nannten den Autor einen Klassiker der englischen Sprache, werteten ihn höher als Carlyle und Ruskin. Ja, sie sprachen von einem der markantesten literarischen Ereignisse des viktorianischen Zeitalters. Das Echo drang bis Nordamerika, wo begeisterte Mütter ihren Kindern den Beinamen »Newman« gaben, und selbstverständlich auch nach Rom. Als man ihn einlud, als Berater am Vatikanischen Konzil teilzunehmen, lehnte er jedoch ab. »Es gibt Dinge, die ich tun kann, andere nicht.« Als einen der Gründe, warum er nicht nach Rom gehen könne, nannte er die Arbeit an einem lange geplanten Buch über das Glaubenspro-

blem. »Ich hatte hier etwas zu sagen, und es war mir, als könnte ich nicht sterben, ohne es gesagt zu haben.«
Es war die Frage nach der intellektuellen Grundlage des Glaubens, die ihn beschäftigte. Glaube und wissenschaftlicher Beweis? Gibt es so etwas wie Sicherheit in unseren Erkenntnissen und religiösen Überzeugungen? Der Philosoph John Locke hatte die Auffassung vertreten, daß niemand im konkreten Erfahrungsbereich über Wahrscheinlichkeiten hinauskomme. Es gebe also keine völlige Zustimmung und Gewißheit, auch nicht im religiösen Bereich.
Newmans große philosophische Leistung war es nun, daß er über Locke hinausging und erstmals erkannte, daß Zustimmung und Gewißheit etwas vom Beweis Verschiedenes sind. Wir gelangen zur Gewißheit auf dem Weg der formlosen Folgerung – durch die Anhäufung von Wahrscheinlichkeiten, die sich treffen und miteinander multiplizieren. Gewißheit ist keine logische Figur, sondern ein psychologischer Punkt. Wann dieser Punkt erreicht wird, ist von Mensch zu Mensch verschieden. Denken ist etwas höchst Persönliches. Jeder denkt auf eigenen Wegen. Letzte erhellende und einigende Kraft für unser menschliches Denken ist Gott im Gewissen.
Kein Geringerer als Aldous Huxley bekannte: »Newmans Analyse der ›Psychologie des Denkens‹ bleibt eine der scharfsinnigsten, wie sie sicher auch eine der elegantesten ist, die je gemacht wurden.«
Damit schien das Werk getan, die Last war von ihm genommen. Da kam, acht Jahre nach seinem letzten Buch, eine gute Nachricht aus Rom. Papst Leo XIII. ernannte ihn zum Kardinal. Als 78jähriger trat er die weite Reise nach Rom an. Dort hielt er vor einer erlesenen Zuhörerschaft eine seiner berühmtesten Ansprachen, wobei er auch wieder auf das zentrale Anliegen seines Lebens zu sprechen kam, daß man dem Geist des Liberalismus in der Religion widerstehen müsse.
Als John Henry Newman am 11. August 1890 starb, trauerte mit England die gesamte christliche Welt. Henry Edward Manning, Newmans großer Gegenspieler, hielt in London die Abschiedsrede: »Wir haben den größten Zeugen des christlichen Glaubens verloren. Wir alle sind ärmer und stiller geworden durch diesen Verlust. Kein lebender Mensch hat in diesem Maße das religiöse Leben Englands umgewandelt. Sein Hingang schließt ein einmaliges Kapitel im religiösen Leben dieses Jahrhunderts ab.«
Im Londoner »Guardian« widmete Dean Church im Namen der anglikanischen Kirche Newman einen Nachruf: »Wir verlieren nicht nur einen

großen Meister der englischen Sprache, nicht nur einen Mann von einzigartiger Reinheit und Schönheit des Charakters, sondern den Gründer, so können wir fast sagen, der Kirche Englands, wie wir sie sehen. Er wird von vielen in der römisch-katholischen Kirche betrauert, aber ihr Schmerz wird geringer sein als der unsrige, weil sie nicht den gleichen tiefen Grund haben, ihm dankbar zu sein.«

John Henry Newman

wurde am 21. Februar 1801 in London geboren. Er war als Theologe, Philosoph und Schriftsteller eine eminent ökumenische Gestalt. Lebenslang trat er für die Annäherung der christlichen Bekenntnisse ein.
1815 erfolgte seine »innere Bekehrung«, die ihn nach eigenem Bekenntnis erst zum Christen machte. Zwei Jahre später, im Januar 1817, nahm er sein Studium im Trinity College in Oxford auf; er studierte Mathematik, Physik und Classics (antike Literatur und Philosophie).
Im April 1822 erfolgte seine Wahl zum Fellow im Oriel-College in Oxford, und am 13. Juni 1824 wurde er anglikanischer Priester. Vier Jahre später, 1828, wurde ihm die Stelle eines Vikars von St. Mary's übertragen. 1833 Beginn der Oxfordbewegung, die versuchte, die anglikanische Kirche gegenüber dem Liberalismus der Zeit zu erneuern. 1845 trat er zum Katholizismus über; gleichzeitig suchte er den Ausgleich zwischen Katholizismus und Protestantismus. 1879 wurde er von Papst Leo XIII. in das Kollegium der Kardinäle berufen. Er starb am 11. August 1890 in Birmingham.
Die englische Ausgabe seiner Werke umfaßt 50 Bände und weitere 30 mit Briefen und Tagebüchern. Seine Bücher wurden gerade in den letzten 20 Jahren in fast alle Sprachen der Welt übersetzt.

Der Erwecker der Schwaben
Johann Christoph Blumhardt

(1805 bis 1880)

Michael Marsch

Nichts deutete auf eine außerordentliche Entwicklung: Blumhardt wurde als Sohn eines Bäckermeisters in Stuttgart geboren. Er fiel allerdings schon in der Volksschule durch seine Intelligenz und seine Liebe zur Bibel auf, die er im 12. Lebensjahr schon zweimal durchgelesen hatte. Seine Ausbildung zum evangelischen Pfarrer erhielt er an der Universität Tübingen, genauer gesagt im berühmten Tübinger Stift.

Nach nur einem Jahr als Vikar in Dürrmenz-Mühlacker wurde Blumhardt 1830 zunächst als Lehrer für Hebräisch an das Seminar der Basler Mission berufen. Schon in Basel erlebte er bei einer Reihe rätselhafter Anfälle von Angst und Schwäche, die ihn von der Arbeit abhielten, an sich selbst die heilende Macht vertrauenden Gebets.

»Er warf sich auf die Knie und schrie zu Gott, daß er ihm helfe«, heißt es in einer Lebensbeschreibung. »Als er aufstand, fühlte er die Krankheit durch seinen Leib wie heruntergleiten und an den Füßen hinausgehen. Er war vollständig genesen.«

Nach fast sieben Jahren in Basel wurde Blumhardt Ostern 1837 als Pfarrgehilfe nach Iptingen bei Stuttgart berufen, gut ein Jahr später als Pfarrer nach Möttlingen bei Calw, wo er am 4. September 1838 Doris Könner heiratete, die er bereits in seiner Basler Zeit kennengelernt hatte. Durch die Trägheit der Gläubigen und persönliche Feindschaften erwies sich Möttlingen als eine besonders schwierige Gemeinde. Zusätzlich zur Seelsorgearbeit erhielt Blumhardt vielfältige schriftstellerische Aufgaben wie die Redaktion eines Handbuches für Missionsgeschichte und Missionsgeographie sowie eines »Handbüchleins der Weltgeschichte für Schulen und Familien«, dazu noch die Herausgabe eines neuen württembergischen Gesangbuches – das alles im Zeitraum von nur fünf Jahren.

Geprägt aber wurde die Möttlinger Zeit – und der Rest seines Lebens – durch die rätselhafte Erkrankung des Gemeindegliedes Gottliebin Dittus und den jahrelangen Kampf um ihre Gesundung. Die 1815 geborene und im Frühjahr 1840 mit ihren Eltern nach Möttlingen gekommene Gottliebin hatte bereits beim Einzug in das ärmliche Haus am Rande des Dorfes ein unerklärliches Schlürfen und Poltern wahrgenommen und fiel beim Sprechen des Vaterunsers am Mittagstisch am ersten Tag bewußtlos zu Boden. Aber erst im Herbst 1841 verständigte man Blumhardt, als der Spuk im Haus unerträglich laut wurde bei Tag und Nacht und sie ernsthaft erkrankte. Blumhardt stand dem Getöse, bei dem auch Möbel bewegt wurden und die Gottliebin immer öfter erstarrte und in Ohnmacht fiel, gut zwei Jahre ratlos gegenüber (zusammen übrigens mit dem ebenso hilflosen Hausarzt), bis er eines Tages zu beten begann, Jesus möge sich als mächtiger erweisen als der Teufel. Denn nun war es ihm und dem Hausarzt klar, daß dämonische Kräfte im Spiel sein mußten. Sofort hörten die Starrkrämpfe und die Bewußtlosigkeit der Gottliebin auf, und auch der Spuk im Haus beruhigte sich.

»Das war für Blumhardt der Wendepunkt seines Lebens«, heißt es in einer Lebensbeschreibung. »Er hatte ein gnadenvolles, machtvolles Eingreifen des Heilands erlebt, ähnlich wie er es als Kind in der Bibel gelesen.« Blumhardt sollte dieses Eingreifen des Herrn noch brauchen lernen. Nachdem die Gottliebin fast wahnsinnig geworden war, oftmals mit Mord und Selbstmord gedroht hatte, sah Blumhardt sich endlich gezwungen, im Namen Jesu die bösen Geister aus ihrem Leben und ihrem Haus zu vertreiben. Es wurde Weihnachten 1843, bis alles vorüber war. Ein Dämon schrie laut: »Jesus ist Sieger«, verschwand – und die Gottliebin war von allen körperlichen und seelischen Krankheiten und Belästigungen frei, selbst ihr zu kurzer Fuß erhielt die normale Länge wieder. Pfarrer Blumhardt nimmt die Gottliebin in sein Haus, sie wird zur unentbehrlichen Stütze seiner Frau für die Kinder der Familie und bei der Pflege der Kranken – besonders der Geisteskranken –, die von nun an von weither zu Blumhardt strömen.

Eine Erweckung des christlichen Glaubens beginnt nach diesen Ereignissen, nicht nur in der Gemeinde Möttlingen. Trinker und Verbrecher kommen von weither ins Pfarrhaus und zum Gottesdienst, bekennen ihre Sünden und fragen unter Tränen, wie sie ein neues Leben beginnen können. Im Namen Jesu spricht Blumhardt sie von ihren Sünden los, legt ihnen die Hände auf und erbittet Gottes Kraft für die im Geist neugeborenen Menschen. Er selbst notiert einmal: »Den Eindruck aber, den es (die Lossprechung von den Sünden) auf mich und den Mann macht, kann ich nicht vergessen. Eine unaussprechliche Freude leuchtete aus dem Gesicht des Mannes, und mir war, als ob ich in eine ganz neue, mir völlig unbekannte Sphäre hineingezogen würde, in der heilige Geisteskräfte rege würden.«

Von sechs Uhr morgens bis elf Uhr nachts empfängt Blumhardt nun Besuche. Alle suchen bei ihm Heilung an Leib und Seele. In seinen Predigten deckt er schonungslos die Sünden der Armen und der Reichen auf – aber immer in Liebe, ja in Sanftmut und Demut: »Das Evangelium wirkt Buße«, sagt er. Und den Leuten, die nicht wissen, was sie bekennen sollen, rät er: »Sag das, was du ungern sagst!« Losgesprochen von den Sünden aber wird nur, wer sie von Herzen bekennt und bereut, wer Buße tut und ein neues Leben beginnen will. Denn Blumhardt weiß, daß er nicht in eigener Machtvollkommenheit handelt, sondern immer nur im Auftrag Jesu Christi: »Was ich tat, war nichts von mir Gesuchtes, Erzwungenes, Gemachtes, sondern etwas rein von selbst sich Ergebendes, ja ohne meine Bitte aus unverdienter Barmherzigkeit mir Gewordenes.«

Sein Vertrauen nicht auf die eigene Kraft, sondern gerade auf das, was aus unverdienter Barmherzigkeit Gottes geschieht, beginnt jetzt, Wunder zu bewirken: medizinisch nicht erklärbare Heilungen des Körpers und der Seele. Ein blinder Student findet sein Augenlicht wieder während einer Abendandacht, eine gelähmte Dame lernt wieder gehen bei einer Sonntagspredigt, eine schwermütige Witwe, die sich bereits an einem Fensterkreuz in Blumhardts Haus erhängen wollte, findet unter seinen Gebeten in das Leben und die Freude zurück. Immer geht es Blumhardt dabei um die Heilung des ganzen Menschen: um seine persönliche, vertrauende Begegnung mit Jesus, dem Heiland.

Freilich bleibt Blumhardts Wirken weder von den staatlichen Behörden noch von der kirchlichen Obrigkeit, noch von neidischen Ärzten ungerügt. Man verdächtigt ihn der Pfuscherei und der Sensationslust. Blumhardt verzichtet im Gehorsam auf das persönliche Gebet über den Kranken. Aber für viele genügt die Teilnahme am öffentlichen Gottesdienst, um gesund zu werden. Je vier Gottesdienste am Samstag und Sonntag lösen eine Umkehrbewegung aus, die von Möttlingen her das ganze Schwabenland ergreift. Die von Gott neu Ergriffenen schließen sich zu örtlichen Gemeinschaften des Gebetes, ja des gemeinsamen Lebens zusammen.

Anfragen aus ganz Deutschland häufen sich, Blumhardt als Wanderprediger oder als ständigen Pfarrer zu gewinnen. Ihm aber ist die Gesundung der Menschen wichtiger als alle Ehren eines gefeierten Kanzelredners.

So erwirbt er 1852 mit einigen Freunden das Schwefelbad Boll, wo er bis zu seinem Tod am 25. Februar 1880 weiter die Kranken heilt, immer stärker durch die Begegnung mit dem Wort Gottes und seinem Heiligen Geist.

Nahezu fünfzig Jahre lebte Hildegard auf dem Disibodenberg inmitten weiter Wälder; eine »wilde, einsame Gegend«, wie sie der Chronist einst nannte. Nach dem Tod Juttas von Sponheim wurde Hildegard, damals 38 Jahre alt, zur Nachfolgerin gewählt. Aus der Klause war inzwischen ein kleines Nonnenkloster geworden.

Fünf Jahre später, 1141, begann sie mit der Niederschrift ihrer Visionen, ihrem ersten Werk, das sie »Scivias« (lat.: sci vias = Wisse die Wege) nannte und das ihren Namen in ganz Europa bekannt machen sollte. Erzbischof Arnold von Mainz beschrieb sie ihre Visionen: »... als ich 42 Jahre und sieben Monate alt war, da kam vom geöffneten Himmel ein feuriges Licht mit Blitzesleuchten, durchströmte mein ganzes Gehirn und durchglühte mir Herz und Brust gleich einer Flamme, die jedoch nicht brannte, sondern nur erwärmte, wie die Sonne einen Gegenstand erwärmt, auf den sie ihre Strahlen sendet. Und plötzlich erschloß sich mir der Sinn der Psalmen, der Evangelien und der übrigen Bücher des Alten und Neuen Testaments ...«

Sie gesteht, daß sie sich zunächst weigerte, ihre Gesichte aufzuschreiben »wegen der Zweifelsucht, des Achselzuckens und des mannigfachen Geredes der Menschen«, vor allem jedoch aus dem Empfinden ihrer Unfähigkeit heraus, bis sie eines Tages schwer krank wurde. »Da endlich legte ich, bezwungen durch die vielen Leiden, Hand ans Schreiben ... Als ich nun zu schreiben begann, kam ich wieder zu Kräften und stand von meiner Krankheit auf.«

»Scivias« gilt als ihr Hauptwerk. Es entstand, als die Nachricht vom gescheiterten zweiten Kreuzzug durch Europa ging. Doch unbeirrt von allen Erschütterungen, die das klägliche Ende auslöste, schrieb sie weiter, getreu der Stimme, die ihr befahl: »Schreibe, was du siehst und hörst.« Im Vorwort betont sie, daß ihr ein Gelehrter namens Volmar als »Feile« gedient habe, weil sie »indocta« sei, ungelehrt. Auch später, als ihr Ruhm europäische Ausmaße erreichte, blieb sie bescheiden und bezeichnete sich wiederholt als »einfältige«, »ungelehrte«, »demütige Frau«, die nur den göttlichen Auftrag erfülle.

Weitere Visionen hielt sie in zwei nachfolgenden Werken fest, so in dem »Liber vitae meritorum« (eine große Sittenlehre), entstanden zwischen 1158 und 1162, und dem Spätwerk »Liber de operatione Dei« (Vom Wirken Gottes in der Welt), geschrieben in den Jahren zwischen 1163 und 1173.

Hildegard von Bingen wurde damit zur Zentralfigur der prophetischen Mystik und des Symbolismus, Geistesbewegungen, die ihrem engen

Umkreis kaum bekannt sein konnten, die sie aber dennoch sah. Es war keine verzückte Schwärmerei, der sie anhing. In Gleichnissen und Symbolen zeichnete sie ihre Visionen auf, die sie »wachend, besonnen und mit klarem Geiste« empfangen hatte. Was sie sah, betraf sie nicht persönlich und hatte auch keinen direkten Bezug zu ihr. Es war das kosmische Drama – kreisende Gestirne, goldene Feuermeere, schwarzrote Blitze mit grünen Sturmwinden –, in das der Mensch gestellt ist und in dem er sich zu bewähren hat.

Die öffentliche Anerkennung für ihre Visionen erhielt sie am 30. November 1147 in Trier. Papst Eugen III. weilte mit großem Gefolge auf einer Synode in der alten Kaiserstadt und übernahm selbst »das Amt des Rezitators und las, die Schriften mit eigenen Händen haltend, dem Erzbischof, den Kardinälen und allen anwesenden Geistlichen daraus vor«. Damit war das Buch durch die allerhöchste Instanz bestätigt worden. Papst Eugen schrieb an Hildegard »und erteilte ihr in Christi und des heiligen Petrus Namen die Erlaubnis, alles, was sie im Heiligen Geist erkenne, kundzutun, und ermunterte sie zum Schreiben«, wie der Chronist vermerkt.

Hildegards Ruhm als begnadete Seherin verbreitete sich über ganz Europa und trug ihr den Ehrennamen »prophetissa teutonica« (deutsche Prophetin) ein. Sie war nun selbst zu einer allseits anerkannten Autorität geworden. Menschen aller Schichten kamen zu ihr und suchten Rat und Hilfe. Gleichzeitig begann ein ausgedehnter Briefwechsel mit den Großen ihrer Epoche. So schrieb sie an Konrad III. und an dessen Nachfolger Friedrich Barbarossa, an König Heinrich von England und dessen Gemahlin Eleonore von Aquitanien, an Kaiserin Irene von Byzanz, an Bernhard von Clairvaux, an Päpste, Bischöfe, Nonnen- und Mönchsklöster, an Priester und Laien. Mehr als dreihundert Briefe sind erhalten – mahnende, tadelnde, ratgebende Schreiben. Wer immer sich an sie wandte, erhielt Antwort. Sie schrieb lateinisch und scheute auch drastische Worte nicht. Mutig, offen, so korrespondierte sie mit den Großen ihrer Zeit – ein historisch einzigartiger Vorgang in dieser von Männern beherrschten Welt des Hochmittelalters.

Ende der vierziger Jahre beschloß sie den Bau eines neuen Klosters auf dem Rupertsberg, sechs Wegstunden vom Disibodenberg entfernt. Die alten Räumlichkeiten waren für die Nonnen längst zu eng geworden. Mit Energie und Umsicht trieb sie die Neugründung voran.

Von besonderem Charakter war ihre Beziehung zu Kaiser Barbarossa. Sie hatte dem jungen König schon zu dessen Wahl 1152 in Frankfurt gratuliert.

Später traf sie ihn noch zweimal, einmal in dessen Kaiserpfalz zu Ingelheim, dann beim kaiserlichen Hoftag in Mainz. Von ihm erhielt sie im April 1163 auch die kaiserliche Schutzurkunde für ihr Kloster Rupertsberg, das bis zum Dreißigjährigen Krieg bestand.

Gerühmt wird Hildegards musikalische Begabung. Sie lag offensichtlich der Familie im Blut, denn ein Bruder wurde Domkantor in Mainz. Durch ihre Kompositionen war sie eine der ganz wenigen Frauen, die auf dem Gebiet der Musik schöpferisch tätig wurden. Die meisten ihrer 77 lateinischen Lieder (Carmina) waren für das eigene Haus bestimmt, für kirchliche Feiern und die Ausgestaltung der festlichen Liturgie. Einige schenkte sie auch befreundeten Klöstern. Hinzu kommt ein religiöses Singspiel »Ordo Virtutum« (Reigen der Tugendkräfte). Dabei verwendete sie Elemente des Chorals. Sie liebte eine weiträumige Melodik, arbeitete mit Intervallen und variierte die Motive.
Hildegards Heilkunde, die man nach der einzig erhalten gebliebenen Handschrift »Causae et curae« nannte, stützt sich auf die Bibel, aber auch auf die Volkskunde und die Erfahrungen der Klostermedizin. Sie brachte ihr den Ruf einer ersten schriftstellerisch arbeitenden Ärztin ein. In ihrem Werk, das sie selbst »Vom Grund und vom Wesen der Heilung der Krankheiten« nannte, beschäftigt sie sich ebenso mit dem gesunden wie mit dem kranken Menschen. Nach ihrer Überzeugung kann die Heilung nicht einfach in einer »Reparatur« bestehen, einem technischen Eingriff, auch nicht allein im Eingeben von Arzneimitteln. Notwendig ist immer auch eine Änderung der Einstellung und Lebenshaltung des Kranken – eine überraschend moderne Erkenntnis, die sich erst heute im 20. Jahrhundert wieder durchsetzt. Vor diesem Hintergrund beschreibt sie in ihrer bildhaften Sprache die menschlichen Krankheiten und gibt dann eine »regula vitae« im »ordo vitalis«, wie sie es nennt, eine Lebensregel zur gesunden Lebensführung.
Hinzu kommt ihre »Naturkunde«; sie ist in vier Handschriften überliefert und wird nach der ersten Auflage »Physica« genannt. Es ist ein für den praktischen Gebrauch bestimmtes Arzneibuch. In 239 Einzelbeschreibungen stellt sie darin die Kräuter und Heilpflanzen vor, die seit dem 9. Jahrhundert in den Klostergärten kultiviert wurden. Wo ihr die lateinischen Bezeichnungen fehlen, verwendet sie die mittelhochdeutschen und versieht sie mit lateinischen Endungen. Von besonderem Interesse ist dabei ihre Darstellung der einheimischen Fische, die zum Originellsten gehört, was uns aus dem Hochmittelalter überliefert ist. Da sie immer an Flüssen gelebt hatte, kannte sie die Gewohnheiten der Fische. Von 35 einheimischen Arten wußte

sie, welche für Gesunde und Kranke bekömmlich sind. Was sie darüber schreibt, entspricht durchaus den Kenntnissen der heutigen Zoologie. Bis in unser Jahrhundert hinein wurde die Fischfauna des Rheins und seiner Nebenflüsse nicht sorgfältiger aufgezeichnet.

Zwischen 1158 und 1161 unternahm Hildegard viermal größere Reisen. Die Anlässe ergaben sich aus persönlichen und brieflichen Beziehungen. Die Besuche selbst machte sie mit dem Schiff, zu Fuß oder zu Pferd. Als über sechzigjährige Frau unterzog sie sich diesen Strapazen aus Pflichtgefühl trotz ihrer schwächlichen Konstitution.
Die erste Reise führte sie an den Main, nach Mainz, Wertheim, Kitzingen, Erbach und Bamberg. Die zweite an die obere Mosel und nach Lothringen. Am Pfingstfest 1160 predigte sie in Trier. Sie tadelte dabei Trägheit und Verweltlichung. Auch in Metz, Köln, Würzburg und Bamberg predigte sie vor Klerus und Volk, in Kirchen und unter freiem Himmel. Daß eine Äbtissin öffentlich sprach und dabei kein Blatt vor den Mund nahm, ließ die Leute zusammenströmen. Wohin sie auch kam, lauschten ihr Hunderte, verblüfft erst, dann begeistert.
Zwischen 1161 und 1163 fuhr sie rheinabwärts über Boppard und Andernach nach Siegburg und über Köln nach Werden. Auf ihrer Schwabenfahrt besuchte sie Maulbronn, Hirsau und Zwiefalten. Ihre Ansprachen in Trier wie auch im Kölner Dom fanden ein solches Interesse, daß man sie um die Überlassung ihrer Manuskripte bat.
1165 erwarb sie das leerstehende Augustinerkloster in Eibingen bei Rüdesheim und stand fortan zwei Klöstern als Meisterin vor. Zweimal in der Woche verließ sie den Rupertsberg, überquerte im Nachen den Rhein und besuchte bis ins hohe Alter die Töchter ihres Filialklosters.

Als Hildegard am 17. September 1179 zweiundachtzigjährig auf dem Rupertsberg starb, war eine der großen Frauen der Kirchengeschichte dahingegangen. Doch auch in der Geistesgeschichte fand sie ihren Platz als erste deutsche Mystikerin, als Naturforscherin und Ärztin, und selbst in der Musik leistete sie Ungewöhnliches. Vor dem dramatischen Hintergrund des zwölften Jahrhunderts wurde sie, die nichts von Emanzipation wußte und das einfache Leben einer Nonne führte, die kritische Beraterin von Kaisern und Königen, von Päpsten und Bischöfen. Sie alle schätzten ihr Wissen in Theologie, in Philosophie und den Naturwissenschaften, aber sie spürten auch ihr Charisma, ein Wort, das mit »besondere Ausstrahlung« für ihre Persönlichkeit noch zu blaß übersetzt erscheint.

Kraftvoll wirkte sie nach außen, beherrscht und diszipliniert – tatsächlich war sie aber oft krank und über lange Perioden ans Bett gefesselt. »Von meiner Kindheit an lebte ich nie in Sicherheit, nicht eine einzige Stunde«, schrieb sie an Bernhard von Clairvaux – ein überraschendes, ja bestürzendes Bekenntnis.
In ihren Briefen wie in ihrem persönlichen Umgang war sie von einer freimütigen Offenheit, die verblüffte; voller Verständnis für die besonderen Probleme anderer und von einer Warmherzigkeit, die ihr die Herzen öffnete. Ob sie sich an einen Kirchenmann wandte oder einem hochmütigen Adligen ins Gewissen redete, ihre Worte waren stets von Lebensweisheit, Sorge und Verständnis geprägt.

Hildegard von Bingen

wurde 1098 in Bermersheim bei Alzey als jüngstes von zehn Kindern des Hiltebert von Bermersheim und dessen Ehefrau Mechthild geboren. Mit acht Jahren gaben die Eltern das hochbegabte Mädchen zur Erziehung in das Benediktinerkloster auf dem Disibodenberg bei Böckelheim, wo es unter der Obhut der Meisterin Jutta von Sponheim aufwuchs.
Nahezu fünfzig Jahre lebte Hildegard an diesem Ort, seit 1136 als Äbtissin des Klosters. Zwischen 1147 und 1150 gründete sie das Kloster auf dem Rupertsberg bei Bingen und 1165 ein Tochterkloster in Eibingen bei Rüdesheim.
Schon als Kind neigte sie zu Visionen. Um 1141 begann sie mit deren Niederschrift. Ihr erstes Werk nannte sie »Scivias – Wisse die Wege«. Es machte sie zur Zentralfigur der Mystik und des Symbolismus. Weitere Visionen hielt sie in dem »Liber vitae meritorum« (eine Sittenlehre) und dem Spätwerk »Liber de operatione Dei« (Vom Wirken Gottes) fest.
Ihr Ruhm verbreitete sich über ganz Europa und trug ihr den Ehrennamen »prophetissa teutonica – deutsche Prophetin« ein. In dem ausgedehnten Briefwechsel, den sie mit vielen Großen ihrer Zeit unterhielt, wies sie mit verblüffender Offenheit auf Mißstände hin und setzte sich für Reformen ein.
Neben weiteren religiösen Schriften und geistlichen Liedern verfaßte sie auch Werke naturwissenschaftlichen und medizinischen Inhalts, die ihr den Ruf einer ersten schriftstellerisch tätigen deutschen Ärztin und Kennerin der zeitgenössischen Naturkunde eintrugen. Sie starb am 17. September 1179 auf dem Rupertsberg.

Der Bruder der Verirrten
Dominikus

(Um 1170 bis 1221)

Michael Marsch

Dominikus bedeutet »der dem Herrn Gehörige«. Die Brüder sagten von ihm: »Er redete nur mit Gott und von Gott.«

Zwischen 1170 und 1175 in Caleruega in Spanien geboren, tritt Dominikus nach dem Besuch einer Klosterschule als Chorherr in das Kapitel der Kathedrale von Osma ein, als dessen Subprior er 1201 erwähnt wird.

Zwischen 1203 und 1206 begleitet er seinen Bischof auf zwei Reisen nach Nordeuropa. Dabei begegnet er in Südfrankreich Anhängern einer christlichen Sekte, den Katharern. Während andere päpstliche Abgesandte diese Abtrünnigen mit Drohungen und Gewalt zum Glauben der Kirche zurückzuführen suchten, ließ sich Dominikus von Anfang an auf einen Dialog ein, in dem er zunächst zu lernen suchte – zum Beispiel von den Bibelkenntnissen und der Armut der Andersgläubigen –, bevor er ihnen den Glauben der Kirche aus persönlicher Überzeugung vermittelte.

Im Jahr 1206 fand diese neue Form der Evangelisierung die Anerkennung des Papstes Innozenz III. Dominikus begann, in Südfrankreich Brüder um sich zu scharen, denen es gelang, durch das Lernen von anderen und das Gespräch in Liebe viele Sektierer zum Glauben der Kirche zurückzuführen.

Sehr bald jedoch wurde Dominikus deutlich, daß die Predigt seiner Brüder keinerlei Überzeugungskraft besitzt, wenn sie nicht andauernd vom Gebet getragen wird. Er verbrachte ganze Nächte im Gespräch mit Gott und gründete noch vor dem ersten Männerkloster 1206 eine beschauliche Frauengemeinschaft – das heute noch bestehende Kloster Prouilhe bei Toulouse –, die durch ihr beständiges Gebet die Verkündigung der Brüder fruchtbar werden lassen sollte.

Fast zehn Jahre beharrlicher Auseinandersetzung mit den Andersgläubigen vergingen, bis Dominikus aus der Schar seiner Anhänger Ostern 1215 eine Männergemeinschaft in Toulouse gründete, die Weihnachten 1216 vom Papst als »Orden der Prediger« (O. P.) nach der Regel des heiligen Augustinus anerkannt wurde.

Nur knapp ein Jahr später empfängt Dominikus die prophetische Eingebung, die noch kaum im geistlichen Leben und im Studium der Heiligen Schrift ausgebildeten Brüder in alle Winde zu zerstreuen: Er sendet sie von Toulouse aus wie die Apostel zu zweit in die großen Städte Frankreichs und Spaniens, wo fast gleichzeitig »freie«, das heißt von der Lehre der Kirche weitgehend unabhängige Universitäten entstehen – so zum Beispiel 1215 die Sorbonne in Paris –, eine Kulturrevolution, die das gesamte gesellschaftliche Gefüge der Zeit und auch das Bewußtsein des einzelnen zutiefst erschüttert und verwirrt. Denn bis dahin galt die kirchliche Lehre in allen Bereichen menschlichen Wissens als selbstverständlich und unantastbar.
Aber gerade in diesen neuen Zentren kritischen Lehrens und Forschens wollte Dominikus seine Brüder gegenwärtig wissen – wiederum nicht mit Macht und Drohbotschaften, sondern in der Vollmacht des Herrn und mit der Liebe zum Andersdenkenden. So konnte durch das aufmerksame Hören auf den anderen eine neue Einheit zwischen Naturwissenschaften und Geisteswissenschaften, zwischen Glauben und Denken entstehen, die in der »Summa Theologica«, dem Hauptwerk des Dominikaners Thomas von Aquin (1225 bis 1274), ihren heute noch prägenden Ausdruck finden sollte.

Mit der Ansiedlung der Klöster in den Universitätsstädten aber entstand noch eine weitere bahnbrechende Neuerung: Das tätige und das betende Dasein der Mönche führte zu einem neuen inneren Gleichgewicht. Bis dahin gab es kaum Klöster in den Städten. Von wenigen Ausnahmen abgesehen, gab es kaum so etwas wie eine städtische Kultur. Man lebte weitgehend auf dem Land; erst als durch das Überhandnehmen des Raubrittertums diese Existenzform immer unsicherer wurde, setzte eine allgemeine Landflucht ein; man flüchtete sich in den Schutz der Burgen, das Bürgertum kam auf und mit ihm eine weitgehend unbekannte Lebensform – nämlich die städtische –, mit so neuen Wirklichkeiten wie Bildungshunger, demokratischer Mitverantwortung und systematischem Handel mit Geld: der Kapitalismus.
Das allgemeine Streben nach persönlicher Unabhängigkeit durch Wissen und Macht stellte für die Kirche, die an die kritiklose Achtung ihrer Autorität gewöhnt war, keine geringe Herausforderung dar. Dominikus reagierte nicht nur mit der prophetischen Sendung seiner Prediger-Brüder in die neuen Bildungszentren, mit dem entstehenden Dialog zwischen Geisteswissenschaften und Naturwissenschaften und dem Ausgleich zwi-

schen tätigem und betendem Leben, sondern er setzte dem aufkommenden Konsumdenken auch eine neue Form biblischer Armut entgegen: Die Brüder mußten die einfachste Kleidung tragen. Die heute noch gebrauchte weiße Dominikanerkutte aus grobem naturfarbenen Tuch entspricht weitgehend der Bauerntracht des 13. Jahrhunderts. Sie durften keinerlei Landbesitz, keine eigenen Klöster und kein Geld haben: sie mußten ihr tägliches Brot durch die Verkündigung des Evangeliums täglich neu erbetteln. Dominikus sagte ihnen, sie könnten die Güte Gottes nicht täglich neu überzeugend verkünden, wenn sie sie nicht täglich neu erfahren durch die Güte der Menschen.
Dem aufkommenden individuellen Machtstreben setzte Dominikus schließlich eine Ordensregel entgegen, die noch heute als Beispiel einer demokratischen Verfassung gelten kann und gilt: eine gemeinschaftliche Lebensordnung gegenseitiger Dienstbereitschaft und Unterordnung. Alle Vorgesetzten werden von der Basis für eine begrenzte Zeit in geheimer Abstimmung gewählt, um ihre Funktion als Dienst an den Brüdern auszuüben. Dominikus selbst wollte »unter den Füßen der Brüder« begraben werden, um damit seine Dankbarkeit und Unterordnung über den Tod hinaus zu bekunden.

So viele bahnbrechende und doch ganz friedliche Neuerungen für Kirche und Gesellschaft in einem so kurzen Leben wären freilich nicht denkbar ohne eine ausgeprägte persönliche Autorität, die gekennzeichnet ist durch den selbstverständlichen Verzicht auf jede Form von Machtstreben. Dominikus wird uns von den Brüdern und Schwestern geschildert als eine kleine, zierliche Gestalt mit einem rötlichen Bart, von kaum widerstehlichem Liebreiz, voller Anteilnahme am Schicksal des einzelnen und der ganzen Kirche, vor allem aber der Ärmsten und der Außenstehenden, unermüdlich im Eifer der Verkündigung, voller Mitleiden mit den Randfiguren – er rang nächtelang unter Tränen mit Gott um die Sünder, war über Tag aber meist voller Humor – und bei aller Weite der Bildung erfüllt von einem ganz kindlichen Gottvertrauen.
Diese persönliche Liebesbeziehung zum Herrn ist sicher der Schlüssel zum Geheimnis einer ebenso vielschichtigen wie einfältigen Persönlichkeit und ihres Lebenswerkes. Dominikus hat aus dem Zentrum des Evangeliums und der kirchlichen Tradition eine Lebensgemeinschaft mit einer besonderen Liebe für die Verirrten und Verwirrten geschaffen. Und er hat dieser Gemeinschaft mit der Gründung einer Vielzahl von Klöstern in knapp fünf Jahren zu bleibendem Bestand verholfen. Dominikus, der zu Fuß weite

Teile Europas bereiste, hatte bereits die Vision eines weltweiten Ordens. Heute verfügen die Dominikaner über 46 Provinzen auf den fünf Erdteilen mit insgesamt mehr als 7000 Brüdern.
Bei einem so gänzlich von Gott erfüllten Leben kann es kaum verwundern, daß Dominikus nach glaubwürdigen Berichten bei der Feier der Eucharistie einen Toten zum Leben erweckt hat, daß Blinde durch sein Gebet sehend wurden, Lahme wieder gehen konnten und Epileptiker von ihren Anfällen befreit wurden.
Im liebenden Glaubensgehorsam konnte Dominikus Schritte wagen, die in ihrer Weitsicht selbst die Brüder erstaunen mußten, sich aber durch die ganze Kirchengeschichte hindurch bis heute als fruchtbar erwiesen und darum als echte Prophetien gelten können.
Am stärksten geprägt aber bleibt Dominikus durch jene Gabe, die ihn mit seinem Zeitgenossen Franziskus von Assisi so innig verbindet: die Liebe als Hingabe des Lebens an Gott und die Menschen.
»Nicht weinen«, ruft der heilige Dominikus von seinem Sterbebett den trauernden Brüdern zu, »ich werde euch dort, wohin ich jetzt gehe, noch nützlicher sein als hier.«

Dominikus von Caleruega

wurde zwischen 1170 und 1175 in Caleruega in Spanien geboren. Nach Studien in einer Klosterschule tritt er als Priester in das Kapitel der Chorherren von Osma ein, deren Subprior er 1201 wird. Bei Reisen mit seinem Bischof Diego trifft er zwischen 1203 und 1206 auf die Sekten der Katharer und Albigenser in Südfrankreich und sucht diese im liebevollen Dialog für den Glauben der Kirche zurückzugewinnen. Ende 1206 gründet er in Prouilhe bei Toulouse ein erstes Frauenkloster zur Gebetsunterstützung seiner Prediger-Brüder. 1215 entsteht das erste Männerkloster des Prediger-Ordens in Toulouse. 1216 wird der Orden von Papst Innozenz III. anerkannt. 1217 zerstreut Dominikus die Brüder in die neu entstehenden »freien« (kirchenunabhängigen) Universitäten. Nach Missionsreisen und Klostergründungen in ganz Europa läßt Dominikus 1220 durch das erste Generalkapitel eine weitgehend demokratische Ordensregel verabschieden. Er stirbt am 6. August 1221 in Bologna und wird am 3. Juli 1234 von Papst Gregor IX. heiliggesprochen.

Der Sohn des Kaufmanns Franziskus

(1182 bis 1226)

Ursula Kurth

Kein Bewohner von Gubbio wagte es mehr, den Schutz der bergenden Stadtmauern zu verlassen. Und wenn es dennoch einer tat, bewaffnete er sich zuvor bis an die Zähne. Der Grund waren nicht Räuber oder Wegelagerer, sondern ein in seiner Wildheit furchtbarer Einsiedlerwolf. Er fiel die Menschen gleichermaßen an wie Hase und Reh, wenn ihn der Hunger umtrieb. Bis in ihre nächtlichen Träume verfolgte er die Bewohner von Gubbio. Wie ein dunkler Schatten lag die Angst auf ihren Seelen.
Bis eines Tages dem Wolf ein Mann entgegentrat, unbewaffnet und ohne Angst. Was trieb ihn dazu? Er hatte Mitleid mit den angstverstörten Bewohnern der Stadt und Vertrauen in den Herrn aller Herren:
»Komm zu mir, Bruder Wolf! Im Namen Christi befehle ich dir, weder mir noch sonst jemandem ein Leid zu tun!« Er machte über dem Wolf das Zeichen des Kreuzes, und die göttliche Kraft, die von ihm ausging, zähmte das Tier. Es hielt in seinem Lauf inne, schloß den wilden Rachen, kam gesenkten Kopfes heran und legte sich gleich einem Lamm dem Mann zu Füßen. Und es wird noch berichtet, daß Frieden geschlossen wurde zwischen dem Wolf und den Bewohnern der Stadt. Sie gaben ihm, was er zum Leben brauchte, und er tat nie mehr einem Lebewesen etwas zuleide.

Als Jesus den Sturm auf dem See stillte, fragte alles Volk erstaunt: »Wer ist dieser, daß ihm sogar Wind und Wellen gehorchen?« Wer ist dieser Mann, der dort vor den Toren Gubbios ohne alle Angst dem wilden Wolf entgegentrat? Es ist einer, der Jesus so nahe ist, daß er wie Jesus Gott ganz seinen Vater sein läßt; der Jesus so nahe ist, daß er tut, wie Jesus getan hat. Jesus hat es doch immer wieder gesagt: »Wer an mich glaubt, wird die Werke tun, die ich getan habe!« Und wahrhaftig, die Apostelgeschichte weiß viel von solchen Taten im Namen Jesu zu berichten. Über die Jahre und Jahrhunderte aber ist dieser Glaube, der solche Taten vollbringt, in den Menschen wohl geringer und geringer geworden, und es mag sein, daß irgendwann niemand mehr so recht glaubte, was da im Evangelium aufgeschrieben stand. Hier ist nun wieder einer, der glaubt, was das Evangelium sagt. Einer, der Jesus so nahe ist wie es die Apostel waren: Franziskus von Assisi.

1182 wurde Franziskus in Assisi geboren. Sein Vater war ein reicher Kaufmann, und Franziskus trat, als er alt genug war, in das Geschäft seines Vaters ein. Besonderes gibt es aus jener Zeit nicht zu berichten. Franziskus liebte zu feiern, Geld auszugeben und mit seinen Freunden fröhlich zu sein. Er war aber auch großzügig zu den Armen, nicht ohne Mitleid mit den Kranken und immer bemüht, niemanden zu verletzen.

Er war jeden Tag vollauf damit beschäftigt, sich in seiner Weise das Leben zu erobern, bis ihn eine lang andauernde Krankheit zwangsweise in die Stille und zum Nachdenken führte. Öde, langweilig und leer war es ihm da. »Ist die Leere im Herzen denn alles, was für mich bleibt? Gibt es nicht etwas Besseres, Höheres, etwas, das bleibt?« Franz hatte viel von den fahrenden Rittern gehört und gelesen. Das war's! Als Ritter kann man bleibenden Ruhm und Ehre erlangen.

Schon bald nach seiner Genesung bot sich ihm eine Gelegenheit, seine Ritterträume Wirklichkeit werden zu lassen. Er schloß sich einem Edelmann aus Assisi an, um mit ihm unter dem päpstlichen Heer zu streiten. Doch noch ehe er zum Ort seiner Heldenträume kam, fühlte er eines Nachts die Frage an sich gerichtet: »Wohin willst du? Was hast du vor?« Franziskus schilderte seine Pläne vom Rittertum, von tapferen, heldenhaften Kämpfen und gestand seine Träume von Ruhm und Ehre, seine Sehnsucht nach etwas, das bleibt. Da wurde er gefragt: »Wer kann dir denn Besseres tun, der Herr oder der Knecht?« Franziskus gab zur Antwort: »Der Herr!« Da kam es zurück: »Warum verläßt du dann um eines Knechtes willen den Herrn, und wegen eines Armen den Reichen?« – »Aber was ist es dann, was ich tun soll«, brach es aus Franziskus hervor. »Kehre zurück in die Heimat, und es wird dir gesagt werden, was du tun sollst!« Franziskus gehorchte dem Erlebten jener Nacht und zog heim.

Gott selbst forderte ihn bald zu einer wirklichen Rittertat auf: zum Kampf gegen sich selbst. »Franziskus, was du bisher fleischlich geliebt und begehrt hast, das mußt du verachten und hassen, wenn du meinen Willen erkennen willst. Hast du erst einmal damit begonnen, so wird dir unerträglich und bitter sein, was dir zuvor liebenswert und süß erschien; und aus dem, was dich vorher erschauern machte, wirst du tiefes Glück und unermeßlichen Frieden schöpfen.«

Diese Worte waren in seinem Innern noch nicht verklungen, als er auf seinem Ausritt einem Aussätzigen begegnete. Grauen für das Auge, fauliger Gestank für die Nase. Franziskus hatte nur ein Gefühl von Ekel und heftigem Widerwillen. »Nur schneller reiten, schnell vorbei an so viel häßlichem Elend«, fuhr es durch seinen Kopf. »Nein, nein, man soll niemanden ohne Hilfe lassen«, kam der nächste Gedanke. »Gut, ich werde ihm im Vorbeireiten ein Silberstück zuwerfen«, antwortete Franziskus sich selbst. Aber mit einem Mal erklangen in ihm noch ganz andere Worte, die nicht aus dem Verstand und nicht aus dem Gefühl kamen: »Liebe, was dir bitter erscheint!« Wie ein Befehl erklang es in ihm und zugleich wie eine wunderbare Verheißung: »Zur Quelle der Freude und des Glückes wird dir, was dich jetzt noch erschauern macht!«
»Ich kann nicht! Ich will nicht!« wehrte sich Franziskus. »Bitteres wird süß, Süßes wird bitter!«
»Ich kann nicht... Doch, ich glaube! Ich will glauben!« In ihm tobte ein heftiger Streit. Jahre später schreibt er: »Gott gab mir den Sieg.«
Widerwillen und Glaubenswillen lagen im Kampf, da verlieh Gott dem Willen zum Glauben seine Kraft. Er hält direkt beim Aussätzigen sein Pferd an, steigt herab und bietet ihm das Silberstück an. Der Aussätzige hält ihm seine von der Krankheit zerfressene Hand entgegen, da legt Franziskus nicht nur das Geldstück hinein, sondern er beugt sich über die Hand und küßt sie. Und die Krankheit des anderen ist schon vergessen, als er ihn mit Dank umarmt und ihm den Friedenskuß gibt. Franziskus steigt auf sein Pferd und reitet weiter; ein tiefes Glücksgefühl durchströmt ihn und eine innige Liebe zu Gott. Von dieser Begegnung an besuchte er regelmäßig die Aussätzigen.
Franziskus hatte etwas von der erlösenden Verwandlung der Welt in sich selbst seit jener Begegnung mit dem Aussätzigen erfahren. Immer noch war er auf der Suche, aber sein Suchen hatte eine ganz andere Richtung erfahren.

Es war der 24. Januar 1206. Franziskus hatte in stiller Andacht vor dem Kreuzbild von San Damiano verweilt, da war es ihm, daß er sich angesprochen wußte wie damals in jener Nacht. Der Herr! Es war der Herr selbst, der dort vom Kreuz her zu ihm sprach: »Franziskus, siehst du nicht, daß mein Haus in Verfall gerät? Geh also hin und stelle es mir wieder her!«
Ja, das war es, was sein Herr gemeint hatte. Ihm dort am Kreuz wollte er dienen, ihm wollte er ganz gehören. Jetzt war er frei zu beten: »Schenke mir den rechten Glauben, feste Hoffnung und vollkommene Liebe!«

Er sah zum Herrn empor. Tiefe Dankbarkeit und Freude erfüllten ihn. Kein Vorwurf im Blick des Herrn, keine Geringschätzung, nur Liebe, lauter Liebe.
Doch was sollte er tun? Was hatte der Herr gesagt? »Geh, stell mein Haus wieder her!« Franziskus schaute sich um. Die kleine Kirche von San Damiano war wirklich in einem erbärmlichen Zustand. Das wollte er gern mit all seiner Kraft ändern.
Voll Freude und Tatkraft verließ Franziskus seinen neu gefundenen Herrn am Kreuz. Ihm wollte er nun mit ganzem Herzen gehören. Aber wie beginnen? Zum Aufbau einer Kirche braucht man Geld. Gut, das sollte herbeigeschafft werden. Franziskus ritt in die nächste Stadt. Dort verkaufte er sein Pferd, einen Tuchballen aus seines Vaters Geschäft und was er sonst noch bei sich hatte. Mit dem erworbenen Geld eilte er freudig zurück. Er ging zu dem Priester, der das kleine Kirchlein betreute, und überreichte ihm das Geld, voll aufgeregter Freude von seinem Vorhaben erzählend.
»Willst du mich zum Narren halten? Deine Späße mit mir machen?«
»Nein, nein! Wie soll ich es Euch nur erklären. Etwas ist anders in mir geworden. Ich bin nicht mehr der reiche Kaufmannssohn. Ich kann es ja selbst noch nicht fassen.« Franziskus schwieg. Der Priester schaute ihn an.
»Bitte, laßt mich bei Euch wohnen. Ich möchte mit Euch die Armut und Stille teilen, damit ich lerne, meinen Herrn am Kreuz, meinen großen Gott und Heiland, besser zu verstehen.«
So spaßte keiner. Der alte Priester lud Franziskus ein, bei ihm zu bleiben; aber das Geld nahm er nicht, aus Furcht vor den Eltern.
Seine erste begeisterte Freude wurde still. So wie er die Dinge sonst zu tun gewohnt war, mit Tatkraft, Geld und Befehl, schienen im Reich Gottes die Dinge nicht zu regeln zu sein. Er kam in die Schule des Herrn. Er betete viel, schwieg noch mehr und lauschte nach innen. Er kniete sich oft unter das Kreuz und schaute das Bild des Gekreuzigten an. Manchmal spürte er, wie es ganz warm in ihm wurde: Der Herr schaute ihn an. Wie Musik war es da in seinem Innern.
Draußen ertönte ein häßlicher Lärm. Laute Stimmen waren zu hören. Unter ihnen hörte Franziskus die zornige Stimme seines Vaters heraus: »Ich werde ihn zurechtbringen!«
Franziskus zuckte zusammen. »Mein bestes Tuch hat er verschleudert. Ich kümmere mich doch nicht Tag und Nacht um meine Geschäfte, damit mein Sohn das mühsam Erworbene an die Bettler und Ruinen der Stadt verschwendet!« Im Vater kochte der Zorn. Dieses fromme Getue seines Sohnes brachte ihm keine Kunden, sondern nur heimlichen Spott und

offenes Gelächter. Schon der Gedanke war Pietro Bernadone unerträglich. »Ich bringe ihn zurecht!« hörte Franziskus ihn wieder schreien. »Ich will keinen Narren zum Sohn! Er soll sein wie alle! Er soll werden wie ich!« Franziskus spürte keine Kraft, dem Zorn des Vaters Widerstand zu leisten; aber er wollte doch seinem Vorhaben treu bleiben. In seiner Ohnmacht floh er in eine kleine, nahe gelegene Höhle.

Finster war es hier. Einen Monat verbrachte er in der Dunkelheit und Einsamkeit der Höhle. Nur ein Freund kam manchmal, um ihm heimlich etwas zu essen zu bringen. Unter Tränen betete er zum Herrn lange dunkle Tage hindurch. Und die Finsternis wurde Licht, die Freude kehrte zurück. Nicht von außen, sondern wie aus einem verborgenen Quell stieg sie in ihm auf. Dieser Freudenquell erfüllte ihn mit einer wunderbaren, nie gekannten Kraft: Nicht Heldenmut ist im Reich Gottes die Kraft zum Handeln, sondern die Freude, die aus Gott kommt.

Als er dieses neue Gesetz vom Reich Gottes gelernt hatte, war er bereit, sich seinem Vater offen zu stellen. Er verließ sein Versteck und ging hinunter nach Assisi. Nichts erinnerte mehr an den reichen Kaufmannssohn. Schmal war sein Gesicht geworden, und seine Kleider glichen denen eines Bettlers.

Wuterfüllt stürzte sein Vater auf ihn zu – das war für den stolzen und auf Ansehen bedachten Kaufmann zu viel! Und der Vater unternahm alles, um Franziskus wieder unter seine Autorität zu bringen. Er prügelte ihn und versprach ihm vieles. Er drohte und lockte ihn. Aber er vermochte nichts über Franziskus. In seiner ohnmächtigen Wut band er ihn wie einen Verbrecher mit Fesseln und sperrte ihn in den Keller. Viele Tage mußte er dort zubringen. Als der Vater eine Geschäftsreise antreten mußte, erbarmte sich seiner die Mutter, nachdem sie vorher vergeblich versucht hatte, ihn umzustimmen. Sie löste seine Fesseln und ließ Franziskus frei. Zurückgekehrt von seiner Reise, griff der Vater zum Äußersten. Er erstattete Anzeige beim Stadtrat gegen Franziskus wegen Diebstahls.

Als die Diener des Rates zu Franziskus kamen, um ihn zu holen, trat Franziskus ihnen mit der Festigkeit entgegen, die allein aus der Freiheit der Diener Gottes kommt, die durch die Prüfung gegangen sind. »Nein, ich komme nicht mit! Ich gehöre dem höchsten Herrn. Er allein ist mein Rechtssprecher. Ich beuge mich keinem menschlichen Gericht.«

Da wandte sich der Vater an den Bischof von Assisi. Dem Ruf des Bischofs folgte Franziskus in demütigem Gehorsam, seinem Urteil wollte er sich beugen. Im Gespräch erkannten beide einander, Franziskus faßte tiefes Vertrauen zu dem Bischof als seinem Hirten und geistlichen Ratgeber; der

Bischof erkannte in Franziskus den von Gott Berufenen und Erwählten. Jetzt konnte die endgültige Auseinandersetzung und Loslösung stattfinden: »Nicht nur das Geld, das meinem Vater gehört, will ich ihm zurückgeben, sondern auch die Kleider!«
Für einen Augenblick entzog sich Franziskus den Blicken der Menschen, dann trat er nackt vor aller Augen. Er legte Geld und Kleider seinem Vater zu Füßen. Jetzt war er ganz frei. Frei vom Besitz, frei von der Zugehörigkeit zu einer Familie, frei vom Ansehen der Menschen. Frei, weil er ganz Gott und der Kirche gehören wollte. »Nicht mehr Vater Pietro Bernadone will ich sagen, sondern ›Vater unser, der du bist im Himmel‹.«

Franz von Assisi,

mit bürgerlichem Namen Francesco Bernadone, wurde 1182 in Assisi geboren. Dort erlebt er 1206 vor dem Kreuzbild von San Damiano seine Berufung. Noch im gleichen Jahr verzichtet er auf das väterliche Erbe und weiht sich ganz der Armut. Am 24. Februar 1209 erhält seine Berufung endgültige Gestalt und es bildet sich die erste franziskanische Gemeinschaft. Im gleichen Jahr noch wird die Regel der Gemeinschaft von Papst Innozenz III. bestätigt. 1212 kommt die heilige Klara zu Franziskus. Er erkennt ihre Berufung und gibt ihr das Ordensgewand. Die Klarissen leben ganz in Klausur und widmen sich allein dem Gebet. Am 17. Februar 1224 empfängt Franziskus die Wundmale des Gekreuzigten; nun ist auch nach außen seine Christusähnlichkeit offenbar. 1225 dichtet er den unsterblichen »Sonnengesang«. Er stirbt am 3. Oktober 1226. Bereits zwei Jahre später, am 16. Juli 1228, geschieht die feierliche Heiligsprechung.

Der Naturforscher und Friedensstifter Albert der Große

(Um 1200 bis 1280)

Paul-Werner Scheele

Nur wenigen ist im Lauf der Jahrhunderte der Beiname der oder die »Große« verliehen worden. Albert zählt zu diesen gewiß nicht wegen seiner körperlichen Größe. Als ihn der Papst bei einer Audienz freundlich aufforderte, sich von den Knien zu erheben, sagte Albert: »Heiliger Vater, ich stehe schon.« Was hat diesen kleinen Mann groß gemacht? Vieles läßt sich aufzählen: außergewöhnliche Leistungen in vielfältigen Lebensbereichen, bahnbrechende Taten in verschiedenen Wissenschaften, wirksame Hilfen für viele in kritischen Situationen. Wichtiger als dieses ist Alberts Glaube. Er machte möglich, was Albert vollbracht hat; er bringt ihn uns über seinen Tod hinaus nahe. Dankbar können wir ihm Christi Wort widmen: »Dein Glaube ist groß« (Mt 15,28). Fügen wir hinzu: Dein Glaube ist so, daß er für uns heute noch maßgebend sein kann: Es ist ein Glaube, der die Erde liebt, die Brüder sucht und den Frieden bringt.

Glaube, der die Erde liebt: Für mich ist Albert besonders sympathisch, weil er selber nicht nur einigen, sondern allen Menschen, ja allen Kreaturen so viel Sympathie entgegenbringt. Selbst in langen wissenschaftlichen Abhandlungen ist das zu spüren. Da blitzt es mitten in nüchternen Darlegungen auf und Albert erzählt von Naturerlebnissen aus seiner Jugend und von Beobachtungen auf seinen Reisen. Wir erleben mit, wie er als Bub im heimatlichen Donautal bei Lauingen Fische und Vögel beobachtet. Einmal berichtet er von einem zweistündigen Kampf eines Adlers mit einem Schwan. Als der Adler am Ende siegt, rettet der Knecht den Schwan. Albert notiert abschließend: »Der Schwan ist sehr musikalisch, singt aber selten, gewöhnlich nur, wenn ein Artgenosse gestorben ist.« Auch als Albert längst der bedeutendste Naturwissenschaftler seiner Zeit ist, geht er in die Schule von Fischern und Jägern, von Bergmännern, Bauern und Winzern: Er beobachtet sie bei ihrer Arbeit, hört ihre Berichte an und kann so Erkenntnisse und Erfahrungen vieler sammeln und weitergeben.

Elisabeth von Thüringen

Tafel V

Katharina von Siena *Nikolaus von Kues*

Nikolaus von Flüe

Tafel VI

Mit viel Mühe studiert er, was vor ihm erforscht wurde. Das kostet Kraft und Mut: zum einen ist es in jener Zeit schwierig, an die einschlägigen Handschriften zu kommen; zum anderen meinen viele, ein guter Christ müsse die nichtchristlichen Aussagen meiden. Albert setzt sich dem Verdacht aus, mit seinem Studium der heidnischen Autoren den Glauben zu gefährden oder sogar zu verraten. Er nimmt das auf sich in der Überzeugung, daß gerade der Glaube ihn verpflichtet, die Wahrheit zu suchen, wo immer sie sich finden läßt. Im Licht des Glaubens sieht er in der ganzen Welt Gott am Werk. Sonne, Mond und Sterne, Steine, Pflanzen und Tiere und Menschen aller Arten offenbaren Gottes Herrlichkeit. Je tiefer man sie erkennt, um so mehr kann man die Spuren des göttlichen Wirkens erkennen; je zielstrebiger man diesen nachgeht, um so besser kann man Gott finden.

Um ganz sicher zu gehen, entwickelt Albert Methoden, die noch heute in den Naturwissenschaften zu finden sind. Er konzipiert Versuchsreihen, konstruiert Apparate und macht Experimente. Daß es dabei auch lustig zugehen konnte, zeigt sein zoologisches Hauptwerk. Dort berichtet er über ein Experiment mit einer Schlange im Kölner Konvent: »Ich habe sie mit Wein trunken gemacht, und sie schwankte hierhin und dorthin durch das Kloster gleichsam nur halblebendig.« Man kann sich leicht vorstellen, wie fromme Ordensbrüder dazu den Kopf schütteln, wenn sie nicht gar von der Angst gepackt werden. Albert verschweigt das, er beschreibt hingegen die Wirkung auf die Schlangen: »Der Wein regt ihre Hitze an und mildert ihre Kälte. Sie werden dadurch so erfreut, daß sie nicht wissen, was sie tun.«

Was hier wie ein munteres Spiel erscheint, ist in Wahrheit ein wichtiger Beitrag zur Grundlegung der modernen Naturwissenschaften. Albert leistet gleich in mehreren von ihnen Pionierdienste, unter anderem in der Astronomie und Geologie, der Physik und Chemie, der Botanik und Zoologie. Allzu lange hat es gebraucht, bis man sich Alberts Einsichten und Methoden zu eigen gemacht hat. Das hat die Naturwissenschaften um fast drei Jahrhunderte zurückgeworfen und überdies eine tiefe Kluft zwischen ihnen und dem Glauben entstehen lassen. Zu ihrer Überbrückung kann Albert nicht nur durch sein wissenschaftliches Werk, sondern durch seinen gesamten Einsatz beitragen. Zeitlebens finden wir ihn dabei, Brücken zu bauen und zu beschreiten. Der Glaube, der ihn die Welt lieben lehrt, läßt ihn immerzu seine Brüder suchen.

Glaube, der die Brüder sucht: Für Albert hängt die Wahrheitssuche innerlich mit der Suche der Brüder und mit der Hilfe ihrer Gemeinschaft zusammen. In einer harten Auseinandersetzung mit Kritikern, »die ihrer Bequemlichkeit zum Trost in Büchern nur nach etwas schnüffeln, was sie bekritteln können«, zeichnet er deren Gegenbild mit den Worten »in wohltuender Gemeinschaft die Wahrheit suchen«. Genau darum geht es ihm. Er weiß: Auch die größte Begabung und der höchste Einsatz eines einzelnen reichen nicht aus, wenn die Gemeinschaft nicht hilft. Erst mit allen Brüdern zusammen läßt sie sich finden. Das verpflichtet jeden, das von ihm Wahrgenommene nach Kräften weiterzugeben. Entsprechend gehört für Albert die Mitteilung nach bestem Wissen und Gewissen zur notwendigen Solidarität mit den Brüdern. Bewußt schreibt er – wie er es in der Einleitung zu seinem Physica-Werk formuliert – auf Bitten seiner Brüder zu deren Nutzen »und damit auch aller, die in diesem Buch lesen und Naturerkenntnis sich erwerben wollen«.
Die Suche nach dem Bruder nimmt für Albert eine konkrete und verbindliche Form an, als er 1223 als Student der Universität Padua dem Ordensmeister Jordan von Sachsen begegnet. Dieser ist ein besonderer Freund der studierenden Jugend. Es wird berichtet, er habe mehrfach seine Bibel versetzt, um Schulden von Studenten begleichen zu können. Jordan begeistert Albert für die junge Gemeinschaft der Predigtbrüder. Sie vereint Männer, die bereit sind, ein für allemal auf jeden Besitz und auf die Ehe zu verzichten und diszipliniert und zugleich in demokratischer Ordnung für andere dazusein, vor allem durch das Studium und die Verkündigung der Christuswahrheit. Albert schließt sich dieser Gemeinschaft an und steht zeitlebens zu ihr. Er setzt sich ein, wo und wie sie ihn braucht. So wird er mit wechselnden Aufgaben kreuz und quer durch Europa geführt. Bald nach seinem Studium werden ihm Lehraufgaben anvertraut. Albert wirkt als »Lesemeister« in Köln, Hildesheim, Regensburg und Straßburg. 1245 wird er der erste deutsche Professor an der Universität Paris. Nach drei Jahren gilt es, von der führenden Universität des Abendlands Abschied zu nehmen, um in Köln ordensintern zu lehren. Ein noch schwereres Opfer wird ihm zugemutet, als er 1254 zum Provinzialprior der deutschen Dominikanerprovinz gewählt wird. Damit trägt er die Hauptverantwortung für die 40 Klöster in allen Teilen Deutschlands. In langen Märschen sucht er sie auf, um an Ort und Stelle helfen zu können. Erneut führt der Weg über die Grenzen Deutschlands hinaus nach Paris, Anagni und Florenz. Als dort sein Nachfolger gewählt wird, kann er wieder auf den Kölner Lehrstuhl zurückkehren. Drei Jahre später wartet eine ganz andere

Aufgabe auf ihn: das Bischofsamt in Regensburg. Albert stellt sich auch diesmal der Herausforderung. Zu Fuß durchwandert er die weite Diözese. Er bringt verworrene Verhältnisse in Ordnung, er predigt und spendet die Sakramente. Das Volk gibt ihm einen Namen, der Jahrhunderte später eine Kampfparole wird: Da Albert mit Riemen gebundene Bauernschuhe trägt, nennt man ihn selber kurz »Bundschuh«. Seinem Rücktritt in Regensburg folgt eine erneute Wanderschaft. Sie führt über die Hauptstationen Würzburg und Straßburg zurück nach Köln. Damit sind zugleich die drei Orte genannt, in denen er in besonderer Weise den Bruderdienst der Friedensstiftung wahrnimmt.

Glaube, der den Frieden bringt: Albert ist ein Mann des Friedens. Im Glauben weiß er, daß Christus gekommen ist, um alle und alles zu versöhnen. Das Reich der Wissenschaften ist davon nicht ausgenommen. Konsequent geht Albert Schritt um Schritt in Forschung und Lehre den Zusammenhängen nach, die wir dem Herrn verdanken. Geradezu als Genie der Einheit zeigt er auf, wie die verschiedensten Wesen miteinander verbunden und füreinander da sind. Verhärtete Fronten halten ihn nicht davon ab, Feindschaften zu überwinden, selbst wenn er von beiden Seiten attackiert wird. Oft bietet sich die Gelegenheit, den Glauben an den Gott des Friedens und das Wissen um sein Reich und dessen Gesetze in Friedenstaten zu bewähren. Albert weicht nicht aus. Er zieht sich nicht in seine Studierstube zurück, so lieb ihm diese ist. Immer wieder verbindet sich für ihn die Suche des Bruders mit der Sache des Friedens.

In Würzburg ist das der Fall, wo sein leiblicher Bruder Heinrich dem Dominikanerkonvent als Prior vorsteht. Albert weiß, daß der Frieden sowohl der kleinen Schritte wie der großangelegten Aktionen bedarf. Zu beiden ist er bereit. Urkundlich ist bezeugt, daß sich der große Gelehrte nicht zu schade ist, im Streit zwischen Nachbarn dafür zu sorgen, daß die Mauer eines Stalles nur so hoch gebaut wird, daß andern nicht das Licht weggenommen wird. Ein andermal sind einige Malter Getreide das Streitobjekt. Fatale Folgen des Unfriedens sind zu beseitigen, als es zu gewaltsamen Übergriffen auf Klöster, Kurien und jüdischen Besitz kommt. Man einigt sich, daß Albert zusammen mit einem Edelherrn die Höhe der fälligen Entschädigung festlegen soll. Würzburg hat Albert zu danken, daß ein blutiger Bürgerkrieg verhindert werden kann.
Bei seinem Einsatz in Würzburg hat Albert seinen Schüler und Freund Ulrich von Straßburg zur Seite. Als dieser in seine Heimatstadt berufen

wird, schließt sich Albert ihm an. Briefe Ulrichs bezeugen, daß zur persönlichen Freundschaft beider auch die tatkräftige Hilfe gehört, die dem Frieden dient. Einmal spricht Ulrich von einer Krise, die ihn wie das sturmgepeitschte Meer bedroht. Vergebens sieht er sich nach Rettern um. So wendet er sich an Albert. Auf ihn baut er, der sich als ein starker Grund bewährt hat. Ihn bittet er, Eingang und Ausgang, Wagen und Wagenlenker zu sein. Welch großartige Umschreibung der Freundschaftshilfe wie des Friedensdienstes! Ulrich weiß, daß er dafür »den Zins geschuldeten Danks« zu zahlen hat. Dieser kann nicht mit ein paar Gaben abgegolten werden, er fordert ganzheitlichen Einsatz. Der Freund schuldet dem andern nicht weniger »als sich selbst ganz«.

In Straßburg wird Albert von Papst Clemens IV. beauftragt, zwischen Bischof und Stadt zu vermitteln. Dabei sollen Kirche, Geistlichkeit und Bürger gleichermaßen zu ihrem Recht kommen: »Das Werk der Gerechtigkeit wird der Friede sein« (Jes 32,17). Albert kann Erfahrungen aus Köln einbringen und sich zugleich auf neue, ihn dort erwartende, noch größere Aufgaben vorbereiten.
In Köln hat man ihn bereits früher mehrfach um Hilfe gebeten, als Erzbischof und Bürgerschaft in erbittertem Streit lagen. Inzwischen wird der Erzbischof Engelbert II. seit Jahren gefangengehalten. Jeder Gottesdienst, jede Sakramentenspendung, jede Seelsorge sind daraufhin vom Papst untersagt worden. 1270 werden Bürgermeister und Rat erneut exkommuniziert. Den Weltgeistlichen wird befohlen, die Stadt zu verlassen. In dieser Not wendet man sich an Albert. Er wagt viel, als er nach Köln zieht und sich dort erneut um Versöhnung bemüht. Er läuft Gefahr, sich mit allen Streitenden zu verfeinden. Überdies kann sein Einsatz als Eingriff in ein schwebendes päpstliches Verfahren und als Mißachtung des Interdikts gedeutet werden. Albert nimmt das alles auf sich, um Frieden zu stiften. Er kann den Erzbischof zu den entscheidenden Schritten bewegen und zugleich die Zustimmung seiner Widersacher gewinnen. Für die noch offenen Fragen wird er selber als Schiedsmann bestellt. Bis zum Tod bleibt er in der Stadt als Bürge des Friedens.

Ulrich von Straßburg, einer der es wissen muß, schreibt im Blick auf das Leben und Wirken seines Freundes: »Man kann ihn mit Recht das Staunen und das Wunder unseres Zeitalters nennen.« Auch heute noch kommt einem unwahrscheinlich vor, was er alles fertiggebracht hat. Es erscheint wie ein Wunder, das man fasziniert, aber am Ende doch distanziert und

vielleicht gar resigniert betrachtet, weil unser Leben eben ganz anders ist.
So können wir Albert nur aus der Ferne bewundern und gegebenenfalls um Hilfe bitten? Albert belehrt uns eines Besseren. Er fordert uns auf, unsere Entscheidung zu treffen, unseren Glauben zu leben: »Geh selber zu Gott! Das ist dir nützer, als wenn du alle die Heiligen und alle Engel hinsendest, die im Himmel sind.«

Albertus Magnus

wurde um 1200 in Lauingen an der Donau geboren. Als Student trat er 1223 in Padua in den Predigerorden ein. Er wirkte vor allem in Köln und Paris als begnadeter Lehrer. Sein größter Schüler war Thomas von Aquin. Neben Forschung und Lehre wurden Albert wichtige öffentliche Aufgaben anvertraut. 1254 bis 1257 war er der für den gesamten deutschen Bereich verantwortliche Dominikanerprovinzial, 1260 bis 1262 Bischof von Regensburg. Er starb am 15. November 1280 in Köln. Seine 40 Großbände umfassenden Schriften behandeln Themen der Naturwissenschaften, der Philosophie und der Theologie sowie existentielle Fragen der Nachfolge Christi. 1931 wurde er heiliggesprochen und zum Kirchenlehrer erhoben, 1941 zum Patron der Naturforscher ernannt.

Die Heilige der Nächstenliebe Elisabeth von Thüringen

(1207 bis 1231)

Margarete von Schwarzkopf

Ein mittelalterlicher Holzschnitt zeigt die heilige Elisabeth mit einer prächtigen Krone auf dem Haupt, die von einem Heiligenschein umstrahlt wird. In der einen Hand hält Elisabeth einen Laib Brot, mit der anderen Hand gießt sie aus einem Krug Wasser oder Wein in eine Schale, die ihr ein vor ihr kniender Bauer entgegenhält. Alles mit allen zu teilen, die Hungernden zu nähren und die Kranken zu pflegen, war für diese große Heilige der Caritas eine Selbstverständlichkeit. Deshalb bilden sie zeitgenössische Künstler und die Maler und Bildhauer späterer Jahrhunderte immer wieder als die Fürstin ab, die das Elend der Armen lindern und die Alten, Kranken und Schwachen trösten will.

Viele Legenden ranken sich um Elisabeth von Thüringen, die mit vier Jahren dem jungen Landgrafen Ludwig anverlobt wurde und als kleines Kind aus ihrer Heimat Ungarn nach Thüringen kam.

Chronisten schildern das Kind Elisabeth als lebhaft und fröhlich, immer bereit zu lachen und zu scherzen. Und selbst in den Stunden der Demütigung, die die junge Frau nach dem Tod ihres Mannes erleben muß, verläßt sie ihr Lächeln nicht. Als eine alte Frau die junge Witwe, die das Schloß mit dem Elendsquartier vertauscht hat, eines Tages mit Absicht in den Schmutz der Gosse stößt, da steht Elisabeth lachend auf und säubert ihre Kleider. Sie lächelt auch deshalb, weil für sie die Erniedrigung einen Schritt mehr auf dem Weg zu Gott bedeutet, dem sie sich nicht im Gewand einer Fürstin, sondern im Büßerkleid nähern will.

Bilder und Legenden ergänzen sich in der Darstellung dieser liebenswerten Heiligen, die nicht lebens- und leibesverachtend ihren langen, harten Weg zu Gott beschritt, sondern heiter und voller Anmut. In den Legenden tritt uns Elisabeth als zarte, aber charakterstarke Frau entgegen, die sich furchtlos und erfüllt mit Gottvertrauen ihrer Aufgabe widmet, den Armen und Elenden zu helfen. Die berühmteste Legende erzählt, wie Elisabeth nach dem Tod ihres Mannes mit einem Korb mit Brot in die Armenviertel gehen möchte, um dort den Hunger zu lindern. Unterwegs wird sie vom Bruder ihres verstorbenen Mannes, ihrem Schwager Heinrich, angehalten. Schon lange hat Heinrich, der wenig Liebe für seine Schwägerin empfindet, auf den Augenblick gewartet, ihr Schmerz zuzufügen. Grob fragt er die junge Frau, was sie in ihrem Korb trage. »Rosen«, antwortet Elisabeth. Heinrich will ihr dies nicht glauben, vor allem, da es Winter ist. Er zwingt Elisabeth, ihm den Inhalt des Korbes zu zeigen. Und siehe da – es sind wirklich Rosen in ihrem Korb.

Doch schon zu Lebzeiten ihres Gatten Ludwig muß Elisabeth am Hof viel Bitterkeit erfahren. Sie aber entgegnet den Sticheleien über ihr einfaches Gewand, ihre »unwürdige« Haartracht und ihren Hang zur Schmucklosigkeit mit Freundlichkeit und Geduld. Der Chronist Dieter von Apolda vermerkt über die junge Elisabeth: »Mitten unter ihren dem weltlichen Prunk verhafteten Schwägerinnen und der Schwiegermutter... blühte Elisabeth auf wie eine Lilie unter Dornen, verletzt zwar von ihren Sticheleien und doch den süßen Duft ihrer Demut und Geduld verströmend. Gelassen ertrug sie Beschimpfungen... sie hielt sich der Gesellschaft der Vornehmen fern und war lieber mit den Mägden und Dienerinnen zusammen.«

Das war für die damalige Zeit geradezu unerhört. Denn es galt als nahezu verwerflich, sich als hochgeborene Adlige vom eigenen Stand abzuwenden und sich mit Menschen aus den »niederen Ständen« zu umgeben. Elisabeths Betragen, ihre Neigung zur Schlichtheit und ihr Verlangen, sich mit einfachen Menschen zu unterhalten, muß für ihre Schwiegermutter und für ihre Schwägerin Agnes, die mit Elisabeth seit den gemeinsamen Kindheitstagen auf der Wartburg befreundet ist, schwer verständlich gewesen sein.

Die Chronik kündet noch von einem anderen Ereignis, das beweist, wie ernst Elisabeth die Demut, eine seltene Tugend der Gesellschaft ihrer Zeit, nahm und wie sie sich geradezu rückhaltlos ihrer Sehnsucht nach Demut auslieferte. Ein Holzschnitt des späten Mittelalters zeigt Elisabeth kniend in der Kirche. Vor ihr liegt ihre Krone. Für uns heute mag daran nichts Außergewöhnliches zu erkennen sein. Aber zur Zeit Elisabeths war es ungewöhnlich, ja verwunderlich, wenn ein weltlicher Herrscher sich seiner Insignien während der Messe entledigte. Dieter von Apolda vermerkt über diese Tat der jungen Elisabeth:

»Als sie einmal kostbar geschmückt und dem Brauch entsprechend mit Gold und Juwelen gekrönt festlich zur Kirche gezogen war, von Landgräfin Sophie, der Witwe Hermanns gefolgt, nahm Elisabeth ihre Krone vom

Haupt und legte sie neben sich. Sie setzte sie erst wieder auf, als die göttliche Feier zu Ende war. Als die Schwiegermutter ihr Erstaunen darüber äußerte, erwiderte sie: ›Ferne sei es mir, daß im Angesicht Gottes, meines Königs Jesus Christus, den ich mit Dornen gekrönt erblicke, ich, ein niederes, aus Erde gebildetes Geschöpf, mit eitler Überheblichkeit gekrönt erscheine.‹«

In ihrem Gatten, Landgraf Ludwig, fand Elisabeth, die mit vierzehn Jahren heiratete und mit fünfzehn Jahren das erste ihrer drei Kinder zur Welt brachte, eine große Stütze. Der Landgraf verteidigte seine Frau gegen die Sticheleien aus den Reihen der eigenen Familie, und er förderte die Neigung seiner Frau, den Armen und Kranken hilfreich zur Seite zu stehen.

Auch über das Verhältnis des Landgrafen zu seiner geliebten und verehrten Gattin gibt es eine Legende, die wie alle Legenden viel Wahres enthält. Elisabeth hatte auf einem ihrer Gänge zu den Kranken in der Stadt zu Füßen der Burg einen Jungen getroffen, der vom Aussatz schwer gezeichnet war. Sie nimmt ihn mit auf die Burg, pflegt ihn und legt ihn in das Bett ihres Mannes. Landgraf Ludwig kehrt wenig später von einem Ausritt zurück und wird schon von seinem Bruder Heinrich erwartet. Dieser teilt ihm mit, daß seine Frau während seiner Abwesenheit »sehr sonderbare Gäste« beherbergt und sogar in sein, des Landgrafen, Bett legt. Ludwig zweifelt zwar am Wort seines Bruders, dessen Mißgunst er kennt. Dann aber eilt er doch in sein Zimmer, gefolgt von Heinrich. Er reißt die Decke vom Bett fort; dort liegt an der Stelle des aussätzigen Jungen das Bild des Gekreuzigten. Der Legende zufolge spricht Ludwig zu seiner Frau: »Meine gute Elisabeth, Gäste wie diesen hier sollst du mir noch oft ins Bett legen.«

So kann Elisabeth in den wenigen Jahren, die sie mit Ludwig glücklich verheiratet ist, unter seinem Schutzmantel Gutes tun. Manches Mal allerdings wird sich Ludwig – der schon 1227 auf einem Kreuzzug stirbt – gefragt haben, was aus jenem lebhaften Kind geworden ist, das als Vierjährige aus dem fernen Ungarn auf die Wartburg kam. Doch schon als Kind beweist Elisabeth, daß sie zu eiserner Disziplin und Strenge gegen sich selbst fähig ist. Von Natur aus temperamentvoll, legt sie sich Zwänge auf, um sich in Zucht und Verzicht zu üben. In dem »Bericht der vier Dienerinnen«, einem Schriftstück des 13. Jahrhunderts mit Aussagen von Elisabeths Vertrauten, heißt es über das »Kind aus Ungarn«:

»Jeden Tag versagte sich Elisabeth irgend etwas, um Gott zuliebe ihren Willen zu bändigen. Hatte sie etwa bei Spielen beste Aussicht zu gewinnen, so sagte sie: ›Gerade wo ich dabei bin zu gewinnen, möchte ich Gott zuliebe aufhören.‹ Auch pflegte sie Gott viele kleine Gelübde zu machen, wie etwa, wenn sie zu Festtagen vor der Messe keine langen Ärmel anheften und an Sonntagen bis zum Mittag keine Handschuhe tragen wollte. Denn schon als Kind hatte sie Gott demütig vor Augen. Christus rief sie bei allem, was sie tat, und richtete alles auf ihn aus.«

So wird durch große Selbstdisziplin aus dem wilden kleinen Mädchen eine ernste junge Frau, die aber dennoch das Lachen, die spontane Freude nicht verlernt hat: »Wir müssen die Menschen fröhlich machen«, lautet eines ihrer Worte. Doch ist ihre Fröhlichkeit eine stille, in sich gekehrte Freude, geboren aus der Gewißheit der Existenz Gottes, eine beschauliche Fröhlichkeit also, die nichts mit alberner Hektik und oberflächlichem Vergnügen zu tun hat.

Diese in sich gekehrte Heiterkeit prägt auch die Todesstunde Elisabeths, deren Leben mit noch nicht 25 Jahren still verlischt. Die Chronik der »Vier Dienerinnen« überliefert, daß die Sterbende fröhlich über die Geburt Gottes und das Leben des Jesuskindes geplaudert habe.

Aus dem überschäumend lebhaften Kind, dessen Charme und Lebensfreude einst den schüchternen jungen Ludwig auflockerte und beglückte, ist also im Lauf der Jahre auf der Wartburg eine Frau geworden, die sich selbst Zügel anlegt, die versucht, ihr Temperament in feste Bahnen zu leiten und dennoch dabei nicht bitter oder lebensverneinend zu wirken. Aber ihren höfischen Zeitgenossen mag vieles an der jungen Landgräfin sonderbar erschienen sein. So zum Beispiel, daß sie rauschende Feste ablehnt und daß ihre Heiterkeit sich nicht in wilder Vergnügungssucht widerspiegelt.

Verschwendung gibt es für sie nur in bezug auf die Armen und Leidenden. Sie sorgt dafür, daß Hospitäler erbaut werden, daß zur Zeit einer großen Hungersnot, die 1225 über Deutschland hereinbricht, die Kornspeicher für die Bedürftigen geöffnet werden, daß täglich Lasttiere beladen mit Säcken voller Speisen, Getränke und Bekleidungsstücke hinunter in die Dörfer getrieben werden, um die ärgste Not zu mildern.

Nach dem Tod ihres Mannes entschließt sich Elisabeth, den Rest ihres Lebens in Armut, strenger Zucht und Gehorsam fern der Wartburg zu verbringen. Sie läßt ihre Reichtümer zurück, an denen sie ja nie hing und die sie nur nutzte, um den Notleidenden zu helfen. Den Rest ihres kurzen Lebens weiht sie der Krankenpflege und dem Gebet. Ihr geistiger Vater und Mentor wird Konrad von Marburg, der der ehemaligen Landgräfin nichts an Zucht und Strenge erspart.

Freiwillig unterwirft sich Elisabeth seiner Leitung, seinen Geboten und Verboten. Sie geht auf in völligem Gehorsam und völliger Demut. Aber selbst in den dunklen Stunden, da Konrad von Marburg die junge Frau über die Maßen in die Zucht nimmt, verliert sie nicht ihre heitere Gelassenheit, ihre Wärme und ihre große Menschlichkeit, mit der sie die Kranken umsorgt, den Traurigen Trost spendet und den Sterbenden Zuversicht auf das ewige Leben zuteil werden läßt. Elisabeth, Schutzpatronin Thüringens und eine der großen Heiligen der gelebten Nächstenliebe, ist wahrhaftig eine »Lilie unter Dornen«, wie ein Chronist sie nennt. Für uns könnte diese Heilige der Caritas zum Sinnbild innerer Freiheit werden. Denn Elisabeth hat sich stets selbst die Treue gehalten und sich ihre innere Freiheit und ihre Unabhängigkeit von den Meinungen anderer aufrecht erhalten. Alles, was sie tat und was sie litt, geschah aus ihrem eigenen freien Willen heraus, den sie auf Gott ausgerichtet und an dessen Liebe sie selbst in dunklen Stunden nie gezweifelt hat.

Elisabeth von Ungarn,

später Landgräfin von Thüringen, wird im Jahr 1207 als Tochter König Andreas II. in Preßburg geboren. Im Jahr 1211 kommt das vierjährige Kind als Verlobte des sieben Jahre älteren Ludwig von Thüringen auf die Wartburg. 1217 wird Ludwig Nachfolger seines Vaters, des Landgrafen Hermann von Thüringen und Hessen. Vier Jahre später heiraten Ludwig und Elisabeth. Im Jahr darauf gebiert die Landgräfin ihr erstes Kind, Hermann, der später seinem Vater als Landgraf folgt. Ihre Tochter Sophie wird einmal Herzogin von Brabant, ihre Tochter Gertrud Äbtissin.
1225 wird Konrad von Marburg Elisabeths Beichtvater. Nur zwei Jahre darauf zieht Ludwig in den fünften Kreuzzug und stirbt. Elisabeth verläßt die Wartburg, lebt zunächst in Eisenach, dann von 1228 bis zu ihrem Tod am 17. 11. 1231 in Marburg. Schon fünf Jahre nach ihrem Tod erfolgt die Heiligsprechung Elisabeths, der Schutzpatronin Thüringens.

Das Licht der Kirche
Thomas von Aquin

(Um 1225 bis 1274)

Karl Rolf Seufert

Zu den herausragenden Gestalten des Hochmittelalters, vornehmlich des 13. Jahrhunderts, gehört Thomas von Aquin. Nun ist jeder, auch der, dem die Geschichte einen besonderen Rang zuweist, ein Mensch seiner Zeit; ebenso geprägt von seiner Umgebung wie von den geistigen und politischen Strömungen seiner Epoche, und man findet leichter einen Zugang zu ihm, wenn man sich klarmacht, was die Menschen jenes Jahrhunderts bewegte. Das bestimmende theologische Problem des 13. Jahrhunderts ist die Frage nach der Vereinbarkeit von Glauben und Wissen, von Evangelium und den philosophischen Lehren des Aristoteles, dessen Gesamtwerk nunmehr zugänglich wurde. Es ist das Jahrhundert, in dem die erste europäische Universität in Paris aufblüht und das profane Wissen gegenüber der christlichen Theologie seine Eigenständigkeit gewinnt.
Zu den Männern, die den Ausgleich zwischen Philosophie und Theologie suchten, gehören Albertus Magnus und der Dominikaner Thomas von Aquin. Von beiden Kirchen in gleicher Weise als Denker und Theologe hochgeschätzt, war Thomas kein weltabgeschiedener Mönch, sondern ein Gelehrter, dessen unruhiges Leben fast modern anmutet. Er hatte nie Zeit, ständig war er auf Reisen, unterwegs zu den Brennpunkten der geistigen Auseinandersetzung. Offensichtlich war er auch kein allzu bequemer Zeitgenosse, weder für seine Ordensoberen noch für seine Gegner, sondern ein kritischer Denker, der keine These ungeprüft übernahm und in zwanzig Jahren ein gewaltiges Werk schuf.

Thomas wurde um 1225 auf dem väterlichen Schloß Roccasecca bei Neapel als vierter Sohn eines kleinen Lehnsherrn geboren. Der Vater, noch entfernt mit dem staufischen Kaiserhaus verschwägert, stammte aus dem lombardischen Adel, die Mutter war normannischer Abstammung. Mit fünf Jahren gaben die Eltern das Kind zur Erziehung in das Benediktinerkloster Monte Cassino. Später, etwa ab 1239, studierte Thomas in Neapel.

Dabei lernte er auch jene radikale Armutsbewegung kennen, von der besonders die Jugend begeistert war und die sich als Protest gegen die allzu weltlich ausgerichtete Kirchenpolitik verstand. Ziel war die Rückkehr zur Einfachheit, zur Frömmigkeit und Armut der frühen Gemeinden, zur »evangelischen Vollkommenheit«, wie sie das Neue Testament fordert.
Außerdem begegnete der noch nicht einmal Zwanzigjährige in Neapel zum erstenmal dem Werk des Aristoteles. Dieser griechische Philosoph war dem lateinischen Mittelalter keineswegs unbekannt gewesen, einen Teil seiner Schriften kannte man schon länger. Doch was sich jetzt bot, war das Gesamtwerk, ein geniales, in sich geschlossenes Gebäude aller Wissenschaften – allerdings nicht nach den Prinzipien der göttlichen Weltschöpfung eingeteilt. Schließlich lebte Aristoteles um 300 v. Chr., und seine Aussagen waren kaum mit dem christlichen Glauben zu vereinbaren.
Hier sah Thomas seine große Aufgabe. Er wollte die beiden Bewegungen, nämlich die leidenschaftliche Hinwendung zur sinnlich wahrnehmbaren Wirklichkeit, ausgelöst durch Aristoteles, und die christliche Erneuerung auf dem Boden der evangelischen Botschaft in ein fruchtbares Verhältnis bringen. »Nichts steht im Weg, daß von denselben Dingen, die die Philosophie gemäß ihrer Erkennbarkeit im Licht der Vernunft behandelt, auch eine andere Wissenschaft gemäß ihrer Erkenntnis im Lichte göttlicher Offenbarung handelt«, so faßte er seine Überzeugung zusammen.
Sein Eintritt in den Bettelorden der Dominikaner, der 1243 oder 1244 erfolgte, war ein erster Schritt auf dem Weg zu seinem Lebensziel. Der Entschluß brachte ihn, wie nicht anders zu erwarten, in Konflikt mit der adelsstolzen Familie, die nicht gesonnen war, eine solche Laune hinzunehmen. Obwohl der Ordensgeneral den Novizen nach Rom und Bologna schickte, um ihn dem Einfluß der Familie zu entziehen, kam es dennoch zu einer dramatischen Auseinandersetzung: Die älteren Brüder folgten dem Reisenden, nahmen ihn fest und hielten ihn ein Jahr auf der väterlichen Burg gefangen. Doch Thomas, nicht weniger hartnäckig als die Familie, setzte sich schließlich durch – vielleicht floh er auch, und der Orden schickte ihn zum Studium generale nach Paris.
Thomas blieb bis 1248 in der französischen Hauptstadt, wo Albertus Magnus sein Lehrer wurde. Die beiden blieben einander ein Leben lang in Liebe und Hochachtung verbunden. Als Albert nach Köln ging, nahm er seinen genialen Schüler mit, und Thomas studierte weitere vier Jahre am Rhein. 1252 kehrte er nach Paris zurück und begann dort seine Tätigkeit als Universitätslehrer. Er hatte seine Lebensaufgabe gefunden und widmete sich dem Lehramt mit voller Hingabe. Selbstbewußt verglich er einmal

seine Arbeit an der Universität mit der eines Architekten. Wie der Architekt den Plan zum Bau eines Hauses entwirft, gestaltet und schließlich dessen Ausführung überwacht, so denkt der Lehrer der Theologie den Plan aus und formuliert die Ziele, nach denen dann die praktische Seelsorge arbeitet. Doch Thomas sollte nie die Zeit finden, ungestört seiner Lehrtätigkeit nachgehen zu können. Schon 1259 rief ihn der Orden nach Italien zurück, wo man ihn mit anderen Aufgaben betraute. Dann holte ihn Papst Urban IV. für drei Jahre nach Orvieto. Die Mission, die ihn erwartete, war von allerhöchstem theologischen Rang: Thomas sollte die Aussöhnung des christlichen Ostens mit der westlichen Christenheit vorbereiten.

Erst 1268, als der Streit der Fakultäten an der Pariser Universität seinen Höhepunkt erreichte, kehrte er auf Wunsch des Ordens nach Paris zurück. Es ging um die Auseinandersetzung zwischen Philosophie und Theologie. Sein tiefstes Anliegen, die Aussöhnung zwischen Wissenschaft und Glauben, zwischen göttlicher Offenbarung und dem Erbe des Aristoteles, war bedroht durch eine maßlose Radikalisierung auf beiden Seiten.

Der Fünfundvierzigjährige, inzwischen berühmt und gefeiert als der bedeutendste Theologe seiner Zeit, warf sich mit aller Leidenschaft in den Disput, und seine Erkenntnisse blieben bis heute gültig.

Zwischen Wissen und christlichem Glauben kann es keinen Widerspruch geben, das war seine Überzeugung von Anfang an, und daran hielt er fest. Was den Bereich des Wissens betrifft, so besitzt der Mensch sehr wohl die Fähigkeit zu wahren und objektiven Erkenntnissen im Bereich der gesetzmäßig geordneten Wirklichkeit. Doch über die Zone des Wissens wölbt sich ein anderer Bereich – der des Glaubens und der übernatürlichen Wahrheit. Er ist dem kritischen Denken verschlossen und damit auch der philosophischen Forschung entzogen.

Gerade in diesem Bereich sind jedoch die eigentlichen Geheimnisse des Glaubens angesiedelt: die Dreieinigkeit Gottes, seine Menschwerdung und die Auferstehung des Fleisches. Es handelt sich hier um übernatürliche Wahrheiten, die über unsere Erkenntniskraft hinausgehen. Wir können sie darum nur als Inhalte der göttlichen Offenbarung gläubig hinnehmen.

Die christliche Wahrheit ist übervernünftig, weil sie über unsere Vernunft hinausreicht; aber sie ist nicht widervernünftig. Es kann nur eine Wahrheit geben, denn sie geht auf Gott zurück, lehrt Thomas. Argumente, die vom Vernunftstandpunkt gegen den christlichen Glauben vorgebracht werden, müssen darum den obersten Denkprinzipien der Vernunft widersprechen. Sie können deshalb auch mit »vernünftigen« Gründen entkräftet werden. Unser Mühen kann nicht dahin gehen, stellt er fest, »die Glaubenswahrheit

philosophisch zu erweisen, es muß vielmehr dahin zielen, durch Entkräftung der gegnerischen Einwände darzutun, daß der christliche Glaube nicht falsch ist«.
Als Thomas 1272 Paris wieder verließ, war er aufs äußerste erschöpft, seine Vitalität gebrochen. Er ging nach Italien zurück. Als ihn der Papst zum Konzil nach Lyon rief, starb er unterwegs, noch nicht einmal fünfzig Jahre alt, im Kloster Fossanuova, zwischen Rom und Neapel, am 7. März 1274.

Es wäre dies allein schon ein reiches, erfülltes Leben gewesen, und doch ist hier sein literarisches Werk noch gar nicht zur Sprache gekommen: die Aristoteles-Kommentare, die philosophischen Schriften, die apologetischen Werke zur Verteidigung des Glaubens; dann die exegetischen Werke, Beiträge zur Auslegung der Heiligen Schrift, darunter der Kommentar zum Prolog des Johannes-Evangeliums, der zum Bedeutendsten gehört, was das christliche Schrifttum über die Logos-Lehre besitzt. Und endlich die Quaestionen, der literarische Niederschlag seiner Streitgespräche an der Pariser Universität, von denen ein profunder Thomas-Kenner schrieb: »Kein Schriftsteller hat jemals mit weniger Worten mehr gesagt.«
Im Mittelalter war es üblich, berühmten Männern Beinamen zu geben, die sich entweder auf ihre Persönlichkeit oder aber auf ihr Werk bezogen. Das gilt auch für Thomas von Aquin. Sein alter Lehrer Albertus, der ihn überlebte, nannte ihn ein »Licht der Kirche«. Die Professoren der Pariser Universität betrachteten ihn als ihren »Doctor communis«, ihren »gemeinsamen Lehrer«, ein Ehrentitel, den auch die Päpste übernahmen. Im 15. und 16. Jahrhundert nannte man ihn »Doctor angelicus«, den »engelgleichen Lehrer«. Pius V. ernannte ihn zum Kirchenlehrer, und Leo XIII. erklärte ihn zum »Wegweiser christlicher Philosophie«; gleichzeitig (1879) wurde der Thomismus, gemeint ist die Lehre des Thomas von Aquin, zur offiziellen Philosophie der katholischen Kirche erhoben.
Thomas lebt in der europäischen Geistesgeschichte fort als der große Denker, Lehrer und Ordner des Hochmittelalters. »Des Weisen Amt ist ordnen«, erklärte er. Und sein ganzes Werk stand unter diesem Leitwort. Als man ihn zum Bischof von Neapel machte – er war bereits rechtskräftig ernannt –, lehnte er ab: Er wollte Lehrer bleiben. Ein Dreifaches braucht der Mensch zum Heil, erklärte er: zu wissen, was er glauben soll; zu wissen, wonach er verlangen soll; und zu wissen, was er tun soll.
Wie schon für Aristoteles ist auch für Thomas der Mensch ein »zoon politicon«, ein soziales Wesen, eingebunden in die Gesellschaft und in den Staat. »Es ist unmöglich, daß ein Mensch gut sei, außer er stehe im rechten

Bezug zum gemeinen Wohl«, betonte er. »Je mehr eine Tugend auf das gemeine Wohl bezogen ist, um so höheren Ranges ist sie.«
Thomas blieb bei allem Temperament und dem rastlosen Eifer, mit dem er sich engagierte, stets sachlich, ein Mann, dessen Noblesse alle anerkannten. Dabei war er in hohem Maß auch kritisch gegen sich selbst. Sieben Jahre arbeitete er an seiner »Summa theologica«, die er als Lehrbuch für angehende Theologen plante. Eines Tages legte er die Feder aus der Hand, nicht weil äußere Umstände ihn dazu zwangen, Krankheit oder andere Aufgaben, sondern weil das Erreichte seinen eigenen hohen Anforderungen nicht standhielt. »Alles das kommt mir vor wie Stroh«, erklärte er. Trotzdem zählt das Buch bis heute zu seinen Hauptwerken.
Ein Fresco von Filippino Lippi in der Caraffa-Kapelle in Rom, gemalt im Jahr 1488, zeigt Thomas auf einem Schemel sitzend, ein aufgeschlagenes Buch in der Linken, die Augen grübelnd zu Boden gerichtet, tief in Gedanken.

Thomas von Aquin

wurde um 1225 auf dem väterlichen Schloß von Roccasecca bei Neapel geboren. Die Eltern gaben das Kind schon mit fünf Jahren zur Erziehung in das Kloster Monte Cassino. Um 1244 trat er dem Dominikanerorden bei und wurde von seinen Oberen zum Studium generale nach Paris geschickt. Später setzte er seine Studien an der Ordenshochschule in Köln fort, wo Albertus Magnus sein Lehrer wurde.
Schließlich kehrte er nach Paris zurück, erhielt die Magisterwürde und lehrte fortan an der Universität. Doch schon sieben Jahre später, 1259, rief ihn der Orden nach Italien zurück, wo man ihn mit verschiedenen Aufgaben betraute. Als in Paris der Streit der Fakultäten seinen Höhepunkt erreichte, schickten ihn die Oberen erneut dorthin.
Trotz der anstrengenden Lehrtätigkeit entstand in diesen Jahren ein umfangreiches wissenschaftliches Werk, das in den heutigen Ausgaben rund dreißig Folianten füllt. Da sind seine Aristoteles-Kommentare, die »Summa contra Gentes« – die »Summe gegen die Heiden«, in der er die Argumente der Moslems und Ungläubigen widerlegt, dann die Erläuterungen zu vielen Büchern der Heiligen Schrift, die »Quaestiones disputantae« und die berühmte »Summa theologica«.
Thomas, einer der großen Denker und Lehrer der abendländischen Geistesgeschichte, starb am 7. März 1274 auf dem Weg zum Konzil nach Lyon, wohin ihn Papst Gregor X. gerufen hatte.

Die große Mahnerin Katharina von Siena

(1347 bis 1380)

Charles Hallgarten

Unbestritten ist die besondere Verehrung, die man Katharina schon zu Lebzeiten entgegenbrachte. Unbestritten sind auch ihre besonderen Eigenschaften: ihre leidenschaftliche Liebe zu Christus, zur Kirche und den Benachteiligten; ihre Demut; die rastlose, fast selbstzerstörerische Energie und nicht zuletzt der Mut, mit dem sie gegen alle Widerstände für ihre Überzeugungen eintrat, denn hinter ihr stand kein machtvoller Orden, kein großer Name und keine einflußreiche Familie.

Sie war eine zierliche, gebrechliche Frau. War sie auch schön? Die Beschreibungen derer, die sie gekannt haben, geben wenig Aufschluß darüber. Sie bezeichnen sie als lebhaft, eigensinnig und anmutig. Doch ihre Anziehungskraft muß ungeheuer gewesen sein, denn wohin sie auch kam, begeisterte sie die Massen, küßten ihr die Menschen die Hände; Ritter und Priester schlossen sich ihr an und bildeten Gemeinschaften, die ihr lebenslang anhingen.

Dabei war sie keine gelehrte Frau. Sie hatte nie Gelegenheit, zu studieren oder auch nur eine Schule zu besuchen. Das war im Mittelalter nicht üblich. Sie konnte gerade lesen; ihre Briefe diktierte sie, denn sie konnte bis in ihre Zwanzigerjahre hinein nicht schreiben. Sie war auch nie völlig gesund, häufig kränkelte sie – Auswirkungen ihrer Askese in der Kindheit.

Katharina von Siena, die mit ihrem Familiennamen Benincasa hieß, wurde in eine Großfamilie hineingeboren, der Überlieferung gemäß am 25. März 1347. Doch das Datum ist umstritten. Möglicherweise ist es auch etwas früher anzusetzen. Ihr Vater Giacomo war Färbermeister. Die Familie gehörte also dem Mittelstand an.

Das hochbegabte Kind wuchs schon früh in religiöse Erfahrungen hinein. Es ging gern in die Kirche, auch allein, und beschaute die Bilder. Hinzu kamen die häusliche Frömmigkeit, das Beispiel der Familienmitglieder und

die täglichen Besuche der Messe – all diese Eindrücke wurden Teil seines Lebens.
Eine Vision, die Katharina mit sieben Jahren hatte, wurde zum bestimmenden Erlebnis. »In der Luft, nicht weit über der Erde, sah sie einen Bogen von einiger Größe voller Glanz, auf welchem Christus in einem herrlichen Zelt schwebte. Das Zelt war mit königlicher Pracht ausgeschlagen. Der Herrscher der Welt hatte sich auf kaiserlichem Thron niedergelassen, angetan mit den priesterlichen Gewändern und mit der Tiara, der Königs- und Papstkrone, gekrönt. Bei ihm waren die Apostelfürsten, Petrus und Paulus, und der hl. Johannes.«
Die Aufzeichnungen stammen von Raimund von Capua, Magister der Theologie, der Katharina auf Wunsch des Dominikaner-Ordens in ihren letzten sechs Jahren als Beichtvater zur Seite stand. Er schrieb alles, was er von Katharina selbst wußte oder von Augenzeugen erfuhr, in seinem Buch »Legenda maior« nieder.
Katharina gab ihr Geheimnis lange nicht preis, auch gegenüber der Familie nicht, wohl wissend, daß man wenig Verständnis dafür aufbringen würde. Doch insgeheim gelobte sie, überwältigt von ihrer Vision, nicht zu heiraten und »wie die Jungfrau Maria auf immer Jungfrau« zu bleiben. Gleichzeitig begeisterte sie sich für ein Leben in Armut, das sie den Bedürftigen und Kranken widmen wollte. Zeitweise träumte sie sogar davon, als Knabe verkleidet in ein Männerkloster einzutreten, um die größeren Wirkungsmöglichkeiten, die zu ihrer Zeit nur den Männern offenstanden, wahrnehmen zu können.

Mit zwölf Jahren traten ihre Pläne dann in ein entscheidendes Stadium. Nach der in Siena geltenden Sitte war sie nun heiratsfähig. Mädchen aus achtbaren Familien gingen in diesem Alter nicht mehr allein auf die Straße, und Katharina durfte fortan das Haus nicht mehr ohne Begleitung verlassen. Monna Lapa, die Mutter, bestürmte nun das Mädchen, sich hübsch zu machen, »häufig das Gesicht zu waschen« und eine vorteilhafte Frisur zu tragen. Katharina wehrte sich nach Kräften, zunächst allerdings vergeblich. Die Mutter, eine erdrückende Persönlichkeit, laut und heftig und nicht an Widerstand gewöhnt, drohte, schmeichelte und setzte sogar ihre verheiratete Tochter Bonaventura ein, zu der Katharina ein besonderes Vertrauensverhältnis hatte. Und tatsächlich gelang es der Schwester, Katharina für die Heiratspläne der Familie zu gewinnen: Katharina nahm die kleinen Eitelkeiten der Gleichaltrigen an. Sie färbte sich sogar die Haare blond, wie es die Mode forderte – eine Schwäche, die sie sich zeitlebens nicht verzieh.

Allerdings hielt ihre Begeisterung nicht an. Jetzt schickte die Mutter einen Neffen vor, den Dominikaner Fra Tommaso della Fonte. Tommaso, im Hause der Benincasa aufgewachsen, wurde später zwischen 1363 und 1369 ihr Beichtvater, bis ihn Raimund von Capua ablöste. Er führte in diesen sechs Jahren eine Art Tagebuch und hielt darin die wichtigsten Ereignisse im Leben Katharinas fest. Raimund von Capua verwendete diese Hefte für seine Biographie.

Es kam zu langen Gesprächen zwischen den beiden, und als Tommaso die unerschütterliche Entschlossenheit der Cousine erkannte, wechselte er die Fronten und gab ihr den Rat, sie solle sich zum Zeichen ihres Gelöbnisses die Haare abschneiden. Einer solchen Handlung kam in Siena Rechtskraft zu; sie war Teil der klösterlichen Jungfrauenweihe. Katharina zögerte nur kurz, dann schnitt sie sich die Haare ab.

Die Familie reagierte überaus heftig. Katharina galt nicht länger als Tochter des Hauses. Sie verlor ihr Zimmer und mußte fortan die gerade entlassene Magd ersetzen. Sie kochte, bediente bei Tisch, scheuerte die Fußböden, schleppte Wasser. Da es keinen Ort mehr gab, wo sie hätte allein sein können, flüchtete sie zum Beten in das Zimmer ihres unverheirateten Bruders Stefano, während dieser arbeitete. Auch nachts betete sie dort, wenn Stefano schlief. Zur Verblüffung aller fügte sie sich ohne Murren in die Zurücksetzung. Gerade die Isolierung gab ihr die langgesuchte Klarheit. Sie hatte endgültig ihren Weg gefunden. Fortan konnte sie nichts mehr beirren.

Wenig später kam es zur Aussöhnung. Sie wiederholte vor der Familie ihr Gelöbnis, und der Vater erlaubte ihr, so zu leben, wie es ihr das Gewissen vorschreibe. Schon als Kind hatte sie wenig Fleisch gegessen und ihre Portion heimlich den Brüdern auf die Teller geschoben oder die Katze damit gefüttert; nun verzichtete sie völlig darauf. Den roten Tischwein verdünnte sie, bis er Duft und Geschmack verloren hatte. Meist begnügte sie sich mit Brot, Gemüse und Wasser.

Sie beschloß, bei den Bußschwestern des hl. Dominikus, den »Mantellaten«, um Aufnahme zu bitten. Der Orden, im 13. Jahrhundert gegründet, umfaßte verheiratete und ledige Mitglieder. An manchen Orten lebten die Frauen in klösterlichen Gemeinschaften, in Siena blieben sie in den Familien. Den Namen »Mantellate« erhielten sie wegen ihres langen schwarzen Mantels. Der Drittorden umfaßte in Siena rund einhundert Mitglieder, durchweg Witwen und ältere Frauen. Sie weigerten sich zunächst, eine »so junge Tochter, die Skandal auslösen könnte«, bei sich

aufzunehmen, und bestanden auf einer persönlichen Vorstellung. Katharina konnte überzeugen und wurde als eine »nicht übermäßige Schönheit« für aufnahmewürdig befunden. Die Einkleidung fand in San Domenico statt.
Sie behielt ihr Zimmer im Färberhaus und konnte nun die Armen, die ihr beim Kirchgang oder vor dem Haus begegneten, unterstützen; sie pflegte die Schwerkranken im Hospiz neben dem Dom und besuchte die Gefangenen im Kerker; außerdem bemühte sie sich, verfeindete Sippen und Familien wieder zu versöhnen. Ihre selbstlose Arbeit, vor allem auch ihr vorbildliches Leben im Dienst der Armen und Kranken, erregte Aufmerksamkeit. Bald bildete sich eine kleine Gemeinschaft um sie, die »famiglia«, wie man die Gruppe nannte, die in ihr ihre »mamma dolce«, ihre »süße Mutter« sah.

Im Alter von siebenundzwanzig Jahren, 1374, rief man sie vor das Generalkapitel des Dominikanerordens nach Florenz. Neid, Mißtrauen und Klagen über ihr Verhalten, das vielen in seiner Radikalität anmaßend erschien, hatten zu dieser Ladung geführt. Man forderte sie auf, ihre Rechtgläubigkeit zu beweisen und ihre Lebensweise zu rechtfertigen. Das Gespräch fand zu Pfingsten in der Kapelle der Dominikanerkirche S. Maria Novella statt, die bis heute die »Spanische« genannt wird.
Ergriffen, ja erschüttert stand Katharina vor den großen Fresken, die der Maler Andrea Bonaiuti sieben Jahre zuvor gemalt hatte. Hier waren die Taten und Leistungen des Dominikanerordens dargestellt, dem sie ihr Leben geweiht hatte. Darunter fand sie auch ein Gruppenbild mit den Mächtigen dieser Erde: Papst Urban V., der in Avignon residierte und den die Siener Bürger aus ihrer Stadt vertrieben hatten, Kaiser Karl IV. und den französischen König Karl V. inmitten ihrer Ratgeber.
Staunend, wie schon als Kind im heimatlichen Dom, beschaute sie das Bild. Hier waren alle vereinigt, die Großen der Kirche und die Mächtigen der Welt, von denen sie jemals gehört hatte. Vielleicht war es gerade dieses Bild, das ihr eine ganz neue Sicht öffnete und in ihr eine Verantwortung weckte.
Die Verhöre erbrachten die Haltlosigkeit aller Verdächtigungen. Im Gegenteil, niemand vermochte sich der besonderen Wirkung ihrer Persönlichkeit zu entziehen. Glänzend gerechtfertigt ging sie aus dieser Untersuchung hervor.
Raimund von Capua, ihr Biograph, berichtet: »Das Ordenskapitel bestätigte Katharina und bestellte mich zu ihrer geistlichen Leitung. Wir kehrten

zusammen nach Siena zurück, wo immer mehr Menschen die heilige Bußschwester zu sehen und zu hören wünschten. Schon ihr Anblick reichte hin, daß sich mancher seines schlechten Lebenswandels schämte und verwirrt und voller Reue seine Sünden beichtete. Ebensoviel bewirkte sie mit ihren Briefen, die sie nun beinahe in alle Welt schickte...«

Da Katharina selbst nicht schreiben konnte, wenn es auch nicht auszuschließen ist, daß sie es – etwa um 1380 – noch erlernte, gibt es keine Handschriften von ihr. Rund 380 diktierte Briefe sind erhalten, die sie im Bewußtsein ihrer Sendung als Werkzeug Gottes an die Mächtigen ihrer Zeit schickte, aber auch an ihre alte Mutter, an skrupellose Politiker, an Nonnen, Drittordensschwestern und an Leute aus allen Ständen und Berufen. Es sind leidenschaftliche, zielbewußte, unerschrockene Schreiben, die sie zum Gewissen ihrer Epoche machen. Sie spricht die Adressaten an, als stünde sie vor ihnen. Sie belehrt nicht, sie will nicht unterhalten – sie fordert. Da sie in ihrem sienesischen Dialekt diktierte, mußten die Briefe von ihren Sekretären in die italienische Hochsprache übertragen werden. Dennoch weisen sie sie als Schriftstellerin von hohem Rang aus. Sie gewann sogar Gefallen am Schreiben. Einmal bekannte sie: »Gott ließ mich meine Schmerzen durch das Schreiben vergessen.«

Einige ihrer Briefe schließen inhaltlich und auch formal an die umfangreiche Schrift an, die sie im Dezember 1377 begann und im Oktober 1378 abschloß und kurz das »Buch« nannte. In ekstatische Schau entrückt, diktierte sie den Text etappenweise ihren drei Sekretären. Sie wählte darin die gebräuchliche Form des Dialogs: Gott antwortet dem fragenden Menschen. Was sie schon lange gebetsweise erfuhr, verdichtete und systematisierte sie hier zu einer geschlossenen Lehre über Gottes Liebe zu den Menschen.

Der französische Dichter Paul Claudel dramatisierte ihre Erkenntnisse in dem Theaterstück »Der seidene Schuh«. Die Bedeutung, die man ihrem »Buch« schon seit Jahrhunderten beimaß, zeigt sich auch darin, daß man es schon bald nicht nur ins Lateinische, sondern auch in verschiedene Volkssprachen übersetzte; außerdem wurde es eines der frühesten Zeugnisse der Buchdruckerkunst.

Katharinas Gebete, von denen rund zwei Dutzend überliefert sind, unterscheiden sich im Grund nur durch ihre hymnische Sprache von den Briefen und dem Buch. Sie alle weisen sie als eine Frau von hoher und sensibler Intelligenz aus, sicher im Denken wie in der Formulierung. Dabei diktierte sie sehr rasch, ohne Pausen, scheinbar ohne überhaupt nachzudenken, so als läse sie in einem Buch.

1376 reiste sie mit ihrer kleinen Gefolgschaft nach Avignon und bewog Papst Gregor XI. zur Rückkehr nach Rom. Als Gregor ein Jahr später starb, gewann sie auch das Vertrauen des Nachfolgers. Beide Päpste, Gregor XI. wie Urban VI., betrauten sie mit diplomatischen Aufträgen in der verwikkelten Italienpolitik.
Ende November 1378 nahm sie ihren Wohnsitz in Rom. Als sie im Konflikt zwischen dem Papst und der Stadt Florenz zu vermitteln suchte, hätte sie bei der Plünderung der Stadt beinahe den Tod gefunden. Zu ihren Reisen und Besuchen kam ein stets wachsender Briefwechsel, mit dem sie Könige, Regierungen, Söldnerführer und Prälaten für ihre Pläne zu gewinnen suchte. Sie gönnte sich kaum mehr Schlaf; immer wieder fiel sie in Stadien mystischer Verzückung und hatte Gesichte und Visionen, in denen ihr Christus erschien.

Katharina von Siena,

geborene Katharina Benincasa, wurde um 1347 in Siena als Tochter des Färbermeisters Giacomo Benincasa geboren. Schon als Kind unterwarf sie sich strengen Bußübungen und weihte ihr Leben Christus. Gegen alle Widerstände der Familie trat sie 1365 den Mantellaten, den Bußschwestern vom hl. Dominikus, bei. Pfingsten 1374 mußte sie sich auf dem Generalkapitel der Dominikaner in Florenz wegen ihrer religiösen Lebensführung verantworten. Glänzend rehabilitiert, kehrte sie zurück. Der spätere Ordensgeneral Raimund von Capua stand ihr fortan als geistlicher Vater und Berater zur Seite. Er schrieb auch ihre Lebensgeschichte.
Ihr Ruf, in Glaubensdingen eine ungewöhnliche Urteilskraft zu besitzen, drang bald über ihre engere Heimat hinaus. Obwohl sie ohne Schulbildung und des Lateinischen nicht mächtig war, wandten sich Fürsten an sie und erbaten ihren Rat. Sie korrespondierte mit zahlreichen weltlichen und kirchlichen Würdenträgern und rief zum Kreuzzug zur Befreiung Jerusalems auf. 1376 reiste sie nach Avignon und bewog Papst Gregor XI., nach Rom zurückzukehren. Sie setzte sich für dessen Nachfolger Urban VI. ein, weil sie sich von ihm eine Reform der Kirche versprach. Auf dessen Wunsch hin nahm sie in Rom ihren Wohnsitz. Sie gönnte sich kaum mehr Schlaf und fiel immer wieder in mystische Verzückung, hatte Visionen und Gesichte, in denen ihr Christus erschien. Erst dreiunddreißigjährig, starb sie am 29. April 1380 in Rom und wurde am 29. Juni 1461 heiliggesprochen.

Katharina starb, erst dreiunddreißigjährig, am 29. April 1380, nach wochenlangem, qualvollem Leiden in Rom.
Sie wurde in Santa Maria sopra Minerva beigesetzt und am 29. Juni 1461 heiliggesprochen. 1939 wurde sie zur Hauptpatronin Italiens gewählt und 1970 zum »doctor ecclesiae« erhoben.
Mit ihr hatte die mittelalterliche Kirche eine hochbegabte Frau verloren. In ihrem durch Krankheit und Askese geschwächten Körper brannte eine Energie ohnegleichen, eine Begeisterung für Gott und seine Kirche, der sich niemand entziehen konnte. Sie, die bis in ihre Zwanzigerjahre Analphabetin gewesen war, wurde die Mahnerin und Beraterin der Großen ihrer Zeit und zählt heute zu den klassischen Dichtern der italienischen Literatur. Sie war eine Frau, die mit allen Traditionen brach, der kein Amt Unterstützung verschaffte, deren Leistung allein aus der Demut, der Frömmigkeit und ihrer Liebe zum Nächsten erwachsen war. Das macht diese Färberstochter aus Siena zu einer der interessantesten Gestalten des Mittelalters.

Der große Denker Nikolaus von Kues

(1401 bis 1464)

Volkmar Zühlsdorff

Nikolaus Chrypffs (oder Krebs) wurde als Philosoph und Staatsmann nach seinem Heimatort bei Bernkastel an der Mosel »von Kues«, lateinisch »Cusanus« genannt. Als er im ersten Jahr des fünfzehnten Jahrhunderts geboren wurde, war das Heilige Römische Reich in betrüblichem Zustand. Die langen Kämpfe zwischen dem weltlichen und dem geistlichen Oberherrn der Christenheit hatten seinen Zusammenhalt zermürbt. Die Macht des Kaisers war geschwächt, übernommen und aufgesplittert durch zahllose Landesfürsten, weltliche wie geistliche; die Kirche seit 1378 nach siebzig Jahren »babylonischer Gefangenschaft« der Päpste in Avignon gespalten im Großen Schisma. Im Jahr 1410 gab es im Abendland drei rivalisierende Päpste und drei Kaiser.

Das Fehdeunwesen richtete weithin Verwüstungen an, zum Schaden der Wehrlosen, vor allem des »armen Mannes«, der Bauern. Und weil Kirche und Klöster reich geworden waren, gewann weltliches Trachten vielfach die Oberhand über Sittenstrenge und geistliche Zucht, so daß die Mönche nicht selten, vor allem in den Städten, öffentlich verspottet wurden.

Die Zügel schleiften. So begreift man, daß in dieser ausufernden Anarchie, die schließlich alle traf, der Ruf laut wurde nach durchgreifender Wandlung in Staat und Kirche, nach rechtlicher Ordnung und sittlicher Reinigung, einer Reform des Reiches »an Haupt und Gliedern«. Dies war der Zeitgeist, in dem Nikolaus aufwuchs. Er nahm ihn mit solchem Ernst, solcher Tiefe, solcher Leidenschaft auf, daß sein ganzes Leben davon bestimmt wurde.

Dieser Sohn eines Moselschiffers und Winzers, dessen Haus in Kues noch heute steht, war hochbegabt und von ungemein starkem Eigenwillen. Mit zwölf Jahren lief er, vielleicht weil er nicht wie sein Vater Kaufherr werden wollte, von zu Hause fort und fand im Grafen Ulrich von Manderscheid einen großzügigen Förderer. Dieser schickte ihn zur Erzie-

hung im religiösen und humanistischen Geist an die geachtete Schule der Brüder vom gemeinsamen Leben im niederländischen Deventer.
Die zehn Jahre eines freien Studiums – 1416 in Heidelberg, dann sechs Jahre in Padua, wo er zum Doktor der Rechte promoviert wurde – müssen zu den schönsten in seinem Leben gehört haben. Hier machte er sich mit ungezähmter Begierde mit dem ganzen relevanten Wissen seiner Zeit vertraut – antiker Philosophie und Literatur, dem neuen Humanismus, mit Medizin und Geographie, mit Mathematik, Physik und Astronomie. Hier legte er den Grund zu seinem universalen Wissen und der souveränen Weite seines Geistes. Danach studierte er Theologie in Köln und wurde 1430 zum Priester geweiht.
In Padua gewann er auch Freunde, die ihm ein Leben lang treu blieben, darunter den Arzt, Geographen und Physiker Domenicho Toscanelli, der ihn noch auf dem Sterbebett betreute, und Giuliano Cesarini, den späteren Kardinal und Präsidenten des 1431 eröffneten Konzils zu Basel.
Nach Basel ging auch Nikolaus 1432, und hier begann der Stern seines Ruhmes aufzugehen. Davor versuchte er sich noch als Anwalt in Mainz, gab aber enttäuscht auf, als in seinem ersten Prozeß der Richter eines bloßen Formfehlers wegen gegen ihn entschied. Dann war er Sekretär beim Apostolischen Legaten Giordano Orsini, und da schuf er sich Achtung und Ansehen bei den italienischen Humanisten, als er beim Durchforschen rheinischer Bibliotheken sieben unbekannte Komödien des Plautus entdeckte. Als Cesarini ihn zum Mitglied des Konzils berief, war er Dekan des St.-Florin-Stiftes in Koblenz.
In Basel verteidigte Nikolaus Cusanus zunächst seinen vom Domkapitel Trier zum Nachfolger des verstorbenen Erzbischofs gewählten alten Gönner Graf Manderscheid gegen den Kandidaten des Papstes. Zum Sieg führen konnte er ihn nicht, aber das lag mehr an Manderscheid selbst, der sich in Trier gegen das Volk und den Kurfürsten von der Pfalz nicht durchzusetzen vermochte. So entschied das Konzil 1434 gegen ihn.

All diese Aufträge und Ämter allerdings waren für Cusanus von geringerer Bedeutung. Was ihn unablässig beschäftigt haben muß, waren jene großen Probleme der Zeit, der Zustand von Reich und Kirche. Das zeigte sich, als er nur ein Jahr nach seiner Ankunft in Basel den hervorragenden Entwurf »De concordantia catholica – Von der allumfassenden Eintracht« vorlegte, der ihn mit einem Schlag berühmt machte. Es blieb das gewichtigste Dokument des ganzen Kongresses und der bedeutendste Reformplan jenes Jahrhunderts. Cusanus überreichte die Schrift 1433 sowohl Cesarini als dem

Vertreter des Papstes sowie Kaiser Sigismund selbst bei dessen Ankunft in Basel.

Das Großartige an diesem Werk ist, daß es auf dem Hintergrund überragenden Wissens konkrete, auf die Gesamtheit zielende Vorschläge für die Erneuerung von Reich und Kirche entwickelt, diese aber zugleich hineinstellt in ein über die Politik weit hinausreichendes Weltbild – vom dreieinigen Gott über das unendliche Universum bis herab zu unserem Alltag. Die Mitte davon, der alles andere durchdringende und überragende Gedanke, sind die Einheit und der Friede.

In Gott, selbst in seiner Dreiheit, ist nach Cusanus diese Einheit vollkommen; alle Gegensätze sind in ihm aufgehoben. In der Welt aber zeigt sich die Einheit nur in ihrer Entfaltung als Vielheit, wobei jedes Einzelne einzigartig ist. Einheit ist hier der Einklang der Unterschiede, die Eintracht und der Frieden unter vielen.

In der weltweiten Kirche liegt die vollkommene Einheit im Glauben. Sichtbar in der Zeit stellt sie sich dar im Papst, eingesetzt durch Christus, aber auch im Allgemeinen Konzil, wenn es (ein ungemein demokratischer Gedanke) auf der Zustimmung aller Gläubigen beruht. In der Eintracht zeigt sich das Wirken des Heiligen Geistes, der Glaube, die Einheit der Kirche.

Für das Reich forderte Nikolaus von Kues vor allem Stärkung des Kaisers als Schützer des Rechts und der Schwachen und ein eigenes Reichsheer. Für besonders verderblich hielt er sowohl die Erblichkeit der Lehen, weil dann die Landesherren, vom Kaiser unabhängig, nur noch den eigenen Vorteil suchten, als auch die Wahlkapitulationen der Kurfürsten, die dem Kaiser immer mehr Rechte abpreßten. Gerichtshöfe in jedem Land mit je einem Richter aus den drei Ständen sollten der Fehde steuern und den Landfrieden schützen, mit einer jährlichen Reichsversammlung in Frankfurt als oberster Instanz.

Seine ganze Hoffnung setzte Cusanus zu Anfang auf Kaiser Sigismund. Der war aus dem Dreikaiserzwist als Sieger hervorgegangen und hatte dann das Konzil von Konstanz, das größte des Mittelalters, einberufen, das 1417 auch die Überwindung des Schismas erreichte. Aber Sigismund starb während des Basler Konzils, und Friedrich III., 1440 gewählt, kümmerte sich vor allem um sein Haus und seine eigene Hausmacht.

Weil er auch vom Konzil selbst, das so verheißungsvoll begann, sich aber immer mehr in Streitigkeiten verstrickte, nur wenig mehr für Eintracht und Reform erwartete, wandte sich Cusanus schließlich dem Papst zu,

Eugen IV. Nur noch in ihm sah er eine Hoffnung auf jene Einigung zur Rettung von Reich und Kirche.
Der erste große Auftrag, mit dem der Papst den inzwischen hochangesehenen und wortgewaltigen Gelehrten betraute, war ganz nach dessen Herzen, denn es ging um die Einheit der Christenheit, und er wurde ein glänzender Erfolg: Cusanus geleitete den griechischen Kaiser Johannes VII. von Konstantinopel nach Italien, wo in Florenz 1439 die Versöhnung der griechischen und der römischen Kirche besiegelt wurde. Als sie später am Fanatismus griechischer Mönche wieder zerbrach, dauerte es weitere fünfhundert Jahre, bis es 1962 erneut zu Gesprächen mit glücklichem Ausgang kam – diesmal, wie es der Zufall der Geschichte wollte, in Gang gesetzt durch einen Nachfahren eben jenes Grafen Manderscheid, der Cusanus erziehen ließ, Hubertus Prinz zu Löwenstein.
Es war eine gewaltige Leistung, die der Kusaner in diesen Jahren für Eintracht und Frieden vollbrachte. 1436 hatte er, noch im Auftrag des Konzils, Frieden gestiftet zwischen den bayerischen Herzögen Heinrich und Ludwig. Als das Konzil dann 1439 einen Gegenpapst aufstellte und die deutschen Fürsten, mehr auf ihren Vorteil als auf das Wohl des Reiches bedacht, sich neutral erklärten, kämpfte Cusanus mit solcher Entschlossenheit für die Anerkennung Papst Eugens IV., daß Aeneas Sylvius Piccolomini, der spätere Papst Pius II., ihn den »Herkules der Eugenianer« nannte. Zehn Jahre lang zog er von Reichstag zu Reichstag, bis das Schisma überwunden und Eugen von den Fürsten anerkannt war. Das Wiener Konkordat von 1448 zwischen dessen Nachfolger, Nikolaus V., und Kaiser Friedrich III. blieb bis zum Ende des Reiches 1806 in Kraft.
Danach unternahm es Cusanus, nun bereits Kardinal und Fürstbischof von Brixen in Tirol, das Feuer der Reform, das ihm im Herzen brannte, seiner deutschen Heimat nahezubringen. Diese Reise war der Höhepunkt seines Lebens, zuweilen durch die Macht seiner Ehrfurcht gebietenden Persönlichkeit und die Ausstrahlung seines Ruhms wie ein Triumphzug.
Überall ergriff er als Legat des Papstes auf seinen Reisen durch Österreich, Bayern, Thüringen, Sachsen und die Niederlande Maßnahmen zur Reform der Klöster und der geistlichen Zucht, zur Belebung des kirchlichen Lebens, zur besseren Unterrichtung von Priestern und Laien, für die Einhaltung der Sonn- und Feiertage. Zugleich schlichtete er zahllosen Streit zwischen Weltpriestern und Bettelmönchen, Bischöfen und Kapiteln, geistlichen und weltlichen Fürsten. Manches davon trug dauernde Frucht, vieles – das ist die Tragik dieses Lebens – verging mit seinem Weggang.

Mit gleicher Leidenschaft wandte er sich 1452 seinem eigenen Bistum zu. Aber hier traf er auf erbitterten Widerstand, aus vielerlei Gründen – Eigensucht und menschlicher Schwäche, der Lust am Wohlleben, Mißachtung geistlicher Zucht, sozialem Dünkel. Gegen all dies hätte er sich wohl durchsetzen können, wären nicht die gleichen Kräfte, die die Kaiser entmachteten und das Reich zerrieben, damit verbündet gewesen. In Brixen war es Herzog Siegmund, Graf von Tirol, der den Bischof – Exkommunikation und Interdikt geringachtend – schließlich mit Waffengewalt verfolgte, belagerte und erpreßte.

Für Nikolaus von Kues waren es bittere Jahre. »Man wird das Reich«, so rief er einmal in düsterer Vorahnung aus, »in Deutschland suchen und nicht finden, und darum werden Fremde kommen und unser Land an sich nehmen. Wir werden unter uns zerrissen sein und der Macht anderer Nationen anheimfallen.«

Trotz all dieser schweren Bürden fand er die Kraft und die Zeit zu seinem großen philosophisch-theologisch-wissenschaftlichen Werk, seinen zahllosen Schriften. In vielem war er seiner Zeit weit voraus. Er erkannte die Achsendrehung und Bewegung der Erde im Raum, schlug die Reform des Julianischen Kalenders vor, entwarf die erste Landkarte von Mitteleuropa, erkannte als erster die Konstantinische Schenkung und die Pseudo-Isidorischen Dekretalien als Fälschung und entwickelte mathematische Einsichten über das unendlich Große und unendlich Kleine.

Aber all das sind nur Späne aus seinem großen Werk. Cusanus weiß, daß der Verstand, also die Wissenschaft, nur das Verhältnis der Dinge zueinander erkennen kann, nicht die Wahrheit selbst. Diese ist allein in Gott. Je klarer einer das erkennt, so sagt er sokratisch im »Wissen des Nichtwissens«, um so gelehrter wird er sein. Mit Gewißheit wissen wir von der Wahrheit nur, was Gott uns offenbart hat. »Was Christus über Gott sagt, so wie es in den Evangelien überliefert ist«, bekennt Cusanus, »das ist genauer als jede andere Aussage über Gott. Denn in ihm spricht ja Gottes Wort über sich selbst.«

Dies ist sein unerschütterlicher Glaube. Es ist der feste Grund, der den Philosophen Cusanus noch bei seinen kühnsten Gedankengängen über Gott und die Welt die Sicherheit verleiht, daß er sich nicht im Ungewissen verliert.

In dieser Welt gehörte die Liebe des Nikolaus von Kues dem Reich, der Kirche und der Einheit der Christenheit. Dem diente er bis zuletzt, seit 1459 als Generalvikar Pius II. Als dieser Papst, weil keiner der christlichen Fürsten sich dazu bereitfand, sich selber an die Spitze eines Heeres gegen die

Türken stellte, die Konstantinopel erobert hatten, konnte Cusanus noch einen Auftrag des Papstes bei der Versorgung des Heeres übernehmen, aber am 11. August 1464 ereilte ihn in Todi in den umbrischen Bergen der Tod. Drei Tage später starb auch der Papst.

In seiner Titelkirche San Pietro in Vinculi in Rom wurde der große Kardinal beigesetzt. Sein Herz aber, dies war sein letzter Wille, wurde in seine Heimatstadt Kues überführt. Dort ruht es in der Kirche des St.-Nikolaus-Spitals, seiner eigenen Stiftung für die Armen, die durch Jahrhunderte hindurch segensreich gewirkt hat, bis auf den heutigen Tag.

Nikolaus von Kues,

geboren 1401 als Nikolaus Chrypffs oder Krebs, war der bedeutendste deutsche Philosoph des 15. Jahrhunderts. Nach seinem Geburtsort wurde er bald »von Kues« oder »Cusanus« genannt. Er besuchte die Schule im niederländischen Deventer und studierte 1416 bis 1425 Kirchenrecht, Philosophie und Theologie in Heidelberg, Padua und Köln. 1430 zum Priester geweiht, nahm er seit 1432 am Konzil von Basel teil und legte diesem 1433 die Schrift »De concordantia catholica« zur Kirchen- und Reichsreform vor, die ihn berühmt machte. Im Auftrag Papst Eugens IV. war er an der Versöhnung mit der griechischen Kirche 1439 in Florenz beteiligt. In zehnjährigem Bemühen erreichte er 1447 die Anerkennung dieses Papstes gegen Konzil und Gegenpapst durch die deutschen Fürsten und ein Jahr später das Wiener Konkordat des Papstes. Im gleichen Jahr – 1448 – zum Kardinal ernannt, arbeitete er 1450 bis 1452 als Legat Papst Nikolaus V. an der Kirchenreform in Deutschland. Seit 1450 Fürstbischof von Brixen, geriet er in jahrelangen, schließlich bewaffneten Konflikt mit Herzog Siegmund, Graf von Tirol, und verbrachte seine letzten Jahre in Rom, seit 1459 als Generalvikar Papst Pius II. Er verfaßte zahlreiche philosophische, theologische und wissenschaftliche Werke. Am 11. August 1464 starb er in Todi, Umbrien, und wurde in San Pietro in Vincoli in Rom beigesetzt.

Die Heilige des unbeugsamen Gewissens Jeanne d'Arc

(Um 1412 bis 1431)

Christian Feldmann

Der vornehme Robert de Baudricourt, Kommandant von Vaucouleurs, als Haudegen, Frauenheld und geschickter Diplomat gleichermaßen berühmt, traute seinen Augen und Ohren nicht: Da hatte sich doch vor ihm ein stämmiges Bauernmädchen aufgepflanzt, dunkle Haare, rötlicher Teint, höchstens siebzehn Jahre alt, und verlangte, als ob es das Selbstverständlichste von der Welt wäre, vor den französischen Thronfolger, den »Dauphin«, geführt zu werden. Gewiß, das gutgebaute Mädchen mit seinem derben Charme gefiel ihm, aber was es sagte, war doch zu sonderbar:
»Mein Herr will, daß der Dauphin zum König gemacht wird und das Königreich regiert. Trotz seiner Feinde wird der Dauphin zum König gemacht werden, und ich bin es, die ihn zur Krönung führen wird.«
Im Glauben, eine Verrückte vor sich zu haben, fragte Baudricourt vorsichtig zurück: »Wer ist denn dein Herr?« Darauf wieder eine ganz selbstverständliche Antwort: »Der König des Himmels.«
Daß dieses Dorfmädchen mit solchen gewaltigen Ansprüchen nicht damals schon im Kerker landete oder in ein Kloster abgeschoben wurde, sondern tatsächlich bald darauf vor dem Thronfolger stand, gehört zu den Wundern im Leben der Jeanne d'Arc.

Um 1412 kam sie auf einem kleinen Bauernhof im lothringischen Domremy zur Welt. Im Dorf galt sie als arbeitsam, geschickt, bescheiden und fromm, keineswegs aber als bigott und überspannt – bis sie die »Stimmen« hörte. Sie ermunterten sie, ihr kleines Dorf zu verlassen, das von den Engländern belagerte Orléans zu befreien und den Dauphin Karl VII. nach Reims zur Krönung zu führen. Später sprachen diese Stimmen immer regelmäßiger zu ihr – am Ende täglich – und stellten sich als der französische Nationalheilige Michael und die heilige Katharina und Margareta vor. Für den Menschen des frühen 15. Jahrhunderts, der von Psychologie noch nichts wußte und sich nicht vorstellen konnte, die eigenen unbewußten

Antriebe und Hoffnungen als Stimmen von außen zu »hören« (Halluzinationen), war so ein vertrauter Umgang mit der himmlischen Welt gar nichts Ungewöhnliches.
Daß Jeanne nicht mit einer Tracht Prügel zu ihrem Vater heimgeschickt wurde, lag nicht nur an ihrer Hartnäckigkeit (»Ich muß gehen, mein Herr will, daß ich es tue«), sondern auch an der miserablen politischen Situation Frankreichs. Im sogenannten »Hundertjährigen Krieg« hatten die Engländer große Teile des Landes besetzt. Burgund machte gemeinsame Sache mit den Engländern. Der mit einer Französin verheiratete englische König erhob Anspruch auf den Thron von Frankreich; der »Dauphin« Karl VII., ein entschlußloser Zauderer, war nur von einem Teil der französischen Fürsten anerkannt und noch nicht zum König gekrönt. In diesem politischen Spiel ließen sich eine himmlische Stimme und ein naives Bauernmädchen natürlich gut benutzen.
Und Jeanne liebte ihr Land und ihren König über alles. An seinem Hof muß sie so überzeugend aufgetreten sein, daß man ihr – nach eingehender Befragung durch Kleriker und königliche Berater – eine wunderschöne weiße Rüstung schenkte und sie beim Feldzug zur Befreiung von Orléans mitreiten ließ. Sie führte keineswegs das Kommando, wie es in manchen Heiligenlegenden steht, und sie war auch nur zum Teil an den strategischen Besprechungen der Heerführer beteiligt. Aber ihre Wirkung auf die französischen Soldaten war ungeheuer mitreißend. Immer in vorderster Reihe reitend, in ihrer leuchtenden Rüstung eine Mischung aus Amazone und Engel, ließ sie sich auch von einer leichten Pfeilwunde nicht stoppen und feuerte die Franzosen derart an, daß Orléans nach wenigen Tagen frei war.
Noch etliche siegreiche Schlachten, und Karl VII. konnte zur Salbung und Krönung als König von Frankreich in Reims einziehen. Stolz kniete Jeanne vor ihrem Herrscher, und Karl gewährte den Bauern von Domremy – ihrem Heimatort – gerührt Steuerfreiheit für ewige Zeiten.
Aber Jeannes Stern begann bald zu verblassen. Die Heerführer wollten sich von diesem unbedarften Landmädchen nicht mehr dreinreden lassen, das zwar zur Jagd auf die verhaßten Engländer aufrief, aber selbst nie Blut vergoß, sondern nur Sterbende tröstete und eine Kirchenplünderung sehr couragiert verhinderte. Der König selbst setzte mehr auf Zeitgewinn und kluge Diplomatie als auf Jeannes hitzige Rückeroberungsstrategie. Bei Compiègne wurde sie 1430 schließlich, trotz heftiger Gegenwehr, von burgundischen Truppen gefangengenommen.
Die Engländer bemühten sich um ihre Auslieferung, die Pariser Universität

– ganz auf der Seite der Engländer – brannte darauf, sie der »Ketzerei« zu überführen. Verängstigt sprang sie fast zwanzig Meter tief von dem Turm, in dem sie gefangengehalten wurde, in die Tiefe – und überlebte. Nach etlichen Monaten wurde Jeanne d'Arc den Engländern übergeben. Am 9. Januar 1431 begann in Rouen ein fünf Monate dauernder Prozeß vor einem kirchlichen Gericht, der für die beteiligten Theologen, Domherren und Mönche alles andere als ein Ruhmesblatt wurde, für das Mädchen Jeanne aber das Siegel auf ihre Treue zu Gott und ihrem Gewissen.

Ein neunzehnjähriges Landmädchen, geschwächt durch mehrere Monate strenger Kerkerhaft, mißhandelt und bedroht durch ihre rohen Bewacher, stand 60 geschulten und in allen theologischen Spitzfindigkeiten erfahrenen Richtern gegenüber, die sie – bis auf wenige Ausnahmen – für eine gefährliche Ketzerin hielten und darauf aus waren, ein Exempel zu statuieren. Die Hauptanklagepunkte: Jeanne habe sich besondere Offenbarungen angemaßt, es an der nötigen Unterwerfung unter das Urteil der Kirche fehlen lassen und – heute nicht mehr leicht zu verstehen – Gott durch ihre Männerkleidung gelästert. Für Jeanne freilich war diese Kleidung ein Zeichen ihrer Beauftragung durch Gott gewesen – und wohl auch eine Art Schutz gegenüber rauhen Kriegsknechten und Gefangenenwärtern.

Die erhaltenen Protokolle dieser unwürdigen Gerichtsverhandlungen zeigen eine erfrischend natürliche, selbstbewußte, vernünftig argumentierende, ja forsche Angeklagte, die sich nicht einschüchtern ließ und ihre Richter durch ihren unbeirrbaren Glauben oft genug beschämte. Klassisch etwa ihre Antwort auf die trickreiche Frage, ob sie sicher sei, sich im Stande der Gnade zu befinden. Jeanne platzte weder mit einem hochmütigen Ja heraus, noch bekannte sie sich mit einem Nein, wie man gehofft hatte, als verworfene Sünderin. Statt dessen formulierte sie entwaffnend gläubig: »Wenn ich es nicht bin, möge Gott mich darein versetzen. Wenn ich es bin, möge er mich darin erhalten.«

Über ihre »Stimmen«, da blieb Jeanne stur bis zum Schluß, werde sie nur dem König oder dem Papst antworten, »und wenn Ihr mir den Kopf abschlagt«. Ja, sie liebe die Kirche und unterwerfe sich ihr – »vorausgesetzt, daß sie nichts Unmögliches von mir verlangt ... Das, was unser Herr mir zu tun befohlen hat und befehlen wird, kann ich um keines lebenden Menschen willen unterlassen.« In der Treue gegenüber Gottes Befehl und dem eigenen Gewissen wurde sie auch nicht wankend, als man ihr die Folterzangen, Daumenschrauben und glühenden Kohlenbecken zeigte:

»Wahrhaftig«, brach es aus ihr heraus, »selbst wenn ihr mir die Glieder brecht und die Seele aus dem Leib reißt, könnte ich nichts anderes sagen, und wenn ich es doch täte, würde ich immer sagen, daß ihr mich durch Gewalt zum Reden gebracht habt!«

Den Widerruf, zu dem man sie endlich doch bewegen konnte, nahm sie denn auch nach drei Tagen wieder zurück – »nur aus Angst vor dem Feuer« habe sie abgeschworen. Damit war ihr Todesurteil besiegelt. Wie ein vom Teufel der Ketzerei angestecktes Glied müsse sie aus dem Leib der Kirche weggeschnitten werden, hieß es im Richterspruch. Am 30. Mai 1431 wurde die Neunzehnjährige auf dem Marktplatz von Rouen verbrannt, als »bösartige Betrügerin des Volkes« und »Schänderin des Glaubens an Jesus Christus«, wie ein Schild an ihrem Marterpfahl verkündete.

Ihren Glauben verlor sie aber auch nicht während ihres qualvollen Sterbens. Noch als ihr der beißende Rauch den Atem nahm, schrie sie nach Jesus und dem heiligen Michael.

Jeanne d'Arc

aus dem lothringischen Dörfchen Domremy an der Maas war siebzehn Jahre alt, als sie zum erstenmal in der französischen Öffentlichkeit Aufsehen erregte; mit neunzehn Jahren starb sie auf dem Scheiterhaufen. Um 1412 auf einem Bauernhof geboren, erreichte sie 1429 eine Audienz beim Dauphin Karl VII., dem sie seine Krönung zum König von Frankreich voraussagte. Noch im selben Jahr wurde unter Beteiligung Jeannes die von den Engländern belagerte Stadt Orléans befreit, dem englischen Heer bei Patay eine folgenschwere Niederlage beigebracht und Karl VII. in Reims tatsächlich zum König gekrönt. Nach etlichen weiteren Gefechten wurde Jeanne, im Volk inzwischen als »Jungfrau von Orléans« verehrt, am 23. Mai 1430 in Compiègne gefangengenommen und an die Engländer ausgeliefert. Ein kirchliches Gericht verurteilte sie nach sechsmonatiger, wenig fairer Verhandlung in Rouen wegen Ketzerei zum Flammentod; am 30. Mai 1431 wurde Jeanne d'Arc dort auf dem Marktplatz verbrannt. 25 Jahre später erklärten Theologen und Juristen in einem Rehabilitationsprozeß – wieder aus sehr durchsichtigen politischen Motiven – das damalige Urteil für »null und nichtig«. 1920 sprach Papst Benedikt XV. das Bauernmädchen Jeanne heilig.

Thomas Morus

Martin Luther

Huldrych Zwingli

Ignatius von Loyola

Philipp Melanchthon

Tafel VIII

Der Friedensstifter der Schweiz Nikolaus von Flüe

(1417 bis 1487)

Esther Schöler

Eigentlich hätte für den Schweizer Bauern Nikolaus von Flüe und seine Familie das Jahr 1467 ein besonderes Jahr der Freude und des Dankes werden sollen. Fünfzig Jahre alt wurde Nikolaus. In dieser Lebensspanne hatte er es zu etwas gebracht: Haus und Hof waren gut im Stand, im Dorf war er angesehen, man hatte ihm wichtige Ämter anvertraut, und in seiner Familie herrschten Liebe und Eintracht. An neun wohlgeratenen Kindern konnten die Eltern ihre Freude haben, das zehnte sollte bald geboren werden.

Gott hatte Frömmigkeit, Fleiß und Gemeinsinn dieses Mannes belohnt, so dachte mancher im Dorf Sachseln. Aber gerade in diesem Jahr schien diese Rechnung plötzlich nicht mehr aufzugehen. Nikolaus wurde rastlos und niedergeschlagen. Seine Ämter gab er ab. Die Arbeit wurde ihm zu einer Last. Immer wieder nahm er Zuflucht im Gebet. Doch plötzlich versagte ihm Gott jeden Trost.

Wie ganz anders war es bisher gewesen. Da hatte ihn das Gebet erfrischt wie das Atemholen auf einer duftenden Bergwiese. Leicht und froh war ihm ums Herz geworden. Ja, er hatte alles in einem überirdischen Licht gesehen: Die Schönheit der Natur führte ihn hin zur Herrlichkeit ihres Schöpfers, die wunderbare Vertrautheit mit seiner Familie vermittelte ihm eine Ahnung von der allumfassenden Liebe Gottes. Seine Pflichten hatte er dann wieder mit neuen Kräften aufgenommen; denn auch sie waren ja ein Gottesdienst.

Nichts mehr von alledem! Nein, gerade beim Beten hatte er das niederschmetternde Erlebnis gehabt, das ihm jetzt noch die Kehle zuschnürte: Er war auf dem Feld gewesen und hatte gebetet. Plötzlich hatte er gesehen, wie aus seinem Mund eine duftende Lilie herauswuchs und bis zum Himmel hinaufragte. In der Nähe graste sein Vieh. Auch sein schönstes Pferd war dabei, und Nikolaus warf einen wohlgefälligen Blick darauf. Im selben Moment hatte sich die Lilie zu dem Pferd hinuntergebeugt, und das Pferd fraß sie auf.

Nikolaus war hellhörig und hellsichtig für Gottes Zeichen. Seine Seele war ein fruchtbarer Boden für überirdische Eingebungen wie für jedes Wort der Belehrung in Dingen des Glaubens. War dieses Bild nicht eine Mahnung: »All deine irdischen Freuden und Sorgen machen das Wachstum deiner Seele zunichte«? Hieß das nicht, daß er Haus, Hof und Familie verlassen mußte um seines Seelenheils willen?
Tag und Nacht verfolgte Nikolaus das Bild. Stunde um Stunde kreisten seine Gedanken um die unbegreifliche Aufforderung, alles, was ihm lieb war auf der Welt, zu verlassen. Und zugleich wurde er gewahr, daß sich in ihm schon eine Abwendung vollzog: »Ich war so niedergedrückt, daß mir selbst meine liebe Frau und die Gesellschaft der Kinder lästig ward.« Konnte das der Wille Gottes sein?
In seiner Not, die kein Gebet zu lindern schien, bat er schließlich Heimo Amgrund, den Pfarrer von Stans, um Rat. Er war sein Freund. Ihm hatte Nikolaus schon manches Seltsame anvertraut, was ihn von Kindheit an bewegte. Schon immer waren es Bilder gewesen, keine wirklichen, aber dennoch unendlich einprägsame.
So hatte er als Sechzehnjähriger plötzlich aus der nahe gelegenen Ranftschlucht einen schönen hohen Turm aufragen sehen. Seitdem hatte er oft die Einsamkeit gesucht, um sich tief ins Gebet versenken zu können. Der Pfarrer hatte ihm das Bild nicht gedeutet. Aber erzählt hatte er ihm: von Menschen anderer Länder und anderer Zeiten, die von einer besonders starken Liebe zu Gott erfüllt waren. Er erzählte ihm von den Propheten und Mystikern. Auch sie hatten Bilder geschaut oder – wie Heimo Amgrund sich ausdrückte – Gesichte gehabt. Gott hatte ihnen große Gnaden geschenkt, aber auch schmerzliche Opfer von ihnen verlangt oder – wie Heimo Amgrund es deutete: »Sie mußten sich selbst viel Abbruch tun.«
Daran dachte jetzt Nikolaus wieder, als er den Pfarrer sah, und fragte ihn geradeheraus, nachdem er ihm von dem geschauten Bild erzählt hatte: »Ist das der Abbruch, den Gott von mir will? Es drängt mich fort, fort von allem, was mir lieb ist, fort in die Einsamkeit. Oder ist's gar eine teuflische Versuchung? Schon oft hat der Teufel mir arg mitgespielt!«

Diesmal erschrak der Pfarrer. Er dachte an Frau Dorothea von Flüe. Seine treue Ratgeberin nannte Nikolaus sie oft. Konnte es Gottes Wille sein, daß Nikolaus sie verließ? Ihr zehntes Kind sollte bald zur Welt kommen. Konnte es Gottes Wille sein, daß dieses Kind ohne Vater aufwuchs? Doch dann wiederum fiel ihm die Berufung der Apostel ein. Hatten sie nicht am

See Genezareth ihre Netze liegen lassen und waren Jesus auf sein Wort hin gefolgt?
Weder ja noch nein durfte er dem Freund antworten. Das war eine Sache, die ging nur Gott, Nikolaus und Frau Dorothea etwas an. Aber einen Weg konnte er dem Freund zeigen, der sich für alle auftut, die keinen Ausweg sehen: den Kreuzweg, die andächtige Betrachtung des Lebens und Leidens Christi, der ja allen Menschen in Angst und Schmerzen nahe ist, ja, ihre Last mitträgt.
In dieser Betrachtung klärten sich auch die Gedanken des Nikolaus von Flüe. Sein Gottvertrauen wurde gestärkt. In seinem Gebet fand er zu der einfachen Bitte, die alles bange Fragen in sich enthielt: Gott möge ihm die Gnade schenken, daß er ihm ein andächtiges Leben gebe. Als er dieses Gebet eines Tages beim Mähen wieder an Gott richtete, sah er, wie sich eine Wolke herabsenkte, die zu ihm sprach, er solle sich getrost in Gottes Willen ergeben.
Nun war Nikolaus entschlossen, fortzugehen und in der Fremde als Einsiedler zu leben. Nur die Einwilligung seiner Frau wollte er noch erbitten; denn er durfte ihr seinen Willen nicht aufzwingen. Obwohl er wußte, wie hart seine Bitte sie treffen mußte, vertraute er ihrer Liebe und Tapferkeit. Gerade sie wollte ja nichts als sein Heil.

Die folgenden Wochen wurden ein Kreuzweg für beide. Nikolaus zwang sich zur gewohnten täglichen Arbeit, bezähmte seine Ungeduld, mühte sich um Dorotheas Verständnis. Dorothea bezwang ihre natürliche Abwehr, bedachte die Rede ihres Mannes, sah seine Not und gab – obwohl sie noch immer nicht begriff und der Schmerz sie zu überwältigen drohte – ihre Zustimmung.
Am 16. Oktober 1467 nahm Nikolaus Abschied. Er zog in die Fremde, »von allem entblößt, nur mit dem Glauben Christi ausgerüstet«, heißt es in einer alten Chronik. Gott beantwortete seinen vertrauensvollen Gehorsam mit wunderbaren Traumbildern, die ihm den Weg wiesen, erstaunlicherweise zurück, ganz in die Nähe seines Anwesens. Wie von einem Seil gezogen fühlte er sich im Traum und kehrte tatsächlich um. Acht Tage verbrachte er fastend und betend in einem Dornengestrüpp. Dort fanden ihn Jäger. Verwandte und Nachbarn kamen. Nikolaus floh in die Einsamkeit finsterer Schluchten. Da erkannte er an vier leuchtenden Strahlen, die sich wie Kerzen in die Ranftschlucht hinabsenkten, wo er einst den Turm gesehen hatte, den Ort, an dem Gott ihn haben wollte.
Von nun an hieß er der »Waldbruder im Ranft« oder »Bruder Klaus«.

Nachbarn bauten ihm eine Hütte. In der lebte er armseliger als in einer Mönchszelle. Weder Tisch noch Stuhl gönnte er sich, nur einen Ofen und einen Stein, den er während einer kurzen Nachtruhe unter den Kopf legte. Dieser leere Raum war ein Zeichen dafür, daß seine Seele leer war von Wünschen nach irdischen Gütern. Gott allein sollte Raum haben in seiner Seele und in seinen Gedanken.

Nikolaus suchte die Begegnung mit Gott in Gebeten und andächtigen Betrachtungen der Glaubenswahrheiten: der Schöpfung, der Erlösung, des Abendmahls, der Dreifaltigkeit. Im Bild eines Rades, das ihm ein Pilger geschenkt hatte, fand er manche dieser Wahrheiten versinnbildlicht. Dieses Bild war sein »Buch«, in das Nikolaus sich versenkte, weil er – wie alle Bauern seiner Zeit – weder lesen noch schreiben konnte.

Von der Betrachtung der Passion Christi, so hat er einem Freund anvertraut, ströme ihm solche Kraft zu, daß er die für Menschen gewöhnliche Nahrung leicht entbehren könne. Nach kritischen Zeugenaussagen hat er während der zwanzig Jahre seines Ranftaufenthaltes bis zu seinem Tod keine Nahrung wie andere Menschen zu sich genommen. Bruder Klaus hat sich nur ungern und selten dazu geäußert.

Seine Nachbarn dagegen sprachen gerade darüber am liebsten. Und dieses Wunderfasten führte dazu, daß sich sein Ruf im ganzen Land und über die Grenzen der Schweiz hinaus ausbreitete. Von überallher kamen Menschen, die Bruder Klaus sehen wollten – Mißtrauische, Neugierige, Gläubige, einfache Pilger, Gelehrte und Politiker. Viele wollten sich bei dem heiligmäßigen Mann Rat holen.

Mit einem Mal nahm das Leben des Bruder Klaus wieder eine seltsame Wendung. Der Einsiedler sah sich von so vielen Besuchern bedrängt, daß er sie nur zu bestimmten Sprechstunden anhörte und die übrige Zeit sich tiefer in die Wildnis zurückzog, um mit Gott allein zu sein. Er schreckte aber auch nicht davor zurück, daß man ihn mit sehr weltlichen politischen Angelegenheiten behelligte. Er befaßte sich sogar sehr eingehend mit den vorgetragenen Problemen.

Als Streitigkeiten zwischen den schweizerischen Stadt- und Landkantonen ein bedrohliches Ausmaß annahmen, entwickelte sich ein lebhafter Austausch von Botschaften zwischen dem Rat von Luzern und dem Einsiedler. Bruder Klaus nahm ständigen Einfluß auf die Verhandlungen zwischen den Parteien. Und als in Stans die vorbereiteten Entwürfe zu einem Friedensschluß am 22. Dezember 1481 abgelehnt wurden, war es eine Botschaft aus dem Ranft, die in letzter Minute die Kriegsgefahr abwandte und die politische Krise löste. Der Schwyzer Statthalter berichtete in einem Brief

von den dramatischen Ereignissen dieses Tages, der mit Glockengläut zu Ende ging, »dem allmächtigen Gott und auch dem Bruder Klaus zu Ehren, der auch sehr großen Fleiß und Ernst darauf verwandte, daß es in Freundschaft abging«.
Die anfangs so unbegreifliche Glaubensentscheidung des Bruder Klaus hatte nun eine sichtbare Bestätigung erfahren. Es war wahrhaftig Gott, der ihn gerufen hatte, dessen Werkzeug er werden sollte zum Heil nicht nur seiner eigenen Seele, sondern zum Heil seines ganzen Volkes.
Die Ratschläge von Bruder Klaus waren in einfache Worte gefaßt. Ihr Inhalt war aus seinen Glaubenserfahrungen und Einsichten entsprungen. Ihre Wirkung hatten sie, weil er selbst nach diesen Einsichten lebte:
»Friede ist allweg in Gott, denn Gott ist der Friede. Darum sollt ihr schauen, daß ihr auf Frieden stellet. Ihr sollt auch das Leiden Gottes in euren Herzen tragen, denn es ist des Menschen größter Trost.«
Er ist einer jener Glaubenszeugen, zu dem in den folgenden Zeiten der Glaubensspaltung Schweizer Protestanten wie Katholiken in Verehrung aufschauten, und nicht nur die Schweizer.

Nikolaus von Flüe

wurde 1417 auf dem Flüeli bei Sachseln (Schweiz) geboren. Er wurde Bauer wie sein Vater. Seine Ämter als Rat und Richter nahm er mit Klugheit und Umsicht wahr, obwohl er Analphabet war. Mit seiner Frau Dorothea hatte er zehn Kinder. Sein Leben war von Kindheit an geprägt durch strenge Askese und mystische Erfahrungen.
1467 veranlaßten ihn Visionen, um seines Seelenheiles willen die Familie zu verlassen und in der nahe gelegenen Ranftschlucht ein Einsiedlerleben zu führen. Die Nachricht, daß er weder Speise noch Trank zu sich nahm, löste einen Pilgerstrom aus. Bruder Klaus, wie man ihn jetzt nannte, wurde zum großen Ratgeber.
Über seinen segensreichen Einfluß bei politischen Auseinandersetzungen geben zahlreiche Dokumente Aufschluß. Dank seiner Vermittlung kam es 1481 auf der Tagsatzung zu Stans zum Friedensschluß zwischen den zerstrittenen Parteien der Eidgenossen.
Bruder Klaus starb am 21. März 1487 im Ranft. 1947 hat ihn die katholische Kirche heiliggesprochen.

Der heitere Kanzler Thomas Morus

(1478 bis 1535)

Charles Hallgarten

Wir kennen Thomas Morus durch ein Porträt, das Hans Holbein d. J. 1527 in London malte. Es zeigt den Heiligen als Staatsmann im Alter von knapp fünfzig Jahren in schwerem Pelzwerk, dunklem Barett und goldener Amtskette. Ein bartloses Gesicht, Adlernase, ein schmaler Mund, mit Augen, die nachdenklich in die Ferne blicken.
Die Ziele dieses Mannes waren nur auf Ordnung, Frieden und allgemeine Wohlfahrt ausgerichtet, getragen von einem starken Glauben, den nichts erschüttern konnte. Die Politik, die er betrieb, mußte darum letztlich scheitern, als er an einen Machtmenschen wie Heinrich VIII. geriet.
Er war Jurist, und er war es gern; er war Schriftsteller, und die englische Sprache verdankt ihm viel. Von seiner Biographie Richards III. profitierte sogar Shakespeare. Und er war Diplomat. Sein Geschick, unter einem egoistischen Despoten sich oben zu halten und genau so weit zu gehen, wie es sein Gewissen zuließ, aber auch keinen Schritt weiter, ist bewundernswert. Juristische Erfahrung und Meisterschaft der Menschenbehandlung, die leichte und die feste Hand, Takt und Autorität, das alles vereinigte er in sich; dazu besaß er Menschenfreundlichkeit, Opferbereitschaft und eine Lebensvergnügtheit, die ansteckend wirkte.
Seine Freunde waren Kirchenmänner und Gelehrte hohen Rangs wie Erasmus von Rotterdam, der einmal über ihn schrieb: »Da ist kein Ding in dieser Welt, und sei es das ernsthafteste, das ihm nicht Freude bereitet. Verkehrt er mit Gelehrten, so entzückt ihn ihre Kenntnis; verkehrt er mit Dummköpfen, so erfreut ihn ihre Torheit. Er ist von einer nie versagenden Liebenswürdigkeit; er hat Humor und versetzt die Herzen aller, die mit ihm umgehen, in Frohsinn und Freude.«

Tatsächlich ist Thomas More – in seiner latinisierten Form »Morus« genannt – einer der sympathischsten Heiligen, ein Mann, der trotz der vierhundertfünfzig Jahre, die uns von ihm trennen, in vielem geradezu

modern wirkt – ein Vorbild an Zivilcourage, an Haltung und demütigem Gottvertrauen, das er auch in den Alltag einbrachte.
Thomas Morus gehörte der aufstrebenden Bürgerschicht an. Der Großvater mütterlicherseits war zum Sheriff von London gewählt worden; der Großvater väterlicherseits stieg vom Schreiber der Juristengilde zum Lektor auf. Dem Vater war dann der große Schritt gelungen: John More war zunächst erfolgreicher Rechtsanwalt, wurde zum Ritter geschlagen und schließlich Richter am Obersten Königlichen Gericht.
Am 6. Februar 1478 in London geboren, besuchte Thomas bis zum zwölften Lebensjahr die Lateinschule. Danach vermittelte ihm der Vater die Stelle eines Pagen im Haus des Lordkanzlers und Erzbischofs Morton von Canterbury. Dort hatte er Gelegenheit, die führenden Männer Englands hautnah zu erleben und ihre Umgangsformen zu studieren, was ihm zeitlebens eine gesellschaftliche Sicherheit verschaffte. Danach wurde er Student in Oxford, und mit dreiundzwanzig Jahren erhielt er seine Zulassung als Anwalt. Schon drei Jahre später wurde er Mitglied des Parlaments. Daneben beschäftigte er sich mit literarischen Arbeiten. Er schwankte lange, ob er Mönch oder Jurist werden sollte. Vier Jahre nahm er am religiösen Leben der Kartäusermönche teil – engagiert, begeistert und doch insgeheim zweifelnd an sich selbst. Würde er den hohen Anforderungen, die er an sich selbst stellte, genügen können? Er hatte auch erwogen, Franziskaner zu werden, ohne die Gelübde abzulegen. Nicht ohne seelische Trauer und Betrübnis erkannte er, daß ihn Gott nicht zum geistlichen Stand berufen, sondern einen anderen Weg für ihn bestimmt hatte.
Er lernte Griechisch, um die Bibel und die Texte der Kirchenväter in ihrer Ursprache kennenzulernen. Latein und Französisch sprach er schon wie seine Muttersprache. Doch sein Interesse galt auch anderen Wissenschaften, Arithmetik und Geometrie, vor allem der Geschichte.
1510 heiratete er Jane Colt, die Tochter eines Landedelmanns. Die beiden hatten vier Kinder, drei Mädchen und einen Jungen; doch die Mutter starb, als das älteste noch keine fünf Jahre alt war. Einige Monate später heiratete er Alice Middleton, eine Witwe, etliche Jahre älter als er selbst, um den Kindern wieder eine Mutter zu geben. Es wurde eine äußerst glückliche Ehe. Niemand tastete die respektheischende Autorität des Vaters an. Zu einer Zeit, da Mädchen keine Schulen besuchten, legte er Wert auf eine umfassende Bildung. So lernten auch die Töchter Latein und Griechisch, dazu Astronomie; sie musizierten mit der Mutter, die auf Wunsch des Gatten Flöte, Harfe und Zither erlernt hatte. Während der

Mahlzeiten lasen die Kinder aus der Heiligen Schrift; abends traf sich die ganze Familie mit Gästen und Dienstboten zum gemeinsamen Gebet.
Es war kein lautes, auf Wirkung berechnetes Christentum, dem Thomas Morus anhing. Er wollte niemanden überzeugen; er suchte keine Öffentlichkeit für seinen Glauben, obwohl er sie nicht scheute. Wahrscheinlich wirkte er gerade darum so überzeugend.
Ein Zeugnis dafür ist auch ein Brief, den Erasmus von Rotterdam an Ulrich von Hutten schrieb. Er stellt darin fest, daß wahre Frömmigkeit keine Sache nur des Ordenslebens sei, und führt Morus als Beispiel an: »Er ist ein Diener wahrer Frömmigkeit. Er hat seine Stunden, in denen er Gott dient im Gebet, nicht weil es üblich ist, sondern weil es ihm von Herzen kommt.«
Jeden Morgen besuchte er die Messe. In einem abgelegenen Teil des Hauses richtete er sich ein Betzimmer ein, wo er ganze Tage meditierte und betete. Von einem Freund wissen wir, daß er oft durch London ging, um verschämten Armen zu helfen; war die Not groß, schenkte er sogar Goldstücke. Eine Witwe nahm er bei sich auf, und sie lebte mehrere Jahre in seinem Haus, wo sie wie ein Mitglied der Familie behandelt wurde.
In all den Jahren war er daneben immer auch literarisch tätig. 1510, mit zweiunddreißig Jahren, übersetzte er das Leben des Pico della Mirandola ins Englische und schrieb eine Reihe von Balladen. 1513 begann er die Geschichte Richards III.; er schrieb sie zunächst in lateinischer, dann auch in englischer Sprache. Ungleich bekannter und diskutiert bis auf den heutigen Tag wurde sein Werk »Utopia«. In der Form einer dichterischen Erzählung geschrieben, entwirft es das Bild eines idealen Staatswesens, das in seiner Vollkommenheit die Menschen durch die Jahrhunderte immer wieder faszinierte. Der Begriff »Utopie« geht auf dieses Werk zurück.

1518 wurde Thomas Morus Mitglied des Königlichen Rates. 1521 schlug man ihn zum Ritter, und zwei Jahre später wurde er Sprecher des Unterhauses. Zu jener Zeit gehörte er längst zu den bekanntesten Persönlichkeiten Londons. Die Menschen schätzten seine rasche und versöhnliche Art, Recht zu sprechen. Die Stapel unerledigter Streitsachen schmolzen durch seine Energie zusammen. Und selbst Heinrich VIII. wußte sehr wohl den Wert eines solchen Mannes zu schätzen, dem die großen Kaufleute ebenso vertrauten wie die einfachen Bürger.
Am 13. Oktober 1529 erfolgte seine Ernennung zum Lord High Chancellor. Doch auch als Lordkanzler, in dem höchsten Amt, das das königliche England zu vergeben hatte, änderte er seine Lebensgewohnheiten nicht. Er blieb der Mann des Gebets wie zuvor. Eines Tages überraschte ihn der

Herzog von Norfolk am Chorpult der Kirche in Chelsea und drückte ihm sein Erstaunen aus. Morus antwortete mit der feinen Höflichkeit, die ihm eigen war: »Ich halte es für unmöglich, daß ich meinem Herrn, dem König, mißfalle, wenn ich dem höchsten Herrn meines Königs diese Huldigung erweise.«

Es erscheint im nachhinein nur selbstverständlich, daß der König die Gesellschaft jenes Mannes suchte, dessen Kenntnisse, dessen Bildung, mehr aber noch dessen Persönlichkeit und untadeliger Lebenswandel ihn weit über die Hofgesellschaft hinaushoben. Von William Roper, einem seiner Schwiegersöhne, wissen wir, daß der König seinen Lordkanzler oft in seine Privatgemächer kommen ließ. »Dort setzten sie sich und plauderten über Astronomie, Geometrie, Theologie und andere Wissenschaften, manchmal auch über die Angelegenheiten des Königreichs. Des Nachts führte er ihn zuweilen auf die Terrasse, um mit ihm den Lauf der Planeten zu studieren. Und da Vater von froher Gemütsart war, ließen der König und die Königin (Katharina von Aragonien) ihn nach dem Abendessen und manchmal sogar während der Mahlzeiten rufen.«

Als Morus erkennen mußte, daß ihm dabei kaum mehr zwei Abende im Monat für sich selbst und die Familie blieben, »gab er nach und nach seine gewohnte Heiterkeit auf«, wie Roper berichtet. Doch so leicht war ein König vom Format Heinrichs VIII. nicht abzuschütteln. »Wegen des Vergnügens, das ihm die Gesellschaft seines Kanzlers bereitete, kam er zuweilen auch unverhofft nach Chelsea, um ihn in seinem Hause zu überraschen und sich mit ihm die Zeit zu vertreiben.«

Die Scheidungsabsichten des Königs mit all ihren Folgen brachten dann die Wende im Verhältnis der beiden. Als die römische Gerichtsbarkeit die Ehe mit Katharina nicht löste und die Entscheidung sich über Jahre hinzog, brach Heinrich VIII. mit dem Papst.

Im Februar 1531 mußte die Kirchenversammlung den König als »Beschützer und Oberhaupt von Kirche und Klerus in England« anerkennen. Morus, der wußte, was ihn erwartete, wenn er die Scheidungsabsichten nicht unterstützte, suchte sich aus dem Streit herauszuhalten. »Ich bin weder Kirchenrechtler noch Moraltheologe«, erklärte er, und beide Seiten suchten zunächst den Bruch zu vermeiden. Doch Morus' Einfluß am Hof schwand jetzt rasch: keine Besuche des Königs in Chelsea mehr, keine abendlichen Gespräche auf der Terrasse; auch im Königlichen Rat sah er sich isoliert, seine Stimme verlor jedes Gewicht.

Am 16. Mai 1532 reichte er den längst überfälligen Rücktritt ein – »weil ich in meinem Herzen nicht die Kraft finde, anders zu sprechen, als es mir mein Gewissen vorschreibt«. Der König genehmigte den Abschied »aus Gesundheitsgründen«. Noch wahrte man die Formen. Doch die Folgen waren bitter: Morus verlor nicht nur Amt und Einfluß, damit hätte er sich leicht abfinden können. Sie hatten ihm nie viel bedeutet. Doch er verlor auch alle Bezüge, und das bedeutete Armut, ja echte Not. Seine erste Sorge galt den Bediensteten, die er entlassen mußte. Er besorgte ihnen neue Stellungen bei Freunden und Bekannten. Seiner Familie erklärte er, wenn es ganz schlimm wird, machen wir es wie die Studenten von Oxford und ziehen singend von Tür zu Tür.

Inzwischen hatte das Parlament die gesetzlichen Grundlagen geschaffen, und Erzbischof Cranmer von Canterbury erklärte die Ehe Heinrichs für nichtig, ohne die Entscheidung Roms abzuwarten. Die Krönungsfeierlichkeiten mit Anna Boleyn wurden ein glanzvolles Schauspiel, zu dem der König auch seinen ehemaligen Lordkanzler einlud. Doch Thomas Morus blieb zu Hause.

Im März 1534 nahm das Parlament dann das Gesetz an, das den Kindern der beiden die Thronfolge sicherte. Wer sich widersetzte, sollte des Hochverrats schuldig sein. Alle Untertanen hatten sich durch Eid zu verpflichten, das neue Gesetz anzuerkennen.

Die Masse des Volkes leistete Gehorsam, einschließlich der Geistlichkeit, selbst Mores Tochter. Auch er selbst hatte nichts gegen die Sicherung der Thronfolge; doch die Eidesformel enthielt einen Zusatz, der die Autorität des Papstes verwarf und bestimmte, daß die englischen Bischöfe fortan allein von der Krone ernannt würden.

Nur zwei Männer verweigerten den Eid: Bischof John Fisher von Rochester und Thomas Morus. Alle Vorhaltungen und Beschwörungen fruchteten nichts. In einem Brief an seinen Nachfolger im Amt, Thomas Cromwell, hatte er seine Überzeugung ausführlich dargelegt, und dabei blieb er.

Noch im gleichen Monat wurde John Fisher des Hochverrats angeklagt, für schuldig befunden und fünf Tage später enthauptet.

Auch Thomas Morus wurde in den Tower gebracht. Er hatte diese Maßnahme kommen sehen und nahm sie gelassen hin. Es war eine erste Antwort, die der absolute Machtstaat auf seine Gewissensentscheidung gab; andere Schritte, sehr viel grausamere noch, würden folgen.

Gegen Ende des Jahres verschärfte man die Haftbedingungen. Die Enttäuschung des Königs war längst in Rachsucht umgeschlagen. Er wollte zum vollständigen Sieg auch den Triumph über den einstigen Vertrauten, wollte ihn um jeden Preis.

Am 1. Juni 1535 lud man Morus zur entscheidenden Verhandlung nach Westminster. Die Anklageschrift war von außerordentlicher Länge. Morus zeigte keine Regung. Gelassen, höflich blieb er bei seinem Entschluß, keine Erklärung zu der Parlamentsentscheidung abzugeben, die die Oberhoheit des Königs über die Kirche von England proklamierte.
Doch die Entscheidung hatte lange vor der Verhandlung festgestanden. Nach einer kurzen Scheinberatung wurde Sir Thomas im Sinn der Anklage für schuldig befunden:
»Sir Thomas More soll durch William Kingstone, den Sheriff, von hier nach dem Tower zu Lande abgeführt, von dort auf einer Schleife mitten durch die City von London nach Tyborn gezogen, herabgenommen, geschändet und ihm der Unterleib aufgerissen, die Eingeweide verbrannt, die vier Körperteile auf den vier Toren der City, der Kopf auf der London Bridge ausgestellt werden.«

Thomas More

(lat: Morus), englischer Humanist und Staatsmann, wurde am 6. Februar 1478 als Sohn des Juristen John More geboren. Er war nach der Lateinschule zwei Jahre Page im Haus des Kanzlers und Erzbischofs Morton von Canterbury. Er studierte in Oxford und an den Juristenschulen New Inn sowie Lincoln's Inn. 1498 lernte er Erasmus von Rotterdam kennen, dem er in lebenslanger Freundschaft verbunden blieb. Morus wurde 1501 als Anwalt zugelassen und 1503 Mitglied des Unterhauses.
Morus schwankte lange, ob er Mönch oder Jurist werden sollte. 1504 heiratete er Jane Colt, die ihm vier Kinder schenkte. Neben der Führung einer erfolgreichen Anwaltspraxis schrieb er Schriften religiös-theologischen Inhalts und gab mehrere Übersetzungen, dazu die Lebensgeschichte Richards III. heraus. 1510 starb seine erste Frau, und er heiratete Alice Middleton. Sein bedeutendstes Werk »Utopia« entstand 1516/17.
1521 wurde er zum Ritter geschlagen, 1523 Sprecher des Unterhauses. Am 13. Oktober 1529 erfolgte seine Ernennung zum Lord High Chancellor. 1532 trat er aus Gewissensgründen vom Kanzleramt zurück, da er den Suprematseid (Anerkennung Heinrichs VIII. als »Beschützer und Oberhaupt von Kirche und Klerus in England«) in der Folge des Ehescheidungsprozesses ablehnte. 1534 wurde er im Tower festgesetzt und am 6. Juli 1535 hingerichtet.

Am Hinrichtungstag – der König hatte Morus zur »einfachen Enthauptung« begnadigt – legte Morus sein bestes Gewand an, eine kostbare Seidenrobe. Doch als ihn der Befehlshaber des Tower darum bat, schenkte er ihm die Robe und zog ein einfaches Leinengewand an.
Die vierzehn Monate Haft hatten ihn so geschwächt, daß man ihm die Stufen zum Schafott emporhelfen mußte. »Für das Herunterkommen werde ich schon selber sorgen«, tröstete er den Kommandanten. Doch dann wurde er ernst. Er sterbe als treuer Diener des Königs, erklärte er den Umstehenden, »aber zuerst bin ich Diener Gottes«.
Er umarmte den Henker und bat seinen Schwiegersohn, dem Mann ein Goldstück zu geben. Als man ihm die Augen verbinden wollte, nahm er dem Henker das Tuch aus der Hand und tat es selbst.
Sir Thomas Morus wurde am 6. Juni 1535 öffentlich hingerichtet. Sein Haupt wurde auf königlichen Befehl auf der London Bridge aufgepflanzt. Durch Bestechung der Wächter konnte es die Tochter erhalten, ehe es in die Themse geworfen wurde. Nach ihrem Tod gelangte es nach Canterbury, wo es noch heute in einer vergitterten Nische der Pfarrkirche »St. Dunstan's in the West« ruht.

Der Reformator Martin Luther

(1483 bis 1546)

Hans Mayer

Lutherbilder gibt es viele. Nicht nur Gemälde und künstlerische Darstellungen. Mehr noch die Bilder, die man sich je und je von dieser imposanten Gestalt des 16. Jahrhunderts gemacht hat. Von seinen Zeitgenossen begrüßt und umjubelt als beglückender Bote Gottes, der das Licht des Evangeliums wieder aufleuchten ließ. Und zur gleichen Zeit von anderen angefeindet und gehaßt, zum Ketzer erklärt und verteufelt. Dann wieder hochstilisiert zum Kirchenvater und unanfechtbaren Lehrmeister des deutschen Protestantismus, gefeiert als Nationalheld und Vorkämpfer für deutsche Freiheit und Größe.

Jede Zeit hat ihre Lutherbilder. Und sie häufen sich im Lauf der Zeit so sehr, daß die Frage aufkommt, welches am ehesten zutrifft. Hier kann zwar nicht einfach nach »richtig oder falsch« bewertet werden. Aber es gibt doch sachliche Gegebenheiten, die für ein passendes Lutherbild berücksichtigt sein wollen. Eine solche Gegebenheit, und zwar eine recht entscheidende, ist der Maßstab, den Luther selbst zur Beurteilung seiner Person hervorgehoben hat: »Was ist Luther? Ist doch die Lehre nicht mein. Auch bin ich für niemand gekreuzigt. Laßt uns die parteiischen Namen abschaffen und uns einfach Christen nennen. Denn wir haben doch die Lehre Christi.«

Luther wollte nicht zum herausragenden Kirchengründer oder bahnbrechenden Glaubenshelden aufgebauscht werden. Aber wer ihn als Feind Christi und der Kirche verteufelte, ist ihm auch nicht gerecht geworden. Luther hat von sich weggewiesen, hin auf Christus. Das heißt nicht, daß er als Mensch mit seinen Gaben und Fähigkeiten ebenso wie mit seinen Fehlern und Irrtümern verschwinden wollte hinter einer unpersönlichen, allgemeingültigen Lehre. Jedes Bild des Menschen Luther muß persönliche Züge tragen. Aber ein entscheidender Grundzug muß hervorstechen: die Beziehung zu Christus. Darin hat Martin Luther, der angefochtene Christ und an seiner Glaubensvollkommenheit verzweifelnde Mönch, sich selbst befreiend gefunden. Selbst grundlegend auf Christus bezogen, trat er mit der Botschaft Christi als Kritiker und Lehrer der Kirche an die Öffentlichkeit.

Der Grundstein in Luthers Beziehung zu Christus und seiner Botschaft von ihm ist die Heilige Schrift, unerschütterlich und alles tragend. In der Schrift hat Luther Christus entdeckt. Durch gründliches Lesen, Studieren und Meditieren des Bibelwortes hat er sich bemüht, auf das zu hören, was dasteht. Es kam ihm auf die wirklich christliche Aussage der Bibel an. So hat er eine ausschlaggebende Entdeckung gemacht: daß die Bibel insgesamt als Buch von Christus, dem Retter und Erlöser der Menschen, gelesen und verstanden werden muß. Das klingt ganz selbstverständlich. Aber Luther mußte bei sich selbst und bei anderen feststellen, daß diese Entdeckung in unerbittlichem Widerspruch stand zum üblichen Umgang mit der Bibel. Ohne dies als problematisch zu empfinden, suchte man in der Bibel »nur« die vermeintlich göttliche Begründung für eigene Anschauungen und Meinungen, für kirchliche Anordnungen und Gesetze ebenso wie für die scheinbar frommen Vorstellungen davon, wie es in der Welt nach Gottes Willen zugehen soll. Daß aber die Heilige Schrift vom Menschen nicht vereinnahmt und ausgebeutet werden darf; daß sie vielmehr ihn von sich selbst und seinen Verirrungen wegführen und ihm eine rettende Mitteilung machen will – dieser Sinn der Bibel war in Vergessenheit geraten.

Luther wollte die selbstverständliche Wahrheit der Heiligen Schrift wieder in aller Gedächtnis, ja noch mehr in das Glaubensleben jedes einzelnen und der Kirche insgesamt bringen. Die Wahrheit nämlich, daß die Bibel im Grunde nicht von diesem und jenem handelt, selbst wenn es der Mensch als etwas Göttliches betrachtet, sondern von Christus allein, in dem Gottes Forderung an den Menschen, aber auch seine Verheißung erfüllt wird.

Nachdem Luther diese Entdeckung gemacht hatte, wollte er sie nicht wieder in Vergessenheit geraten lassen. Das hieß für ihn: die Heilige Schrift mit ihrer Christusbotschaft als die einzig gültige Autorität in Fragen des christlichen Glaubens anzuerkennen. Darum hat Luther sich mit Lehren und Anschauungen der Kirche und der Frömmigkeit auseinandergesetzt, die er als Widerspruch zur biblischen Christusbotschaft, als irreführenden Abweg erkannte. In seiner Kritik konzentrierte er sich darauf, wie die Kirche landläufig verstanden wurde. Als eine Institution nämlich, die mit heilsvermittelnder, göttlicher Autorität ausgestattet sei.

Luthers Kritik am vorgefundenen Kirchenverständnis gipfelte in seinem Kampf gegen das Papsttum. In einem detaillierten Lutherbild wären an dieser Stelle viele persönliche Züge zu markieren: Polemik, Schärfe und hartnäckige Unerbittlichkeit zum Beispiel, aber auch Freude an der Ausein-

andersetzung um die Wahrheit und Bereitschaft zum Entgegenkommen, wo ein Ausgleich sinnvoll erschien. Es soll hier genügen, den entscheidenden Grundzug hervorzuheben:
Weder eine von ihm ins Leben gerufene noch eine von der päpstlichen Autorität abhängige Kirche, sondern allein die Kirche Christi wollte Luther, nach dem Zeugnis der Heiligen Schrift, als die wahre und rechte Kirche gelten lassen. Diese Kirche kann nur von der Christusbotschaft und dem unverfälschten Glauben getragen sein. In ihr muß die Heilige Schrift, muß das Wort Gottes als alleinige Autorität gelten. Daß dies auch in der Kirche zur Geltung kommt, darauf wollte Luther hinwirken.
Im April 1521 wurde er zum Reichstag nach Worms vorgeladen. Seit dreieinhalb Jahren lag er im Glaubensstreit mit dem Papst und vielen Theologen. Das Ketzerurteil über ihn war schon ergangen. Doch er sollte auf dem Reichstag seine Position verantworten. Widerrufen konnte er nicht. Der Grund, den er nannte, war deutlich: sein Gewissen, die Ebene, auf der sich für jeden Menschen in letzter Hinsicht Lebenswahrheit entscheidet, hatte in Gottes Wort Halt und unüberwindliche Klarheit gefunden. Wenn er dennoch irren sollte, so wollte er mit vernünftigen Gründen aus der Heiligen Schrift belehrt und widerlegt werden.
Luthers Verantwortung in Worms ist ein Schlüssel dazu, wie er das Glaubensverhältnis zu Gott begriff. Er gab damals zu verstehen: Der christliche Glaube an Gott betrifft jeden einzelnen so unmittelbar, daß hier nichts anderes – sei es selbst die Autorität des Papstes oder die Würde eines Konzils – sich zwischen Gott und Mensch einschalten kann, nichts anderes als das Wort Gottes, das den Glauben begründet. Dieses Wort teilt sich in der Christusbotschaft der Heiligen Schrift mit, verstehbar und einsichtig, und deshalb auch vernünftig zu begründen. Auf das Wort Gottes allein kann der Glaube bezogen sein. Nicht auf Menschen und Heilige, nicht auf die Kirche und ihre Würdenträger. Nur im Wort Gottes findet der Mensch auf der Suche nach Wahrheit, die er zum Leben braucht, gültige Antwort und festen Halt.
Luther hat dafür gestritten, daß der Glaube eines Christen in seiner Beziehung auf das Wort Gottes allein Geltung hat. Er hat damit keineswegs nur seine eigene Position vertreten. Er wollte eine Bahn dafür brechen, daß jeder Christ die notwendige Klarheit seines Glaubens in der Beziehung auf das Wort Gottes gewinnt und Irrglauben und Aberglauben dabei überwindet. Auf dieses Ziel war sein Kampf gegen das Papsttum gerichtet: Kein Christ sollte sich einer menschlichen Autorität unterordnen. Auf dieses Ziel arbeitete er aber auch hin, als er die sogenannte »radikale Reformation«

ablehnte: Kein Christ sollte seinen Glauben zum religiösen Gesetz erheben, mit dem er sich selbstherrlich gegen andere durchsetzt und rücksichtslos über sie hinwegsetzt. Auch an dieser Stelle wäre auf viele persönliche Züge einzugehen. Wieder soll der entscheidende Grundzug genügen:
Seinen Glauben kann nur jeder selbst verantworten. Und er muß es tun in der begründbaren Beziehung auf das Wort Gottes, das den Glauben schafft, ihm vorausgeht und Halt gibt, eingebettet in die Gemeinschaft der Kirche. Davon war Luther tief überzeugt. Dafür hat er gelebt.
Wie ein Pferd mit Scheuklappen, so sagte er einmal im Rückblick, sei er hineingeraten in die Auseinandersetzungen seines Lebens. In den Streit um Ablaß, Buße und Gnade; in den Konflikt mit dem Papsttum und schließlich in das weite Feld der Reform der Kirche und der abendländischen Christenheit – ein Problem, das schon seit über hundert Jahren auf der Tagesordnung war. Luther hatte keinen Plan, kein vorgefertigtes Programm, das er durchsetzen wollte. In seiner bedeutenden Schrift aus dem Jahr 1520 »An den christlichen Adel deutscher Nation von des christlichen Standes Besserung« hat er zwar einen umfassenden Diskussionsbeitrag zur Reformproblematik geliefert. Aber nicht nur die Bauern, gegen deren Aufstand 1524/25 er sich mit wuchtiger Entschiedenheit aussprach, haben es ihm übelgenommen, daß er die Frage nach der Reform der äußeren Lebensverhältnisse nicht in den entscheidenden Vordergrund stellte.
Wenn Martin Luther, der Reformator, etwas konsequent verfolgte, dann war es die Reform des Menschen selbst: die Veränderung und Erneuerung, die allein Gott mit seinem Wort bewerkstelligen kann. Dafür konnte es keinen Plan und kein Programm geben. Es galt allein, sich in den Dienst der Verkündigung und der Lehre des göttlichen Wortes zu stellen. Es galt, die wichtige Unterscheidung vorzunehmen: zwischen der Ordnung und den Lebensbedingungen in dieser Welt, den Fragen von Politik und Wirtschaft, von Erziehung und Moral auf der einen Seite; und der geistlichen Dimension des Lebens, der Frage nach der Wahrheit des Menschen in dieser Welt vor dem Angesicht Gottes auf der anderen Seite.
Luther hat sich auf jenen zweiten Aspekt konzentriert. Nicht weil er die Probleme des alltäglich-weltlichen Lebens und ihre Lösung verachtete und geringschätzte. Er tat es, weil er gewiß war: Es ist um die Probleme dieser Welt in dem Maße besser bestellt, in dem die Frage nach der Lebenswahrheit ihre gültige Antwort findet. Das konnte nur durch die Botschaft von Christus geschehen. Sie erlöst den Menschen von »Sünde, Tod und Teufel«, dieser mächtigen Allianz des Widergöttlichen. Die Christusbotschaft schenkt dem Menschen die geistliche, christliche Freiheit. Und die

befähigt ihn zum Tun der Liebe in den alltäglichen Lebensvollzügen. »Von der Freiheit eines Christenmenschen«, so heißt eine der schönsten und großartigsten Schriften Luthers. Er hat sie 1520 Papst Leo X. gewidmet. Er wollte klarstellen, was gerade seine kritische Position beinhaltet. Die Schrift endet mit den Worten: »Ein Christenmensch lebt nicht in sich selbst. Sondern in Christus. Und in dem Nächsten. In Christus durch den Glauben. Im Nächsten durch die Liebe. Durch den Glauben fährt er über sich hinaus zu Gott. Aus Gott läßt er sich unter sich herab durch die Liebe. Und doch bleibt er immer in Gott und in Gottes Liebe. So sagt Christus: ›Ihr werdet den Himmel offenstehen sehen und die Engel hinauf- und heruntersteigen auf den Sohn des Menschen.‹ Sieh! Das ist die rechte geistliche Freiheit. Sie macht das Herz frei von allen Sünden, Gesetzen und Geboten. Sie übertrifft jede Freiheit, die es sonst gibt, so weit wie der Himmel die Erde.«

Martin Luther

wurde am 10. November 1483 in Eisleben/Thüringen geboren. Vom Vater, einem aufstrebenden Bergmann, zum Jurastudium bestimmt, studierte er seit 1501 in Erfurt. Eine Lebenswende bedeutete der plötzliche Klostereintritt 1505. Luther wurde Mönch, Priester und Theologe. 1512 ernannte man ihn zum Professor für Bibelauslegung in Wittenberg. Das war seine Lebensstellung. Seine biblische Glaubenslehre stellte er der scholastischen Theologie und der kirchlichen Frömmigkeitspraxis (95 Thesen gegen den Ablaß) entgegen. Zum Ketzer erklärt, wurde 1521 beim Wormser Reichstag die Reichsacht über ihn verhängt. Er mußte sich auf der Wartburg verstecken. 1522 nach Wittenberg zurückgekehrt, sorgte er verstärkt für die Reform von Kirche und Leben durch Verkündigung in Wort und Schrift. 1524 legte er die Mönchskutte ab, 1525 heiratete er.

Seine Bibelübersetzung wurde, neben seinem Katechismus, ein epochemachendes, über Jahrhunderte den deutschen Protestantismus prägendes Werk. Den Bauernkrieg 1525 hat er scharf verurteilt. Gegen den Humanisten Erasmus hat er die Alleinwirksamkeit Gottes, gegen den Zürcher Reformator Zwingli die leibliche Gegenwart Christi im Abendmahl verteidigt.

Im steten Glauben an den Hereinbruch des Jüngsten Tages und in der Hoffnung auf Vollendung des Glaubens starb er am 18. Februar 1546.

Der politische Leutpriester Huldrych Zwingli

(1484 bis 1531)

Hans-Joachim Pagel

Im Spätherbst des Jahres 1518 kamen im Stift des Großmünsters in Zürich einige Herren zu einer wichtigen Beratung zusammen. Es waren die Chorherren des Stifts, der politischen Führungsschicht der Stadt zugehörig, verantwortlich für das Kirchenwesen. Sie hatten eine Pfarrstelle neu zu besetzen; nicht irgendeine, sondern die wichtigste im ganzen Kanton Zürich: die des Leutpriesters am Großmünster, der Hauptkirche der Stadt, dessen Aufgabe vor allem darin bestand, als führender »Kopf« durch Predigt und Seelsorge das kirchliche Leben in die richtigen Bahnen zu lenken.

Eine schwierige Aufgabe, denn zu lenken gab es gerade jetzt mehr als genug; die Chorherren fanden nicht zum ersten Mal bittere Worte der Klage über die Mißstände in Stadt und Land, gerade auch über die kirchlichen. Verweltlichung, Sittenverfall, Autoritätsverlust der Geistlichkeit, wohin man blickte: Gab es noch Priester, die vorbildlich lebten? Gab es noch Mönche, die arm waren, wie der heilige Franz es gewollt hatte? Gab es noch Bischöfe, die nicht verschwenderisch Hof hielten wie ein weltlicher Fürst? Es gab sie. Aber die anderen waren in aller Munde. Bischof Hugo von Konstanz zum Beispiel, zu dessen Diözese auch Zürich gehörte. Zwar hatte er durchaus ehrliche Reformabsichten, aber er war schwach; er liebte die Jagd und des Bürgermeisters Gattin ...

Von ihm konnten die Zürcher Stiftsherren keine Unterstützung für ihre reformerischen Bemühungen erwarten. Wohl aber von dem neuen Leutpriester, sofern sie den richtigen Mann fänden. Was er mitbringen sollte, war den beratenden Herren rasch klar: eine gute theologische Bildung, Redegabe und Überzeugungskraft, eine glückliche Hand im Umgang mit Menschen, Festigkeit und Durchsetzungswillen. Und jung genug sollte er sein, um noch etwas erreichen zu wollen. Ebenso rasch fiel auch ein Name: Huldrych Zwingli.

Einige der Herren kannten ihn bereits. Er wirkte seit zwei Jahren als

Leutpriester in Einsiedeln und hatte sich dort durch seine Predigten einen guten Namen gemacht. Er galt als Anhänger des großen Gelehrten Erasmus und hatte viele Freunde unter den reformerisch gesinnten Schweizer Humanisten, denen sich auch einige Chorherren verbunden fühlten. Das empfahl ihn für das Zürcher Amt. Allerdings – man hatte da aus Einsiedeln etwas gehört von einer Affäre, einer Frauengeschichte ... Die Herren des Stifts, lebenserfahrene Männer, wollten auf Gerüchte nichts geben und baten den Kandidaten selbst um Aufklärung. Der gestand – so offen und glaubwürdig Besserung versprechend, daß die Chorherren ihre Bedenken für ausgeräumt erklärten und Zwingli zum Leutpriester am Zürcher Großmünster beriefen. Am 1. Januar 1519, seinem 35. Geburtstag, trat er sein neues Amt an. – Woher kam er?

Huldrych Zwingli entstammte einem freien, selbstbewußten und nicht unbegüterten Bauerngeschlecht der Ostschweiz. Sein Vater war Ammann (eine Art Bürgermeister) in Wildhaus im Hochtal des Toggenburg. Dort wird Ulrich (später nennt er sich lieber Huldrych) am Neujahrstag des Jahres 1484 geboren und wächst zusammen mit neun Geschwistern auf. Zur Schule geht er zunächst bei seinem Onkel, der Pfarrer in Weesen im Kanton Glarus ist, dann in Basel und Bern. An den Universitäten Wien und Basel setzt er seine Ausbildung fort und schließt sie 1506 mit der Magisterprüfung ab.

Im September desselben Jahres läßt er sich zum Priester weihen und übernimmt seine erste Stelle in Glarus. Anders als viele seiner Priesterkollegen bildet er sich in diesen Jahren in intensivem Selbststudium weiter, liest die Scholastiker, die Kirchenväter, lernt Griechisch – »Zurück zu den Quellen« ist das Programm der Humanisten, dem Zwingli sich schon in seinen Studentenjahren angeschlossen hat. Es geht ihm dabei nicht nur um »Bildung«; wenn er die alten Kirchenschriftsteller und – gegen Ende der Glarner Zeit immer aufmerksamer – die Bibel liest, bewegt ihn vor allem die Suche nach verbindlichen Maßstäben für das christliche Leben. Je genauer er die kirchliche Wirklichkeit kennenlernt, desto fragwürdiger wird ihm vieles, desto besser versteht er den Ruf nach Reformen, der überall in der Kirche schon lange zu hören ist und in diesen Jahren immer lauter wird. Aber der Glarner Priester ist noch kein Reformator, sondern ein überzeugter Anhänger Roms. Auch politisch, ebenso wie seine Landsleute. In dem immer wieder einmal aufflackernden Dauerkrieg zwischen den Päpstlichen, den Österreichern und den Franzosen um die Vorherrschaft im Herzogtum Mailand unterstützen sie die römischen Soldaten durch eine schlagkräftige

Söldnertruppe, die Zwingli auf mehreren Feldzügen als Feldgeistlicher begleitet. 1515 allerdings wird er Zeuge der vernichtenden Niederlage seiner Eidgenossen gegen die Franzosen in der Schlacht von Marignano (bei Mailand). Sehr viele Schweizer kommen um.
Ein Schock für manche Eidgenossen. Auch für Zwingli. Wie sie beginnt er sich zu fragen, ob nicht der ganze Söldnerdienst seinem Land eher schadet als nützt (Schweizer Truppen stehen in halb Europa im Dienst ausländischer Heerführer, die dafür an die Eidgenossen hohe »Pensionen« zahlen). Die jungen Leute werden durch Kriegsdienst und Beutesucht demoralisiert, die Pensionenempfänger bestechlich und die Regierungen außenpolitisch abhängig. Dagegen beginnt Zwingli anzugehen und wendet sich zudem von der papstfreundlichen Partei ab. Das bringt ihn in Glarus in Schwierigkeiten, und so gibt er sein Amt dort auf und wird Leutpriester in Mariä Einsiedeln.
Hier setzt er seine Studien fort und konzentriert sich dabei immer mehr auf die Bibel. Er besorgt sich die eben von Erasmus veröffentlichte griechische Ausgabe des Neuen Testaments, schreibt die Paulus-Briefe ab und lernt sie auswendig. Immer klarer erkennt er die Widersprüche zwischen der Gestalt der Kirche, wie sie sich in den vergangenen Jahrhunderten entwickelt hat, und dem Bild, das das Neue Testament von der Kirche zeichnet.
Hier in Einsiedeln kann Zwingli noch darüber nachdenken. In Zürich wird er die praktischen Konsequenzen daraus ziehen.

Schon vor seinem Amtsantritt in Zürich hatte Zwingli den Chorherren einen ersten Reformschritt angekündigt: Er werde nicht über die von der Kirche vorgeschriebenen Texte predigen, sondern seinen Hörern fortlaufend das Matthäus-Evangelium auslegen, vom ersten bis zum letzten Satz. Das tut er auch und läßt eine Auslegung der Apostelgeschichte und einiger Paulus-Briefe folgen. Auf diese Weise bringt er seinen Zürchern die Geschichte des Urchristentums nahe und zeichnet ein Bild der christlichen Gemeinde, wie sie nach dem Neuen Testament aussehen sollte: als Vorbild für die Neugestaltung der Zürcher Gemeinde.
Diese versteht er von Anfang an nicht nur als kirchliche, sondern auch als politische: Eine Trennung von Staat und Kirche gibt es für ihn nicht; das Evangelium soll gestaltendes Prinzip in allen Lebensbereichen sein, in den privaten ebenso wie in den öffentlichen. Zwinglis Ziel ist ein christliches Gemeinwesen, wobei er zunächst nur den Kanton Zürich, später die ganze Eidgenossenschaft im Blick hat.
Behutsam und klug geht Zwingli ans Werk. Zugute kommt ihm, daß er

Freunde hat: unter den Chorherren, bald auch im Rat der Stadt und in Teilen der Geistlichkeit. Zugute kommt ihm auch, daß der Konstanzer Bischof sich herzlich wenig um das kümmert, was in Zürich geschieht; und besonders zugute kommt ihm, daß alle Welt in diesen Jahren nicht auf ihn, sondern auf einen anderen Mann blickt: auf Martin Luther. Zwingli gilt seinen Gegnern als Lutheraner, aber das ist er nicht; er schätzt den Wittenberger, unterstützt ihn zunächst auch und lernt manches von ihm, geht aber seinen eigenen Weg in dem – später betonten – Bewußtsein, seine reformatorischen Einsichten unabhängig von ihm gewonnen zu haben.

Zwinglis Predigten zeigen bald Wirkung. Er lehrt seine Hörer, zwischen menschlichen und göttlichen Geboten zu unterscheiden und diese Unterscheidung auf ihr eigenes Leben anzuwenden; er zeigt ihnen, welche Bestandteile der kirchlichen Überlieferung und der traditionellen Frömmigkeitspraxis biblisch begründbar sind und welche nicht. Er stellt ihnen das einmalige und unwiederholbare, aber für alle Zeiten geltende Erlösungshandeln Gottes durch Jesus Christus vor Augen. Wird dadurch nicht alles menschliche Bemühen, sich durch Frömmigkeitsübungen, Gebetsrituale, Wallfahrten, Heiligenverehrung und was auch immer die göttliche Barmherzigkeit zu erringen, überflüssig? Worauf es allein ankommt, ist, dem Wort Gottes zu gehorchen und nach seinen Geboten zu leben.

Muß man dann noch fasten, wenn »die Kirche« zu fasten befiehlt? Hat dann die Verehrung und Anrufung der Heiligen, ihrer Bilder und Reliquien, noch einen Sinn? Müssen Priester ehelos leben? Ist einer Gott näher, wenn er ins Kloster geht? Nein, sagt Zwingli, das ist Menschenwerk – und findet damit begeisterte Anhänger ebenso wie erbitterte Gegner.

Streit kann da nicht ausbleiben, es kommt zu Unruhen in der Stadt, der Rat sieht sich mehrmals zum Eingreifen genötigt, um die Ruhe wieder herzustellen. Mehrmals lädt er zu öffentlichen Diskussionen über diese Streitfragen ein, an denen auch Vertreter des Bischofs und anderer Schweizer Kantone teilnehmen, in denen Zwinglis Gedanken Gehör gefunden haben. Jedesmal beruft sich Zwingli bei der Verteidigung seiner Ansichten auf die Heilige Schrift als den einzigen verbindlichen Maßstab, und er bleibt Sieger. Die Ratsherren schließen sich mehrheitlich seiner Argumentation an.

So wird in den frühen zwanziger Jahren des 16. Jahrhunderts in Zürich die Messe abgeschafft und durch einen schlichten Predigtgottesdienst ersetzt. Die Fastengebote werden aufgehoben, die Verehrung der Heiligenbilder

wird verboten; endgültig aber erst, nachdem Volksbefragungen vor allem auf dem Land durchgeführt worden sind. Die Menschen sollen überzeugt, nicht überfahren werden – darin sind sich Zwingli und der Rat der Stadt einig. Viele Nonnen und Mönche verlassen die Klöster, die dann verstaatlicht werden; viele Priester heiraten – wie auch Zwingli, der schon drei Jahre nach seinem Amtsantritt als Großmünster-Prediger die Witwe Anna Reinhardt ehelicht.
Das gesamte kirchliche Leben wird so »reformiert«. Ein wichtiges Instrument dabei ist die »Prophezei«, die Zwingli zusammen mit seinem Kollegen und Studienfreund aus Basler Tagen Leo Jud (er ist Leutpriester am Fraumünster in Zürich) ins Leben ruft. Das ist eine Bibelschule für Erwachsene, vor allem für die wenig gebildeten Priester gedacht, aber jedermann offenstehend. Hier werden die Schriften des Alten und Neuen Testaments übersetzt und erklärt – daraus geht die Zürcher Bibel hervor, eine Übersetzung der Bibel ins (Schweizer-)Deutsche, die noch vor der Luther-Bibel abgeschlossen wird. – Von dieser Erwachsenenbildungsarbeit gehen wichtige Impulse aus, weit über die Grenzen Zürichs hinaus.

Längst hat Zwingli Bundesgenossen in anderen Schweizer Kantonen, unterhält er enge Beziehungen zu den süddeutschen Reformatoren in den Reichsstädten und übt mit seinen Schriften großen Einfluß aus. St. Gallen, Schaffhausen, Basel und Bern werden nur wenige Jahre nach Zürich evangelisch. Andere Schweizer aber widersetzen sich dieser Entwicklung, vor allem in der Innerschweiz. Das führt zu wachsenden Spannungen innerhalb der Eidgenossenschaft.
Zwingli schwebt aber eine reformierte Gesamtschweiz vor, er will die religiöse Erneuerung auch umsetzen in ein politisches Einigungswerk. Doch er unterschätzt die Konservativen, die die evangelische Predigt in ihren Bereichen nicht freigeben wollen. Die Schweiz spaltet sich in ein evangelisches und ein katholisches Lager.
Im Verlauf der Auseinandersetzungen erklärt der Zürcher Stadtrat schließlich den katholischen Kantonen den Krieg. Zwei Heere werden aufgestellt und treffen in Kappel aufeinander. Es kommt jedoch zu keiner Schlacht, die Vernunft siegt, ein Kompromiß wird zwischen den Politikern geschlossen. Zwei Jahre später jedoch treffen sich wieder zwei Heere bei Kappel, und diesmal kommt es zum Kampf. Zwingli nimmt an der Schlacht teil, die eher unentschieden endet – und er fällt. Die Gegner finden seine Leiche und rächen sich zeitgemäß: Sie lassen den Toten vierteilen, verbrennen ihn und streuen seine Asche in einen Fluß.

Aber eine Wende ist das nicht. In Zürich setzt der Zwingli-Schüler Heinrich Bullinger das Werk seines Meisters fort, politisch vorsichtiger, aber durchaus in dessen Geist. Theologisch greift ein anderer die Sache Zwinglis auf und führt sie weiter: Johannes Calvin.

Huldrych Zwingli

wurde am 1. Januar 1484 in Wildhaus (Toggenburg) als Sohn eines Bauern geboren. Nach der humanistisch geprägten Schulzeit studierte er von 1498 bis 1506 in Wien und Basel und wurde 1506 zum Priester geweiht. Bis 1516 versah er dieses Amt in Glarus, war dann zwei Jahre Leutpriester in Einsiedeln und wurde 1519 als Prediger und Seelsorger an das Großmünster in Zürich berufen. Im selben Jahr erkrankte er schwer an der Pest – eine Lebenskrise, die sein theologisches Denken entscheidend vertiefte. Intensives Bibelstudium führte ihn zu reformatorischen Einsichten, die er in vielen Schriften weiterentwickelte (Hauptwerke: »Von Klarheit und Gewißheit des Wortes Gottes«, 1522; »Von göttlicher und menschlicher Gerechtigkeit«, 1523; »Über wahre und falsche Religion«, 1525). 1522 heiratete er. 1523 brachte die erste Zürcher Disputation den Durchbruch der Reformation in der Stadt. In den folgenden Jahren wurde Zwingli zum wichtigsten theologischen und politischen Berater der Kantonsregierung und gestaltete das ganze Kirchenwesen von Grund auf neu (1528 Zürcher Kirchenordnung). Er starb am 11. Oktober 1531 in der Schlacht bei Kappel.

Der Meister des geistlichen Lebens Ignatius von Loyola

(1491 bis 1556)

Paul Imhof

Im Jahr 1492 segelte Kolumbus mit drei Schiffen von Barcelona aus im Auftrag der Königin Isabella von Kastilien nach Westen. Er sollte einen neuen Seeweg nach Indien auskundschaften – und entdeckte dabei Amerika. Eine neue Welt tat sich auf. Es war eine Zeit des Aufbruchs. Für Abenteurer und kühne Haudegen kamen herrliche Zeiten.
Im Nordosten Spaniens, im Baskenland, wurde um diese Zeit (1491) Iñigo López de Loyola geboren. In einer kriegerischen, altadeligen Familie wuchs er auf. Wie alle Kinder seines Standes sollte er nicht nur im eigenen Schloß erzogen werden. So kam er zunächst zum königlichen Großschatzmeister nach Arévalo, später zum Herzog von Nájera, dem Vizekönig von Navarra; auch am Königshof in Valladolid finden wir ihn.
Der Page Iñigo war kein Musterknabe. Er widmete sich dem Glücksspiel und pflegte nicht gerade lautere Beziehungen mit Frauen. Von sich selbst schreibt er in seiner Autobiographie, einer Lehrerzählung: »Bis zum Alter von sechsundzwanzig Jahren war er den Eitelkeiten der Welt ergeben, und hauptsächlich fand er aus einem unbändigen und eitlen Verlangen, sich Ruhm zu gewinnen, sein Gefallen in Waffenübungen.«

Am Pfingstmontag 1521 nahm sein bisheriges Leben eine jähe Wende. Gegen eine Übermacht von Franzosen verteidigte Iñigo mit einigen Soldaten die Festung Pamplona. Ein Kanonenschuß zerschmetterte sein Bein und beendete seinen Traum von einer weltlichen Karriere. In einem qualvollen Marsch quer durch das Gebirge wurde er in sein Heimatschloß gebracht. Hier auf dem Krankenlager in Loyola wird Iñigo ein anderer Mensch. Er macht innere Erfahrungen, die ihm zu denken geben: »Wenn er sich mit weltlichen Gedanken beschäftigte, hatte er zwar großen Gefallen daran; wenn er aber dann, müde geworden, davon abließ, fand er sich wie ausgetrocknet und mißgestimmt. Wenn er jedoch daran dachte, barfuß nach Jerusalem zu gehen und nur noch wilde Kräuter zu essen und alle andern Kasteiungen auf sich zu nehmen, die, wie er las, die Heiligen auf sich genommen hatten, da erfüllte ihn nicht bloß Trost, solange er sich in solchen Gedanken erging, sondern er blieb zufrieden und froh, auch nachdem er von ihnen abgelassen hatte.«

Wie die Wüste einen Asketen, so läuterte die Einsamkeit des Krankenlagers den Verwundeten. Er machte seine ersten geistlichen Erfahrungen. Nicht nur Tröstliches widerfuhr ihm, sondern auch viel Verwirrendes und Erschreckendes brach in seiner Seele auf. Iñigo lernte die verschiedenen psychischen Zustände zu unterscheiden und zu werten: »Ich nenne es ›Tröstung‹, wenn in der Seele irgendeine innere Regung verursacht wird, mit welcher die Seele dazu gelangt, in ihrer Liebe zu ihrem Schöpfer und Herrn zu entbrennen ... Ich nenne ›Trostlosigkeit‹ etwas wie Dunkelheit der Seele, Verwirrung in ihr, Regung zu den niedrigen und irdischen Dingen, Unruhe von verschiedenen Bewegungen und Versuchungen, die zu Unglauben bewegen, ohne Hoffnung, ohne Liebe, wobei sich die Seele ganz träge, lau, traurig und wie von ihrem Schöpfer getrennt findet ...«

In seiner Psyche war ihm ein wesentliches Moment der für ihn später typischen Spiritualität aufgegangen: die »Unterscheidung der Geister«. Trost und Trostlosigkeit waren für ihn Wirklichkeiten geworden, mittels derer er den Willen Gottes für sein Leben erspüren konnte.

Hier auf dem Krankenlager in Loyola fängt seine Bekehrung an. Aufgrund der Gnade Gottes beginnt ein Neuanfang. Der Geist Gottes handelt in ihm. Dem Kranken geht allmählich auf: Gott ist Heiliger Geist. Seine Wirkungen werden anfänglich erfahrene Wirklichkeit in der Seele des späteren Heiligen. Ohne je Pneumatologie (Lehre vom Heiligen Geist) studiert zu haben, begreift er, was mit ihm geschieht. Als Gottesmann möchte er von nun an leben.

Nach einem schmerzhaften Heilungsprozeß zog Iñigo von seinem Heimatschloß fort. Das alte Bergkloster Montserrat bei Barcelona war sein Ziel. Mit einer Lebensbeichte wollte er seinen Neuanfang besiegeln. Es sollte gleichsam ein Schlußstrich gezogen werden unter sein bisheriges Leben. Bei einem Benediktinermönch gab er seine alte, mißlungene Geschichte ab und erhielt das Vergebungswort der Kirche. Im Namen Jesu wurde er losgesprochen von seinen Sünden. Bald danach wird er in der Nähe des Bergklosters, bei Manresa, eine besondere Gnadenstunde erleben (1522). In seiner Autobiographie, dem »Bericht des Pilgers«, lesen wir dazu:

»Einmal führte ihn seine Andacht zu einer Kirche, die etwas mehr als eine Meile von Manresa entfernt war und – wie ich glaube – den Namen des heiligen Paulus trug. Der Weg dorthin führte den Fluß entlang. In Andacht versunken, ging er so dahin und setzte sich eine kleine Weile nieder mit dem Blick auf den Fluß, der tief unten dahinfloß. Wie er nun so dasaß, begannen die Augen seines Verstandes sich ihm zu eröffnen. Nicht als ob er irgendeine Erscheinung gesehen hätte, sondern es wurde ihm das Verständnis und die Erkenntnis vieler Dinge über das geistliche Leben wie auch über die Wahrheiten des Glaubens und über das menschliche Wissen geschenkt. Dies war von einer so großen Erleuchtung begleitet, daß ihm alles in neuem Licht erschien. Was er damals erkannte, läßt sich nicht in Einzelheiten darstellen, obgleich es deren sehr viele waren. Nur daß er eine große Klarheit in seinem Verstand empfing . . . Dieses Ereignis war so nachdrücklich, daß sein Geist wie ganz erleuchtet blieb. Und es war ihm, als sei er ein anderer Mensch geworden und habe einen anderen Verstand erhalten, als er früher besaß.«

Von diesem Zeitpunkt an war für Ignatius die Wirklichkeit Gottes unbezweifelbar, hatte er doch an sich selbst die Gegenwart Gottes erfahren. Gott war ihm zum Gegenüber geworden. Gott, das wahre Licht, hatte Iñigo erleuchtet. Von Gott selbst, der ewig schöpferischen Liebe, wußte er sich von nun an ins Dasein gerufen – Gott ist Vater. Iñigo hatte sich Theologie (Lehre von Gott dem Einen) nicht als wissenschaftliche Disziplin angeeignet, sondern die unmittelbare Gegenwart des göttlichen Lichtes erlebt.

Gewiß, über Gott kann man nicht sprechen, als gäbe es einen Standpunkt, von dem aus jemand Gott und die Welt überblicken könnte. Was jedoch möglich ist: aus der Beziehung zu Gott heraus, der sich heilsgeschichtlich unumkehrbar in Jesus Christus geoffenbart hat, zu erzählen und zu verkünden. Genau dies wird Ignatius aufgrund seines Erleuchtungserlebnisses intensiv tun.

1523 unternahm er eine Pilgerfahrt ins Heilige Land. In großer Ergriffenheit sah und berührte er die Orte, die besonders auf seinen Herrn und Erlöser Jesus Christus verweisen. Die Unmittelbarkeit zum Leben Jesu, die er an den heiligen Stätten verspürte, war ihm Anlaß zu großer innerer Freude. Doch dann studierte er in Paris noch gründlich Philosophie und Theologie, um so besser »den Seelen zu helfen«, wie eines seiner Lieblingsworte lautete. Das Heil der Mitmenschen lag ihm am Herzen. Als Priester glaubte er ihnen besonders gut dienen zu können; so ließ er sich 1537 in Venedig weihen.

Von Venedig zog Ignatius mit einem Teil seines Freundeskreises, der sich während der Studienzeit in Paris (1528 bis 1535) gebildet hatte, nach Rom.

Aus diesen ersten Gefährten entsteht später der Jesuitenorden (1540). Unterwegs, kurz vor Rom, bei der kleinen Kirche von La Storta hatte Ignatius eine Vision. Sie sollte für sein Selbstverständnis und seine Christologie (Lehre von Jesus Christus) prägend sein. »Als er eines Tages vor der Ankunft in Rom in einer Kirche weilte und dort betete, hat er eine solche Umwandlung in seiner Seele verspürt und so deutlich eine Schau gehabt, wie Gott der Vater ihn Christus Seinem Sohn zugesellte, daß er daran überhaupt nicht mehr zu zweifeln wagen konnte, Gott der Vater habe ihn Seinem Sohn zugesellt.«
Seit La Storta (1537) nennt Ignatius Jesus Christus »göttliche Majestät und gekreuzigten Schöpfer«. Seine Vision hatte eine existentielle Vorgeschichte.
Jahrelang hatte Ignatius geistliche Übungen, die Exerzitien, an sich selbst ausprobiert und andere dabei begleitet. In einer solchen, meist dreißigtägigen Zeit der Stille und des Gebetes wird über das Leben Jesu in vielen einzelnen Betrachtungen meditiert. Während solcher Tage soll in besonderer Weise der Wille Gottes für das eigene Leben erkannt werden. Heilsereignisse aus dem Neuen Testament bilden den roten Faden der Exerzitien, angefangen von der Geburt Christi über sein öffentliches Auftreten bis hin zu Kreuz und Auferstehung. Die Bedeutung des Messias für den Menschen soll im Glauben erfaßt werden.
In der Perspektive der Exerzitien war die Vision von La Storta der erlebnismäßige Höhepunkt der neutestamentlichen Betrachtungen, ohne die man sich das geistliche Leben des Ignatius nicht vorstellen kann. In La Storta kommen seine existentiell erlebte Pneumatologie, Theologie und Christologie überein. Hier vollendet sich seine trinitarische Mystik.

Rom wurde die Stadt, in der Ignatius den Rest seines Lebens verbrachte. Seine ganze Zeit und Energie gehörte vor allem den Menschen in Rom. Er predigte, zelebrierte und kümmerte sich um die Armen; allen, die am Rand der Gesellschaft lebten, galt seine besondere Sorge.
Hier in Rom traf sich der Freundeskreis, der sich um Ignatius während seiner Studienzeit in Paris gebildet hatte, größtenteils wieder. Schon 1534 hatten sie auf dem Montmartre Armut, Keuschheit und eine Wallfahrt nach Jerusalem versprochen. Falls diese Wallfahrt nicht möglich sein sollte – und sie kam nie zustande –, wollten sie sich unmittelbar dem Papst, dem sie die größte Übersicht über die Nöte der Christenheit zutrauten, zur Verfügung stellen. In Rom nun taten sie dies. Aber darüber hinaus kamen die Gefährten nach langen Beratungen und Gebeten zu dem sorgfältig erwoge-

nen Ergebnis, gegenüber einem von ihnen die Gehorsamsgelübde abzulegen und einen Orden zu gründen. Am 27. September 1540 ließ Papst Paul III. (1534 bis 1549) die Gründungsurkunde des Jesuitenordens, die Bulle »Regimini Militantis Ecclesiae«, ausfertigen. Am 2. April 1541 fand die Wahl des Generaloberen der »Societas Jesu« statt. Alle wählten Ignatius.

Des öfteren war Ignatius im Lauf seines Lebens mit der Inquisition, dem Ketzergericht, konfrontiert worden. Zum ersten Mal im Jahr 1526 in Alcalá. Es sollte nicht das letzte Mal sein. Auch in Rom wurde er angeklagt. Aber er resignierte nicht, sondern hielt zur Kirche und arbeitete an ihrer Reform mit, obwohl seine Kirchlichkeit und Rechtgläubigkeit immer wieder bezweifelt wurden. Erst nach mehreren Jahren in Rom hatte er Ruhe. Bald gab es in den kirchlichen Kreisen Roms kaum eine bekanntere Persönlichkeit als Ignatius. Päpste und Kardinäle suchten seinen Rat. Denn Ignatius war ja zutiefst ein Mann der Kirche – bei seiner Marienfrömmigkeit (Maria als Urbild der Kirche!) eine Selbstverständlichkeit!

Das hauptsächliche Instrument seines Apostolats waren die geistlichen Übungen, die Exerzitien. Fünf Jahre vor seinem Tod veröffentlichte Ignatius die Grundmeditationen und Hauptgedanken als Buch. Der in diesem Buch und in den Exerzitanden gegenwärtige Geist hat in den folgenden Jahrhunderten eine der größten geistig-geistlichen Bewegungen geweckt. Die Wahrheit und Kraft dieses Buches, das als wertvollstes

Ignatius von Loyola,

mit vollem spanischen Namen Iñigo López de Oñaz y Loyola, wurde im Jahr 1491 in seinem Heimatschloß geboren. Bei der Verteidigung von Pamplona (1521) traf den baskischen Edelmann eine Kanonenkugel. Nach seiner Genesung und Bekehrung studierte er von 1528 bis 1535 in Paris. 1537 wurde er in Venedig zum Priester geweiht. Mit Gleichgesinnten gründete er 1539 den Jesuitenorden. Fünf Jahre vor seinem Tod veröffentlichte er das Exerzitienbuch, geistliche Übungen zur Findung des Willens Gottes für das eigene Leben. Tausende von Briefen des Heiligen, eine kurze Autobiographie (»Bericht des Pilgers«) und Reste seines Tagebuchs sind uns erhalten. Am 31. Juli 1556 starb Ignatius, wie er sich seit seiner Studienzeit in Paris nannte. Durch Papst Gregor XV. wurde er 1622 heiliggesprochen.

Vermächtnis des Ignatius gilt, erschließt sich kaum einem bloß registrierenden Leser, dem Exerzitanden jedoch weitgehend.
Ohne die Sterbesakramente empfangen zu haben, starb Ignatius in den frühen Morgenstunden des 31. Juli 1556 – allein. Ein Mitbruder hörte ihn einige Zeit zuvor noch beten: Ay Dios (Mein Gott). Auf Gott hin und von ihm her wollte er für die Menschen dasein. Gott bleibt der immer Größere. »DEUS semper maior«, so lautet die Devise der Gesellschaft Jesu. Ignatius war ihr Mitbegründer und geistiger Vater. Als »Stifter« der Exerzitien ist er bis zum heutigen Tag der geistliche Vater unzählbar vieler Gläubigen, denen er geholfen hat, eine neue Ausrichtung ihres Lebens auf Christus hin zu finden.

Der Kämpfer für die Einheit Philipp Melanchthon

(1497 bis 1560)

Hans Mayer

»Praeceptor Germaniae – Lehrmeister der Deutschen« – mit diesem Titel wurde Philipp Melanchthon bereits im 16. Jahrhundert geehrt. Doch der Titel gilt keinesfalls einem herausragenden Pädagogen im allgemeinen. Erziehung des Menschen hin zu Gott, Bildung von Verstand und Herz im christlichen Glauben, darin wollte Melanchthon Lehrmeister sein.

Hochbegabt und gelehrsam, hatte er sich schon in jungen Jahren einen Namen gemacht. Mit knapp siebzehn Jahren erreichte er an der Universität Tübingen den Grad eines Magister artium, den Rang eines Dozenten für die allgemeinbildenden philosophischen Fächer in der mittelalterlichen Universität. Im Geist des Humanismus legte er den Schwerpunkt seines Schaffens auf die klassischen Sprachen Griechisch und Latein. Doch Melanchthon war vom Humanismus nicht nur geprägt; aktiv und tonangebend wirkte er selbst für die Durchsetzung humanistischer Ziele. Im Gegensatz zu den verhärteten Standpunkten und verkrusteten Positionen der herrschenden Kirchenlehre sollte das geistige Leben eine grundlegende Erneuerung erfahren.

Die Weisheit der Antike war der Brunnen, aus dem man das frische Wasser schöpfte. Und aus diesem Brunnen strömte, nach der Vorstellung der Humanisten, auch ein erneuerter Glaube: die wahre Lehre des ursprünglichen Christentums, noch nicht getrübt und verfälscht von kirchlicher Selbstherrlichkeit, gelehrter Erstarrung und abergläubischer Religiosität. Erasmus von Rotterdam, der Fürst der Humanisten, ließ das Neue Testament in einer griechischen Urfassung drucken. Er propagierte eine Frömmigkeit, die sich ganz am Gesetz Christi orientierte. Zu ihm gewann schon der junge Melanchthon eine freundschaftliche Beziehung. Diese Freundschaft währte ein Leben. Zeitweise war sie jedoch auch starken Spannungen und Belastungen ausgesetzt.

Es ging um die Frage, wie sich Humanismus und christlicher Glaube, Erziehung und Frömmigkeit, menschliche Bildung und göttliche Gnade

zueinander verhalten. Gibt es hier ein echtes, sachbedingtes Ineinander und Miteinander? – So die Position des Erasmus. Oder stehen das humanistische Hoffen auf das Gute im Menschen und der christliche Glaube an Gottes Allmacht und Güte in einem unüberbrückbaren Gegensatz?
Die Beschäftigung mit dieser Frage sollte Melanchthons Lebensaufgabe sein. Sie stellte ihn hinein in das Spannungsfeld zwischen Erasmus, dem Humanisten, und Martin Luther, dem Verfechter der Alleinwirksamkeit Gottes in Gnade und Glaube.
Im Jahr 1518, einundzwanzigjährig, wurde Melanchthon auf eine neugeschaffene Stelle als Professor für griechische Sprache und Bildung an die Universität Wittenberg berufen. Zum Amtsantritt hielt er eine programmatische Vorlesung. Er forderte eine Studienreform auf der Grundlage des christlichen Humanismus. Er stieß damit in Wittenberg keineswegs auf Ablehnung. Doch sollte er bald feststellen, daß die Reformvorstellungen in Wittenberg von einem anderen Geist geprägt waren.
Es war nicht der Geist des Humanismus, der das Miteinander von Bildung und Glaube, das Zusammenwirken des frommen, strebsamen menschlichen Geistes und der mithelfenden göttlichen Gnade als Erfüllung des Christseins anstrebte. In Martin Luther begegnete Melanchthon in Wittenberg einem Theologen ganz anderer Prägung. Luther hatte aus der Bibel gelernt, daß der Mensch vor Gott völlig als Sünder dasteht. Darin sah er auch eine Grenze aller Erziehung und Bildung. Die Rettung des Menschen, sein Heil, durfte nicht als eine Sache des menschlichen Wollens und Könnens beschrieben werden. Hier konnten allein Gnade und Glaube gelten, geschenkt durch Jesus Christus.
Melanchthon konnte sich der biblisch-reformatorischen Erkenntnis nicht verschließen. Zu Luther fand er rasch ein enges, freundschaftliches Verhältnis. Zwar kam es nicht dazu, daß er seine humanistischen Vorstellungen radikal hinter sich ließ. Auch die Wittenberger Gelehrten schätzten den Humanismus, weil er am festgefahrenen Lehrbetrieb der mittelalterlichen Kirchenlehre vorbei auf die Bibel und die Ursprünge des Christentums zurückgriff. Aber es kam für Melanchthon doch zu einer deutlichen Akzentverschiebung in der Bewertung des Verhältnisses von Antike und Christentum, von Bildung und Glaube.
Über seinen beruflichen Auftrag hinaus hielt er in Wittenberg theologische Vorlesungen. Er legte biblische Schriften aus. Eine unvergleichliche Rolle spielte dabei der Römerbrief des Paulus. Aus dieser Beschäftigung ist Melanchthons epochemachendes Werk hervorgegangen: die »Loci theologici«, eine systematische Zusammenstellung der Glaubenslehre, der theo-

logischen Themen, die nach reformatorischem Verständnis entscheidend sind. Da wird vom Menschen und seinem Sündersein, vom fordernden Gesetz und vom rettenden Evangelium gesprochen, von Gnade, Rechtfertigung, Glaube und Liebe.

Melanchthon hatte sich in Wittenberg verändert. Das konnte und sollte nicht verborgen bleiben. In den Auseinandersetzungen um Luther ergriff er öffentlich für ihn Partei. Als die Theologen der angesehenen Pariser Universität Luthers Lehre verurteilten, hielt Melanchthon ihnen entgegen: »Wenn das ausreicht, mit Aristoteles Irrtümer in der Lehre der Kirche zu beseitigen, warum schafft ihr dann nicht die Heilige Schrift ab; warum beten wir dann nicht Aristoteles anstelle von Christus an?«

Die Parteinahme Melanchthons für Luther war eine Parteinahme für die Botschaft der Heiligen Schrift. In Fragen des Glaubens, der Kirche und des Heils hatte selbst der größte Philosoph der Antike keine Autorität. Hier galt allein Jesus Christus, von der Bibel als Retter des Menschen verkündet. Ihn zu erkennen, an ihn zu glauben und von ihm zu lehren, das war das Entscheidende. Melanchthon, der Humanist, hatte in Wittenberg zwischen Antike und Christentum, zwischen Philosophie und Theologie, Bildung und Glaube unterscheiden gelernt.

Ganz stark hob Melanchthon in den ersten Jahren seiner Wittenberger Zeit den Glauben allein hervor. In den kommenden Jahren gewann das humanistische Erbe wieder stärker an Bedeutung. Darin erkannte Melanchthon jedoch keinen Verrat an der reformatorisch-biblischen Position. Die Pflicht des Menschen zur verantwortlichen Lebensgestaltung, seine Fähigkeit zur Vernunfterkenntnis und die große Aufgabe der Bewährung des Glaubens in einem Handeln, das dem Gesetz entspricht: diese wichtigen Erziehungsziele durften nicht verblassen oder verschwinden hinter der Verkündigung des Heils, hinter dem Überschwang der Freude und der Freiheit im Heiligen Geist. Melanchthon brachte das humanistische Anliegen und die evangelische Botschaft zusammen. Er verband die Betonung der Verantwortung und Bildung des Menschen mit dem Glauben an die Rettung allein durch Christus. Wie konnte das aussehen?

Christsein ist für Melanchthon die Erfüllung des göttlichen Willens. Gerade der Christ, der sich dankbar im Glauben gerettet weiß, ist derjenige, der mit den natürlichen Gaben und Fähigkeiten des Menschen, aus Gottes Hand empfangen, recht umzugehen lernt. Darum mühen sich auch die Philosophen. Doch weil sie Sünde und Rettung durch Christus verkennen oder mißachten, bleiben sie hinter der Wahrheit zurück. Den Weg der wahren Bildung beschreitet der Christ. Er ist aus Glauben bereit und fähig, sich von Gott erziehen zu lassen zu vollkommener Frömmigkeit: zur Rechtschaffenheit des Herzens, die sich im rechtschaffenen Handeln in der Welt ausweist.

Melanchthon brachte seine Position in den Aufbau der evangelischen Kirche und den Ausbau des deutschen Protestantismus im 16. Jahrhundert ein. In unzähligen Verhandlungen, in einer Flut von Gutachten und Stellungnahmen wirkte er als Beauftragter des sächsischen Kurfürsten. Er, der Weltverantwortung und Glaubensbewußtsein so ausgeprägt in seiner Person vereinte, mußte für diese Aufgabe der geeignete Mann sein.

Die Verantwortung des Christen, die er lehrte, bestimmte auch sein Leben. Doch sie lastete oft schwer auf ihm. So schwer, daß in den Augen seines Freundes Luther darunter das Wichtigere zusammenbrach. Als er während des bedeutenden Augsburger Reichstages 1530 über den Ausgang der Verhandlungen tief verunsichert war – es ging ja um die Verteidigung der evangelischen Lehre, aber gleichzeitig um die Einheit der Kirche, um Krieg und Frieden im Reich –, da mußte er sich von Luther mitteilen lassen: »Es foltert dich, daß du Ende und Ausgang dieser Sache nicht verstandesmäßig erfassen kannst. Das liegt daran, daß Gott ihr einen so schlichten Platz zugewiesen hat, der weder in deiner Rhetorik noch in deiner Philosophie vorkommt. Das ist der Glaube.«

Melanchthon hatte beim Reichstag 1530 nicht die getroste Zuversicht, die Luther ihm kritisch nahelegte. Aber er arbeitete für diesen Reichstag ein Dokument aus, das sehr bald schon zu einem der grundlegenden Bekenntnisse der evangelischen Kirche werden sollte. Durch seinen Charakter ist es aber für die Kirche insgesamt, für die Frage nach ihrer Einheit von Bedeutung.

Im »Augsburger Bekenntnis« stellte Melanchthon einerseits gemeinsame Grundpositionen der christlichen Lehre dar, wie sie sich aus der Heiligen Schrift und der altkirchlichen Überlieferung ergeben: den katholischen, das heißt allgemeinen christlichen Glauben. Andererseits listet er die Mißbräuche und kritischen Punkte im Leben der Kirche auf, um deren Reform die evangelischen Theologen im 16. Jahrhundert gekämpft haben: Ehelosigkeit der Priester, Gestaltung und Verständnis des Gottesdienstes, Beichte, Fasten, Mönchsgelübde, Autorität und Macht der Bischöfe.

Mit dem »Augsburger Bekenntnis« hat Melanchthon zu verstehen gegeben, worauf es ihm, dem humanistisch geprägten Protestanten, ankam: die Einheit der abendländischen Kirche zu bewahren, sich in der Grundüberzeugung des christlichen Glaubens zu verständigen und über die Probleme der Kirchenreform miteinander zu verhandeln. Diese Linie hat er weiter verfolgt, wo er in den Fragen der Kirchenpolitik zur Verantwortung gerufen war. Entschiedene Lutheraner haben ihn, besonders als er nach Luthers Tod eine führende Rolle spielen sollte, hart attackiert. Zu große Verständigungsbereitschaft, übermäßige Betonung der menschlichen Verantwortung, Verrat am Bekenntnis zum Glauben und zur Gnade allein – das waren die Vorwürfe, mit denen sich Melanchthon bis zu seinem Lebensende herumschlagen mußte.

»Von der Sünde wirst du erlöst, von den Sorgen und der Wut der Theologen befreit.« Diesen Satz schrieb Melanchthon vor seinem Tod nieder. Das hoffnungsvolle Eingeständnis eigener Unvollkommenheit lag dem großen Gelehrten am Herzen. Aber auch die Zuversicht, eine mühselige Last loszuwerden. Kein pessimistischer Rückblick eines enttäuschten »Lehrmeisters«. Dagegen freudige Erwartung auf vollendete Erkenntnis, allerdings im Glauben – wie es in jenem letzten Satz weiter heißt: »Du kommst zum Licht. Du wirst Gott und seinen Sohn schauen. Du wirst die wunderbaren Geheimnisse erkennen, die du in diesem Leben nicht begreifen konntest – warum wir gerade so geschaffen sind und nicht anders, und was es damit auf sich hat, daß wir Christus als Gott und Mensch zugleich bekennen.«

Philipp Melanchthon,

mit dem deutschen Namen Schwartzerdt, wurde am 16. Februar 1497 in Bretten/Baden geboren. Nach dem Tod des Vaters 1508 siedelte die Familie nach Pforzheim über.

1509 begann er sein Studium an der Universität Heidelberg und setzte es 1512 in Tübingen fort. 1518 wurde er als Professor für Griechisch an die Universität Wittenberg berufen, wo er bis zu seinem Tod am 19. April 1560 wirkte. Er verfaßte pädagogische und philosophische sowie theologische Schriften und Bibelauslegungen.

Von der radikalen Reformation, dem Bauernaufstand 1525 und den Wiedertäufern hat er sich scharf abgegrenzt. Dagegen suchte er, offen gegenüber Fürsten, Bischöfen, Papst und Kaiser, die Reform der Christenheit in der einen Kirche zu fördern. In Kursachsen hat er maßgeblich an der Kirchenreform mitgewirkt (»Unterricht der Visitatoren« 1528), auf Reichstagen und Religionsgesprächen den protestantischen Standpunkt in die Verhandlungen eingebracht (»Augsburger Bekenntnis« 1530, Schmalkaldischer Bundestag 1537, Wormser und Regensburger Religionsgespräch 1540/41, »Sächsisches Bekenntnis«, 1552 ausgearbeitet für das Konzil in Trient).

Der Apostel Asiens
Franz Xaver

(1506 bis 1552)

Dieter Böhler

Am Horizont versinkt der Feuerball der Sonne. Der Ozean glüht. Ganz hinten ist als dunkler Streifen das Festland erkennbar. Das Meer ist ruhig, kein Schiff ist zu sehen. Wieder nichts! Wieder wird es dunkel und kühl auf Sanzian, und kein Schiff ist gekommen, um ihn hinüberzubringen, hinüber nach China. Einsam steht er am Strand. Die Sonne ist verschwunden, und er beginnt zu frieren. Wird das Projekt scheitern? Enttäuscht setzt er sich in den Sand. Seine Gedanken gehen zurück: nach Japan, Indien, Paris ...

Es war eine bewegte Zeit. Der Blick hatte sich über Europas Grenzen hinaus geweitet. 1492 war Amerika entdeckt worden; kurz darauf hatte Vasco da Gama den Seeweg um Afrika nach Indien gefunden. Die Kirche in Europa litt am Vorabend der Reformation an innerem Zerfall. Es gab aber auch echte Frömmigkeit, etwa in der baskischen Adelsfamilie Xaver.

Als jüngstes der sechs Kinder wurde hier Franz in der Karwoche 1506 geboren. Seine Verehrung für den Gekreuzigten sollte freilich erst später hell zu Tage treten. Als junger Mann hatte Franz Xaver noch ganz andere Pläne: Er wollte Karriere machen. Sein Vater war in der Regierung, ein Onkel Theologieprofessor. Der gleiche Ehrgeiz bewegte nun ihn, die bedeutendste Universität seiner Zeit in Paris zu besuchen. Mit einem Doktortitel von dort würde er zu Hause leicht ein hohes Amt in Staat oder Kirche erhalten.

Im Herbst 1525 kam er in der französischen Hauptstadt an und zog in ein Studienkolleg ein. Hier führte Franz ein leichtsinniges Studentenleben, bis nach vier Jahren ein Neuer in die Stube einzog – ein Baske wie er. Franz betrachtete ihn spöttisch – nicht nur, weil er etwas hinkte, sondern auch weil er mit seinen über dreißig Jahren doch recht alt war für einen Studenten. Außerdem war er wohl ziemlich fromm; und ein Karrieretyp wie Franz hatte für bescheidene Frömmigkeit nicht sehr viel Sinn. Viel lieber zog er nachts mit den anderen durch die Kneipen der Stadt und prahlte mit seiner großen Zukunft. Aber im nachhinein dachte er oft: »Es ödet mich an! Es ist ja doch alles leer und sinnlos. Von den Zechkumpanen ist jetzt auch keiner hier. Echte Lebensfragen kann man mit denen sowieso nicht besprechen. Da macht dieser Baske schon eher einen reifen und erfahrenen Eindruck . . .«

Franz sah ihn sich näher an: Ignatius hieß er. Er hatte gelernt, seine Krisen zu meistern. Dabei war er ein sehr gläubiger Mensch geworden, der nun auch anderen helfen konnte, einen sinnvollen Weg für ihr Leben zu finden. Franz begann, sich für ihn zu interessieren. Auf die Karriere wollte er allerdings doch nicht ganz verzichten, wenn auch Ignatius meinte: »Was hast du davon, wenn du die ganze Welt gewinnst und dich selbst dabei verlierst?«

Ignatius hatte diese Erfahrung gemacht. Er war reich und ehrgeizig gewesen und mußte einsehen, daß es zu nichts führt, jedenfalls nicht zum Glück. Franz begriff immer mehr und gab schrittweise sein Karrieredenken auf. Statt dessen schloß er sich nun mit Ignatius und anderen zusammen, um Gott und den Menschen zu dienen.

Im Jahr 1534 war der Freundeskreis bereits auf sieben Gefährten angewachsen, aus dem im Lauf der nächsten Jahre der »Jesuitenorden« entstand. Die gute, solide Arbeit der ersten Jesuiten in Unterricht und Krankenpflege wurde bald sehr bekannt. Sofort meldeten sich Gesandte der Fürsten: Sie wollten Missionare von dieser Qualität für die neuentdeckten Länder haben. Ignatius fragte Franz, ob er für einen plötzlich erkrankten Mitbruder nach Indien gehen wolle. Franz war bereit. Sein früherer Ehrgeiz war zu selbstlosem Eifer geworden. Er packte seine Sachen und fuhr nach Lissabon, wo jedes Jahr die Ostindienflotte auslief. Indien wurde von den Portugiesen kontrolliert, und ihre Herrschaft über die eingeborenen Völker war oft sehr hart. Die Sklaverei und das Lasterleben der Kolonialherren schreckten die Völker von solchem »Christentum« ab, denn sie glaubten lange Zeit, alle Christen seien so.

Als Franz in der Hauptstadt Goa ankam, bezog er ein Zimmer im Krankenhaus. Dort wollte er arbeiten. In seiner einfachen und volkstümlichen Art begann er auch sofort, die Kinder zu unterrichten. Er zog durch die Dörfer und sammelte die Kleinen um sich. Begeistert hörten sie ihm zu. Sie fragten ihn über Gott und danach, wie man ein gutes Leben führt. Zu Hause erzählten sie weiter, was sie bei Franz gehört hatten; und bald kamen auch viele Erwachsene, um ihn um Rat zu fragen.

Seine Arbeit machte ihn glücklich, nur beim Lernen tat er sich sehr schwer. Kein Europäer hatte sich bisher um die Eingeborenensprache bemüht; Franz jedoch wollte auf die Inder zugehen. Die Kinder halfen ihm sehr

dabei. Bei ihnen lernte er die Sprache; sie lernten bei ihm Vertrauen auf Gott und Zuversicht im Leben. Barfuß wanderte er von Ort zu Ort, teilte das Leben der Armen, war einer von ihnen.
Wie einst der Apostel Paulus war er ständig unterwegs und überließ Katecheten die weitere Betreuung. Die wichtigsten Inhalte der Botschaft Jesu stellte er in Reimform zusammen und machte Lieder daraus, die jeder leicht behalten konnte. Auf der Straße und bei der Arbeit sangen die Inder von Gott und seiner Schöpfung. Das Leben und die Tätigkeit in Indien waren entbehrungsreich und anstrengend. Aber Franz war gerade in solchen Zeiten sehr glücklich, weil er den Menschen helfen konnte.
Wenn er mit dem Schiff verschiedene Inseln besuchte, war er oft allein. Die meisten seiner Mitarbeiter fürchteten das Martyrium, Stürme oder Piraten. Da war Franz unerschrocken: Es ging um das Heil der Menschen! Einsam fühlte er sich freilich recht oft, denn in seinem Idealismus wurde er häufig im Stich gelassen. Ein Brief der Mitbrüder aus Europa tröstete ihn dann sehr, hing er doch an seinen Freunden, besonders an Ignatius. Wenn ein Mißerfolg den andern jagte und er sehr einsam war, versuchte er noch mehr als sonst zu beten. Auch wenn er dabei nichts fühlte, gab er doch nicht auf. Gott war ihm treu, und so wollte er Gott treu bleiben. Und weil er jedesmal durchgehalten hat, spürte er immer wieder neu Gottes Nähe. Aus diesem persönlichen Verhältnis zu Gott zog er seine Kraft für sich und die anderen.
Im Dezember 1547 hielt sich Franz in Malaysia auf, als ein Mann von ganz fremdländischem Aussehen zu ihm kam, um ihn um Hilfe zu bitten. Seine Heimat war ein weit entferntes Inselreich: Japan. Dort hatte er einen Totschlag begangen. Seither war sein Gewissen unruhig, und niemand hatte ihm Ruhe verschaffen können. Da hörte er bei portugiesischen Händlern von Franz, der Menschen zu innerem Frieden verhelfe.
Anschiro – so hieß der Japaner – fühlte sich auch gleich bei ihm geborgen. Er erhielt Unterricht und ließ sich taufen. Franz war begeistert. Anschiro erzählte ihm von seinem wißbegierigen und gelehrten Volk, das aber Christus nicht kenne. Für den eifrigen Missionar war die Entscheidung klar: Er mußte nach Japan! Die anderen Jesuiten waren entsetzt: Die Reise war überaus gefährlich! Piraten, Orkane, Klippen bedrohten die Schiffe. Doch Franz ließ sich nicht abschrecken. Im Frühjahr 1549 brach er auf.
Von Malaysia kam er nur mit einem zwielichtigen Chinesen auf einer alten Dschunke weiter, aber für sein Ziel riskierte er alles. Unterwegs jedoch begann er zu zweifeln: »Die Hälfte aller Schiffe sinkt in Stürmen! – Gott, mein Herr, regiert auch das Meer. Die japanischen Mönche sind sehr

gelehrt; werde ich es mit ihnen aufnehmen? – Was hilft alles Wissen, wenn man Christus nicht kennt?«

Im August traf er in Japan ein. Der Landesfürst erlaubte Franz zu predigen. Er stand allen, insbesondere den heidnischen Gelehrten, Rede und Antwort. Anschiro half ihm als Dolmetscher. Der Fürst hatte von den Europäern Handel und Gewinn erwartet. Als das ausblieb, verbot er Franz die Arbeit. So hatte wieder einmal Habgier sein Werk zerschlagen.

Nun versuchte Franz sein Glück beim Herzog von Bungo. Die Geschenke der Europäer, eine Uhr, eine Brille und andere neuartige Dinge faszinierten den Herrscher. Wieder kamen viele Gelehrte, um mit Franz zu diskutieren. Auf alles wußte er Antwort, selbst auf naturwissenschaftliche Fragen. Freilich gab es keine Massenbekehrungen wie in Indien, aber zahlreiche einzelne ließen sich überzeugen. Die Japaner prüften vor allem kritisch, ob Leben und Lehre bei Franz übereinstimmen. Für sie war er glaubwürdig. Die Bekehrten unterhielten sich mit anderen weiter; und so breitete sich das Christentum langsam, aber sicher aus.

Schon hielt jedoch sein Eifer nach neuen Ufern Ausschau: Sehnsuchtsvoll blickte er nach China. Dort wartete ein großes Volk, das die Japaner allgemein bewunderten. Aber das »Reich der Mitte« gewährte keinem Fremden Einlaß. Illegal eingereiste Europäer schmachteten in den Kerkern von Kanton.

Franz bewegte den Statthalter von Indien, seinen Freund Pereira zum Botschafter Portugals zu ernennen, der dann Zutritt zum Kaiser in Peking haben sollte. In seiner Delegation wollte Franz nach China einreisen. Aber er kam nur bis Malaysia. Der dortige Machthaber gönnte Pereira die Ernennung nicht und verweigerte der Gesandtschaft ein Schiff. Franz war verzweifelt! Sollte persönlicher Stolz seinen Plan scheitern lassen? Er mußte ohne den Botschafter abreisen. Die Enttäuschung war maßlos. Ohne ihn riskierte er in China Haft und Folter!

Obwohl die Aussichten also sehr düster waren, fuhr Franz mit wenigen Mitarbeitern los. In Sanzian, einer Insel vor China, legte man an. Sie war seit langem der Stützpunkt für Kaufleute, die legal oder illegal mit dem verschlossenen Reich Handel trieben. Aber keiner von ihnen war bereit, Franz hinüberzubringen. Es war zu gefährlich. Gerade waren neue Nachrichten gekommen über die Einkerkerung von weiteren Portugiesen in Kanton. Franzens Gottvertrauen war auf eine harte Probe gestellt. Sein engster Gefährte bekam Angst und ließ ihn im Stich. Schließlich entzog sich auch sein Dolmetscher – die Sache war ihm zu heiß geworden.

Franz war innerlich total zerrissen. Einmal träumte er von einem christlichen China, einer blühenden Kirche in Asien; dann wieder quälte ihn die Vorstellung von Haft und Folter bei den Chinesen. Bald plagte ihn die Angst in der Einsamkeit, dann entflammten ihn die Liebe zu Gott und der Eifer, allen Menschen das Glück des Glaubens zu bringen. Schließlich fand er einen Händler, der ihn für viel Geld aufs Festland bringen wollte. Am 19. November 1552 sollte er kommen. Aber nirgends war ein Schiff zu sehen. Ständig lief er an den Strand, um auszuschauen: nichts!

Und so steht er auch heute wieder da. Die Sonne geht unter, und es wird kühl auf Sanzian. Das Festland ist zum Greifen nahe. Alles scheint sich gegen ihn verschworen zu haben. Entspricht der Traum von China nicht Gottes Willen? Soll ein anderer das Werk vollbringen? Der Händler kommt jedenfalls nicht.

Erschöpft und frierend kehrt Franz zu seiner Hütte zurück. Fieber schüttelt ihn. Er ißt nicht mehr. Schweißgebadet wälzt er sich hin und her: »Jesus, Sohn Davids, erbarme dich meiner!« Am 3. Dezember 1552, nachts um zwei Uhr, legt sich der unermüdliche Apostel Asiens für immer zur Ruhe. Entbehrungsreich und arm war sein Leben – einsam und gewöhnlich sein Sterben. So ist er auch am Ende auf ungeahnte Weise Christus, seinem Meister, ähnlich geworden.

Franz Xaver

wurde am 7. April 1506 auf Schloß Xaver im Baskenland geboren. Von 1527 bis 1537 studierte er in Paris Philosophie und Theologie, wo er 1529 Ignatius von Loyola kennenlernt. Am 15. August 1534 legt er mit sieben Gefährten das Gelübde der Armut und der Ehelosigkeit ab und schließt sich der »Gesellschaft Jesu« an. 1537 zum Priester geweiht, erhält er 1540 seine Sendung nach Indien, wo er von 1542 bis 1545 tätig ist. Von 1545 bis 1547 arbeitet er im Malaiischen Archipel, von 1549 bis 1552 in Japan. Franz Xaver stirbt am 3. Dezember 1552 auf Sanzian. Seine Heiligsprechung und Ernennung zum Patron Asiens erfolgt 1622.

Der Diener zur Ehre Gottes
Johannes Calvin

(1509 bis 1564)

Hans Mayer

Wer Johannes Calvin begegnen will, muß sich nach Genf aufmachen. Nicht jedoch in das moderne internationale Zentrum, den Mittelpunkt diplomatischer Offenheit und toleranter Verhandlungsatmosphäre. Calvin trifft man im spätmittelalterlichen Genf, das, wie viele andere Städte damals, um seine Freiheit und politische Selbständigkeit kämpfte.

In diesen Kampf verflochten war die Kirche: Loslösung von Bischof und Papst, Aufbau einer eigenständigen Gemeinde. Die Frage der Kirchenreform lag in der Luft. In Deutschland hatte Luther, in Zürich Zwingli die Erneuerung der Kirche aus der Heiligen Schrift angeregt, die Predigt des Evangeliums und die Beseitigung kritikwürdiger Zustände durchgesetzt. Das drang auch nach Genf herein. Und in dieser Situation kam im Juli 1536 der französische Flüchtling Johannes Calvin in die Stadt. Kein Unbekannter, sondern ein gelehrter Anhänger des Evangeliums und begabter Verfechter der Reformation. Guillaume Farel, der führende Kopf der Evangelischen in Genf, überredete ihn zu bleiben. 1538 aus der Stadt verwiesen und 1541 wieder zurückgerufen, sollte er hier sein Lebenswerk vollbringen: die zielgerichtete Prägung der Stadt Genf und ihrer christlichen Gemeinde zu einer nach Gottes Wort reformierten Kirche.

Für Calvins Auffassung vom Christsein, für sein Verständnis von Dienst und Gehorsam Gott gegenüber ist entscheidend, daß der Mensch zurücktreten muß hinter den Aufgaben, die der Höchste zu seiner Ehre verwirklicht haben will. Gott, Glaube, Religion sind keine Mittel der menschlichen Selbstverherrlichung. Gerade der Christ kann und muß das beherzigen. Er bemüht sich um die Erfüllung des göttlichen Willens. Er bekämpft alles Widergöttliche bei sich selbst und bei anderen. Und wenn er darin erfolgreich ist, dann ist das kein Ruhmesblatt für ihn. Es dient einzig und allein der Ehre Gottes. Es gibt kein Podest, auf dem der aufrechte Christ sich im Glanz seiner guten Glaubenswerke bewundern lassen könnte. Der Christ lebt in der Gnade und zum Ruhm Gottes.

Es ist deshalb nicht verwunderlich, daß man in Genf vergeblich nach Calvins Grabstätte sucht, nach dem Ort, an dem die Nachwelt Gelegenheit hätte, ehrfurchtsvoll gedenkend sich auf den großen Mann und sein Wirken zu besinnen. Calvin sperrt sich gegen alle Formen der Heiligenverehrung. Er wollte nicht herausgehoben und bewundert sein. Auch für seine eigene Person machte er ernst mit der Überzeugung, daß das Ich des Menschen ganz im Tun des Willens Gottes aufgehen soll. In der Gewißheit des Glaubens an den richtenden und rettenden Gott suchte er, so wenig er das im Leben getan hatte, auch im Tod nicht den Ruhm der Welt. Sein Grab sollte unkenntlich bleiben. In diesem Vermächtnis vollendete sich das distanzierte Verhältnis, das Calvin zur Geschichte seines Lebens insgesamt einnahm: keine ausführlichen Erzählungen und beeindruckenden Erlebnisberichte, kein Schatz von gesammelten Lebenserfahrungen und überwältigenden Eindrücken, kein Interesse an Selbstdarstellung.

Calvin verstand sich nicht aus sich selbst. Er wußte sich ganz von Gott abhängig und war sich im Glauben an Christus der Erwählung zum Heil gewiß. Das machte sein Leben aus. Dieser Glaube leitete ihn dazu an, in radikaler Unbedingtheit den Willen Gottes zu vollbringen und durchzusetzen. So hat er eifrig und tatkräftig, ohne Rücksicht oder Betonung seiner Person, in Aufbau und Leitung der reformierten Kirche in Genf gewirkt. Das verdient einerseits Bewunderung, die er freilich ablehnt. Andererseits aber markiert gerade dieses Zurückstellen der eigenen Person und das absolute Hervorheben des Willens und der Ehre Gottes einen Punkt, an dem kritische Fragen aufbrechen. Das besonders dort, wo im Namen Gottes rücksichtslos gegen andere vorgegangen wird. Kann der Mensch, völlig selbstlos, durch sein entschiedenes Handeln zur Ehre Gottes beitragen? In Calvins reformatorischem Wirken gibt es häufigen Anlaß zu solchen Fragen, besonders aber im »Fall Servet«.

»Es war meine Pflicht, diesen überaus hartnäckigen, unbezähmbaren Menschen unschädlich zu machen«, so begründete Calvin noch zwei Jahre nach dem Fall sein Handeln, das darauf gerichtet war, »die Ehre des Namens Gottes zu rächen«. Am 27. Oktober 1553 war in Genf der spanische Arzt Michel Servet als Ketzer verbrannt worden. Er hatte in einem Buch »Über die Irrtümer der Trinität« die Lehre von der Dreieinigkeit Gottes abgelehnt. Auf der Flucht vor der Inquisition, dem Ketzergericht der katholischen Kirche, war er nach Genf gekommen. Doch Calvin, der Servet schon seit zwanzig Jahren kannte und seine Position scharf kritisierte, scheute sich nicht, die Verhaftung und Anklage des Flüchtlings in die Wege zu leiten, die diesen schließlich auf den Scheiterhaufen brachte.

Calvin handelte in Übereinstimmung mit der herrschenden Meinung seiner Zeit. Man darf ihn deshalb nicht voreilig verurteilen, indem man vom modernen Standpunkt der Toleranz in Religionsfragen ausgeht. Doch unumgänglich bleibt die Frage, warum er in seinem Glaubenskampf gegen Servet so unbeirrt vorgehen konnte. Gab ihm die Verteidigung des Glaubens an den dreieinigen Gott das Recht, den Gegner zur Ehre Gottes töten zu lassen? Hier zeigt sich der kritische Punkt in Calvins Verständnis vom Christsein: daß das Ich des Menschen aufgehen soll und kann im Gehorsam gegen den Willen Gottes, im Dienst zu Gottes Ehre. Hier wird, herausragend und überdeutlich, fragwürdig, ob der Christ, der sich um Heiligung, um Vollkommenheit seines Glaubenslebens bemüht, dies tatsächlich zur Ehre Gottes vollbringt. Bleibt das Tun des Christen, wenn es der Liebe entbehrt, auch bei noch so vollkommener Überzeugung, nicht doch etwas anderes als die Durchsetzung der Ehre Gottes?

Durch diese grundsätzliche Frage fällt ein anderes Licht auf das aufopferungsvolle Bemühen, mit dem Calvin in Genf ein Leben nach dem Willen Gottes durchsetzen wollte. Vom Beginn seines Wirkens an war Calvin in Genf in Auseinandersetzungen verwickelt. Seine Vorstellungen, wie die Kirche zu reformieren und im christlichen Leben der Stadt Genf das Gebot Gottes zu behaupten sei, stießen auf andere Positionen. Nur indem er diese ausschaltete, konnte er sich den Weg bahnen.

Im Mittelpunkt der Auseinandersetzung stand auch das Abendmahl. Calvin wollte dieses Zentrum des christlichen Gemeinschaftslebens in strenger Reinheit erhalten. Schwere Sünder sollten vom Abendmahl ausgeschlossen werden. Doch wer hatte hier Recht und Macht zur Entscheidung? Für Calvin hieß diese Frage allerdings nicht, ob ein Christ in der Frage des Abendmahlsempfangs über einen anderen überhaupt zu Gericht sitzen kann. Sie stellte sich vielmehr als Konflikt zwischen den Führern der Genfer Kirche und der politischen Spitze, dem Genfer Magistrat. Faktisch ging es darum, wer die Sittenzucht, die Kontrolle über öffentliche Ordnung und Moral in der Stadt ausüben sollte. Der Magistrat machte sein Recht geltend, pochte auf die Freiheit von Bürgern und Christen. Calvin kämpfte für Gottes Ehre: dafür, daß die Kirche über die Einhaltung der Gebote, über Ordnung und Reinheit in der Gemeinde wacht. In den jahrelangen Auseinandersetzungen schreckte er auch nicht davor zurück, gegen Angehörige der Genfer Oberschicht und ihr Luxusleben einzuschreiten. Frühere Anhänger wurden Gegner. An ihrer Spitze Ami Perrin. Am Ende trug Calvin – oder die Ehre Gottes – den Sieg davon.

Calvin errichtete in Genf eine Ordnung, die es zur vorbildlichen Stadt

Gottes machen sollte. Um die Aufgaben der Kirche zu bewältigen, wurden vier Gruppierungen benannt: die Pfarrer zur Verkündigung und Spende von Taufe und Abendmahl, die Lehrer zur Unterrichtung in der wahren Lehre, die Ältesten zur strengen Leitung der Gemeinde und die Diakone für die Armen- und Krankenpflege. Obwohl es daneben die politische Ordnung gab, den Rat und die Bürgermeister, wurde das Leben in der Stadt zunehmend von der Kirche geprägt und beherrscht.
Das geschah durch das Konsistorium, ein Gremium aus den Ältesten und Pfarrern. In seinen Händen lag die Aufgabe der Sittenzucht. Der Rat sorgte mit seiner politischen Macht für die Durchführung der Entscheidungen des Konsistoriums. Wer Irrlehren vertrat oder Gott lästerte, mußte ebenso mit Zurechtweisung und Bestrafung, in hartnäckigen Fällen mit Ausschluß vom Abendmahl rechnen wie der Dieb, der Trunkenbold, der Luxusliebhaber oder der Betrüger. Die Glaubensgemeinschaft der Kirche sollte als christliche Lebensgemeinschaft in der Stadt Genf zur Geltung kommen. Kirche war im Genf Calvins keine fromm-fröhliche Sonntagsveranstaltung am Rand der alltäglichen Wirklichkeit.
Neben der Organisation der Kirche galt Calvins aufopferungsvolle Mühe der Lehre und Verkündigung. Die Glaubenden sollten eine klare und gründliche Kenntnis ihres Glaubens besitzen. Mittelpunkt und Grundlage sah Calvin in der Heiligen Schrift. Auslegungen biblischer Schriften und Predigten nehmen eine gewichtige Stellung in seinem Lebenswerk ein. Sein Hauptwerk ist jedoch der »Unterricht in der christlichen Religion«. 1536 zum erstenmal in der Form eines Katechismus herausgegeben, wuchs es bis zur letzten Fassung von 1559 zu einem umfassenden Lehrbuch an.
Oft wird gesagt, Calvins Glaube und seine Verkündigung sei zentral geprägt durch die Lehre von der Vorherbestimmung Gottes. Das ist mißverständlich. Calvin unterstreicht besonders, daß der Mensch völlig von Gottes ewigem, unabänderlichem Ratschluß abhängt. Und Gott hat die Menschen zum Heil oder zur Verdammnis bestimmt. Mit dieser Betonung will Calvin den Menschen aber gerade nicht in die gleichgültige Passivität drängen. Es soll nicht über gnädige Erwählung oder Verdammungsurteil spekuliert werden. Es soll vielmehr der Mensch, angesichts des unwiderruflich über die Verlorenen verhängten Verderbens, Gottes Hilfsangebot ergreifen: den Zugang zum Glauben, der durch die Verkündigung des Evangeliums möglich wird. Und im Glauben an Christus liegt die Gewißheit der Erwählung beschlossen, die den Menschen zum geheiligten Leben verpflichtet.
In diesem Glauben konnte Calvin bitten: »Du hörst nicht auf, uns auch

heute noch früh und spät zu dir zu rufen. Du mahnst uns beständig zur Buße und gibst die Verheißung, uns erhören zu wollen, wenn wir Zuflucht nehmen zu deiner Barmherzigkeit. Da gib, allmächtiger Gott, daß wir diese große Güte nicht verachten und unser Ohr deinem Ruf nicht verschließen. Laß uns deiner gnädigen Erwählung gedenken als der ersten aller Gnadengaben, deren du uns würdigst, und danach trachten, uns so in deinen Dienst zu stellen, daß dein Name durch unser ganzes Leben verherrlicht wird.«

Johannes Calvin

wurde am 10. Juli 1509 in Noyon/Picardie geboren. Sein Vater, in Diensten des Bischofs von Noyon, hatte zunächst eine geistliche Laufbahn für ihn im Auge, ließ ihn dann aber Jura studieren. Calvin studierte seit 1523 in Paris, Orléans und Bourges. Nach dem Tod des Vaters 1531 kehrte er nach Paris zurück und vertiefte seine schon früher begonnenen humanistischen Studien. Für Reformideen aufgeschlossen, wurde er schließlich Befürworter der evangelisch-reformatorischen Lehre. Im November 1533 mußte er deshalb aus Paris fliehen. 1536 wurde er auf der Durchreise in Genf von Guillaume Farel zur Mitarbeit an der Reformation der Stadt gewonnen. 1538 jedoch ausgewiesen, wurde er Pfarrer der französischen Gemeinde und Theologieprofessor in Straßburg. Hier fand er auch Verbindung zum deutschen Protestantismus.

1541 wieder nach Genf zurückgerufen, setzte er sein Werk der Reformation gegen alle Widerstände durch. Es ist dokumentiert in der Genfer Kirchenordnung, dem Katechismus und der Gottesdienstordnung. Die Genfer Akademie, 1559 eröffnet, entfaltete sich schnell zu einer blühenden Hochschule. Neben kleineren Schriften und bedeutenden Bibelauslegungen ist sein Hauptwerk der »Unterricht in der christlichen Religion«. Calvin starb am 27. Mai 1564.

Die Kirchenlehrerin und Ordensreformatorin Teresa von Avila

(1515 bis 1582)

Josef Sudbrack

Versetzen wir uns zurück ins Spanien des 16. Jahrhunderts. Mit Portugal zusammen ist es die Weltmacht schlechthin. Im neuentdeckten Amerika erobern seine Männer weite Gebiete für den König, bringen unermeßliche Schätze nach Hause und wüten mit einer uns unvorstellbaren Grausamkeit und Rücksichtslosigkeit unter den eingeborenen Indianern.

Zur gleichen Zeit zieht auf der glühend heißen, trockenen Hochebene Spaniens, der Meseta, eine Ordensfrau auf dem armseligen Eselskarren durch die Lande. Als Mädchen muß sie einmal sehr schön gewesen sein. Sie will neue Klöster des Betens gründen. Es ist Teresa aus Avila; recht humorvoll hat sie selbst die Abenteuer dieser Fahrten beschrieben, die holprigen Straßen, die Unfälle und das viele, viele Ungeziefer.

Klöster des Betens, der »Kontemplation« – Frauen sollen hier ihr ganzes Leben dem Gebet widmen, streng abgeschieden vom Trubel der Welt. Nicht so sehr ihre eigene Erfahrung mit Gott ist der Sinn ihres Daseins – Teresa erkennt dies immer deutlicher –, sondern die Nöte der Welt: Krieg, Hunger, Gottlosigkeit, Sünde und Verrat an Jesus.

Was uns heute fremd erscheint, war damals – für den Soldaten wie für den Theologen – fraglos selbstverständlich: Die Welt braucht das Gebet. Und da den Männern die Aktivität, das Studium ebenso wie die Eroberung fremder Lande, aufgetragen ist, sollen die Frauen – besonders wenn sie keinen Mann finden – diese Pflicht des Betens auf sich nehmen.

Der Mann hat als Krone der Schöpfung auch das Wissen von Gott erhalten. Und deshalb nimmt er das Recht in Anspruch, den Klosterfrauen nicht nur das Beten aufzutragen, sondern sie auch zu lehren, wie und was sie zu beten haben. Diese nicht so klugen Geschöpfe Gottes könnten ja durch falsches Beten in Irrtümer hineinstürzen. In den Akten der Inquisition, der kirchlichen und staatlichen Behörden für Ketzerverfolgung, gab es genügend Beispiele dazu.

So etwa war damals die allgemeine Meinung. Teresa hatte viel unter ihr zu

leiden. Natürlich gab es auch weitsichtige Männer, die ihr halfen und sie unterstützten. Aber das Erstaunliche ist, wie sicher und klar Teresa – inmitten der abweisenden Männerwelt – ihren Weg fand.
Dieser Weg ist ein Weg des Betens; und das Ziel heißt Gott. Es dauerte lange, ehe Teresa die Mitte ihrer Berufung fand. Gott mußte sie durch Krankheit, Enttäuschung und Ablehnung führen. Teresa trat zwar früh in ein Karmelitinnenkloster ein. Aber dort lebte sie im Stil einer vornehmen Dame mit einem großen Bekanntenkreis. Doch Gott zog sie immer enger an sich. Jesus erschien ihr, sprach mit ihr, führte sie in die Entscheidung.
Teresa schildert diese ihre mystischen Erfahrungen in einer so verhaltenen und zugleich präzisen Sprache, daß auch der Nicht-Glaubende sagen muß: Hier ist Außerordentliches geschehen, etwas Großes, das man nicht einfach wegerklären und psychologisieren kann. Hier ist Gott am Werk.
Die Begegnung mit Jesus, mit dem lebendigen Herrn, ist der Schlüssel zum Leben und zur Person der Heiligen aus Avila. Nur mit ihm läßt sich das Tor ihrer Geistigkeit öffnen. Wie schlicht und selbstverständlich, gar nicht hochtrabend oder elitär diese Begegnung für Teresa ist, zeigt ihre berühmte Definition des Betens; sie umgreift ebenso mystische Versenkung wie schlichtes Alltagsgebet: »Das innerliche Gebet ist nichts anderes als ein Gespräch mit einem Freund, mit dem wir oft und gern allein zusammen sind.«
Wer also die Mystik dieser großen Frau verstehen will, muß zuerst einmal alle ekstatische Schwärmerei beiseite legen. Teresa war von gesundem Realismus. Sie konnte mit Königen und Soldaten, mit Bischöfen und Professoren, mit Adelsfrauen und einfachen Menschen umgehen. Sie sah klar das Mißverhältnis, das zwischen der christlichen Würde der Frau und deren gesellschaftlicher Stellung bestand. So beklagte sie sich einmal vor Jesus: »Wenn ich unsere Zeit überblicke, finde ich es durchaus nicht richtig, daß man starke und hochgemute Seelen nur deshalb verachtet, weil sie Frauen sind ... Wir können nichts für dich in der Öffentlichkeit tun, noch der Welt ihr Unrecht vorhalten. Ist es möglich, Herr, daß du solchen gerechten Bitten kein Gehör schenken wirst? Nein, Herr, ich kann es nicht glauben ... Du bist ein gerechter Richter und nicht wie die Richter dieser Welt, die alle Söhne Adams und daher Männer sind. Es ist keine Tugend der Frau, die sie nicht mit Mißtrauen betrachten.«
Darin liegt kein ehrgeiziges Emanzipationsstreben, sondern der Stoßseufzer einer Frau, die sich von Jesus geliebt weiß; die aus der Erfahrung der universalen Liebe Gottes allen Menschen helfen will. So schreibt sie aus ihren Gebetserfahrungen heraus: »Denn ich sehe ein, daß der Herr durch

das Bekanntwerden seiner mir gespendeten Gnade vielen Seelen helfen will...«
Aus ihrem Sein-bei-Gott, Sein-bei-Jesus wächst ihre Liebe zu den Menschen. Die Erfahrung des »Seins-bei-Gott« aber ist alles andere als eine »billige« Gnade.
Man spricht heute wieder viel von Mystik. Doch viele verstehen darunter eine Art von »High«-Erleben: Die Konturen verschwimmen; man fühlt sich leicht, weiß sich grenzenlos, weit, vereint mit allem Schönen; man vernimmt die Harmonie der Welt und läßt sich aufgehen im Klang des Kosmos: »Nada Brahma – Alles ist Klang«, schreibt der bekannte Jazz-Spezialist und Jünger von Bhagwan Shree Rajneesh, J. E. Berendt.
Teresa kennt solche »High«-Erfahrungen. Sie schildert sie als »auf allen Seiten von Gott umgeben und ganz in ihn versenkt«. Aber sie hat zugleich erfahren, daß dies alles höchstens eine Vorbereitung sein darf für noch mehr, für das Eigentliche, für die Begegnung mit Jesus. Sie erzählt, daß sie sich eine Zeitlang in solchen Erlebnissen gewiegt habe. Aber – so beschreibt sie es selbst: »O Herr meiner Seele und mein höchstes Gut! Nie denke ich ohne Schmerz an diesen von mir gehegten Wahn, der mir wie ein großer Verrat vorkommt...« Sie war in Gefahr, über dem Geschmack der Erfahrung, über dem Glück der Ekstase und der Freude der Schau denjenigen zu vergessen, um den es in alledem nur gehen kann: Gott in seiner Person, Gott in seinem Du, das uns im menschgewordenen Wort, in Jesus Christus, anspricht.
Begegnung mit Jesus, oder – wie sie schreibt – »mit ihm sprechen wie mit einem Freund«: das ist der Schlüssel zur Persönlichkeit Teresas. Wenn Jesus, und nicht nur das Erlebnis von ihm – wenn Gott, der stets größer ist als alle Erfahrung von ihm, die Mitte dieser mystischen Erfahrung ist, dann ist Mystik nicht einfachhin mit Glück und Wohlbefinden gleichzusetzen; dann gibt es in dieser Gottesbegegnung auch die Erfahrung von Schmerz, Leid und »dunkler Nacht«, wie Teresas Weggefährte Johannes vom Kreuz sie beschreibt. Teresa selbst schildert solches in einem vielbesprochenen Erlebnis: »In den Händen des mir erschienenen Engels sah ich einen langen goldenen Pfeil, an dessen Spitze mir ein Feuer zu brennen schien. Es kam mir vor, als durchbohre er mit diesem Pfeil einige Male mein Herz bis ins Innerste, und wenn er den Pfeil wieder herauszog, war es mir, als risse er mein innerstes Herz mit heraus.«
Wir sollten nicht zu trennen versuchen, was an Realität und was an Symbolik in dieser Schilderung liegt. Wir müssen vor allem die Einheit von Schmerz und Freude, von Distanz und Nähe nacherleben, die mit dieser

»Herzdurchbohrung« ausgesagt ist. Je näher Gott mich an sich heranzieht, desto mehr schmerzt der Pfeil im Herzen, weil ich immer noch nicht ganz bei Gott bin. Alle wirkliche Gottesmystik – nicht aber der heute oft angepriesene kosmische oder selbstbezogene Mystizismus – kennt daher auch die Nacht, die Dunkelheit, den Schmerz der Erfahrung. Das ist Kriterium der Echtheit.

Teresa weiß – und nur das ist die Mitte ihrer Erfahrung –, daß es zuerst um Gottes Willen und die Liebe Jesu geht: »Der höchste Grad der Vollkommenheit besteht offenbar nicht in innerlichen Tröstungen und erhabenen Verzückungen, auch nicht in Visionen und im Geist der Weissagung, sondern nur in einer solchen Gleichförmigkeit unseres Willens mit dem göttlichen Willen.«

Wer das erfaßt hat, hat das Wesentliche an Teresa verstanden. Für den wird es verständlich, warum Teresa die Liebe zum stillen Gebet vor Gott mit der Aktivität ihrer Klostergründungen verbinden konnte – über 15 werden es im Lauf der Jahre, und immer wieder muß sie erbitterte Widerstände überwinden. Teresa weiß sich im Willen Gottes.

Wer das begriffen hat, ahnt auch, warum gerade sie mit der Patronin von Italien, Katharina von Siena, die erste Kirchenlehrerin wurde. Denn was anderes kann Lehre der Kirche sein?

Nicht nur der Frauenorden der Karmelitinnen, sondern auch ihre Brüder, die Karmeliten, verehren sie als Inspiratorin einer neuen, »reformierten« Ordensspiritualität. Es war eben das Gebet, die Freundschaft mit Gott, worin sie die neuen, zukunftweisenden Wege erspürte. Und ihr Weg – oftmals gegen den Widerstand von Männern, immer aber im Licht Gottes und in der Fürsorge der Kirche – war ein besserer Weg zur Emanzipation der Frau als das Rufen nach Gleichmacherei und Einebnung der Unterschiede. Denn Teresa blieb in ihrem Leben ganz und gar Frau, voll Charme, in eleganter Gewandtheit und mit jener Durchhaltekraft, die nun einmal den Frauen zu eigen ist.

Man kann es heute an ihren Schriften sehen, die nichts von der Ursprünglichkeit ihrer Schreiberin verloren haben. Da sind einmal die fast unzähligen Briefe (in den letzten Jahren hat man viele neu entdeckt), die alle von Humor, Klugheit, Realitätsschwere und Ergriffensein durch Gott zeugen. In zwei umfangreichen Büchern schildert sie ihr Leben und ihre Klostergründungen. Doch man täuscht sich, wenn man darin trockene Berichte sucht. Teresa erzählt zwar; aber dazwischen stehen Mahnungen an ihre Mitschwestern, Anweisungen für das geistliche Leben, das berühmte Gleichnis vom mühsamen Nach-Wasser-Graben und vom Geschenk des

Franz Xaver

Johannes Calvin

Tafel IX

Teresa von Avila

Mary Ward

Tafel X

Regens, woran sie Gotteserfahrung erklärt. Und alle Kapitel sind von lebendigen Gebeten durchzogen.
Die berühmteste Schrift ist »Die innere Burg«, eine Beschreibung der mystischen Erfahrung, die immer tiefer ins Zentrum der Begegnung mit Gott führt, der im menschgewordenen Jesus sich dem Menschen schenkt. Durch diese Schrift hat sich Teresa unter die Klassiker der Weltliteratur eingereiht. Sie hat gezeigt, daß auch (und gerade) eine Frau durch das konsequente Leben aus der Begegnung mit Jesus zu einer Größe heranwachsen kann, die sie neben einen Augustinus oder Thomas von Aquin stellt, zu einer Größe, deren literarischer Niederschlag sich mit Goethes Faust oder Shakespeares King Lear messen darf.
Sie hat aber vor allem gezeigt, daß Gottes Gnade stärker ist als jede menschliche Schwachheit.

Teresa von Avila,

mit vollem Namen Teresa de Cepeda y Ahumada, wurde am 28. März 1515 in Avila als Tochter des Alonso Sánchez de Cepeda und der Beatriz de Ahumada geboren. Dort trat sie 1535 ins Kloster Encarnaciòn der Karmelitinnen ein. 1562 gründete sie das erste Reformkloster San Josè in Avila, dem weitere 16 Klostergründungen folgten. Neben einer Selbstbiographie hat Teresa wichtige Schriften hinterlassen: »Der Weg zur Vollkommenheit«, »Das Buch der Klostergründungen«, »Meditationen über das Hohelied«, von denen »Die innere Burg« zu den Klassikern der Weltliteratur zählt. Teresa starb am 4. Oktober 1582 in Alba de Tormes. 1622 wurde sie von der katholischen Kirche heiliggesprochen, 1970 zur Kirchenlehrerin erhoben.

Der Freund der kleinen Leute
Carlo Borromeo

(1538 bis 1584)

Christian Feldmann

Mailand im Renaissance-Jahr 1576: Panik, Verzweiflung, ohnmächtige Furcht. Die Pest ist in der Stadt! Die ersten Kranken sind bereits an ihren stinkenden, eitrigen Beulen gestorben. Statthalter und Adel fliehen Hals über Kopf nach Genua. Die Leute verriegeln Fenster und Türen. In den Straßen sieht man nur noch bewaffnete Patrouillen und die grausigen Totenkarren. Von der städtischen Prominenz ist ein einziger Mann in Mailand geblieben, und er stürzt sich mitten hinein in diese Hölle, pflegt eigenhändig die verbittert Dahinsiechenden, leistet Sterbehilfe, organisiert Lebensmittel, Medikamente, Unterkünfte: der Erzbischof Carlo Borromeo.
Als sich der schwarze Tod zwei Jahre später aus der Stadt davonschleicht, fast 20000 Opfer zurücklassend, als sich die Menschen wieder auf die Straßen wagen und der Erzbischof das Requiem für eine Legion von Toten feiert, haben die Leute der furchtbaren Seuche einen seltsamen Namen gegeben: »Die Pest des heiligen Carlo«. Ein Name, der diesen Carlo Borromeo besser charakterisiert als jede noch so gründliche Abhandlung. Das Volk läßt sich in seiner Verehrung überhaupt nicht irremachen, als der – damals geflohene – Statthalter den Erzbischof in Rom anzeigt: Borromeo habe die Anordnung seiner Behörde mißachtet und die Häuser der Pestkranken betreten!

Der heilige Karl Borromäus – so die etwas feierlich-steife lateinische Form seines Namens – hat bereits in jener Renaissance-Epoche die stark sozial geprägte Form von Seelsorge entdeckt, auf die wir heute so stolz sind. Er stellt eine faszinierende Mischung dar: Aristokrat und Volkspriester, geschickter Diplomat und mönchischer Büßer, Kirchenreformer und detailbesessener Wissenschaftler – und nichts davon bloß halb! Die zähe Reformarbeit an den Strukturen verbindet er mit leidenschaftlicher Seelsorge.

Carlo stammte aus der alten Mailänder Familie der Borromei, angesehene Adlige und Bankiers. Seine Mutter war eine Medici. Ihm war die damals typische kirchliche Karriere vorgezeichnet, eine zweifelhafte Laufbahn. Weniger auf die persönliche Glaubensüberzeugung kam es an als auf die geschickte Nutzung von Pfründen und Vorrechten: Der Zwölfjährige erhielt als Abt ohne Amtsverpflichtung das Benediktinerkloster seiner Heimatstadt Arona am Lago Maggiore – und damit stattliche zweitausend Gulden Zusatzeinkommen.

Zehn Jahre später hätte er sich als Doktor der Rechte mit einem ausgezeichneten Studienabschluß eigentlich ganz der Verwaltung des Familienvermögens und seiner drei Abteien – zwei hatte er noch hinzugewonnen! – widmen können. Doch der junge Graf Borromeo sah seine Kirchenämter nicht als Stufen einer Karriereleiter. Er glaubte tatsächlich – leidenschaftlich, selbstkritisch, engagiert! Er widerstand der Versuchung zu Luxus und Arroganz, als ihn sein Onkel, der Medici-Papst Pius IV., nach Rom holte und zu seinem Geheimsekretär, zum Kardinal, zum Verwalter des Erzbistums Mailand, ja sogar zum mächtigen Staatssekretär des Vatikans und damit zum Verantwortlichen für die päpstliche Außenpolitik machte.

Noch war der Kardinal Borromeo nicht zum Priester geweiht – was in jenen Zeiten ganz normal war. Er wußte sich auf dem diplomatischen Parkett zu bewegen, baute sich eine erlesene Kunstsammlung auf, liebte die Jagd und das Schachspiel – und kannte immer noch keine Allüren. Als sein geliebter Bruder Federico starb, nahm der mächtigste Kardinal Roms vollends den Lebensstil eines armen Einsiedlers an, ließ sich zum Priester weihen und wurde zum Motor der katholischen Reform.

Zäh und unermüdlich betrieb er die Wiedereröffnung und den erfolgreichen Abschluß des Trienter Konzils, das die Stellung der Bischöfe stärkte, die Priesterausbildung verbesserte und der Seelsorge entscheidende Impulse gab. Weil das Konzil aber die Erneuerung der Kirche vor allem von den Bischöfen erwartete, drängte er darauf, seine Mailänder Kirchenprovinz – die er bisher von Rom aus verwaltet hatte – vor Ort reformieren zu dürfen. Das tat er so hartnäckig und energisch, daß ein ihm feindlich gesinnter Ordenspriester ein Pistolenattentat auf ihn verübte; dieses überlebte er nur wie durch ein Wunder.

Der Erzbischof Borromeo finanzierte Priesterseminare, setzte lasterhafte Kleriker ab, kam auf seinen mühseligen Visitationsreisen bis in die abgelegensten Schweizer Gebirgstäler; ein Teil des Kantons Graubünden gehörte nämlich zur Mailänder Kirchenprovinz. Die Wege waren dort im Winter oft unpassierbar, und der Erzbischof mußte sich manchmal auf allen vieren vorwärts quälen, die Füße in grobe Bergschuhe mit Eisenstollen gezwängt.

»Kirchenreform« buchstabierte man in jenen Jahren mit dem Namen Borromeo, und der Dichter Annibal Caro schrieb 1564 nach Hause: »Aus Rom weiß ich nicht, was ich Dir berichten könnte, als höchstens, daß jener Zinn- und Leuchterputzer (der Kardinal Borromeo) sich daran gemacht hat, es ganz zu reparieren; und Rom genügt seinem Eifer noch nicht, er will es auch mit der ganzen Welt so machen.« Tatsächlich, Borromeos Synoden entfalteten eine unwahrscheinliche Breitenwirkung, und ihre Beschlüsse wurden noch drei Jahrhunderte später zur Vorbereitung des Konzils von 1870 benutzt.

Carlo Borromeo wurde neben dem Gründer des Jesuitenordens, Ignatius, zur strahlendsten Gestalt der Gegenreformation. Was sicher nicht zuletzt

Carlo Borromeo

wurde als Sohn einer berühmten Familie am 2. Oktober 1538 auf der Burg Arona am Lago Maggiore geboren. Bereits als Zwölfjähriger bekam er eine Abtei als Pfründe. Den 22jährigen holte sein Onkel, Papst Pius IV., als Geheimsekretär und Kardinal nach Rom. Als energischer Kirchenreformer war Borromeo verantwortlich für die Schlußphase des Trienter Konzils 1562/63. Er sorgte für die Durchführung seiner Erneuerungsbeschlüsse an der Kurie und förderte die Herausgabe des »Catechismus Romanus« zur religiösen Unterweisung der Laien. Berühmt wurden die zahlreichen Synoden, die er als Erzbischof von Mailand abhielt. Sein ausgedehnter Briefwechsel ist in 300 dicken Bänden erhalten. Während einer drückenden Hungersnot 1570 organisierte er erfolgreiche Hilfsmaßnahmen, die er mit seinen eigenen Mitteln finanzierte. Bei der großen Pestepidemie 1576 ließ er Krankenbaracken errichten, holte zahllose Ordensleute zur Pflege der Sterbenden in die Stadt und kümmerte sich Tag und Nacht eigenhändig um die Opfer. Am 3. November 1584 starb er, sein Grab befindet sich in der Krypta des Mailänder Doms. Er ist Patron der Seelsorger, der Seminare, der Universität Salzburg und der Stadt Mailand. Die katholische Vereinigung zur Verbreitung guter Bücher und zur Förderung der Pfarrbüchereien in Deutschland und Österreich trägt seinen Namen.

an seinem überzeugenden persönlichen Engagement als Seelsorger und Freund der kleinen Leute lag. Er gründete Schulen, Waisenhäuser, Heime für gefallene Mädchen, richtete eine kostenlose Rechtshilfe für die Armen ein, brachte fromme Bruderschaften dazu, sich sozial zu betätigen, und setzte Synodenbeschlüsse gegen den Wucher durch. Bei einer Hungersnot riß er die Seidentapeten von den Wänden seines Hauses, verkaufte das Mobiliar und ging mit seinen Finanzmitteln ausgesprochen verschwenderisch um – weil es für einen Bischof besser sei, Schulden zu haben als Geld!

Mit 46 Jahren, seine Kräfte waren erschöpft und sein Körper zum Skelett abgemagert, legte er sich zum Sterben nieder. Die Trauer der Bevölkerung war so ungestüm, daß im Gedränge um den aufgebahrten Bischof zwei Menschen umkamen und etliche verletzt wurden. Man mußte eine Bresche in die Wand der Totenkapelle schlagen, um einen zusätzlichen Ausgang zu schaffen und weitere Unglücksfälle zu verhindern. Carlo Borromeo hatte sich in seinem Testament ein einfaches Erdgrab im Mailänder Dom gewünscht statt der üblichen prächtigen Sarkophage.

Bereits 26 Jahre später wurde er heiliggesprochen, ein »Märtyrer der Liebe« und »Engel in Menschengestalt«, wie es in der päpstlichen Bulle heißt.

Der Pionier des mündigen Laien
Franz von Sales

(1567 bis 1622)

Christian Feldmann

Er war ein ausgesprochen realistischer Mensch, ein Christ, der mit beiden Beinen auf der Erde stand: »Wir verlangen manchmal so sehr, gute Engel zu sein«, gab Franz von Sales seinen Lesern zu bedenken, »daß wir darüber vergessen, gute Menschen zu sein. Deine Unvollkommenheit wird dir anhaften bis zum Grabe, und niemals wirst du gehen können, ohne dabei die Erde zu berühren.« Es nütze überhaupt nichts, »fliegen« zu wollen, man müsse die kleinen Unvollkommenheiten Tag für Tag sterben lassen und wissen, daß Gott trotz dieser Schwächen die Bereitschaft unseres Herzens sehe. Und kleine, genau begrenzte gute Vorsätze – die man noch am selben Tag ausführen könne! – seien viel mehr wert als fromme Gefühle und allgemeine Träume von einem ganz neuen Leben.

Ein hochfliegender »Erbauungsschriftsteller« konnte er schon deshalb nicht sein, weil er in seinem Leben viel zuviel kämpfen mußte – mit dem eigenen Temperament, mit Ängsten und Schuldgefühlen, mit Widerständen in seiner Umwelt. Als Student machte er eine tiefe religiöse Krise durch: Er glaubte sich verworfen und zum ewigen Unheil vorherbestimmt, bis er dem Erbarmen Gottes vertrauen lernte. Hart und verbittert ist er dadurch nicht geworden, wohl aber verständnisvoll und tolerant gegenüber den Schwächen anderer.

Der 1567 auf dem Schloß von Sales in der Genfer Gegend geborene François wurde gezielt zum Edelmann und Kavalier erzogen; sein Vater dachte nicht im Traum daran, sein vornehmes Söhnchen irgendwo als Landpfarrer enden zu lassen. François sollte Jurist werden und wurde zu diesem Zweck auf die hochberühmten Universitäten Paris und Padua geschickt. Er hielt jedoch eigensinnig an seinem Berufswunsch fest, Priester zu werden, schlug zum allgemeinen Entsetzen die Würde eines Senators am Hof von Savoyen aus – und konnte dem Vater dann doch noch seine Zustimmung abringen, als ihm ein Vetter das ehrenvolle Amt des Genfer Dompropstes verschaffte. Dompropst, das war natürlich etwas anderes als ein kleiner, halbverhungerter Pfarrer ...

François ruhte sich auf diesen Lorbeeren allerdings nicht aus: Er predigte fleißig, machte Krankenbesuche, saß manchmal von Sonnenaufgang bis zum Mittagläuten im Beichtstuhl. 27jährig begann er eine abenteuerliche Mission im damals noch recht wilden Bergland am Genfer See, mutterseelenallein durch Gebirgsschluchten wandernd, durch Eis und Schnee, oft ohne Weg und Steg, um das fast völlig calvinistisch gewordene Land für den katholischen Glauben zurückzugewinnen. Er predigte in zerstörten, verödeten Kirchen und auf Marktplätzen, häufig an einem Tag an fünf Orten, er stellte sich dem öffentlichen Streitgespräch mit den theologischen Gegnern und erfand die ganz modern anmutende Methode, seine Argumente auf Flugblättern unter die Leute zu bringen.

Stil und Inhalt dieser Missionsarbeit ließen aufhorchen: Statt der damals üblichen Ausrottungspolitik suchte Franz den Dialog. Er warb geduldig, versuchte zu überzeugen, nahm die Argumente der Gegner ernst. »Man muß als sicher ansehen«, erwiderte er auf Vorwürfe, »daß die Menschen durch Liebe und Freundschaft mehr zu bewegen sind als durch Schärfe und Strenge.« Schon als Dompropst hatte er sein erstauntes Domkapitel ermuntert, die Mauern der calvinistischen Hochburg Genf mit Liebe zu erstürmen, nicht mit Eisen und Pulver; das erinnere ihn an die Feueröfen der Hölle!

Statt Aggressionen zu predigen und den »weltlichen Arm« gegen die »Irrlehrer« zu Hilfe zu rufen, setzte Franz also auf die Überzeugungskraft des eigenen Lebens. Glaubwürdig verkündet, werde die richtige Lehre von selbst ihren Weg in die Herzen finden. Man schätzte dieses Programm und vor allem François' eigenen überzeugenden Lebensstil offenbar so, daß er 1602 zum Bischof ernannt wurde. Er erwarb sich bald einen Ruf als energischer Reformer des Klerus und der Klöster – aber auch des Lebensstils im Bischofshaus: Er entließ einen großen Teil der Dienerschaft, wohnte in einer kleinen Kammer und gab sich mit abgetragener Kleidung zufrieden.

Vor allem aber wirkte er durch sein gewinnendes, menschliches Wesen. »Vor allen Dingen seien Sie liebevoll und diskret«, riet er seinen Seelsorgern. »Wenn Sie auf Menschen stoßen, die wegen sehr schlimmer Sünden ... besonders verstört und niedergeschlagen sind, so müssen Sie gerade diese Menschen mit allen Mitteln aufrichten und trösten, sie der großen Erbarmung Gottes versichern, die unendlich mehr verzeiht, als alle Sünden der Welt verdammen können ... Der Prüfstein für einen guten

Beichtvater ist seine Barmherzigkeit gegen die Fehler anderer und seine Unbarmherzigkeit gegen die eigenen.«
Um diese Haltung hat er selbst hart kämpfen müssen, war er doch von Natur heftig und erregbar, aufbrausend und jähzornig. Wenn man ihn verleumdete, spürte er nach eigenem Bekunden, wie das Blut in seinen Adern zu kochen begann »wie Wasser auf dem Feuer«. In solchen Situationen bemühte er sich, an den verspotteten Jesus zu denken und seine Gegner durch die Bereitschaft zum Verzeihen zu gewinnen.
In seinen ersten Bischofsjahren entstand seine berühmte »Einführung in das geistliche Leben«, die noch heute von manchen gern gelesen wird. Bereits zu Beginn des 17. Jahrhunderts bringt dieses Buch eine Aufwertung des mündigen Laien und eine Anerkennung seines eigenständigen Daseins in der Welt. Heilig werden, so François' zu jener Zeit gar nicht so selbstverständliche Botschaft, kann man in jedem Beruf und in jeder Lebenslage. »Die Übung der Frömmigkeit«, schreibt Franz, »muß ... der Kraft, der Beschäftigung und den Pflichten eines jeden angepaßt sein. Wäre es denn in Ordnung, wenn ein Bischof einsam leben wollte wie ein Kartäuser? Oder wenn Verheiratete sich so wenig um Geld kümmerten wie die Kapuziner? ... Eine solche Frömmigkeit wäre doch lächerlich, ungeordnet, ja unerträglich ... Verträgt sie sich nicht mit einem rechtschaffenen Beruf, dann ist sie gewiß nicht echt ... Es ist ein Irrtum, ja sogar eine Irrlehre, die Frömmigkeit aus der Kaserne, aus den Werkstätten, von den Fürstenhöfen, aus dem Haushalt verheirateter Leute verbannen zu wollen.«
Die deprimierenden Erfahrungen, die er mit verlotterten Priestern und Ordensleuten machen mußte, mögen Franz in seiner Sympathie für den religiösen Wert eines »weltlichen« Lebens bestärkt haben. Jedenfalls ist er sich sicher: »Welche Saite unserer Liebe Gott auch anschlagen mag, immer werden die Töne harmonisch sein.« Wer zum Beispiel von Natur aus sanft und liebenswürdig sei, liebe Gott anders, aber gewiß nicht tiefer und beständiger als jener, der »unter den Ecken und Kanten eines schwierigen Temperaments zu leiden« habe. Die Liebe des einen werde allenfalls harmonischer und beglückender, die des anderen dafür tapferer und verdienstvoller sein.
Mit beißender Ironie zog der heilige Franz gegen eine halbherzige Scheinfrömmigkeit zu Felde: »Wer gern fastet, hält sich für fromm«, heißt es in seiner »Einführung in das geistliche Leben«, »obwohl sein Herz voll Rachsucht ist. Vor lauter Mäßigkeit wagt er nicht, seine Zunge ... zu benetzen, aber er schrickt nicht davor zurück, sie in das Blut seiner

Mitmenschen zu tauchen durch Verleumdung und üble Nachrede. Ein anderer hält sich für fromm, weil er täglich eine Menge Gebete heruntersagt, obwohl er nachher seiner Zunge alle Freiheit läßt für Schimpfworte, böse und beleidigende Reden gegen Hausgenossen und Nachbarn.«

Zusätzlich zu den zahllosen zermürbenden Kleinigkeiten der Bistumsverwaltung – mehr als 20000 Briefe sind von Franz erhalten, in neun Monaten hat er 165mal gepredigt – fand er noch Zeit, einen Frauenorden zu gründen und eine Akademie zur Förderung von Kunst und Wissenschaft ins Leben zu rufen. Denn Unwissenheit sei »schlimmer als Bosheit«. Sein »Traktat über die Gottesliebe«, in geschliffenem Französisch verfaßt, schildert die Freundschaft zwischen Gott und der Seele und wurde so etwas wie ein Testament des Bischofs Franz von Sales.

Hier findet sich nämlich in gedrängter Form seine ganze Theologie. In ihrem Mittelpunkt steht eine keineswegs sentimental verstandene Herzensreligion: »Gott ist der Gott des menschlichen Herzens.« In jedem

Franz von Sales

(François de Sales) stammt aus altem savoyischen Adel. 1567 auf dem väterlichen Schloß in der Gegend von Genf geboren, studierte er nach dem Willen des Vaters zunächst Jura in Paris und Padua, schaffte es aber dann doch, sich zum Priester weihen zu lassen. Das glanzvolle Amt des Dompropstes von Genf vertauschte er als 27jähriger für vier Jahre mit der mühevollen Missionsarbeit im Chamblais am Genfer See. Franz versuchte, die Bewohner des calvinistisch gewordenen Berglandes für den katholischen Glauben zurückzugewinnen. 1602 zum Bischof von Genf-Annecy ernannt (die Residenz war aus der calvinistischen Hochburg Genf in das katholische Annecy verlegt worden), reformierte er Klerus und Ordenshäuser. Gemeinsam mit seiner Schülerin und vertrauten Freundin Johanna von Chantal gründete er 1610 den kontemplativen, aber sozial aktiven Orden der Schwestern von der Heimsuchung Mariens (auch Salesianerinnen genannt). Seine Hauptwerke »Einführung in das gottgeweihte Leben«, kurz »Philothea« (1608), und »Traktat über die Gottesliebe«, kurz »Theotimus« (1616), wurden religiöse Bestseller. 1622 starb Franz von Sales 55jährig in Lyon. Schon 1665 wurde er heiliggesprochen. 1877 wurde er mit dem Titel »Kirchenlehrer« geehrt, 1923 ernannte ihn Papst Pius XI. zum Patron der Schriftsteller.

Menschen findet sich eine Ahnung von Gottes Liebe, jeder Mensch sehnt sich von Natur aus danach, Gott zu lieben. »Der Teufel allein kann nicht lieben.« Ziel aller Frömmigkeit müsse es sein, das eigene Herz leer zu machen für die Liebe Gottes: »Wie glücklich werden wir sein, ... wenn wir eines Tages uns selbst eintauschen gegen diese Liebe!«
Es dauert nicht mehr lange, bis Franz selbst diesen beglückenden Tausch erlebt. Nach zwanzig Jahren in der Leitung des Bistums sind seine Kräfte erschöpft. 55jährig stirbt er 1622 in Lyon.

Eine besiegte Heilige?
Mary Ward

(1585 bis 1645)

Karl Hillenbrand

Große Gestalten der Glaubensgeschichte sind stets auch lebendige Kommentare zur Bibel. Zentrale Stellen zur Heiligen Schrift gewinnen durch sie Farbe und Profil. Das Leben von Mary Ward liest sich unter diesem Aspekt wie die Auslegung jenes Abschnittes aus dem 2. Korintherbrief (6,4–10), in dem es heißt:
»In allem erweisen wir uns als Gottes Diener: durch große Standhaftigkeit, in Bedrängnis, in Not, in Angst, unter Schlägen, in Gefängnissen, in Zeiten der Unruhe, unter der Last der Arbeit, in durchwachten Nächten, durch Fasten, durch lautere Gesinnung, durch Erkenntnis, durch Langmut, durch Güte, durch den heiligen Geist, durch ungeheuchelte Liebe, durch das Wort der Wahrheit, in der Kraft Gottes, mit den Waffen der Gerechtigkeit in der Rechten und in der Linken, bei Ehrung und Schmähung, bei übler Nachrede und bei Lob. Wir gelten als Betrüger und sind doch wahrhaftig; wir werden verkannt und doch anerkannt; wir sind wie Sterbende und seht: wir leben; wir werden gezüchtigt und doch nicht getötet; uns wird Leid zugefügt und doch sind wir jederzeit fröhlich; wir sind arm und machen doch viele reich; wir haben nichts und haben doch alles.«
Wüßte man nicht, daß es sich dabei um Sätze aus dem Neuen Testament handelt, könnte man sich bei dieser Situationsbeschreibung fast an die Stoffsammlung für einen Kriminalroman erinnert fühlen. In der Tat: An Spannung fehlt es in der Lebensgeschichte Mary Wards nicht. Ihre Geburt im Jahr 1585 und die Zeit ihrer Kindheit fallen in die englischen Religionswirren des 16. und 17. Jahrhunderts. Die englischen Katholiken, obwohl verfolgt, waren unter sich nochmals zerstritten. Eine auch nur einigermaßen klare Glaubensorientierung war unter solchen Umständen fast unmöglich. Viele Gläubige zogen sich resigniert ins Privatleben zurück.
Mary Ward hätte als Tochter eines Adligen, der seinen Stammbaum bis in die Zeit Wilhelms des Eroberers zurückführen konnte, alle Voraussetzungen dafür gehabt, auch in dieser schwierigen Zeit durch ein entsprechend

unauffälliges Verhalten einigermaßen über die Runden zu kommen. Ihr Vater wollte ihr auch ganz offenkundig eine solche Lebenssicherung durch entsprechende Heiratspläne ermöglichen, zumal seine Tochter durch Bildung und Charme bekannt war. Aber das junge Mädchen lehnte alle diesbezüglichen Vorschläge ab. War es jugendlicher Trotz oder mehr? Mit 20 Jahren konnte sie jedenfalls ihren Wunsch nach dem Eintritt in ein Kloster durchsetzen. Da dies in England unmöglich war – alle katholischen Einrichtungen waren aufgehoben –, bot sich die nächste Möglichkeit dazu nur in Flandern. Doch der Eintritt in das Klarissenkloster von St.-Omer zeigte sich im nachhinein wie eine Ouvertüre zu den schrillen Dissonanzen, die gewissermaßen die Begleitmusik aller weiteren Jahre bildeten: Von der Schwesterngemeinschaft nie recht akzeptiert, mußte Mary ein Jahr lang helfen, den Lebensunterhalt für die Gemeinschaft zusammenzubetteln. Eine bischöfliche Visitation machte zwar das Unerträgliche dieser Lage bewußt, brachte aber noch keinen Aufschluß über den weiteren Weg. Die unklare Zukunft war eine extreme Herausforderung ihrer Bereitschaft zum Leben nach dem Evangelium. Auch der Versuch, in Flandern ein eigenes Klarissenkloster für englische Schwestern zu gründen, brachte nicht die erhoffte Gewißheit, die richtige Form der Orientierung an Jesus entdeckt zu haben.

Die entscheidende Wegweisung kam für Mary Ward in einem Gebetserlebnis, in dem sie sich gedrängt fühlte, »etwas anderes« zu tun, wobei ihr erst nach weiterem Suchen klar wurde, daß dieses »Andere« im tätigen Einsatz für die junge Generation ihrer Zeit bestehen sollte, die Gefahr lief, in religiöse Orientierungslosigkeit zu geraten. Mary Ward sah deutlich, daß diesem Problem in England von den wenigen dort verbliebenen Priestern allein nicht zu begegnen war. Sie fühlte sich nun vor allem dazu gedrängt, in der bis dahin vernachlässigten Mädchenerziehung neue Wege zu gehen. So nahm der Plan Gestalt an, ein Institut zu gründen, das von der bisherigen Form der Frauenklöster abwich. In ihnen waren die Schülerinnen in die Klausur der Schwestern einbezogen und durften während der Ausbildungszeit das Kloster nicht verlassen, was oft zu einer Entfremdung zwischen Kindern und Eltern führte. Mary plante dagegen ein Institut ohne Klausur, weil sie intuitiv spürte, daß dies der geeignetere Weg sei, in einer gewandelten Zeit das christliche Zeugnis in die Öffentlichkeit zu tragen. Diese Konzeption brachte ihr und ihren Gefährtinnen von kirchlicher Seite viele Mißverständnisse ein, zumal das Konzil von Trient erst einige Jahrzehnte zuvor die Klausurbestimmungen für Frauenklöster noch ver-

schärft hatte. Man sah nicht, daß Mary den Wert der bisherigen Lebensform in keiner Weise in Frage stellen wollte, sondern lediglich unter den Zeichen ihrer Zeit nach einem Weg suchte, den bleibend gültigen Auftrag zur Jesusnachfolge neu und überzeugend zur Geltung zu bringen.
Die Anfeindungen verschärften sich noch, als sie in der Regel der von Ignatius von Loyola gegründeten »Gesellschaft Jesu« das Ziel auch ihres Werkes erkannte: nämlich das Bemühen, die eigene Gottesbeziehung immer wieder auf die Glaubensgemeinschaft mit dem Nächsten hin zu überschreiten, weil nur so die Wahrheit des Gottesbezuges zu ihrer Bewährung kommt. »Nur die wahrhaft Liebenden können Gott ganz gehören. Nur sie sind stark und fähig zu all den guten Werken, die in dieser Welt geschehen sollen«, schreibt Mary Ward sehr prägnant über diese Grundausrichtung. Die Liebe zum Menschen entspringt bei ihr keinem unbestimmten humanitär-religiösen Gefühl, sondern zeigt sich als eine Kraft, die aus der Bereitschaft kommt, »in der Gegenwart Gottes zu wandeln«, wie sie sich im selben Schreiben ausdrückt.
»Leben in der Gegenwart Gottes« – darin steckt der Schlüssel zum Geheimnis ihres Lebens. Mary Ward war fähig, alles auf Gott hin zu beziehen. So war ihre Religiosität nichts Künstliches, sondern im besten Sinn natürlich und lebendig, weil bei ihr Eigenschaften wie die von zahlreichen Zeitgenossen bezeugte Liebenswürdigkeit, eine selbst von Gegnern anerkannte Klugheit und ein starker Wille zu unverwechselbaren persönlichen Ausdrucksformen des Glaubens wurden. Umgekehrt versuchte Mary Ward, alles von Gott her zu deuten – auch das Widerständige und scheinbar Unerträgliche. Sie konnte diese Situation ertragen, weil sie sich zuallererst von Gott selbst getragen fühlte. Ein solcher Satz hört sich einfach an und klingt zunächst wie eine Wortspielerei; er gewinnt sein Profil erst dann, wenn man sieht, wie die Kraft solcher Liebe zu Gott und den Menschen gerade in der Schwachheit zur Geltung kommt und an Herausforderungen reift.

An solchen Herausforderungen fehlte es im Leben von Mary Ward bestimmt nicht. Zeitlebens stand sie im Widerstreit inner- und außerkirchlicher Meinungen. Dazu kam das verbreitete und bösartige Vorurteil, bei Mary und ihren Gefährtinnen handle es sich um überspannte Frauen, die für eine apostolische Tätigkeit ohnehin ungeeignet seien. Als die Intrigen überhandzunehmen drohten, faßte Mary den Plan einer Reise nach Rom, um ihre Angelegenheit dem Papst selbst zu unterbreiten. Zu Fuß legte sie den größten Teil der Strecke zurück – damals ein fast lebensgefährliches

Unternehmen, zu riskieren nur von einem Menschen, der das Äußerste wagt, weil er sein Lebenswerk gefährdet sieht.
Papst Gregor XV., der durchaus Interesse an der Neugründung zeigte, starb, bevor eine mögliche Bestätigung des Werkes in greifbare Nähe gerückt war. Sein Nachfolger Urban VIII. war von politischen Interessen zu stark in Beschlag genommen, um Marys Anliegen mit der nötigen Aufmerksamkeit fördern zu können. Während der langen Wartezeit in Rom kam es in den flandrischen Häusern zu Unstimmigkeiten, die Mary Ward zur Rückreise veranlaßten, nachdem in der Zwischenzeit Niederlassungen in Rom, Neapel und Perugia entstanden waren. Aus einem Umweg über München wurde ein längerer Aufenthalt, der Neugründungen des Instituts in Bayern zur Folge hatte, die von Kurfürst Maximilian tatkräftig gefördert wurden. Bereits 1620 beziehungsweise ein Jahr später waren Häuser in Köln und Trier entstanden.
Diese Aufbauarbeit wurde jedoch zunehmend durch neue Denunziationen gefährdet. Sie veranlaßten Mary zu einer zweiten Alpenüberquerung, um erneut vor Papst und Kurie ihr Anliegen zu vertreten. Doch sie konnte die Aufhebung des Instituts nicht verhindern, die Urban VIII. im Januar 1631 vollzog. Alle Schwestern sollten entlassen und sämtliche Häuser geschlossen werden. Mit Recht bezeichnete Walter Nigg diesen Vorgang als eine »christliche Tragödie«.
In dieser Situation zeigt sich der Glaube Mary Wards nochmals von einer neuen Seite. Was läge angesichts einer solchen Erfahrung mit der Kirche näher als der Rückzug in die bloße religiöse Innerlichkeit, auf eine Art Privatchristentum? »Jesus ja – Kirche nein«, lautet ein heute gängiges Schlagwort dafür. Mary Ward wandte sich nicht von dieser Kirche ab, die ihr Werk in Frage stellte. Der tiefste Grund einer solchen Haltung läßt sich nur darin sehen: Diese Frau lebte aus dem Wissen, daß Kirche als Gemeinschaft immer wieder versagender Menschen nur deshalb Bestand hat, weil Gott in Jesus Christus ihr die Treue hält und diese Menschen nicht fallen läßt.
Solche Einsicht verbot es ihr, sich außerhalb zu stellen. Sie wußte sich zutiefst in diese Gemeinschaft fehlbarer Menschen eingebunden, in eine Gemeinschaft, deren Geheimnis es eben ausmacht, daß Gott sich an sie bindet. Es ist sicher keine Fehldeutung, wenn man Mary Wards Haltung der Kirche gegenüber mit einem Gedanken Romano Guardinis zu erfassen versucht: »Wir werden mit den Mängeln der Kirche erst dann fertig, wenn wir ihren Sinn einsehen. Vielleicht ist es dieser: Sie sollen unseren Glauben kreuzigen, damit wir wirklich Gott suchen und unser Heil, nicht uns selbst ...«

Mary Wards Unterwerfung unter die Entscheidung des Papstes war dabei alles andere als schwächliche Passivität: ein drittes Mal wanderte sie nach Rom, um sich gegen den Vorwurf zu verteidigen, ihre Ansichten und ihr Werk seien eine Gefährdung des Glaubens. Ihr Auftreten blieb nicht ohne Wirkung; man sprach sie von dieser Anschuldigung frei, ohne jedoch die Aufhebung des Instituts rückgängig zu machen. So war Mary Ward in ihren letzten Lebensjahren nach außen hin zur Wirkungslosigkeit verurteilt. Sie entschloß sich, in die Heimat zurückzukehren. Nachdem sie bereits früher unter verschiedenen Krankheiten zu leiden gehabt hatte, starb sie im Alter von 60 Jahren am 30. Januar 1645 in Hewarth bei York, wohin sie einige der engsten Mitarbeiterinnen begleitet hatten.

Jahrhundertelang wurde sie praktisch totgeschwiegen. Häuser, die ihre Mitschwestern später gegründet hatten, durften nicht mit ihrem Namen in Verbindung gebracht werden. Erst 1909 verfügte Papst Pius X., es sei eine geschichtliche Tatsache, daß das Institut der Englischen Fräulein, wie man die Schwestern nannte, Mary Ward zur Stifterin habe. 1930 erteilte Pius XI. die Zustimmung zur Eröffnung des Seligsprechungsprozesses. 1979 konnte das Institut die angepaßten Konstitutionen der Gesellschaft Jesu für sich übernehmen.
Geht es dabei um späte Genugtuung für eine »besiegte Heilige«? Man kann es auch anders sehen. Wäre das Sprichwort »Gott schreibt auch auf

Mary Ward

wurde am 23. Januar 1585 auf Gut Mulwith in der englischen Grafschaft Yorkshire geboren. 1606 tritt sie im flandrischen St.-Omer als Laienschwester in ein Klarissenkloster ein. 1609 gründet sie ein eigenes Institut für den Unterricht und die Erziehung der weiblichen Jugend. Ab 1611 erfolgen Bemühungen um die Übernahme der Regel der Gesellschaft Jesu. 1621 unternimmt Mary Ward ihre erste Romreise zur Bestätigung ihrer Gründung, eine zweite folgt 1629. 1631 wird das Institut von Papst Urban VIII. aufgehoben. Bei ihrer dritten Romreise im gleichen Jahr kann Mary Ward wenigstens die Rücknahme des Häresieverdachtes erreichen. 1639 kehrt sie nach England zurück, wo sie zusammen mit einigen Gefährtinnen bis zu ihrem Tod am 30. Januar 1645 bei York lebt.

krummen Linien gerade« nicht schon so abgegriffen – man könnte es gut auf Lebensgeschichte und Nachwirkung Mary Wards anwenden. Dabei kann es heute nicht um eine Imitation ihrer Person gehen. Wichtig wäre, auf die von ihr ausgehenden Impulse zu achten, auf die Bereitschaft zu radikaler Glaubenserfahrung und die aus ihr entspringende Grundhaltung, die Mary in der Begegnung mit ihrer Zeit neue Wege suchen und finden ließ, ohne ihre kirchliche Bindung aufzugeben. Die Frage nach dem Lebensgeheimnis Mary Wards, aus dem das Faszinierende an ihrer Persönlichkeit kommt, läßt sich am besten wieder mit Worten aus dem zweiten Korintherbrief beantworten (4,7b–9): ». . . So wird deutlich, daß das Übermaß an Kraft von Gott und nicht von uns kommt. Von allen Seiten werden wir in die Enge getrieben und finden doch noch Raum; wir wissen weder aus noch ein und verzweifeln dennoch nicht; wir werden gehetzt und sind doch nicht verlassen; wir werden niedergestreckt und doch nicht vernichtet.«

Der treue Diener
Johann Valentin Andreä

(1586 bis 1654)

Paul Handschin

Wie eine verheerende Flut haben sich die Zerstörungen des Dreißigjährigen Krieges im siebzehnten Jahrhundert über das Deutsche Reich ergossen. Die meisten Dokumente aus jener Zeit sind vernichtet worden. Daß die Lebensbeschreibung von Johann Valentin Andreä erhalten blieb, darf als besonderer Glücksfall bezeichnet werden. Gottfried Keller, der Stadtschreiber und Dichter aus Zürich, meinte dazu: »In den Aufzeichnungen des lutherischen Theologen und Gottesmannes Johannes Valentin Andreä raucht und schwelt der Dreißigjährige Krieg. Geprägt von Not und Leiden, hoher Gelehrtheit, Gottvertrauen und dem Fleiß seiner Widersacher hat sein Lebensschicksal, auf der Höhe kirchlicher Ämter stehend, eine Gestalt angenommen, die nur in lateinischer Sprache würdig zu beschreiben war.«
Als Sohn des Stadtpfarrers Johannes Andreä wurde Johann Valentin am 17. August 1586 in Herrenberg geboren. Fünf Jahre später wurde der Vater zum fürstlichen Rat und gleichzeitig auch zum Abt in Königsbronn befördert. Zusammen mit seinen Eltern und den sechs Geschwistern übersiedelte der Knabe an den neuen Wohnort. In der Klosterschule von Königsbronn erhielt er den ersten Unterricht. Nach deren Aufhebung sorgten die jeweiligen Diakone seines Vaters für die Weiterbildung.
Einer Unsitte der damaligen Zeit folgend, investierte der Vater sein ganzes Vermögen in alchimistische Experimente und hoffte dabei, hinter das Geheimnis der Herstellung kostbarer Metalle zu gelangen. Als er am 9. August 1601 plötzlich starb, hinterließ er seine Familie gänzlich mittellos.

Vor dem Sterben hatte der Vater seiner Frau noch geraten, in die Universitätsstadt Tübingen zu übersiedeln. Der Umzug an den neuen Wohnort geschah im strengsten Winter. Um nicht frieren zu müssen, lief Johann Valentin eine Strecke weit hinter dem Reisewagen her. Als er wieder aufzuspringen versuchte, geriet er mit den Füßen so unglücklich in eines der Räder, daß er leicht beide Beine hätte brechen können. Erst im letzten Augenblick hat ein großer Stein, der im Wege lag, mit einem Ruck den Wagen angehalten, so daß das Unglück vermieden wurde. Das Bewußtsein, in dieser gefährlichen Situation durch die Vorsehung Gottes bewahrt worden zu sein, hat ihn während seines ganzen Lebens nicht mehr verlassen.

Mit fünfzehn Jahren nahm Johann Valentin Andreä sein Studium an der Universität Tübingen auf, um sich auf das geistliche Amt vorzubereiten. Zwei Jahre später erlangte er den Grad eines Bakkalaureus und nochmals zwei Jahre später denjenigen eines Magisters.

Dann aber scheint er in schlechte Gesellschaft geraten und in eine Affäre verwickelt worden zu sein, deren Zusammenhänge sich heute nicht mehr mit Sicherheit analysieren lassen. Liederliche Frauen haben dabei offensichtlich eine verhängnisvolle Rolle gespielt. Die Schande seiner Verfehlung bedrückte den jungen Studenten dermaßen, daß er sich in Tübingen nicht mehr sehen lassen wollte. Er verließ die Universität und begab sich auf verschiedene Bildungsreisen.

Auch wenn man heute nicht mehr mit Sicherheit sagen kann, worum es sich bei dieser Affäre aus dem Jahre 1607 gehandelt hat, so gewinnt man doch den Eindruck, daß sie so etwas wie ein Schlüsselerlebnis gewesen sein muß. Dem späteren Leben ist dadurch eine ganz neue Richtung gegeben worden. Johann Valentin Andreä begnügte sich fortan nicht mehr damit, den Glaubenssätzen der Kirche zuzustimmen. Er erwartete darüber hinaus, daß der Glaube zu einer Quelle der Kraft werde, die den Menschen hilft, die Versuchungen des Bösen zu überwinden und auf dem geraden Weg zu bleiben.

Vier Jahre später kam Johann Valentin Andreä nach Genf und hielt sich längere Zeit dort auf. Er beobachtete die Auswirkungen der Kirchenzucht auf das Leben der Genfer Bevölkerung und hat darin die Ideale, wie sie ihm damals vorschwebten, verwirklicht gesehen. Voller Anerkennung hat er darüber berichtet: »Dadurch werden alle Karten- und Würfelspiele, Schwören und Fluchen, Mutwille, Geilheit, Zank, Haß, Tücke, Betrug, Geldschneiderei, Schmausen, Schwelgerei, Trägheit, unmäßiger Zorn und Grobheit verhütet.« Was er in Genf beobachtete, hat ihn nachhaltig beeinflußt. In seiner späteren kirchlichen Tätigkeit versuchte er im gleichen Sinn und Geist zu wirken.

Um seinen Lebensunterhalt zu verdienen, hat Johann Valentin Andreä zwischendurch verschiedene Hofmeisterstellen versehen. Berufsziel aber blieb für ihn immer das geistliche Amt. Um sich darauf abschließend vorzubereiten, kehrte er 1612 für eineinhalb Jahre an die Universität

Tübingen zurück, und im Anschluß daran wurde dem 28jährigen vom herzoglichen Konsistorium das Diakonat – das Gemeindepfarramt – in Vaihingen an der Enz in Württemberg übertragen.

Im März 1614 hat er seine Stelle angetreten, und am 2. August desselben Jahres verheiratete er sich mit Agnes Elisabeth Grüninger, der Tochter des Pfarrers von Poppenweiler.

Während seiner Amtszeit in Vaihingen wurde das Städtchen zweimal von Feuersbrünsten heimgesucht. 1617 brannten 116 Gebäude nieder, und ein Jahr später wurden 27 Häuser sowie die Kirche ein Raub der Flammen. Viel mehr als diese Brandkatastrophen machte ihm aber die Trunksucht der Vaihinger zu schaffen. Alle seine Bemühungen um eine Besserung der Verhältnisse schienen umsonst zu sein. Er wurde in seinem Anliegen nicht verstanden und sah sich immer wieder neuen Anfeindungen ausgesetzt. Aus dieser Zwietracht zog sich Andreä am liebsten in die häusliche Stille zurück, um seiner schriftstellerischen Leidenschaft zu frönen.

Nach sechsjähriger Wirksamkeit in Vaihingen wurde Johann Valentin Andreä als Stadtpfarrer und Dekan nach Calw berufen. Es läßt tief blicken, wenn er in seiner Autobiographie schreibt: »So wurde ich von Vaihingen erlöst und kam nach Calw.« Er dürfte sich dabei allerdings falschen Hoffnungen hingegeben haben; denn auch an seinem neuen Wirkungsort regte sich allerlei Widerstand.

Ein ernsthaftes Problem war in jenen Jahren die Falschmünzerei. Statt aus edlem Metall wurden die Münzen vielfach aus Kupfer geprägt und nur oberflächlich versilbert. Das führte zu einer großen Verunsicherung des ganzen Zahlungsverkehrs und zu gerichtlichen Anklagen gegen Fälscher. Immer wieder kam es allerdings vor, daß auch gänzlich unschuldige Leute der Falschmünzerei angeklagt wurden. Für solche hat sich Andreä mit großem Eifer eingesetzt und erreicht, daß sie von Schuld und Strafe freigesprochen wurden.

Nach der Niederlage von Nördlingen brach auch über das Städtchen Calw großes Unglück herein. Die kaiserlichen Truppen plünderten den Ort. Andreä floh mit seiner Familie und einigen Leuten in die umliegenden Wälder. Von dort aus mußten sie mit ansehen, wie ihre Vaterstadt in Flammen aufging.

Nach der Rückkehr machte man sich nach und nach an den Wiederaufbau. Um einflußreiche Freunde für dieses Unternehmen zu gewinnen, verfaßte Andreä in lateinischer Sprache die Schrift »Calwer Klagelieder«.

Peinlich genau wird darin geschildert, welchen Schaden die Soldateska angerichtet hatte und welche Grausamkeiten verübt worden waren.
Groß war die Not vor allem unter den Waisenkindern. Johann Valentin Andreä sorgte dafür, daß sie mit Nahrung und Kleidung versehen wurden. Er verschaffte denen, die obdachlos geworden waren, wieder eine Unterkunft. Vor allem aber bemühte er sich, die öffentliche Ordnung wiederherzustellen und der Sittenlosigkeit entgegenzutreten.
Auf Kriegsnot folgte Krankheitsnot. Johann Valentin Andreä nannte das Jahr 1635 sein »Kerkerjahr«. In diesem Jahr raffte die Pest allein in Calw mehr als 700 Menschen dahin. Andreä mußte binnen Jahresfrist an 430 Beerdigungen teilnehmen und 85 Leichenpredigten halten, obwohl auch er immer wieder unpäßlich war.

Während der Wirren des Dreißigjährigen Krieges war Herzog Eberhard III. von Württemberg ins Exil zu gehen genötigt. Er hielt sich in Straßburg auf, bis ihm im Jahre 1638 gestattet wurde, nach Stuttgart zurückzukehren. Nun suchte er nach Leuten, die mithelfen sollten, die unhaltbar gewordenen Zustände zu verändern und ein geordnetes Kirchenregiment herzustellen. Darum ließ der Herzog neben anderen auch Johann Valentin Andreä für eine Probepredigt an den Hof nach Stuttgart kommen und berief ihn im Anschluß daran auf die Stelle eines Hofpredigers. Am 14. Januar 1639 hat Andreä sein neues Amt angetreten und es in den zehn folgenden Jahren treu versehen.
Es gehörte zu seinen Aufgaben, wöchentlich zwei Predigten zu halten. Um das kirchliche Leben wieder in geordnete Bahnen zu lenken, bemühte er sich in erster Linie um die Wiederherstellung des theologischen Stifts in Tübingen, einer Ausbildungsstätte für angehende Pfarrer. Zur Landeskollekte, die zu diesem Zweck erhoben wurde, hat er selber einen namhaften Beitrag aus der eigenen Tasche hinzugefügt.
Im Friedensjahr 1648 wurde vom 62jährigen Theologen Andreä ein Kupferstich angefertigt. Als Devise steht am oberen Bildrand das lateinische Wort »sufficit« – »es ist genug«. Das heißt nichts anderes, als daß Andreä der Auseinandersetzungen und Anfeindungen müde geworden war. Aber erst zwei Jahre später ging sein Wunsch, des Amtes enthoben zu werden, in Erfüllung. Am 15. April 1650 hielt er seine letzte Predigt bei Hof – es war die 1070ste – und am Tag darauf verabschiedete er sich in einer Privataudienz vom Herzog.
Damit wurde er allerdings noch nicht in den Ruhestand versetzt. Als neue Aufgabe erhielt er das Amt eines Abtes im ehemaligen Zisterzienserkloster

Bebenhausen zugewiesen. Dort war eine Klosterschule untergebracht, und es galt, 34 Zöglinge zu unterrichten, um sie auf das Studium an der Universität vorzubereiten.
Schwer zu schaffen machte ihm in seinen letzten Lebensjahren im Zusammenhang mit der Gegenreformation der Übertritt mehrerer evangelischer Fürsten zur römisch-katholischen Kirche, und die Pflichten seines Amtes sind ihm oft vorgekommen wie Kerkermauern.
Dennoch schließt er die Beschreibung seines Lebens ab mit einem Lobpreis der Güte Gottes: »Die Güte des Herrn ist's, daß wir nicht gar aus sind, seine Barmherzigkeit hat noch kein Ende, sondern sie ist alle Morgen neu, und deine Treue ist groß« (Klagelieder 3,22–23).
Andreä wurde im Februar 1654 aus seinem Amt an der Klosterschule in Bebenhausen entlassen und als Abt nach Adelberg bei Göppingen versetzt. Am 27. Juni desselben Jahres ist er in Stuttgart gestorben und auf dem Friedhof der Hospitalkirche beigesetzt worden.

Johann Valentin Andreä

wurde am 17. August 1586 als Sohn des Stadtpfarrers in Herrenberg geboren. Er studierte Theologie in Tübingen, war Hofmeister und hat vor allem während seiner Amtszeit als Diakon in Vaihingen (1614 bis 1620) eine größere Anzahl religiöser Schriften verfaßt. Als Dekan in Calw erlebte er die Schrecken des Dreißigjährigen Krieges, und als Hofprediger in Stuttgart (1639 bis 1649) half er mit beim Wiederaufbau der evangelischen Kirche Württembergs. Anschließend wirkte er noch als Abt an der evangelischen Klosterschule in Bebenhausen. Er starb am 27. Juni 1654 in Stuttgart.

Der Dichter des Trostes
Paul Gerhardt

(1607 bis 1676)

Werner Hehl

Befiehl du deine Wege / und was dein Herze kränkt
der allertreusten Pflege / des, der den Himmel lenkt.
Der Wolken, Luft und Winden / gibt Wege, Lauf und Bahn,
der wird auch Wege finden, / da dein Fuß gehen kann.

Aus diesem »Hohenlied von der Treue Gottes«, das Paul Gerhardt kurz nach Ende des Dreißigjährigen Krieges gesungen hat, haben unzählige Menschen Trost geschöpft bis auf den heutigen Tag: die von der »Jammerlast« des großen Krieges Gebeugten ebenso wie die Flüchtlingsscharen des Zweiten Weltkriegs; der stellen- und mittellose Poet Matthias Claudius nicht minder als der Todeskandidat Dietrich Bonhoeffer, der in den Kerkern der Gestapo entdecken durfte, daß sich »Paul Gerhardt in ungeahnter Weise bewährt hat«.

Mit seinen vielen Liedern zum Thema »Kreuz und Trost« ist Paul Gerhardt nach Luther zum »größten Tröster« des evangelischen Kirchengesangbuchs geworden. Und wenn Christen die Güte ihres Schöpfers preisen, so stimmen sie noch heute am liebsten mit Gerhardt an: »Die güldne Sonne« und »Geh aus, mein Herz, und suche Freud«. Will sich die Gemeinde Jesu an den hohen Festtagen in die Wundertaten des Erlösers versenken, so läßt sie sich von ihm anleiten: »Wie soll ich dich empfangen?« oder »Fröhlich soll mein Herze springen«.

Gerhardt ist in seiner Zeit nicht der einzige Lyriker von Format gewesen. Ihm zur Seite standen Gestalten wie Gryphius und Fleming, Albert und Dach. Verglichen mit der literarischen Ausbeute seiner Dichterkollegen nimmt sich Gerhardts Ernte geradezu bescheiden aus: neben elf lateinischen Carmina hat er uns 134 Lieder in deutscher Sprache hinterlassen – darunter strengere und freiere Nachdichtungen vor allem biblischer Texte. Doch während die Lorbeerkränze der meisten Weggenossen verwelkt sind, duften die Blumen aus Gerhardts Dichtergarten noch immer.

Wo liegen die Gründe für diese Jugendfrische? Nun, Wunder kann man nicht erklären, die Schöpferkraft eines Genies läßt sich nicht analysieren. Beschränken wir uns auf ein paar Hinweise: Als Kind seiner Zeit hat sich Gerhardt auch der Stilmittel der Zeit bedient. Daß er dabei den üblichen Schwulst und die Künsteleien fast aller Barockpoeme vermieden hat, daß sich bei ihm »Strenge und Mühelosigkeit« paarten, zeugt vom unbestechlichen Formsinn dieses Dichters. Wie kaum ein anderer besaß er die Gabe, Begriffliches zur Anschauung zu bringen und das Vergängliche zum Gleichnis des Ewigen zu erheben. Weil er gleich Luther den Leuten »aufs Maul zu schauen« wußte, klingen seine Verse natürlich und einfach. Weil er Menschen und Dinge mit kindlicher »Ein-Falt« betrachtete, sah er die Welt ungeschminkt, konnte er mit seinen so persönlichen »Ich-Liedern« zum »Mund der Fröhlichen und der Verzagten« werden. Indessen können formale Kriterien allein das Werk von Gerhardt nicht erfassen. Seine Lieder leben vom Inhalt; sie holen ihre Kraft aus dem Grund des Glaubens.

Wenden wir uns daher dem Leben des Dichters zu und suchen wir die Wurzeln seiner Frömmigkeit freizulegen. Freilich kennen wir seinen äußeren Lebensgang nur in Umrissen; der Verlauf seiner inneren Entwicklung ist uns weithin verborgen. So breitet sich auch über die Kindheit des Dichters undurchdringliches Dunkel. Sicher ist, daß er am 12. März 1607 im damals kursächsischen Gräfenhainichen zur Welt gekommen ist, daß der Vater, Ackerbauer und Gastwirt von Beruf, eine Zeitlang dem Städtchen als Bürgermeister vorstand und daß die Mutter einem Pfarrersgeschlecht entstammte. Bestrebt, ihrem Sohn eine gute Schulbildung zu verschaffen, schickten die Eltern vier Jahre nach Ausbruch des großen Krieges den Fünfzehnjährigen auf die protestantische Gelehrtenschule zu Grimma. Dort wurde er in die Welt der Griechen und Römer eingeführt; außerdem erhielt er gediegene Kenntnisse im biblischen Unterricht und in Luthers Lehre, so wie sie in den Bekenntnisschriften der lutherischen Kirche niedergelegt worden war. Erst mit 21 Jahren bezog er die Universität Wittenberg, um Theologie zu studieren. Doch scheint er an dieser Hochburg des Luthertums nicht nur fleißig die Hörsäle besucht, sondern auch Musik und Geselligkeit fröhlich betrieben zu haben.

Gerhardts dichterisches Talent hat sich offenbar erst in Berlin entfaltet, wo er seit 1643 als Hauslehrer und Hilfsgeistlicher gewirkt hat. Wir können dies daraus ersehen, daß der bedeutende Berliner Kantor und Kompositeur Johann Crüger kurz danach ein Gesangbuch herausgegeben hat, in dem erstmals 18 Gerhardt-Lieder aufgenommen worden sind. Crüger muß diese Meisterstücke seinem Freund Gerhardt geradezu abgerungen haben: Nie hat der bescheidene Mann von sich aus auch nur einen Vers veröffentlicht; nie hat er an einem der dazumal so beliebten Dichterwettkämpfe teilgenommen! Auch um ein Pfarramt hat er sich zeitlebens nicht beworben. Er wartete, bis man ihn rief, seine Lebensführung dem anbefehlend, der »Wege, Lauf und Bahn« gibt. Endlich wurde der 44jährige nach Mittenwalde bei Berlin auf seine erste Pfarrstelle berufen. Wie die Kirchenbücher ausweisen, hat er seine Dienstpflichten in der vom Krieg schwer mitgenommenen Gemeinde sehr ernst genommen. Gleichwohl fand er Muße, zur Feder zu greifen und sich von der Seele zu schreiben, was ihn erhob oder bedrückte. Die Mittenwalder Zeit ist für sein Schaffen besonders fruchtbar gewesen.

Wann und bei welchen Anlässen seine Gedichte im einzelnen entstanden sind, wissen wir nicht. Seine schönen Ehestandslieder hat er vermutlich nach seiner Verheiratung mit der Berliner Bürgerstochter Anna Maria Berthold geschrieben. Die Ehe, die dreizehn Jahre währte und mit dem Tod der Gattin endete, scheint sehr glücklich gewesen zu sein. Freilich wurde sie auch von Leid und Trübsal überschattet: Von den fünf Kindern, die den Eheleuten geschenkt wurden, mußten sie vier wieder hergeben. Die »Wolken von Angst und Pein«, die Gerhardts Leben zu verdüstern drohten, sind in vielen seiner Lieder deutlich wahrzunehmen. Zugleich aber ist zu erkennen, daß sie immer wieder durchbrochen worden sind vom Licht eines sieghaften Gottvertrauens, das den Dichter befähigte, sein Kreuz »unverzagt und ohne Grauen« zu tragen und seinen Schöpfer dennoch »fröhlich zu ehren«.

Eine Prüfung besonderer Art stand ihm in Berlin bevor, nachdem er in seinem fünfzigsten Lebensjahr die Mittenwalder Pfarrei mit dem Amt eines Diakonus an der Berliner Nikolaikirche vertauscht hatte. Unversehens wurde der stille und friedfertige Mann in die politische Arena gestoßen und in einen Streit verwickelt, der schicksalhaft für ihn wurde.

Das kam so: Fast alle Einwohner der Mark Brandenburg bekannten sich damals zum Luthertum. Einige wenige nur waren Anhänger Calvins. Zwischen diesen beiden Konfessionen bestand in jener Zeit der »Orthodoxie« (Rechtgläubigkeit) eine schier unüberwindliche Kluft. So waren beispielsweise die lutherischen Geistlichen verpflichtet, getreu ihren Bekenntnisschriften abweichende Lehrmeinungen öffentlich zu bekämpfen.

Nun gehörte zum Calvinismus aber auch der »Große Kurfürst« als Regent des Landes. Spannungen konnten da nicht ausbleiben angesichts der Tatsache, daß seit den Tagen der Reformation den Landesherren auch die Aufsicht über die Landeskirchen zustand. Jedenfalls nahm sich der Berliner Souverän das Recht, ein Edikt zu erlassen, welches das »unnötige Eifern, Gezänk und Disputieren der Geistlichen auf den Kanzeln« bei Strafe der

Amtsentsetzung verbot. Die lutherischen Pastoren waren anfangs empört darüber, unterschrieben aber dann doch in ihrer Mehrzahl.
Nicht so der Diakonus Paul Gerhardt! Zwar war er wie seine Amtsbrüder bereit, den Anhängern Calvins »alle christliche Liebe und Freundschaft zu erweisen«. Aber gleichzeitig war er der festen Überzeugung, daß er um seines Gewissens willen von Luthers »reiner Lehre« nicht weichen und das »von oben« diktierte Toleranzedikt nicht hinnehmen dürfe. So verweigerte er seine Unterschrift und wurde prompt des Amtes enthoben. Sein Mut blieb dennoch ungebeugt. »Es ist ja nur ein geringes Berlinisches Leiden«, hat er damals bekannt; »ich aber bin auch willig und bereit, mit meinem Blut die evangelische Wahrheit zu besiegeln.«
Das Martyrium blieb ihm erspart. Aber es begann eine recht schwere Zeit für ihn, deren Nöte durch den Beistand seiner Freunde und Gönner gemildert und durch sein unerschütterliches Gottvertrauen überwunden wurden. Seine Zuversicht wurde nicht enttäuscht: Im Alter von 62 Jahren wurde Paul Gerhardt zum Pfarrer der kursächsischen Spreewaldgemeinde Lübben bestellt. Dort hat er, seit dem Tod seiner Frau vereinsamt und des Dichtens müde, noch acht Jahre in der Stille gewirkt, bis er am 27. Mai 1676 durch den Tod abberufen wurde.
Paul Gerhardt zählt nicht nur zu den »Klassikern der Weltliteratur« – er gehört der ganzen Christenheit als ein »Freudenmeister«, der uns mit seinen Liedern trösten kann im Leben und im Sterben.

Paul Gerhardt

wurde am 12. März 1607 in Gräfenhainichen bei Wittenberg geboren. Er war Schüler der berühmten Fürstenschule zu Grimma. Nach dem Studium der Theologie wurde er 1643 Hauslehrer in Berlin, 1651 Propst (Pfarrer) zu Mittenwalde, 1657 Pastor an St. Nikolai in Berlin. Wegen seiner unbeugsamen Haltung in den konfessionellen Streitigkeiten wurde er 1667 aus seinem Berliner Amt entlassen. Von 1669 bis zum Tod 1676 wirkte er als Archidiakonus (Oberpfarrer) zu Lübben.
Gerhardt war der größte Liederdichter der evangelischen Christenheit nach Luther. 1647 erscheinen erstmals 18 seiner Lieder in Crügers Gesangbuch »Praxis pietatis melica«. In der 5. Auflage desselben Gesangbuchs finden sich sechs Jahre später bereits 88 Gerhardt-Lieder. Komponisten wie Crüger, Ebeling und Bach haben seine Dichtungen vertont.

Der gläubige Helfer
August Hermann Francke

(1663 bis 1727)

Heinz Vonhoff

Die anderen Pfarrer mochten den Francke nicht. Er war einer von den Neuerern, die immer nur Unruhe stiften, ein Pietist. Das ist einer, der fromm leben will. Deshalb hatten sie ihn in Erfurt davongejagt. Auch auf seiner neuen Pfarrstelle Glaucha, einem Vorort von Halle, versuchten sie, ihn straucheln zu lassen. Wahrscheinlich würde er schon selber an seinen Ideen scheitern. Glaucha war ein Pflaster, auf dem Eiferer ins Stolpern geraten mußten.

Francke sah das anders. Glaucha, so erkannte er bald, brauchte ganze Christen, keine halbherzigen Mitläufer. Unter den zweihundert Häusern und Hütten befanden sich siebenunddreißig Schankstätten. Hierher kamen des Abends die ehrsamen und tugendhaften Hallenser Bürger, um sich zu erholen. Alkohol und Glücksspiel gaben den Nährboden für Laster ab. Mancher geriet an den Bettelstab. Viel Elend in diesen Straßen gab es unter den Kindern, besonders den Waisen, denen eine geordnete Erziehung fehlte. Sie wuchsen in einer zweifelhaften Umwelt auf. Armut und Verführung brachten manche auf falsche Wege.

Predigen allein half da wenig. Da mußte gehandelt werden. An jedem Donnerstag öffnete Francke den Armen sein Pfarrhaus und gab ihnen Suppe und Brot. Aber weil der Mensch nicht vom Brot allein lebt, gab er ihnen zum Brot auch das Wort Gottes. Es war ein mühseliger, oft hoffnungsloser Kampf gegen Bosheit, sittliche Verrohung und erschrekkende Unwissenheit. Und alles kostete Geld. Das eigene war bald verbraucht. Wollte er weiterhelfen, mußte er selber betteln gehen, die Wohlhabenden um eine Spende bitten. Es fruchtete wenig, zu wenig, so daß er schließlich aufgab.

Er machte Anfang 1695 noch einmal einen Versuch. In seinem Pfarrhaus brachte er eine Sammelbüchse an. Er wollte das, was seine Besucher da einlegten, in der Armenhilfe einsetzen. Aber es war wenig, was er erhielt, kaum der Tropfen auf den heißen Stein. Da legte jemand ein Vierteljahr später vier Taler und sechzehn Groschen in die Büchse. Das war für Francke viel Geld, und er sagte mit Glaubensfreudigkeit: »Das ist ein ehrliches Kapital, davon muß man etwas Rechtes stiften. Ich will eine Armenschule damit anfangen.«

Er kaufte ein paar Bücher und stellte einen Studenten als Lehrer an. Zwei Stunden Unterricht täglich waren vorgesehen. Die Kinder kamen, aber die Bücher verschwanden, wenn sie nach Hause mitgenommen wurden. Da kaufte er für den Rest des ehrlichen Kapitals noch einmal Bücher, überließ sie aber den Kindern nur während des Unterrichtes in der Schulstube. So ging es besser. Bald kamen mehr als fünfzig Jungen und Mädchen in die kleine Schule.

Diese war dann zu klein. Und bei den Waisen zeigte sich wenig Erfolg. Wenn sie die Schule verließen, warteten keine Eltern auf sie. Sie verlotterten weiter in der zweifelhaften Umgebung ihrer Kindheit. Francke erkannte, daß er sie ganz in seine Obhut nehmen mußte. Er entwickelte dazu eine Unterrichtsmethode, in der Lernen, Beten und Arbeiten wohlabgewogen nebeneinander standen. Damit war er seiner Zeit weit voraus. Nur wurde auch bald sein Haus wieder zu klein.

Also begann er, ein Waisenhaus zu bauen. Woher er das Geld bekam, war vielen ein unergründliches Geheimnis. Gerüchte gingen um. Man munkelte von Tonnen von Gold, aber die Wahrheit war viel einfacher. Er besaß selbst fast nichts und verließ sich ganz auf seinen Gott. Menschen, die diesen Glaubensmut bewunderten, spendeten immer wieder, so daß das Werk auch in bedrohlichen Tagen weitergeführt werden konnte. Es gab freilich auch gehässige Angriffe gegen den Pietisten.

Aber er fand Freunde und Helfer, die nicht nur Geld gaben, sondern ihre Arbeit, ihre unmittelbare Hilfe einbrachten. So wurde aus dem ehrlichen Kapital etwas Rechtes: das Hallesche Waisenhaus, zu dem bald viele einzelne Häuser gehörten, in denen zweitausend Schützlinge lebten. Eines wuchs aus dem anderen. Zur gesundheitlichen Betreuung der Kinder bedurfte es eines Arztes. Als der Arzt gefunden war, brauchte er Medikamente. Da richtete Francke eine Apotheke ein, aus der mit der Zeit eine richtige pharmazeutische Fabrik wurde.

Weil er die Medikamente weiterverkaufte, und zwar zu ansehnlichen Preisen, denn er brauchte ja viel Geld für sein Waisenhaus, wurde er erneut angefeindet. Es focht ihn nicht an. Wer genug Geld hatte, sollte auch zahlen. Die Bedürftigen erhielten ohnehin die nötigen Medikamente unentgeltlich.

Damit er besser an die für den Unterricht nötigen Bücher herankam, gründete er eine eigene Druckerei und fügte ihr einen Verlag bei. Damit die Druckerei nicht stillstand, wurden Lohnaufträge übernommen. Der Gewinn floß in die diakonische Arbeit. Der Verlag lieferte Bibeln, Neue Testamente, Gesangbücher und zahlreiche pietistische Schriften und verbreitete sie weit über Halle und Sachsen hinaus.

Seine Widersacher warteten darauf, daß dieses Strohfeuer erlösche. Aber es wurde ein Werk von Dauer über Jahrzehnte hin, ja für Jahrhunderte bis in unsere Tage. Als die Spötter verstummen mußten, weil er sich eben nicht »an den hochgezogenen Mauern aufzuhängen brauchte«, sondern fertig bauen konnte, begannen die Unterstellungen. Es hieß, er nutze in seinen Werkstätten schamlos die Kinder zur Arbeit aus. Aber für ihn blieb jedes Kind Gottes Geschöpf und durfte nicht Ausbeutungsobjekt der Menschen werden.

Freilich sind neue Wege voller Risiko und nicht ohne Irrtum und Fehler. Auch Francke war davon nicht frei, und im Streit der Theologen ging er nicht zimperlich um. So gab es sicher auch berechtigte Angriffe gegen ihn. Aber das schmälert nicht die Bedeutung seines Gesamtwerks, das er ganz aus dem Glauben heraus geschaffen hat. Dieser Glaube »fragt nicht, ob gute Werke zu tun sind, sondern ehe man fragt, hat er sie getan und ist immer im Tun« (Martin Luther).

Und weil sein Glaube »immer im Tun« war, darum gab es für August Hermann Francke kein Stillstehen. Viele Theologiestudenten der Haller Universität, deren Professor Francke auch war, nahmen die Anregungen aus seinem Werk mit in ihre späteren Gemeinden. Mancher seiner Schützlinge folgte seinen Fußstapfen. Auch der Gründer der Herrnhuter Brüdergemeine, Nikolaus Ludwig Graf von Zinzendorf, empfing in Glaucha entscheidende Impulse für sein Werk.

Waisenhäuser nach dem Halleschen Vorbild entstanden in vielen Städten zwischen Königsberg und Göttingen. Die meisten blieben kleiner, nur in Bunzlau in Schlesien entstand ein ähnlich umfangreiches Waisenhaus. Und manches, was durch Franckes Impulse spontan begonnen wurde, konnte nicht bestehen, zu verarmt war wohl dieses Deutschland nach den Verheerungen des Dreißigjährigen Krieges immer noch. Und auch zu unüberbrückbar waren die Gegensätze zwischen den einzelnen Ständen. Dauerhafte Breitenwirkung ging damals von diesem neuen Strom christlicher Liebestätigkeit in Deutschland nicht aus. Um so erstaunlicher ist, daß Francke selbst in Glaucha allen Anfeindungen zum Trotz nicht nur bestehen konnte, sondern auch noch eine ökumenische Ausweitung wagen durfte. Sein Blick ging über den eigenen Kirchturm weit hinaus. 1705

entsandte er auf Bitte des dänischen Königs zwei Missionare nach Südindien. Ihnen folgten bald Ärzte und Lehrer, die den Kampf gegen die große Armut der Inder aufnahmen. Diese von Francke geleitete Mission, früher Versuch einer Entwicklungshilfe, wurde nicht nur vom dänischen Königshaus, sondern auch von englischen Kreisen unterstützt.
Wenige Jahre später drangen Nachrichten aus Sibirien nach Halle. Dort lebten viele Tausende schwedischer Soldaten, Frauen und Kinder nach der Schlacht von Poltawa, in der Rußland die Schweden besiegt hatte, in der Verbannung. Francke rief ein Hilfswerk ins Leben, wie es mehr als zweihundert Jahre später die Schwedin Elsa Brändström für deutsche Kriegsgefangene in Sibirien unternommen hat. Dabei ging es wieder nicht nur um Geld, sondern auch immer um das Brot des Lebens, um die seelsorgerliche Betreuung. Selbst um eine regelmäßige Postverbindung der Gefangenen mit der schwedischen Heimat bemühten sich Franckes Freunde in Moskau mit Erfolg. Damals entstand im fernen Tobrusk eine Schule nach Halleschem Vorbild.
In jenen Jahren wurde aus England eine andere Not bekannt. Geradezu panikartig hatten fünfzehntausend Pfälzer, vom Auswandererfieber gepackt, ihre deutsche Heimat verlassen, um nach Amerika zu ziehen. Über Holland gelangten sie nach England. Dort aber ging es nicht weiter, und das Land war auf diese Lage nicht vorbereitet. Francke, durch die Mission ohnehin mit England in Kontakt, unterstützte die Hilfsmaßnahmen der Engländer mit zahlreichen Geld- und Gabenspenden, die er in Deutschland sammelte. So konnte der entstandenen Massennot gesteuert und die allmähliche Weiterreise über den Atlantik angetreten werden.
Die Welt war Franckes Arbeitsfeld geworden. Mission und Diakonie gingen dabei Hand in Hand. Nach Rußland, Amerika und Indien sandte er Mitarbeiter aus, schrieb er viele Briefe mit Rat und Anregung. Er wurde ein Mann der Ökumene. Gewiß war er ein großer Menschenfreund und ein Manager, dessen Organisationsgabe das alles ermöglichte, was er schuf. Doch ohne den Glauben wäre das Werk nicht geworden.
Dieser Glaube war dem jungen Theologen in einer Zeit geschenkt worden, in der ihm, wie er selbst berichtete, »nicht das Geringste mehr übrig war, das ich von Herzen geglaubt hätte. Denn ich glaubte auch keinen Gott im Himmel mehr, und damit war alles aus, daß ich mich weder an Gottes noch an Menschen Wort mehr halten konnte, und ich fand auch damals in einem so wenig Kraft als in dem andern.«
Aussprachen mit Freunden halfen ihm nicht. Da schrie er seine Not im Gebet zu dem Gott, an dessen Existenz er doch so völlig zweifelte, und

erhielt Antwort. Er konnte »Gott nicht allein Gott, sondern seinen Vater nennen«. Ihm war »zu Mute, als wenn ich tot gewesen wäre, und siehe, ich war lebendig geworden«.

Die Gewißheit des Glaubens, die Francke in jener Stunde erfahren durfte, verlangte danach, im Leben bewährt zu werden. Das hatte er bei Martin Luther gelernt, der den Glauben »ein lebendig, wirkend, tätig, mächtig Ding« nennt, dem »unmöglich ist, daß er nicht ohne Unterlaß Gutes wirken sollte«.

In diesem evangelischen Glauben liegt das Geheimnis für das umfassende Wirken Franckes begründet. Als er 1727, 64 Jahre alt, im Sterben lag, konnte er nichts anderes bekennen, als daß er durch diesen Glauben das Leben gehabt habe und immer im Tun sein durfte.

August Hermann Francke

wurde am 22. März 1663 in Lübeck geboren und studierte mit ausgezeichnetem Erfolg in Erfurt, Kiel, Hamburg und Lübeck. In Lüneburg fand er nach vielen Zweifeln und Anfechtungen zur Glaubensgewißheit und gehörte zu der von Spener entfachten Erweckungsbewegung des Pietismus. Nach seiner Lehrtätigkeit als Theologieprofessor in Leipzig wurde er Pfarrer in Erfurt. An beiden Orten konnte er sich wegen seiner Theologie nicht halten. In Halle fand er dann die Voraussetzungen für das Werk, das ihn bis heute bekannt macht. Neben der Professur an der Universität wirkte er als Pfarrer im Vorort Glaucha und gründete hier das Hallesche Waisenhaus. Von diesem gingen lebhafte Impulse der Mission und der Diakonie in andere deutsche Länder und in die Welt bis nach Amerika, Rußland und Indien. Seine Erziehungslehre wurde für lange Zeit richtungweisend. Am 8. Juni 1727 ist er in Halle gestorben.

Ein Lehrer der Kirche
Johann Albrecht Bengel

(1687 bis 1752)

Heinz Vonhoff

Ende November 1713 kam Leben in die Räume des ehemaligen Klosters Denkendorf. Zwölf bis vierzehn Jahre alt waren die Jungen, die in das neu eingerichtete Seminar zogen. Sie kamen aus dem Herzogtum Württemberg, das damals keine gute Zeit erlebte. Immer wieder fielen französische Soldaten in das Land ein, plünderten und brandschatzten. So hatten sie 1692 die Klosterschule Hirsau im Schwarzwald zerstört. Nun wurde die Hirsauer Schule in Denkendorf wieder eingerichtet. Man hoffte, daß das Dorf mit dem Kloster, abseits des Neckartales bei Esslingen gelegen, sicherer sei.

Das hoffte auch der junge Lehrer Johann Albrecht Bengel, der einige Tage vor den Jungen seine Wohnung im Kloster bezogen hatte. Er war erst sechsundzwanzig Jahre alt, hatte sich aber bereits als ein guter Seelsorger und Prediger, vor allem als ein begabter Wissenschaftler erwiesen. Seine Aufgabe in der Klosterschule war der Unterricht in den alten Sprachen. Außerdem wurde er Pfarrer der Denkendorfer Ortsgemeinde.

Was ihm die ankommenden Jungen von ihrem Lebensschicksal erzählten, erinnerte ihn lebhaft an seine eigene Jugend, die ja noch nicht so lange zurücklag. So berichtete einer von ihnen, der vierzehnjährige Philipp Friedrich Hiller, er habe früh seinen Vater verloren. Auch sei er eben auf der Flucht vor den Soldaten bis auf die Ostalb gekommen. Sein Stiefvater sorge aber gut für ihn, und er danke es ihm, daß er jetzt in Denkendorf seine Studien beginnen dürfe. Er möchte einmal auf die Universität Tübingen gehen und Theologie studieren.

Bengel dachte an seinen Vater, der für ihn viel zu früh an einer Seuche gestorben war, die in seiner Pfarrgemeinde Winnenden umging. Wenige Zeit später hatten die Soldaten das Städtchen geplündert. Sein Elternhaus war abgebrannt, die wertvolle Bibliothek des Vaters vernichtet. Auch in Marbach und Schorndorf, wo er mit seinem Lehrer lebte, erfuhr er die Schrecken des Krieges, ermordeter Menschen und brennender Häuser.

Dieser Lehrer, Magister Wendelin Spindler, war ein berühmter Mann, und Bengel lernte viel bei ihm. Er folgte ihm auf das Stuttgarter Gymnasium, besuchte also keine Klosterschule. Bei Spindler lernte Bengel auch die neue Frömmigkeit kennen, die in Württemberg wie in anderen deutschen Ländern aufgebrochen war. Die Zeit der Reformation lag weit zurück, und vieles von der lebendigen Bewegung des evangelischen Glaubens war inzwischen starr geworden, festgefahren.

Nun war ein neues Fragen nach dem rechten Wort Gottes aufgekommen, auch ein neues Suchen nach dem rechten Handeln im Glauben. Die Leute sammelten sich in den Häusern, lasen in der Bibel und fragten nach dem Willen Gottes für ihr Leben. Manche wollten sich von der erstarrten Kirche ganz absondern und wie Spindler separat, für sich leben. Sie wurden deshalb Separatisten genannt. Bengel nahm die neue Frömmigkeit der Leute, die man spöttisch »Frömmler« oder mit dem entsprechenden lateinischen Wort »Pietisten« nannte, gern auf. Doch von ihrem Separatismus wollte er nichts wissen. Er war ein Mann der Kirche. Für ihn war Trennung keine Möglichkeit.

In Denkendorf wollte er den Jungen die Einübung in eine lebendige Frömmigkeit ermöglichen und sie zugleich mit wissenschaftlicher Sorgfalt unterweisen. Sie sollten einmal gute Pfarrer der Kirche und der Gemeinden werden. Diese Aufgabe hörten die Jungen aus der Eröffnungsrede heraus, die Bengel in lateinischer Sprache hielt und unter das Thema stellte: »Das Trachten nach Gottseligkeit – der sicherste Weg zu wahrer Bildung«. Sie entdeckten sie auch bald in dem von Bengel aufgestellten Studienplan. Da waren nicht nur Latein, Griechisch und Geschichte aufgeführt. Auch die Mathematik, von Bengel als »Kunst der Ordnung« besonders geschätzt, galt als eine nützliche Wissenschaft zur Schulung des Geistes. Daneben waren Fächer angesetzt, die mehr dem Vergnügen und der Erholung dienten, wie die Poesie.

Aber der Frömmigkeit war weiter Raum gewährt. Morgen- und Abendandachten wechselten mit regelmäßigen Gottesdiensten, in denen die Predigt das Kernstück bildete. Auch Reste der alten klösterlichen Stundengebete wurden beibehalten. Ganz offensichtlich war die evangelische Pädagogik Bengels von der Benediktinerregel geprägt: »Ora et labora – bete und arbeite!« Unvergessen blieb seinen vielen Schülern, die er in Denkendorf in achtundzwanzig Jahren unterrichtete, sein Zuruf am Wochenschluß: »Colligite animas – sammelt eure Seelen!«

Seine Schüler schätzten ihn. Sie spürten an ihm, daß er sich als Lehrer selber in guter Zucht hielt und beispielhaft leben wollte. Er achtete auch

Johann Valentin Andreä

August Hermann Francke

Paul Gerhardt

Tafel XI

Johann Albrecht Bengel

Nikolaus Ludwig Graf von Zinzendorf

Tafel XII

sehr auf die feinsten Regungen und die verborgenen Neigungen der Jungen. Er machte nicht viel Worte, wollte sie auch nicht überfordern. Mit liebevoller Strenge hielt er sie zu Aufmerksamkeit und Fleiß an. Harte Strafen waren ihm fremd, denn Magister Spindler, so berühmt er als Lehrer war und so viel Bengel bei ihm gelernt hatte, war ein jähzorniger Mann gewesen, der oft mit seinen Fäusten und dem spanischen Rohr zu erziehen trachtete. Bengel suchte lieber das verborgene Gespräch, seelsorgerlich, unter vier Augen. Seine Lehrtätigkeit umschrieb er so: »Ein Brunnenmacher räumt nur die Hindernisse aus dem Weg, so läuft das Wasser von selbst.«

So lernten die Schüler bei ihm Griechisch und Latein und mußten sich in Latein auch untereinander unterhalten. Sie übersetzten Ciceros Briefe, die Bengel in einem eigenen Schulbuch herausgegeben hatte. Aber sie übersetzten auch aktuelle Zeitungsausschnitte oder Nachrichten von den Türkenkriegen. In einem anderen Schulbuch brachte er die Schrift eines Kirchenvaters in Griechisch und Lateinisch heraus und erschloß so den Schülern ein breites Übungsfeld.

Vor allem aber las er mit ihnen das Neue Testament in der Ursprache. Dabei war er sich der Mängel der vorliegenden Texte bewußt, in denen es viele Unstimmigkeiten und Erklärungsschwierigkeiten gab. Sie hatten ihm früher manche Zweifel besorgt und seinen Glauben angefochten. Nun war er in seinem Glauben gefestigt. So unternahm er es, ehrfürchtig gegenüber dem Wort Gottes, aber mit wissenschaftlicher Gründlichkeit, dem griechischen Urtext nachzuspüren. Er sammelte verschiedene Handschriften. Zuletzt waren es etwa dreißig. Er las sie kritisch, verglich unterschiedliche Texte, überprüfte und gewichtete sie.

1734 gab er im Cotta-Verlag das Neue Testament im griechischen Urtext heraus, wie er ihn aus seinen Studien und Vergleichen erarbeitet hatte. Damit lag ein zuverlässiger Urtext vor, der das Übersetzen und Auslegen des Neuen Testaments erleichterte. Bengel verstand sich mit diesem Werk als ein »Sprachmeister des Himmels«. Er wollte nicht, wie ihm andere vorwarfen, die Autorität der Heiligen Schrift erschüttern. Er wollte vielmehr, wie zweihundert Jahre früher Martin Luther, das reine Wort Gottes aus den Schichten der Vergangenheit herauslösen, »mit Feilenstaub ringen, damit der Spiegel des Evangeliums hervorleuchte«. Den Missionaren in Indien sollte schon bald dieses Bengelsche Werk zu einer unschätzbaren Hilfe bei der Übersetzung des Neuen Testaments in die Tamilsprache werden. Auch die katholische Theologie griff Jahrzehnte später die Arbeit Bengels auf.

Berühmter aber wurde der Denkendorfer Lehrer mit seiner Auslegung des

Neuen Testamentes. Er gab ihr den schlichten Titel »Gnomon«, das heißt Fingerzeig. Ein Fingerzeig für das Verständnis des Evangeliums wurde dieses Buch in vielen Häusern, Gemeinden und Gemeinschaften Deutschlands. Selbst der englische Erweckungsprediger John Wesley schätzte es so hoch, daß er es ins Englische übersetzte, statt eigene Auslegungen niederzuschreiben.

Viele seiner Schüler wurden bekannte Gelehrte. Philipp Friedrich Hiller blieb ihm wie andere zeitlebens dankbar verbunden, auch als er selbst schon ein anerkannter Theologe und Liederdichter war.

Auch in der Poesie hat sich Bengel geübt. Einer seiner Töchter, die zeitweilig an schwermütigen Gedanken litt, rief er ermutigend in einem seiner Lieder zu: »Gott lebet. Sein Name gibt Leben und Stärke, er heißet der Seinigen Sonne und Licht.« Und die eigene Bescheidenheit sprach aus dem Lied: »Du Wort des Vaters, rede du und stille meine Sinnen. Sag an, ich höre willig zu, ja, lehre frei von innen.« Da klang wieder der Leitgedanke seines Wirkens als Lehrer und Pfarrer an: »An eurer Majestät ist nichts gelegen, lasset nur Gottes Majestät unangetastet«, pflegte er zu seinen Schülern zu sagen.

1741 zog er mit seiner Familie als Propst nach Herbrechtingen auf die Schwäbische Alb und wurde später in Stuttgart Mitglied der Kirchenleitung und des Landtages. In diesen Aufgaben war der stille und fromme Mann nicht immer glücklich. 1752 starb er. In der Hinterlassenschaft fand sich auch eine deutsche Übersetzung des Neuen Testamentes. Daß er mit seiner mathematischen Begabung bei den Studien zur Offenbarung des Johannes das Jahr 1836 für die Wiederkunft Christi errechnete, erwies sich wie viele ähnliche spekulative Voraussagen freilich als irrig. Aber ein »phantastischer Sonderling«, als den ihn aufgeklärte Leute abtun wollten, war er trotzdem nicht, wenn er auch »wie ein Reichsstädtlein immer für sich gewesen ist«.

Wie sehr dieses »Reichsstädtlein« jedoch eine feste Burg des Glaubens war, wußten seine Schüler und seine Freunde. Viele fanden bei ihm in ihren Anfechtungen Trost. Auch Philipp Friedrich Hiller schrieb dem väterlichen Freund nach Stuttgart, als ihm ein Kehlkopfleiden die Stimme nahm: »Ich kann nicht unterlassen, Dich, den Diener Jesu Christi, aufs angelegentlichste zu bitten, daß auch Du Deinen und meinen Herrn angehest und bittest, daß er, da er größer ist als mein Herz, mich seines Willens gewiß zu machen die Gnade habe, sei es durch seine Hilfe, sei es dadurch, daß er mir aus seinem Worte Weisheit gibt zum Dulden, sei es durch Deinen Rat oder Deinen Trost oder Deine Belehrung.«

So galt Bengel wohl zu seiner Zeit als ein heimlicher Bischof der Kirche. Und die evangelische Kirche in Württemberg verdankte es nicht zuletzt ihm, daß der Gefahr der Trennung gewehrt werden konnte und in dieser Kirche die Pietisten eine Heimat behielten.

Johann Albrecht Bengel

wurde am 24. Juni 1687 in Winnenden bei Stuttgart geboren. Sein Vater war Pfarrer; er starb, als der Junge erst fünf Jahre alt war. Bei seinem Hauslehrer lernte er die Erweckungsbewegung des Pietismus kennen. Nach dem Besuch des Stuttgarter Gymnasiums studierte er in Tübingen Theologie und wurde Pfarrer, war aber auch anderen Wissenschaften zugetan, besonders der Mathematik. Bereits 1713 wurde er als Lehrer an die Klosterschule Denkendorf berufen, wo er in 28 Jahren über 300 Schüler auf das Studium der Theologie vorbereitete. Bengel war einer der bedeutendsten evangelischen Theologen. Seine wissenschaftliche Arbeit galt besonders dem Neuen Testament. 1741 wurde er Propst in Herbrechtingen, nördlich von Ulm. 1749 zog er mit seiner Familie nach Stuttgart und wurde Mitglied der Kirchenleitung. Dort ist er am 2. November 1752 gestorben. Seine Auslegung des Neuen Testamentes und einige seiner Lieder sind heute noch geschätzt.

Der evangelische Heilige Gerhard Tersteegen

(1697 bis 1769)

Werner Hehl

»Die Gottesfinsternis unserer Zeit kann nur durch die erlebte Nähe Gottes erhellt werden. Fern von theologischen Streitigkeiten und Glaubenstheorien sind deshalb Christen seit langem schon auf der Suche nach geistbegabten Menschen, die die spirituelle Wirklichkeit in der Welt – so wie sie uns in der Bibel entgegentritt – aufzuschließen wissen.«
So hat unlängst eine Schriftstellerin geschrieben. In der Tat wurde in unseren Tagen das mystische Erbe des Christentums neu entdeckt, und viele – vor allem junge – Menschen suchen auf dem Weg der Meditation zum Sinn des Daseins vorzudringen.
Kontemplative Praktiken werden aber nicht nur in östlichen Religionen angeboten. Auch die Geschichte der christlichen Kirche hat Gestalten in Fülle aufzuweisen, die uns meditative Wege zu einem erfüllten Leben zeigen können.
Eine der reinsten dieser christlichen Gestalten ist der Laientheologe und Liederdichter Gerhard Tersteegen, der im 17. Jahrhundert am Niederrhein gewirkt hat und dessen Spuren dort noch heute sichtbar sind. Er hat nicht nur die »Auserlesenen Lebensbedingungen heiliger Menschen« aus allen Epochen und Landen der Christenheit aufgezeichnet, weil er der Auffassung war, daß »die Worte, Werke und Leiden der Heiligen immer wieder in uns Erfüllung finden müssen«. Er hat selbst das Geheimnis des mystischen (inwendigen) Lebens zu ergründen versucht, indem er während seines Erdenlebens unermüdlich bestrebt war, »ganz für Gott zu sein«. So hat er nicht nur zu seiner Zeit als begnadeter »Seelenführer« reichen Segen gestiftet – er kann auch uns Heutigen Vorbild sein.

Gerhard Tersteegen wurde am 25. November 1697 »als das jüngste und schwächlichste unter den sieben Kindern seiner Eltern« in Moers (Niederrhein) geboren. Der Vater, ein frommer Kaufmann, starb, als der kleine Gerhard sechs Jahre alt war. Die Mutter schickte den begabten Jungen frühzeitig in die Lateinschule. Hier trieb er besonders die alten Sprachen mit wahrer Begeisterung. Seine profunden Sprachkenntnisse – später hat er noch Französisch und Holländisch gelernt – kamen ihm in reiferen Jahren zustatten, als er zahlreiche Schriften katholischer Mystiker ins Deutsche übertrug.

Gern hätte er studiert. Allein die Mutter besaß nicht die Mittel dazu. Als er mit 15 Jahren die Schule abschloß, mußte ihr Sohn im Geschäft seines Schwagers zu Mülheim/Ruhr eine Kaufmannslehre antreten. Bald kam er in Berührung mit pietistischen Kreisen, die sich von der Landeskirche getrennt hatten und regelmäßig zusammenkamen, um ihre eigenen Erbauungsstunden zu halten, miteinander zu beten und die Heilige Schrift zu studieren.

Mit 16 Jahren hatte Tersteegen ein Erlebnis, das seinen Werdegang bestimmen sollte: Als man ihn aus Geschäftsgründen nach Duisburg sandte, wurde er unterwegs von einer so heftigen Kolik befallen, daß er zu sterben meinte. Da kniete er nieder und bat Gott um eine Gnadenfrist, damit er »Zeit habe, sich auf die Ewigkeit vorzubereiten«. Alsbald hörten die Schmerzen auf und Tersteegen gelobte feierlich, »sich von nun an gänzlich Gott zu eigen« zu geben. Dieses Gelübde hat er zehn Jahre später erneuert: Er verschrieb sich seinem »einigen Heiland und Bräutigam Christo Jesu zu völligem und ewigem Eigentum«.

Sein Arbeitgeber war von der »Kopfhängerei« des jungen Schwagers keineswegs erbaut. Er suchte ihm die »frommen Flausen« auszutreiben, indem er ihn mit Arbeit zudeckte und, falls es einmal nichts zu schaffen gab, leere Fässer über den Hof rollen ließ. Kein Wunder, daß Tersteegen an diesem Geschäft wenig Gefallen fand. Auch störte ihn der unvermeidliche Profitsinn der Kaufleute und die Tatsache, daß er nicht immer mit sympathischen Kunden zu tun und wenig Zeit für Besinnung und Gebet hatte. Als er 22 Jahre alt geworden war, sagte er daher dem Kaufhandel adieu und lernte das Handwerk des Bandwirkers.

Die Weberei kam seinem Naturell und seinen Neigungen entgegen. Zwar mußte er hart arbeiten, um den nötigsten Lebensunterhalt zu verdienen. Aus Mangel, aber auch aus Gründen der Enthaltsamkeit ernährte er sich von Wasser, Mehl und Milch; Tee und Kaffee mied er als »unziemliche Luxusgüter«. Auf der anderen Seite konnte er nun ganz für sich sein, seinen Gedanken nachhängen, ungestört Zwiesprache mit seinem Gott halten. Er hat später berichtet: »Ich kann nicht aussprechen, wie vergnügt ich gewesen bin, als ich allein wohnte; ich dachte oft, kein König in der Welt könnte so zufrieden leben.«

Wenn es dunkelte und er nicht gesehen wurde, machte er sich auf, um Kranke, Arme, Leidende zu besuchen und mit ihnen das Wenige zu teilen, das er besaß. Seine Geschwister und Verwandten hielten ihn deswegen für einen Narren und brachen jeglichen Verkehr mit ihm ab. Als nach dem Tod der Mutter das mütterliche Erbteil verteilt wurde, erhielt Tersteegen kein Bargeld, sondern nur ein Häuschen. Er hat auch dieses veräußert, um mit dem Erlös seine wohltätigen Unternehmungen fortzusetzen.
Später, als er ein berühmter Mann geworden war, traten begüterte Gönner auf den Plan und boten ihm oftmals großzügige materielle Zuwendungen an. Er hat sie alle ausgeschlagen. Lediglich von seinen engsten Freunden hat er kleine Gaben angenommen, die er für seine bescheidene Lebensführung brauchte. »Alle äußeren Dinge kommen mit dem Wesen unserer Seele nicht überein. Man muß wie Pilger wandeln, frei, bloß und wahrlich leer. Viel Sammeln, Halten, Handeln macht unsern Gang nur schwer.«
Dennoch blieben ihm Anfechtungen nicht erspart. Jahrelang hatte er sich vieler Zweifel und Ängste zu erwehren, die sein Gemüt verdüsterten: »Mein Leben ist ein rechtes Kreuzleben«, konnte er manchmal seufzen, »aber wie es Gott verordnet hat, muß es mir gefallen.«

Nach etlichen Jahren gab er seine Einsamkeit auf, um einen Glaubens- und Gesinnungsgenossen in seine Klause aufzunehmen. Nun arbeiteten und beteten die beiden Männer gemeinsam. In jener Zeit dichtete unser Bandwirker »wie durch Eingebung« sein erstes Glaubenslied »Wie bist du mir so innig gut«. Ihm sollten noch viele folgen. Und obgleich er »nie auf Kunst und Zierlichkeit dachte«, ist er zum größten Liederdichter der reformierten Kirche und zu einem der bedeutendsten deutschen Lyriker in der Zeit vor Goethe geworden. Lieder wie »Nun schläfet man«, »Ich bete an die Macht der Liebe« und das unvergleichliche »Gott ist gegenwärtig« gehören längst zum Allgemeingut der Christenheit.
Dem ersten Schritt aus der Abgeschiedenheit folgte in wenigen Jahren der nächste: Tersteegen wurde mehr und mehr zum geistlichen Mittelpunkt der Erbauungsstunden. Von der »durchdringenden Kraft seiner Gebete, Ermahnungen und Reden« bewegt, suchten ihn viele Menschen auf, um von ihm Hilfe und geistlichen Zuspruch zu erbitten. Bald kam es dahin, daß sein Haus vom Morgen bis zum Abend von Bittstellern förmlich belagert und überlaufen wurde. Hielt er seine Bibelstunden, so erschienen oft 300 bis 400 Menschen; und weil das Haus bis unters Dach voll von Besuchern war, holten sie Leitern, um durch die Fenster dem sanften und schlichten, aber stets geistvollen Vortrag des beredten Mannes zu lauschen. Durch die

Herausgabe seiner Schriften wurde er weithin bekannt. Er erhielt Besuche aus aller Welt und korrespondierte mit Suchenden und Erweckten aus halb Europa. Tersteegens Briefe gehören in ihrer Klarheit und Nüchternheit zu den schönsten Dokumenten dieser Gattung in deutscher Sprache.
Um auswärtige Besucher besser empfangen zu können, mietete er das Haus eines Freundes. Dort entstand die »Pilgerhütte«, eine feste Kolonie von Gläubigen, die ein klösterliches Leben der Arbeit und des Gebets nach Tersteegens Ordensregeln führten.
Es ist klar, daß ein Mann von so zarter Konstitution der Doppelbelastung des Bandwebers und Seelsorgers auf Dauer nicht gewachsen war. Schon mit 30 Jahren war er gezwungen, sein Handwerk aufzugeben. Statt dessen verlegte er sich in den wenigen Freistunden, die ihm verblieben, auf die Arzneikunde; er verfertigte heilsame Pillen und Tränklein und verschenkte sie an kranke Menschen.

Tersteegens vielfältige Wirksamkeit brachte ihm jedoch nicht nur Freunde, sondern auch Neider und Widersacher. Der Widerstand kam von einer Seite, von wo er eigentlich nicht zu erwarten war: von der reformierten Kirche, deren Glied er zeitlebens war und blieb. Freilich stand er zu ihr in einem recht distanzierten Verhältnis: Die Gottesdienste der Kirche besuchte er selten. Zum Abendmahl ging er nicht, da er nicht mit offenkundigen Sündern zusammensein wollte. Er vertrat die Auffassung, daß die Reformation »nicht zum erwünschten Durchbruch gekommen, sondern aufs jämmerlichste verfallen« sei. An der Verkündigung seiner Kirche vermißte er den Ernst, den Willen zur Heiligung, die Verpflichtung zum tätigen Gehorsam: »Christi teures Verdienst, Blut und Wunden sind der schöne Vorwand, durch ein leichtes und seichtes Evangelium Christi Kreuz zu vernichten.«
Über die geistliche Selbständigkeit dieses »Laien« und über den Zulauf zu seinen Erbauungsstunden verstimmt, erwirkten die reformierten Pastoren bei der Obrigkeit ein Redeverbot gegen Tersteegen. Zehn Jahre lang war es ihm untersagt, öffentlich aufzutreten. Er hat sich gegen diese Machenschaften nicht aufgelehnt. Er betrachtete sie als Prüfung und nahm sie mit Langmut und Gelassenheit hin. Als man das Verbot endlich wieder aufhob, wurde die Zahl seiner Anhänger – nun auch unter den reformierten Pastoren – noch größer.
Gegen Ende seines Lebens kreuzte der sonst so friedfertige Mann die literarische Klinge mit einem bedeutenden Gegner: mit Friedrich dem Großen, dem Freidenker auf dem Preußenthron. Mit unerschrockenem

Freimut bekämpfte er die »armselige Philosophie von Sanssouci«. Der König nahm den Angriff nicht übel, sondern lud den frommen Mystiker anläßlich seiner Reise in die Rheinprovinz zu sich. Doch Tersteegen lehnte die Einladung ab, teils aus Kränklichkeit, teils weil er jegliches Aufsehen scheute.

Das ständige Ringen um das Seelenheil seiner Mitmenschen zehrte seine ohnedies schwachen Kräfte allmählich auf, so daß er noch vor dem 60. Lebensjahr jeglicher öffentlichen Tätigkeit entsagen mußte. Hatte er auch in den Perioden fruchtbarster Aktivität immer wieder die Stille und Einsamkeit gesucht und gefunden, so zog er sich nunmehr gänzlich zurück, um seinem Gott näher sein zu können. Schwere Leiden und Gebrechen suchten ihn heim. Er hat sie mannhaft und klaglos ertragen, stets darauf bedacht, »den Blick durch die Enge in eine unermeßliche Weite zu richten«. Inmitten seiner Schmerzen blieb er getrost. Er hielt daran fest: »Der Mensch und das menschliche Herz waren von Gott zu nichts anderem geschaffen als zur Freude, zu eitel Freude.« Kurz bevor er hinüberging in die ersehnte Ewigkeit, hörten ihn die Umstehenden flüstern: »O du armer und unansehlicher Lazarus! Doch scheuen die heiligen Engel nicht, dich anzupacken!« Mit den Worten: »O Gott, o Jesus, o süßer Jesus« ist der »evangelische Heilige« Gerhard Tersteegen am 3. April 1769 sanft entschlafen.

Gerhard Tersteegen

wurde am 25. November 1697 in Moers geboren. Nach dem Besuch der Lateinschule von 1713 bis 1717 Kaufmannslehre. Kontakte zu separatistischen frommen Kreisen. 1719 gibt er den »Kaufhandel« auf, um zunächst für sich allein, später zusammen mit einem Freund als Bandwirker zu arbeiten. 1724 verschreibt er sich dem Heiland »zum völligen Eigentum«. Er schreibt Sprüche und geistliche Lieder, die er seit 1727 in immer neuen Auflagen unter dem Titel »Geistliches Blumengärtlein« und »Fromme Lotteria« herausgibt; ferner Übersetzungen der Schriften von katholischen Mystikern und drei Bände »Auserlesene Lebensbeschreibungen heiliger Seelen«, Briefe und Betrachtungen (»Weg der Wahrheit«).
Von 1727 bis 1740 und von 1750 bis 1756 übt er eine umfassende seelsorgerliche Wirksamkeit und Predigttätigkeit aus. Dazwischen liegen zehn Jahre polizeiliches Redeverbot. Lange Krankheitsjahre durchlebt er. Gestorben ist Gerhard Tersteegen am 3. April 1769 in Mülheim/Ruhr.

Der Vater der Gemeinde
Nikolaus Ludwig Graf von Zinzendorf

(1700 bis 1760)

Rose-Maria Raatz

»26. Mai 1700 Mittwoch abends gegen sechs Uhr hat der allerhöchste Gott mich in Dresden mit meinem Sohne Nikolaus Ludwig in Gnaden beschenkt, welcher aber nach sechs Wochen zur vaterlosen Waise geworden, da mein herzliebster Gemahl, dessen Herr Vater, der selige Graf von Zinzendorf mir von der Seite gerissen worden. Der Vater der Barmherzigkeit regiere dieses Kindes Herz, daß es in den Wegen der Tugend aufrichtig einhergehe. Er lasse kein Unrecht über ihm herrschen und seinen Gang gewiß sein in seinem Wort: so wird es ihm an keinem Guten hier zeitlich und dort ewiglich fehlen, sondern er wird in der Tat erfahren, daß der König aller Könige und Herr aller Herren von sich sagt: Ich bin der Waisen Vater.«
So schrieb Charlotte Justine von Zinzendorf, die fünfundzwanzigjährig zur Witwe geworden war, in ihre Hausbibel. Der Sohn ergänzte später: »Factum est« (das ist geschehen).
Der »kleine Lutz«, dessen Mutter nach dem Tod ihres Mannes, des Reichsgrafen Georg Ludwig von Zinzendorf, bald wieder heiratete, wurde bei seiner Großmutter Henriette Katharina von Gersdorf erzogen. Sie gab dem lebhaften und eigensinnigen Jungen nicht nur eine neue Heimat auf ihrem schönen Gut Großhennersdorf in der Oberlausitz, sondern half ihm auch zu einem lebendigen Glauben. Zinzendorf schreibt später: »Meine nahe Bekanntschaft mit dem Heiland kommt daher, daß ich zehn Jahre in meiner Großmutter eigenem Kabinette in Hennersdorf bin erzogen worden. Da habe ich sie mit dem Heiland reden hören über Sachen, die ich freilich nicht alle verstand, aber doch daraus geschlossen, daß der gemeinschaftliche Gottesdienst draußen und im Hause nicht alles sei für die Person, bei der ich wohnte, sondern daß sie unendlich mehr allein mit ihrem Herrn zu tun hatte.«
Wenn der kleine Lutz sich allein fühlte, sprach er mit Jesus wie mit einem Freund und Bruder, und manchmal warf er auch kleine Briefe für ihn aus dem Fenster. »Ich redete ebenso gern vom lieben Heiland, als ich von ihm

hörte, und wenn ich allein war, so erzählte ich gar wohl den Stühlen, die ich in meinem Spiel zusammentrug.« Allerdings blieb sein Glaube keineswegs unangefochten. Schon der Achtjährige wurde eines Nachts von schweren Glaubenszweifeln überfallen. Und der Vierunddreißigjährige schreibt: »Ich habe eine sehr schwere Last an geistlichen hohen Anfechtungen von meinem achten Jahr bis daher getragen. Wer sie nicht kennt, dem wünsche ich Glück!« Ihm half, daß sich alles in ihm wehrte, sein Leben »in unfruchtbarem Grübeln zuzubringen«. Mit aller Kraft wandte er sich immer wieder seinem Herrn zu.

Mit zehn Jahren kam Lutz in das Pädagogium nach Halle, das von dem bekannten Erzieher August Hermann Francke geleitet wurde. Der kleine Graf war ein guter Schüler, wenn ihm auch die langen Lernzeiten (10 bis 12 Stunden täglich) oft lästig wurden. Aber in seinem Verhalten machte er seinen Lehrern tüchtig zu schaffen. Einmal heißt es in einem Protokoll: »Der Herr Graf ist nicht nur excessiv unordentlich, sondern macht hin und wieder in den Klassen durch seine Unart allerhand turbos (Unruhe) und ärgerliches Aufsehen.«

Trotz aller Probleme dieser Zeit dachte Zinzendorf später mit Dankbarkeit an die Jahre in Halle zurück – wurde doch hier der Grundstein für seine Lebensarbeit gelegt. Als Adliger durfte er an der Tafel Franckes speisen. Dort lernte er viele bedeutende Persönlichkeiten seiner Zeit kennen. Er begegnete evangelischen Glaubensflüchtlingen, die in ihrer Heimat verfolgt worden waren. Und er hörte begierig zu, wenn bekannte Missionare wie Bartholomäus Ziegenbalg oder der Indienmissionar Plütschau von ihrer Arbeit berichteten. So entstand bei ihm schon in dieser Zeit der Plan, sich später auch für die Heidenmission einzusetzen. Er erzählt: »Da ging ich und mein Freund Watteville einmal zwischen den roten Staketen vor dem Hause auf und ab, und da redeten wir miteinander, daß sich die Heiden doch nicht alle bekehren würden, bis wir groß würden; was dann übrig bliebe, das wollten wir dem Heiland bringen.«

Der junge Zinzendorf schloß sich mit einigen seiner Mitschüler zu einem Bund zusammen, der später dem Ziel der Heidenbekehrung dienen sollte, zunächst aber im gemeinsamen Bibelstudium und in regelmäßigen Gebetsgemeinschaften bestand. Hier bildete sich schon ein wichtiger Lebensgrundsatz Zinzendorfs heraus: »Ich anerkenne kein Christentum ohne Gemeinschaft.«

Der Sechzehnjährige verließ das Pädagogium, um in Wittenberg Rechtswissenschaften zu studieren. Das von ihm gewünschte Theologiestudium erlaubten ihm die Verwandten nicht. Der junge Reichsgraf sollte einmal

Staatsbeamter werden wie sein Vater. In Wittenberg, wo man nicht viel von der pietistischen Frömmigkeit der Hallenser hielt, sondern streng lutherisch geprägt war, hatte der junge Zinzendorf zunächst einen schweren Stand. Nur sehr allmählich gewann er einige Freunde unter seinen Mitstudenten und die Achtung seiner Lehrer. Aber auch hier scheiterte ein Versuch, aus persönlichen Freundschaften eine Art Ordensgemeinschaft, eine sogenannte Sozietät werden zu lassen.
Nach Abschluß des Studiums wurde Zinzendorf erst einmal auf ganz andere Wege geführt. Er trat eine für junge Adlige damals übliche »Kavaliersreise« nach Holland und Frankreich an. Sie wurde besonders wichtig für seine ökumenische Gesinnung. In Holland erlebte er das tolerante Miteinander verschiedener Konfessionen, und in Paris gewann er die Freundschaft eines alten Kardinals. So konnte er schreiben: »Es sind der Wege tausend ... man muß alle Wege offen lassen, dadurch Gott einem auf die, dem anderen auf jene Art zu Hilfe kommen kann.«
Nach seiner Rückkehr ging Zinzendorf daran, einen eigenen Hausstand zu gründen. In der gleichaltrigen Gräfin Erdmuth Dorothea von Reuß-Ebersdorf fand er eine Frau, die bereit war, mit ihm »Gott von ganzem Herzen und in Selbstverleugnung zu dienen«. Mit ihr zog er auf das Gut Berthelsdorf in der Nähe des großmütterlichen Besitzes Großhennersdorf. Zinzendorfs Verwalter hatten eine glückliche Hand, so daß er es sich leisten konnte, eine unbezahlte Stelle als Hof- und Justizrat in Dresden anzunehmen. Er übte dieses Amt allerdings nur wenige Monate im Jahr aus – zumal bald andere Aufgaben auf ihn zukamen.

In Zinzendorfs Kirchspiel Berthelsdorf hatte sich ein reges Gemeindeleben entwickelt. Menschen kamen von weither, nicht nur, um den begabten Pfarrer Rothe predigen zu hören, sondern auch, um an den »Singpredigten« teilzunehmen, für die Zinzendorf viele Lieder schrieb. Noch heute wird in der von Zinzendorf gegründeten Brüdergemeine einmal wöchentlich eine solche Singstunde gehalten, in der ein Bibelwort nicht durch eine Predigt, sondern durch gemeinsam gesungene Liedstrophen ausgelegt wird.
Bei der Bekanntheit der Gemeinde war es nicht verwunderlich, daß eines Tages ein mährischer Zimmermann, Christian David, in Berthelsdorf um Asyl für eine Gruppe von Glaubensflüchtlingen aus seiner Heimat bat. Zinzendorf erklärte sich bereit, die Mähren aufzunehmen. Am 17. Juni 1722 wurde mit dem Bau des ersten Hauses am Fuß des Hutberges auf dem Berthelsdorfer Gelände begonnen. Die allmählich entstehende Siedlung erhielt im Vertrauen auf den Schutz des Herrn den Namen »Herrnhut«.

Allerdings blieb es nicht nur bei der mährischen Ansiedlung. Aus allen Himmelsrichtungen kamen einzelne Auswanderer, häufig Sektierer, die eine neue Heimat suchten. Oft »drehte sich ihre Existenz um einen verkehrten Satz aus der Schrift, über dessen Behauptung sie Verfolgung litten und immer mehr verbitterten«, schreibt ein Zeitgenosse Zinzendorfs. Nun galt es, nicht nur in der Hut des Herrn zu leben, sondern auch vor schädlichen Einflüssen auf der Hut zu sein.

Zinzendorf ließ sich für einige Jahre von seinem Amt beurlauben, um in Herrnhut ein Gemeinwesen aufzubauen, das all den verschiedenen Geistern eine Heimat sein konnte. Aber dazu war nicht nur eine gute Organisation, sondern vor allem ein neuer Geist notwendig. Die Gebete der Gemeinde wurden schließlich erhört – wie durch ein Wunder kamen die aufgetretenen Spannungen und Streitigkeiten nach einem denkwürdigen Gottesdienst am 13. August 1727 auf einmal zur Ruhe. Die »Brüder«, wie sich die Einwohner Herrnhuts nannten, »lernten einander lieben«.

Die einzelnen Gruppen in der Gemeinde: ledige Schwestern und Brüder, Verheiratete und Verwitwete, wurden in sogenannten »Chören« zusammengefaßt und bildeten zum Teil auch Hausgemeinschaften. Denn in Herrnhut sollte niemand einsam sein.

Viele festliche Gottesdienste und Versammlungen unterbrachen den Alltag der arbeitsamen Gemeinde. Auch wenn man von weltlichen Vergnügungen nicht viel hielt – im Kirchensaal, der »guten Stube der Gemeinde«, wurde gemeinsam gegessen und getrunken, gesungen und erzählt, ganz nach dem Motto Zinzendorfs: »Wir sind des Heilands fröhliche Leute.«

Eine besondere Verbindung zwischen den »Brüdern« wurden die Losungen. Jeden Morgen ging ein Bruder von Haus zu Haus mit einem Bibelwort, das die Gemeindeglieder den ganzen Tag über begleiten sollte. Zunächst gab Zinzendorf diese »Parolen« aus, später wurden sie aus einem Spruchkästchen gezogen. Seit 1731 erscheint das Losungsbuch mit einem alttestamentlichen Wort, zu dem eine neutestamentliche Ergänzung gestellt wird, und einem abschließenden Gebet oder Liedvers. Dieses Buch wird inzwischen in mehr als 30 Sprachen herausgegeben und weltweit von vielen Christen aller Konfessionen täglich gelesen.

Zinzendorf wurde immer mehr zum geistlichen Vater seiner Gemeinde. Um das auch nach außen hin rechtmäßig zu machen, legte der Graf zunächst heimlich unter seinem zweiten Namen »Ludwig von Freydeck« in Stralsund ein theologisches Examen ab. Er bestand es glänzend und machte das nun auch bekannt. In Tübingen stieg er mit Billigung der Theologischen Fakultät zum erstenmal auf eine Kanzel. Ein Mitbruder schrieb: »So erreichte er das Ziel, welches er schon in seinen Kinderjahren vor Augen gehabt.« Zinzendorf hat von da an oft gepredigt und wurde schließlich auch zum Bischof der mährischen Brüderkirche geweiht.

Über all dem aber hatte der Graf nie seine in Halle entstandenen Missionspläne vergessen. Bei der Krönung seines Vetters, des dänischen Königs, lernte er dessen »Kammermohren« Anton kennen, der aus Westindien stammte und ihm von den Nöten seines Volkes erzählte. Das gab den Anstoß für die spätere große Missionsarbeit der Herrnhuter. »Bruder sein und das Werk der Heidenmission fördern ist ein und dasselbe.«
1732 brachen die beiden ersten Missionare in die Karibik auf. Zinzendorf begleitete sie ein Stück weit und segnete sie für ihren Dienst. Ihnen folgten viele Brüder in alle Teile der Welt, nach Südamerika, Südafrika, Grönland, Labrador und Indien. Diese ersten Missionare hatten ein schweres Leben – nicht nur wegen der klimatischen Belastungen, der harten Arbeitsbedingungen und des Mißtrauens der Menschen, zu denen sie gekommen waren, sondern auch durch die Anfeindungen weißer Kolonialherren, die kein Interesse an der menschenfreundlichen Art der brüderischen Heidenmission hatten. Viele Missionare ließen schon nach kurzer Zeit ihr Leben. Aber: »Man betrauerte noch den Verlust der ersten, als sich schon wieder neue anboten.«
Zinzendorf selbst reiste einmal in die Karibik und einmal nach Nordamerika, wo er sich besonders um die Indianermission kümmerte. Im wesentlichen beschränkte er aber seine äußerst rege Reisetätigkeit auf Europa.
Von vielen Seiten begegnete man ihm mit Mißtrauen, ja mit Haß, und zeitweise mußte er sogar seine Heimat verlassen. Er zog mit seiner Familie und einigen Mitarbeitern umher und gründete neue Gemeinden – vor allem die Sozietät Herrnhag in der Nähe von Hanau. In dieser Zeit kam es in der Brüderkirche zu schwärmerischen Verirrungen, an denen auch Zinzendorf nicht unbeteiligt war. Aber die Gemeinden fanden wieder auf den festen Boden des Evangeliums zurück und gewannen auch immer wieder neue Freunde. Dabei ging es Zinzendorf allerdings nie um Mitglieder-Werbung. Er verstand die Brüdergemeine als Kirchlein in der Kirche. Und wie bei der Heidenmission freute er sich einfach daran, daß sich hier und da Menschen bewegen ließen, ihr Leben vom Glauben her zu gestalten. »Ich aber und meine Brüder, die der Herr allhier aus mancherlei Zungen und Volk in einem Glauben versammelt hat, wir suchen den ganzen Leib Christi rege zu machen, um die Glieder seines Hauptes und alle verstreuten Kinder Gottes in der Liebe vereinigt zu sehen.«

1755 durfte Zinzendorf nach Herrnhut zurückkehren. In den letzten Lebensjahren – besonders nach dem Tod seiner Frau – kränkelte er. Aber trotz seiner Schwäche versuchte er, andere in ihrem Glauben und in ihrer Arbeit zu stärken. Kurz vor seinem Tod im Jahr 1760 konnte er dankbar sagen: »Habt ihr wohl von Anfang gedacht, daß der Heiland so vieles tun würde, wie wir nun wirklich mit Augen sehen an den Gemeindeorten und unter den Heiden?«
Bis heute gibt es kleinere Ansiedlungen und verstreute Glieder der Herrnhuter Brüdergemeine in aller Welt. Und bis heute ist ihnen Zinzendorfs Vermächtnis wichtig: »Herrnhut... soll in beständiger Liebe mit allen Brüdern und Kindern in allen Religionen stehen, kein Beurteilen, Zanken oder etwas Ungebührliches gegen Andersgesinnte vornehmen, wohl aber sich selbst und die evangelische Lauterkeit, Einfalt und Gnade unter sich selbst zu bewahren suchen.«

Nikolaus Ludwig Graf von Zinzendorf

wurde am 26. Mai 1700 in Dresden geboren. 1716 bis 1719 Studium der Rechtswissenschaften in Wittenberg, 1722 Heirat mit Erdmuth Dorothea von Reuß-Ebersdorf (12 Kinder, von denen acht im Kindesalter starben, zwei wurden später wichtige Mitarbeiter). Im gleichen Jahr Hof- und Justizrat in Dresden und Gründung von Herrnhut. 1727 Erweckung in Herrnhut, Beurlaubung vom Staatsdienst. 1732 Aussendung der ersten Missionare. 1734 theologisches Examen in Stralsund. 1736 Verbannung, 1737 Bischofsweihe. 1755 Rückkehr nach Herrnhut. 9. Mai 1760 Tod in Herrnhut. Hauptschriften in 6 Bänden, Lieder und Gedichte, besonders bekannt die sogenannten »Berliner Reden«.

Der Kirchengründer wider Willen John Wesley

(1703 bis 1791)

Horst R. Flachsmeier

Am 9. Februar 1709 brach im Pfarrhaus zu Epworth in England kurz vor Mitternacht ein Feuer aus. Nur mit Mühe konnte sich die Familie ins Freie retten. Aber der kleine John fehlte. Er hatte so fest geschlafen, daß ihn erst die Feuerflammen weckten. John glaubte sein letztes Stündlein gekommen. Mit letzter Kraft stürzte er sich an das geöffnete Fenster und war wenige Minuten später in den Armen seines Vaters geborgen. Seit der Zeit nannte er sich gern einen »Brand, aus dem Feuer gerissen«.

John Wesley wurde am 17. Juni 1703 als 15. Kind der Pfarrersleute Samuel und Susanna Wesley geboren. Beide Eltern entstammten ebenfalls Pfarrersfamilien. John liebte vor allem seine Mutter. Sie war ihm zeitlebens beste Freundin und Beraterin. Häufig mußte die Familie Not leiden, aber immer hatte die Mutter Zeit für ihre Kinder und sorgte sich um jedes einzelne.

Lesen lernte der kleine John anhand der Bibel. Später studierte er mühelos Hebräisch und Griechisch und verfaßte selber lateinische Gedichte. 1720 sehen wir ihn als Student an der Universität Oxford. Schon damals beschäftigte ihn immer öfter die Frage: »Wie kann ich ein Gott wohlgefälliges Leben führen? Wie werde ich frei von aller Sünde und allen Versuchungen?«

Darum betete und fastete John viel und lernte Dankbarkeit. Eines Tages begegnete ihm der Hausdiener seines Colleges. John wußte, daß dieser Mann nur ein einziges Gewand besaß und daß seine ganze Nahrung an jenem Tag nur ein Trunk Wasser gewesen war. Erschüttert fragte er ihn: »Ihr dankt Gott, wenn Ihr nichts anzuziehen habt, nichts zu essen und kein Bett für diese Nacht, um darauf zu schlafen? Wofür dankt Ihr ihm denn eigentlich?« Die Antwort: »Ich danke Gott, daß er mir Leib und Leben gegeben hat und ein Herz, um ihn zu lieben, und den Wunsch, ihm zu dienen.« Da gelobte John, nie wieder in seinem Leben unzufrieden sein zu wollen.

Für John stand es bald fest, auch Pfarrer werden zu wollen, wozu ihn sein Vater, der lieber einen Gelehrten in der Familie gesehen hätte, nicht besonders ermunterte.

1725 wurde John Wesley zum Diakon und drei Jahre später zum Priester ordiniert. 1726 wurde er einstimmig zum Fellow des Lincoln College der Universität Oxford gewählt. Diese akademische Auszeichnung und die damit verbundenen Aufgaben schlossen auch ein jährliches Gehalt und freie Wohnung ein. Der junge Geistliche war so mit einem angemessenen Einkommen versehen. Nach Sonderurlauben von der Universität, die ihn an die Seite des kränkelnden Vaters in die Aufgaben eines Pfarrgehilfen führten, wurde er 1729 nach Oxford zurückberufen, um Vorlesungen in Griechisch, Philosophie und Logik zu halten. Bald war er als gründlicher und pflichtgetreuer Lehrer bekannt.

Mehr noch als seine Lehrtätigkeit hatte ein von seinem Bruder Charles gegründeter kleiner Klub Einfluß auf sein Leben. Charles hatte angefangen, die Religion ernster zu nehmen, und eine Anzahl junger Männer zusammengerufen, damit sie über ihr Seelenheil nachdenken könnten. Schon bald übernahm John die Führerschaft der Gruppe, was weniger Spontaneität und mehr Ordnung zur Folge hatte. Anfänglich trafen sich die jungen Leute jeweils am Sonntagabend in Johns Zimmer. Mit der Zeit versammelten sie sich allabendlich. Sie lasen Andachtsbücher, fasteten wöchentlich zweimal, prüften sich gegenseitig in bezug auf ihre geistlichen Fortschritte und machten es zu ihrem ernsten Anliegen, ihre Seelen zu retten.

Ebenfalls lag ihnen der soziale Auftrag des Christentums am Herzen. Sie richteten Schulklassen für arme Kinder ein, verschenkten alle überflüssigen Mittel zu Wohltätigkeitszwecken und besuchten Gefangene, die in den grauenhaften Gefängnissen der damaligen Zeit wie Tiere auf schmutzigem Stroh lagen. Ratten und Mäuse huschten durch die Zellen, in die kaum je das Tageslicht drang. Branntweingeruch entströmte den dumpfen Verliesen, in denen die zum Tode Verurteilten lagen und sich mit Alkohol betäubten, um ihr Elend zu vergessen.

Unter Johns Führung begann dieser von Bruder Charles gegründete Klub ein streng geregeltes religiöses Leben, dessen Tageszeiten nach einer festen Methode eingeteilt waren. Bald wurde die Gruppe mit Spott und Erbitterung bekämpft. Einer ihrer Spottnamen »Methodisten« – weil sie ganz methodisch ihr Leben geregelt hatten – wird heute von Millionen von Christen mit Stolz getragen.

Ein halbes Jahr nach dem Tod seines Vaters befindet sich John Wesley mit seinem Bruder Charles 1735 an Bord eines Schiffes, das sie als Missionare

Weisheit und Gnade, und damit meinte er die hohe Würde Adams vor dem Sündenfall.
Einem Lehrer, der ihn nicht unterrichten wollte, bot er sein ganzes künftiges Erbteil. Doch dann holte ihn nach dem Tod seines Vaters, als er vierzehn Jahre alt war, der Logothet Theoktistos, das heißt der Staatskanzler am kaiserlichen Hof, nach Konstantinopel. Er studierte an der ehrwürdigen Universität und machte so ungewöhnliche Fortschritte, daß er unter den Gelehrten großen Ruhm erwarb und den Ehrennamen »der Philosoph« erhielt, und das heißt ja wörtlich »Freund der Weisheit«.
Theoktistos faßte eine solche Zuneigung zu seinem Schützling, daß er ihm die Hand seiner eigenen geistlichen Tochter und ein hohes Amt in der Staatsverwaltung anbot. Doch Kyrill versagte sich dem. Nicht ablehnen dagegen konnte er, inzwischen zum Priester geweiht, ein kirchliches Verwaltungsamt unter dem Patriarchen, denn die Erziehung am kaiserlichen Hof schloß die Verpflichtung zum öffentlichen Dienst ein. Aber selbst dieses Amt wurde ihm durch seine vielen weltlichen Zwänge so zur Last, daß er eines Tages in ein Kloster entfloh. Es dauerte sechs Monate, bis man ihn wiederfand und schließlich auf eine Professur der Philosophie an die Universität berief.
So groß war damals schon die geistige Kraft und Gelehrsamkeit des Vierundzwanzigjährigen, daß man ihm ein Streitgespräch mit einem abgesetzten früheren Patriarchen, Johannes Grammatikos, anvertraute, der gleich Juden und Sarazenen zum Bilderstürmer geworden war und alle Ikonen der Heiligen aus den Kirchen verbannen wollte. Kyrill bestand es glanzvoll. Das war zwar zugleich ein weltlicher Auftritt, denn der Bilderstreit drohte nicht nur die Kirche, sondern auch das Staatswesen zu erschüttern. Aber hier versagte sich Kyrill nicht. Denn es ging ihm um den Glauben, er fühlte sich aufgerufen von dem, den er über alles liebte, und er gehorchte.
Um den Glauben ging es ihm auch, als er sich zu Reisen mit den Gesandtschaften des Kaisers 851 zu den Sarazenen, Feinden der Byzantiner, und 860 zu den Khazaren, ihren Freunden und Verbündeten, bereitfand. So sehr stand damals die Religion bei all diesen Völkern in der Lebensmitte, daß auch politische Verhandlungen selten ohne Glaubensgespräche abgingen. Kyrills Stärke war neben dem Glauben die umfassende Weite seiner Bildung. Sie erlaubte ihm, alle Angriffe seiner Widersacher, Moslems wie Juden, aus ihren eigenen Schriften, dem Alten Testament und dem Koran mit allen Kommentaren, zu widerlegen.
Zweihundert Khazaren ließen sich nach dem Streitgespräch auf der Stelle

taufen. Die Sarazenen des Kalifen Mutawakkil in seiner Hauptstadt Samarra am Tigris hatten anders reagiert: sie versuchten Kyrill zu vergiften. Ihre Niederlage allerdings war noch bitterer als die der Juden. Sie begannen, auf dem Gebiet des Glaubens geschlagen, sich all ihrer Wissenschaft und Künste zu rühmen, doch da brachte Kyrill sie mit dem stolzen Wort zum Schweigen: »Von uns, den Griechen, sind alle Künste und Wissenschaften ausgegangen!«

Von den Strapazen erschöpft, zog sich Kyrill mit seinem Bruder, der ihn zu den Khazaren begleitet hatte, wiederum ins Kloster zurück. Im Gegensatz zu Methodios hatte er eine zarte Gesundheit – und doch stand ihm die schwerste und größte Aufgabe seines Lebens erst noch bevor: die Entsendung als Lehrer der Slawen nach Mähren und Pannonien. »Ich weiß, daß du müde bist, Philosoph«, sagte Kaiser Michael III. mitfühlend zu ihm, »aber es ist nötig, daß du gehst! Kein anderer kann diese Aufgabe vollbringen.«

Weil es wiederum um den Glauben ging, raffte sich Kyrill, noch immer entkräftet und kränklich, auf und ging ans Werk. Das Slawische, wie die Bevölkerung um seine Heimatstadt Saloniki es sprach, war ihm und seinem Bruder vertraut. Aber da es noch keine Schrift hierfür gab – eine Lehre ohne Schrift, sagte er, ist wie auf Wasser geschrieben –, schuf er sie kurzerhand, »von Gott erleuchtet«. Dieses glagolitische Alphabet, wie es genannt wird, war eine geniale Tat. Noch heute heißt das russische Alphabet, das etwas später in Anlehnung hieran auf der Grundlage der griechischen Schrift in Bulgarien geschaffen wurde, das kyrillische.

Mehr noch, Kyrill begann sogleich, die Texte für Messe und Gottesdienste ins Slawische zu übersetzen, und dies in meisterlicher Art. Er legte damit den Grund für das Altkirchenslawisch, das noch heute in manchen Teilen der Orthodoxen Kirche die liturgische Sprache ist. Nicht zuletzt deshalb wurden er, sein Bruder und ihre slawischen Schüler, als sie mit diesen Schriften im Jahr 863 in Mähren eintrafen, vom Fürsten Rastislav mit großen Ehren empfangen und vom Volk mit Jubel begrüßt.

So rasch schritt die christliche Unterweisung in slawischer Sprache fort, daß Kyrill und Methodios bereits im Herbst 866 mit einer Schar von Schülern, die für die Weihen reif schienen, nach Rom aufbrechen konnten. Auf dem Weg blieben sie noch einige Monate in Pannonien, dem heutigen westlichen Ungarn und der östlichen Steiermark, weil dessen Fürst Kozel sie inständig um die gleiche christliche Unterweisung für sein Volk in slawischer Sprache bat.

Daß dieses ausgreifende Unternehmen auch Widerstand und Gegenkräfte weckte, denen Kyrill und Methodios standhalten mußten, kann nicht überraschen. Da war einmal der politische Bereich. Pannonien als Ostfränkische Mark gehörte zum Westen, es war Teil des Erzbistums Salzburg, und von diesem hatte die Bevölkerung den christlichen Glauben und die Kirchenverfassung in lateinischer Form empfangen. Der mährische Fürst Rastislav war Lehensmann König Ludwigs des Deutschen, sein Land Missionsgebiet des bayerischen Bistums Passau. Daß die kirchenslawische Neuerung mit den eigens hierfür ausgebildeten Priestern zu einer eigenen Kirchenverwaltung führen und das Unabhängigkeitsstreben dieser Gebiete fördern mußte, war leicht vorauszusehen.
Nun lag den beiden Brüdern nichts ferner als politischer Ehrgeiz, politische Widerstände konnten sie gewiß nicht beirren. Sie strebten auch nicht etwa danach, byzantinische Formen des Gottesdienstes einzuführen, sie hielten sich eng an die lateinische Tradition, nur eben in slawischer Sprache. Aber Widerstand trat ihnen auch aus kirchlichen Kreisen entgegen. Keineswegs nur von deutschen Geistlichen, sondern aus vielen Nationen, sogar von manchen slawischen Priestern, weil viele meinten, Gott solle im Meßopfer nur in den drei heiligen Sprachen verherrlicht werden, in denen die Inschrift zu Häupten des Gekreuzigten verfaßt war. Mit Leidenschaft wandte sich Kyrill hiergegen. Er nannte dies eine Verleugnung des Pfingstwunders, als die Jünger aus vielen Völkern, vom Heiligen Geist erfüllt, in deren eigenen Sprachen Gott priesen und so von allen verstanden wurden. Jene engherzigen Kirchenmänner nannte er abschätzig »Dreisprachler« und beschuldigte sie gar der Ketzerei.
Gegen sie vor allem wandte sich Kyrill an den Heiligen Vater bei seiner Reise nach Rom. Und hier wurde ihm der größte Triumph, der Lohn für all seine Mühe zuteil. Papst Hadrian II. kam ihm bereits bis vor die Tore der Ewigen Stadt entgegen, in feierlichem Zug mit brennenden Kerzen. Denn Kyrill überbrachte zugleich die Gebeine eines heiligen Märtyrers, die er am 30. Januar 861 in Cherson auf der Halbinsel Krim wiedergefunden hatte und die allgemein als die des Papstes Klemens, des dritten Nachfolgers des Apostels Petrus, galten. Sie wurden mit Freude und Festlichkeit, verehrt vom römischen Volk, in der Kathedralkirche San Clemente beigesetzt.
So stark war der Eindruck, den der Papst von der überragenden, ehrwürdigen Persönlichkeit Kyrills und seines Bruders Methodios empfing, daß er bald alle ihre Wünsche erfüllte. Er billigte die slawische Liturgie, die bei jenen Völkern jeweils nach der lateinischen gelesen werden sollte, segnete die Bücher in slawischer Sprache und Schrift und legte sie feierlich in der

Marienkirche »Zur Krippe« nieder, die heute Santa Maria Maggiore heißt. Den Schülern der Brüder ließ er die Weihen erteilen und salbte eigenhändig Methodios, der noch immer Diakon war, zum Priester. Dann wurde zum ersten Mal in der Kirche des Apostels Petrus die heilige Messe feierlich auch in slawischer Sprache zelebriert.
Kyrill hat diese Krönung seines Lebenswerkes nicht lange überlebt, seine körperlichen Kräfte waren am Ende. Rom hat er nicht mehr verlassen; er starb dort, erst zweiundvierzig Jahre alt, am 14. Februar 869. Der Papst wollte ihn als höchste Ehrung in der Peterskirche beisetzen lassen, aber auf Bitten des Bruders erhielt Kyrill seine Ruhestätte bei seinem geliebten Heiligen, in der Klemenskathedrale.

Methodios ging nach dem Tod seines Bruders, dem er sich, obgleich selbst der Ältere, stets demütig untergeordnet hatte, durch eine bittere Zeit. Am liebsten wäre er wohl in das Kloster am Berg Olymp zurückgekehrt, aber er hatte seinem Bruder auf dem Totenbett die Fortsetzung der Slawenmission gelobt. So kehrte er, vom Papst entsandt, nach Pannonien zurück und wurde bald danach bei einem weiteren Rombesuch zum Erzbischof »von Sirmium«, einem frühen, von Hunnen, Gepiden und Awaren zerstörten Bischofssitz, geweiht.
In Mähren wurde die Lage für Methodios immer schwerer, bald stand nur noch das slawische Volk hinter ihm. Der neue Fürst Sventopulk war, wie der größte Teil des slawischen Adels und der Beamten, gegen die Neuerung. Der Erzbischof von Salzburg, Adalwin, Bischof Hermanrich von Passau und die fränkischen Priester im Land waren erbittert dagegen. Im Jahr 870 wurde Methodios gefangengesetzt und von einer Synode der bayerischen Bischöfe, wohl in Regensburg, in Gegenwart König Ludwigs des Deutschen als »Eindringling« verurteilt, »abgesetzt« und nach Schwaben verbannt. Er wurde sogar mißhandelt. Erst auf die energischen Proteste Papst Johannes VIII. kam er 873 frei und kehrte nach Mähren zurück.
Solange Methodios lebte (er starb am 6. April 885), war seine kraftvolle Persönlichkeit stark genug, die slawische Liturgie in seinem Bannkreis durchzusetzen, trotz aller Angriffe, Schmähungen und Verleumdungen. In der Tat aber war die Ausstrahlung des Reiches der Deutschen, die jene Grenzländer unwiderstehlich in ihren Bann zog, zu stark, so daß die Neuerung sich hier nach dem Tod des Slawenlehrers nicht lange hatte halten können.
An der genialen Leistung der beiden Brüder ändert dies freilich nichts. Ihr Werk wuchs weiter in anderen Ländern slawischer Zunge und trug

tausendfältig Frucht. In Bulgarien etwa, in Serbien, Rumänien und in Rußlands Moskauer Bereich hat das Kirchenslawische sich erhalten als liturgische Sprache bis auf den heutigen Tag. So bleibt der Ehrenname »Slawenapostel« oder »Slawenlehrer«, unter dem die Brüder Kyrill und Methodios bei den slawischen Völkern als Heilige verehrt werden, für alle Zeiten gerechtfertigt.

Kyrill und Methodios,

griechisches Brüderpaar aus Thessalonike (Saloniki), genannt die »Slawenapostel« oder »Slawenlehrer«. Methodios geboren um 815, Kyrill 826 oder 827. Obwohl nach Herkunft und Erziehung für hohe Staatsämter prädestiniert, zogen beide ein geistliches Leben vor. Kyrill wurde 851 vom kaiserlichen Hof in Konstantinopel zum theologischen Streitgespräch zu den Sarazenen, 860 gemeinsam mit Methodios zu den Khazaren entsandt und 863, wiederum mit seinem Bruder, mit der Slawenmission in Mähren, bald darauf auch in Pannonien (Westungarn und Oststeiermark) betraut. Hierbei schuf Kyrill das erste slawische Alphabet und übersetzte liturgische Schriften (Altkirchenslawisch).
868 erreichten die Brüder in Rom die Anerkennung der Liturgie in slawischer Sprache durch Papst Hadrian II. Nach Kyrills Tod am 14. Februar 869 setzte Methodios, vom Papst zum Erzbischof geweiht, die Mission bis zu seinem Tod 885 fort. Während die slawische Liturgie sich in Mähren und Pannonien nicht hielt, verbreitete sie sich in vielen anderen slawischen Ländern. Dort wurden die Brüder bald als Heilige verehrt. Papst Leo XIII. dehnte dies am 25. Oktober 1880 auf die Gesamtkirche aus. Festtag ist der 7. Juli.

Der faszinierende Mönch Anselm von Canterbury

(1033 bis 1109)

Anselm Grün

Anselm von Canterbury war nach dem Zeugnis seines Schülers Eadmar der liebenswürdigste Mensch seiner Zeit, von seinen Zeitgenossen geliebt und bewundert, als Seelenführer gesucht und geschätzt. Was war das für ein Mensch, von dem man solches sagen kann?

Anselm wurde 1033 zu Aosta in Piemont geboren. Sein Vater Gundulf war verschwenderisch und vergeudete den nicht unbeträchtlichen Besitz der Familie. Seine Mutter Ermenberga, fromm und sparsam, versuchte als tüchtige Hausfrau das Schlimmste zu verhüten. Doch sie starb früh. Nach ihrem Tod geriet Anselm bald mit seinem Vater in einen heftigen Streit. Anselm verließ das Haus und wanderte drei Jahre lang durch Frankreich, zunächst durch Burgund, dann zum Kloster Bec in der Normandie. Dort studierte er bei dem berühmten Lehrer Lanfrank. Anselm war hochbegabt und erwies sich als gelehriger Schüler.

Das Mönchsleben faszinierte ihn, und so entschloß er sich, ins Kloster einzutreten. Er überlegte, wo er am besten seiner Mönchsberufung und seinen wissenschaftlichen Fähigkeiten leben könne. In Cluny hatte er Angst, wegen der vielen Chorgebete keine Zeit für die Wissenschaft zu finden. In Bec kam er sich neben dem berühmten Lehrer Lanfrank unnütz und unbedeutend vor. Offensichtlich schätzte sich Anselm selbst recht hoch ein. Er wollte seine Begabung auch für die anderen einsetzen. Doch er erkannte, daß er sich bei solchen Gedanken zu sehr in den Mittelpunkt stellte. Er schreibt selbst: »Ich war aber damals noch nicht hinlänglich gezähmt und hatte noch nicht eine genügend starke Verachtung für die Welt. Und so bemerkte ich nicht das Böse in meinen angeblich von Nächstenliebe eingegebenen Worten.« So trat er doch in Bec ein, um dort neben Lanfrank ein bescheidenes Leben zu führen. Er war damals 27 Jahre alt.

Schon nach drei Jahren setzte ihn der Abt zum Prior und zum Leiter der Studien ein. Anselm zeigte als Prior eine außerordentliche Geschicklichkeit sowohl in der äußeren Organisation des Klosters als auch in der inneren

Leitung der Mönche. Durch seine Liebenswürdigkeit gewann er bald alle für sich, Alte wie Junge. Grund für seine Liebenswürdigkeit war sein tiefer Glaube. Wie Eadmar, sein Schüler, schreibt, besaß er infolge seiner klaren Erkenntnis Gottes eine große Menschenkenntnis. Diese Menschenkenntnis zeigte sich vor allem in der Leitung seiner Schüler. Von welchen Grundsätzen sich Anselm in der Erziehung leiten ließ, sagt er in einem Gespräch mit einem Abt, der einmal in Bec zu Besuch war und über die Verdorbenheit der Jugend klagte, die man nur mit harter Zucht zurechtbiegen könne: »Wenn ihr den Knaben keine Freiheit laßt, sondern sie allseits mit Schrecken, Schlägen und Drohungen umgebt, so verkümmern sie. Weil sie an euch nichts von Liebe, Güte, Wohlwollen, Zärtlichkeit für sie merken, glauben sie dann auch an nichts Gutes in euch, sondern meinen, ihr handelt nur aus Haß und Mißgunst. Man muß durch Sanftmut, Geduld und Milde die Herzen gewinnen, ehe man mit Strenge verfahren kann.«
Weil Anselm an Gott glaubt, glaubt er auch an das Gute im Menschen. Und er sieht seine Aufgabe darin, durch Freundlichkeit, Güte, Barmherzigkeit, Heiterkeit und Liebe das Gute im Menschen immer mehr hervorzulocken und so den andern für Gott zu gewinnen.

1078 wurde Anselm zum Abt von Bec gewählt. Nun wurde die Arbeitslast noch größer. Er sorgte sich um die persönliche und geistliche Führung seiner Mönche. Er war zugleich der Leiter des Unterrichtswesens und hatte sich um die wirtschaftlichen Geschäfte des Klosters zu kümmern. Und nebenbei schrieb er immer wieder Bücher, die so begehrt waren, daß man sie schon abschrieb, bevor er sie vollendet hatte. Wie Anselm so vielerlei auf einmal schaffen konnte, verrät Eadmar, wenn er schreibt: »In ihm lebte jene Liebe, die nicht eifert und sich nicht aufbläht, die nicht das Ihre sucht, und infolge dieser Liebe durchschaute er alles.«
Weil Anselm nicht sich selbst suchte und sich nicht selbst zu verwirklichen suchte bei all seinem Arbeiten, sondern sich aus Liebe von Gott in Anspruch nehmen ließ, deshalb war er nicht überfordert. Trotz der vielen Arbeit strahlte er Ruhe und Güte aus. Er zeigte sich auch den rein weltlichen Aufgaben voll gewachsen. Auch da fiel er nicht aus seiner Verbindung mit Gott heraus. Ja, die Liebe befähigte ihn, auch in rein sachlichen Fragen klarzusehen.
Als Abt mußte Anselm einige Male nach England reisen, um sich um die dortigen Ländereien des Klosters zu kümmern. Bei solchen Besuchen gewann er alle für sich. Selbst die sicherlich nicht gerade weichherzigen und feinfühligen Normannengrafen waren von Anselm so begeistert, daß es

keinen unter ihnen gab, »der nicht glücklich gewesen wäre, wenn er den Mönchen von Bec einen Liebesdienst erweisen konnte«. Sogar König Wilhelm der Eroberer »wurde in Anselms Gegenwart zu einem anderen Menschen«. Offenbar hatte Anselm etwas Anziehendes an sich. Das zeigte sich auch in seinem Kloster Bec. 180 Mönche traten während der 15 Jahre seiner Amtszeit als Abt dort ein. In einem Abschiedsbrief an seine Mönche schreibt er: »Der Mehrzahl nach kamt ihr um meinetwillen.« Doch Anselm wollte niemanden an sich binden. Er wollte die Mönche für Gott gewinnen. Es ging ihm nicht um seine Beliebtheit bei den Menschen, sondern um Gottes Liebe und um Gottes Willen.

Das zeigte sich deutlich, als er nach dem Tod Lanfranks im Jahr 1093 zum Erzbischof von Canterbury ernannt wurde. Anselm hatte sich geweigert, das Amt anzunehmen. Die Bischöfe von England schleppten ihn mit Gewalt an das Krankenbett von König Wilhelm. Anselm weigerte sich immer noch. Da hielten ihn die andern fest, öffneten ihm mit Gewalt die Hand und legten sie um den bischöflichen Krummstab und riefen ihn zum Erzbischof aus. Anselm erklärte alles für ungültig. Doch vergebens. Er mußte nachgeben. Nun wurde dieser Mann, die Güte und Liebenswürdigkeit in Person, in zahlreiche Konflikte und Streitereien, in Verdächtigungen und Verleumdungen verstrickt. Der König belastete die Kirche immer mehr mit Geldforderungen und nahm ihr zahlreiche Ländereien weg. Von Anselm verlangte er den Lehenseid und forderte für sich das Recht, Bischöfe einzusetzen. Anselm verteidigte die Rechte der Kirche. Er bekundete seine Treue zu Papst Urban II., den der König nicht als Papst anerkennen wollte. Bei seinem Kampf für die Rechte der Kirche sah sich Anselm bald allein gelassen. Selbst zahlreiche Bischöfe fielen ihm in den Rücken und forderten seine Unterwerfung gegenüber dem König. Bei diesen Auseinandersetzungen zeigte es sich, daß Anselms Liebenswürdigkeit keineswegs ein Suchen nach der Gunst der Menschen war. Anselm folgte bei allen Kämpfen um die Rechte der Kirche allein seinem Gewissen, ohne Rücksicht auf die Beliebtheit bei den Menschen. Er mußte seine Überzeugung mit zweimaliger Verbannung büßen. Erst 1106 konnte er aus der Verbannung zurückkehren und sich mit dem König einigen. Anselm leistete dem König den Lehenseid, der König verzichtete auf die Laieninvestitur und versprach, die Eintreibung willkürlich verfügter Geldleistungen bei den Kirchen und Klöstern einzustellen. Damit war in dem großen Streit zwischen Kirche und Königsgewalt zum ersten Mal in Europa eine friedliche Lösung gefunden worden. In Deutschland ließ diese Lösung noch 15 Jahre auf sich warten.

Erst das Wormser Konkordat von 1122 regelte dort das Verhältnis von Papst und Kaiser.

Erstaunlich ist, daß Anselm bei all seinen vielen Geschäften, ja sogar mitten in den härtesten Auseinandersetzungen mit dem König doch immer wieder die Muße fand für seine theologischen und philosophischen Schriften. Seine Bücher zählen zu den bedeutendsten seiner Zeit; in der Theologie- und Philosophiegeschichte hat Anselm stets einen zentralen Platz eingenommen. Er gilt als Vater der Scholastik, der es als erster konsequent versuchte, den Glauben mit reinen Vernunftgründen verstehbar zu machen. »Fides quaerens intellectum – der Glaube, der nach Einsicht sucht«, war sein Programm. Anselm begnügt sich nicht damit, einfach die Glaubenswahrheiten zu wiederholen, wie sie ihm von der Kirche vorformuliert wurden. Er versucht, auch seinen Verstand zu befriedigen, indem er den Glauben danach befragt, wie weit er von unserm Verstand begriffen werden kann. Dabei ist der Ausgangspunkt nicht der Verstand, sondern der Glaube. Aber vom Glauben aus sucht Anselm nach Gründen für seinen Glauben, um noch tiefer und ehrlicher glauben zu können und um vor allem seine Zeitgenossen in ihrem Glauben zu stärken.

Anselms Theologie ist eine betende Theologie. Das zeigt sich etwa im »Proslogion«, einer seiner berühmtesten Schriften, weil er in ihr jenen berühmten Gottesbeweis entwickelt, der noch heute der anselmische Gottesbeweis heißt und in allen Philosophiegeschichten einen Ehrenplatz einnimmt.

Er ist von einer tiefen Sehnsucht erfüllt, Gott zu finden und ihn zu schauen. Seine Theologie ist Ausdruck dieser Sehnsucht nach Gott. Es ist eine mystische Theologie, die Anselm entfaltet, eine Theologie, die aus der Erfahrung Gottes kommt und zur Erfahrung Gottes hinführen will. Aus seinen Worten spricht viel Liebe. Man merkt, wie Anselm persönlich betroffen ist von dem, was er schreibt. Man begegnet ihm selbst in seinen Worten, seiner Liebenswürdigkeit, seiner Barmherzigkeit und Güte und seiner sehnsüchtigen Liebe nach Gott.

Gottesliebe und Selbsterkenntnis hängen für Anselm eng zusammen. Wer über Gott nachsinnt, der muß auch über sich selbst nachdenken. Sonst werden seine Gedanken über Gott leicht in die falsche Richtung gelenkt. Die Grundhaltung Anselms in seinen Gebeten ist die Zerknirschung des Herzens (compunctio cordis). Uns ist dieser Begriff fremd. Was er sagen will, entdecken wir erst, wenn wir Anselm in der Tradition der Mönchsfrömmigkeit sehen und verstehen. Dann wird klar, daß Anselm aus einem Herzen heraus betete, das sich von Gott treffen und verwunden ließ, und

daß er, der klare Denker und Verstandesmensch, auch seine Gefühle zuließ und sich nicht scheute, seine Liebe zu Gott in einer gefühlvollen Sprache auszudrücken.
Was Zeitgenossen an Anselm faszinierte, war nicht so sehr seine Gelehrtheit und seine philosophische Bildung, sondern der Mensch, der Seelenführer, der Heilige. Anselm erschien den Menschen damals als ein gütiger und liebenswürdiger Mönch mit tiefer Menschenkenntnis und echter Frömmigkeit. In seiner Gegenwart wurden Menschen anders. Viele wurden von ihm für Gott begeistert, viele in ihrem Glauben gestärkt.
Er selbst ging nicht unangefochten seinen Glaubensweg. Im Gegenteil, er wurde hineingerissen in die Streitigkeiten der Welt, in Intrigen und Verleumdungen. Er schreibt von der Zeit des größten Zwistes: »Nun bin ich schon vier Jahre Erzbischof und habe gar nichts erreicht; ich habe unnütz in ungeheuerlichen und abscheulichen Wirren meiner Seele gelebt, so daß ich täglich mehr wünschte, fern von England sterben zu dürfen, als dort leben zu müssen.«
Doch bei allen äußeren Zwistigkeiten hat Anselm immer die Reinheit seines Wesens, die Ruhe seines Denkens, die Festigkeit seines Willens und die Tiefe seines Glaubens bewahrt. Und so wurde er für seine Zeitgenossen ein Trost und eine Gewähr dafür, daß echtes und reines Menschentum auch in den größten Wirren gelebt werden kann.

Anselm von Canterbury

wurde 1033 in Aosta geboren. 1060 tritt er in das Kloster von Bec ein. 1063 wird er zum Prior des Klosters und Leiter des Unterrichtswesens ernannt. Nach dem Tod von Abt Herluin wird er 1078 zum neuen Abt von Bec gewählt.
1093 Ernennung zum Erzbischof von Canterbury. 1097 bis 1100 erste Verbannung. 1103 bis 1106 zweite Verbannung. 1107 erfolgt die Versöhnung mit dem König von England und eine Einigung in der Frage des Investiturstreites. Anselm von Canterbury stirbt am 21. April 1109.
Zu seinen bekanntesten Schriften gehört eine Betrachtung über die Schöpfung und das Wesen Gottes (»Monologion«) und der anselmische Gottesbeweis (»Proslogion«): Gott ist das, worüber hinaus Größeres nicht gedacht werden kann.

Der Zeuge der Wahrheit
Bernhard von Clairvaux

(Um 1090 bis 1153)

Karl Rolf Seufert

Er beschäftigte in ganz ungewöhnlichem Maße die Phantasie der Menschen – seine Beredsamkeit und tiefe Frömmigkeit nicht weniger als die besondere Ausstrahlung, die ihn umgab. Die Maler der Renaissance malten ihn gern; manche mit dem Bienenkorb, dem Symbol seiner Redekraft, andere mit einem kleinen weißen Hund oder auch mit dem Kreuz. Zahlreiche Offizien (Pflichtgebete in der Kirche) und liturgische Dichtungen verherrlichen ihn. Und wenn die Zahl der Legenden, die sich um ihn bildeten, ein Maßstab ist, dann überstieg seine Volkstümlichkeit die aller Zeitgenossen um ein Vielfaches.

Man hat Bernhard von Clairvaux das religiöse Genie des 12. Jahrhunderts genannt, den bedeutendsten Prediger des gesamten Mittelalters. Und in der Tat war er sowohl das eine wie das andere: eine Persönlichkeit von ungewöhnlichem Rang, voller Leidenschaft, kraftvoll, hoch gebildet. Ihm wäre eine glanzvolle Laufbahn sicher gewesen, wo immer er sie gesucht hätte, ob in der Kirche, ob als Magister und Professor an einer der Hohen Schulen des Landes oder auch in der großen Politik, denn er brachte alle Voraussetzungen dazu mit. Doch er fühlte sich von Anfang an zum Mönch berufen; er wollte Gott in der Einsamkeit und Stille eines Klosters dienen.

Bernhard von Clairvaux entstammte dem burgundischen Hochadel. Er wurde 1090 in Fontaines bei Dijon, nicht sehr weit von Cluny, als drittes Kind einer Ritterfamilie geboren. Kurz vor der Geburt wurde die Mutter durch einen kleinen weißen Hund erschreckt, der ständig bellte, erzählt die Legende. Ein frommer Mönch tröstete sie: »Du brauchst dir keine Sorgen zu machen. Wisse, du wirst einen Sohn gebären, der wie ein treuer Hund das Haus des Herrn bewachen und sich mutig gegen alle Feinde des Glaubens wenden wird. Er wird ein großer Prediger werden und viele vor dem Verderben bewahren.«

Mit 22 Jahren, 1112, trat Bernhard als Zisterziensermönch in das strenge

Reformkloster Citeaux ein, zusammen mit dreißig Adligen, darunter auch vier Brüdern sowie Verwandten, die von seiner Begeisterung mitgerissen wurden.

Schon nach drei Jahren erteilte man dem hageren, hochgewachsenen Mönch mit den blauen Augen und dem rötlichen Haar die Erlaubnis, Citeaux zu verlassen, um in der Einsamkeit von Clairvaux ein neues Kloster zu gründen. Der junge Abt, dem man zwölf Mönche mitgegeben hatte, suchte kein leichtes Leben. Er hielt auf strenges Fasten und Nachtwachen, einfachste Kost und harte körperliche Arbeit. Dennoch muß er es verstanden haben, seiner Umgebung immer auch das Gefühl von Heimat und Geborgenheit zu vermitteln, denn seine kleine Gemeinschaft wuchs rasch. Schon 1118 kam es zu einer ersten Tochtergründung, dem Kloster Trois Fontaines. Ihr folgten bald andere, insgesamt 68 zu seinen Lebzeiten, darunter auch Kloster Eberbach im Rheingau und Kloster Himmerod in der Eifel, beide unter Bernhards persönlicher Anwesenheit. Kein Wunder, daß man ihn den Ruhm seines Ordens und dessen zweiten Gründer nannte.

Lange hielt es den Abt, entgegen aller Vorsätze, jedoch nicht in der Einsamkeit seines Klostertals. Zu groß waren die Schwierigkeiten der Kirche, die er von äußeren und inneren Feinden bedroht sah, zu groß die Wirren in Frankreich, zu stark vor allem auch seine Überzeugung, gebraucht zu werden und helfen zu können. Hin- und hergerissen zwischen seinen Idealen, für die er ins Kloster gegangen war, und dem, was ihm notwendig schien, fühlte er sich lebenslang als Zwitterwesen: nicht ganz Mönch und nicht Ritter, als »Chimäre seines Jahrhunderts«, wie er es selbst einmal formulierte.

Wenn er nicht im Dienst des Ordens unterwegs war, saß er schreibend in seiner Zelle, oft vom ersten Morgenlicht bis in die Nacht. Er schrieb weniger theologische Abhandlungen als Briefe an die Mächtigen, in einer hochgebildeten, lebendigen Sprache. In diesen Briefen – mehr als fünfhundert sind uns erhalten – setzte er sich für Kloster- und Ordensreformen ein, förderte er die religiösen Kräfte und kritisierte das Weltleben. Etwa ab 1130 auch politisch einflußreich, wurde er der Berater von Bischöfen und Fürsten, ein Mahner und Warner in der Welt der Politik und ein Kämpfer gegen Ketzerei und Irrlehren.

Als eine Kirchenspaltung drohte, weil Papst Innocenz II. einem Gegenpapst weichen mußte und nach Frankreich geflohen war, setzte sich Bernhard für ihn ein und sicherte ihm schließlich die Herrschaft.

Von Papst Eugen III. erhielt er dann den folgenschweren Auftrag, für den zweiten Kreuzzug zu predigen. Bernhard tat es mit vollem Einsatz, und wo immer er das Wort ergriff, riß er die Menschen zu stürmischer Begeisterung hin, in Frankreich ebenso wie in Belgien und am Rhein. Ungeheuer war auch die Wirkung seiner Predigt in Vezelay, wo er den ewig zögernden französischen König Ludwig und dessen gesamte Ritterschaft für den Feldzug gewann. So überschwenglich war der Enthusiasmus, daß ihm der Adel das Gewand förmlich vom Leibe riß, um sich Kreuze daraus zu schneiden: Versprechen und Kennzeichen der Kreuzfahrer. Ähnliche Jubelstürme entfachte er in Flamen und in Deutschland. Obwohl man sein Französisch dort nicht verstand, war die Wirkung seiner Persönlichkeit noch immer so stark, daß der Kreuzzug damit gesichert war. In Speyer nahm auf sein Drängen hin auch Kaiser Konrad das Kreuz.
Doch der Kreuzzug scheiterte, und obwohl Bernhard keinen Einfluß auf dessen Organisation und Durchführung genommen hatte, machte man ihm nach dem kläglichen Ende bittere Vorwürfe. In einer Schrift an den Papst rechtfertigte er sich überzeugend, doch die Enttäuschung traf ihn schwer und vergällte ihm die letzten Lebensjahre. Die Kreuzfahrer hatten mit unglaublicher Torheit aus dem Heereszug ein ebenso tragisches wie groteskes Abenteuer gemacht und im Orient vernichtet, was dem christlichen Abendland dort noch an Ansehen geblieben war.
Für Bernhard kam ein schweres Magenleiden hinzu, das er sich durch überstrenges Fasten schon in jungen Jahren zugezogen hatte und das sich jetzt in immer stärkeren Schmerzen zeigte. Am 20. August 1153 starb er, wahrscheinlich an diesem Magenleiden, in Clairvaux. Bereits 1174 wurde er von der Kirche heiliggesprochen.

Ein ungewöhnliches Leben, ein Leben von gewaltiger Wirkkraft war zu Ende. Von einer Zelle aus, die er, ohne anzustoßen, kaum betreten konnte, griff er in die Politik ein, warnte und mahnte er. Von dem heißen Wunsch erfüllt, Tugend und Frömmigkeit in die Welt zu tragen, wurde er eine bedeutende abendländische Persönlichkeit.
Doch das war nicht sein Ziel gewesen. Nicht das Amt des Predigers, der die Massen bewegt, nicht das Amt des Kirchenpolitikers, der Könige und Fürsten leitet, der Päpste und Bischöfe berät, hatte ihm vorgeschwebt, als er ins Kloster eintrat. Diese Aufgaben waren ihm zugefallen aufgrund seiner außergewöhnlichen Fähigkeiten und Begabungen, und er hatte sich ihnen aus Pflichtgefühl nicht entzogen. Viel lieber wäre er der Mönch geblieben, als der er begonnen hatte, ein Mann des Gebets, der in der Abgeschiedenheit

des Klosters ein gläubiges Leben verwirklicht und zu immer tieferen Einsichten gelangt.
Doch auch so, trotz der gewaltigen Lasten, die auf seinen Schultern lagen, blieb er immer bestrebt, Christi Beispiel durch ein vorbildliches Leben, durch Predigten und Schriften den Menschen vorzustellen. So verfaßte er Abhandlungen »Über die Gnade der Demut und des Stolzes«, »Von der Gnade und Willensfreiheit« und »Über die Gottesliebe«. Seine Weisungen für den Alltag des christlichen Lebens erschienen vielen allerdings zu radikal, zu absolut und seine sittlichen Forderungen zu hoch angesetzt.
Bei seinem Verkündigungsauftrag kannte er keine Kompromisse. Ein Christ müsse sich vor zwei Gefahren hüten, warnte er. Er dürfe sich nicht in ein seichtes Plaudern ohne Inhalt verlieren oder sich darin gefallen, seine Zuhörer mit oberflächlichem Gerede zu langweilen. Außerdem dürfe er den anderen nichts von dem vorenthalten, was er selbst als wichtig und wesentlich erkannt habe. Darum ist es unerläßlich, daß man sich »selbst anfülle«, wie er es nannte, bevor man vor andere tritt. Andernfalls mache man sich einer schweren Unterschlagung schuldig, denn beim Christentum handle es sich nicht um persönliches Eigentum, sondern um Gottes Wahrheit und Gottes Willen.
»Mache dich zum Behälter, nicht zum Kanal«, riet er. »Denn ein Kanal nimmt auf und gibt fast zur gleichen Zeit wieder ab; ein Behälter aber wartet, bis er voll ist. Kanäle haben wir heute leider Gottes viele in der Kirche, Behälter aber sehr wenige... Die Menschen sind geneigter zu reden als zu hören, bereit zu lehren, was sie nicht gelernt haben, voll der Sucht über andere zu herrschen, ohne sich auf Selbstbeherrschung zu verstehen.«
Man machte Bernhard gelegentlich den Vorwurf der Kunst- und Wissenschaftsfeindlichkeit, und es gibt Aussagen, aus dem Zusammenhang gerissen, die dies zu bestätigen scheinen. »Der christliche Glaube bedarf der Wissenschaft nicht, und der einzelne Christ erreicht sein Ziel ohne alle Wissenschaft«, schrieb er. »Für den Christen ist nicht die Gelehrsamkeit entscheidend, sondern die Reinheit des Gewissens und ein ungeheuchelter Glaube. Betend wird Gott würdiger gesucht und leichter gefunden als durch Disputation.«
Bernhard kannte die Vorwürfe, und er wehrte sich gegen sie. Kunst und Wissenschaft seien durchaus in der Lage, das Leben der Menschen zu bereichern oder sie zu belehren. Doch dies allein müsse ihr Ziel auch bleiben, stellte er fest. »Es gibt Menschen, die das Wissen wollen«, schrieb er, »lediglich um zu wissen; das ist schändliche Neugier. Andere wollen das

Wissen, damit man von ihnen wisse, das ist schmachvolle Eitelkeit... Ferner gibt es Menschen, die das Wissen wollen, um ihr Wissen zu verkaufen, etwa für Geld, für Ehren, das ist schnöde Gewinnsucht. Es gibt aber auch Menschen, die das Wissen wollen, um andere zu erbauen, das ist Nächstenliebe. Ebenso Menschen, die das Wissen wollen, um sich selbst zu erbauen, das ist Klugheit.«

Mit Recht nannte man das zweite Viertel des 12. Jahrhunderts auch das »Bernhardinische Zeitalter«, denn wie kein anderer nahm er Einfluß auf die Geschehnisse in Politik und Kirche. Daneben gilt er als einer der bedeutendsten Mystiker, ein Schriftsteller, dessen Werke Thomas von Aquin ebenso beeinflußten wie Dante und Ignatius von Loyola.
Bei aller Härte und Entschiedenheit, mit der er seine Gottes- und Christusliebe in die Zeit hineintrug, blieb er doch der Mann, als der er angetreten war, ein Mönch, überstrahlt vom Glanz demütiger Geistigkeit, der in der Heiligen Schrift die Lehrmeisterin seines Lebens, die Quelle seines Wissens und seiner Sicherheit erblickte. Kein Wunder, daß ihn die Theologen der Reformation zu den »Zeugen der Wahrheit« zählten.

Bernhard von Clairvaux

entstammt dem burgundischen Adel und wurde um 1090 in Fontaines bei Dijon geboren. 1112 trat er in das Zisterzienserkloster Citeaux ein. Schon drei Jahre später schickten ihn die Ordensoberen als Abt aus, und er gründete mit zwölf Mönchen das Kloster Clairvaux. Bereits 1118 kam es zu einer ersten Tochtergründung, der weitere 68 zu seinen Lebzeiten folgten.
Im Auftrag Papst Eugens III. warb der mitreißende Prediger in Nordfrankreich, Flandern und am Rhein für den zweiten Kreuzzug. Er gewann König Ludwig VII. von Frankreich und Kaiser Konrad III. für das Unternehmen, das dann in einer Katastrophe endete und dessen Scheitern seinen Lebensabend überschattete.
Er war nicht nur der führende Kirchenpolitiker, Prediger und Theologe seiner Zeit, sondern auch einer der bedeutendsten Mystiker. Seine Schriften beeinflußten Thomas von Aquin, Meister Eckhart, Dante und Ignatius von Loyola.
Bernhard von Clairvaux starb am 20. August 1153 in Clairvaux.

Die deutsche Prophetin Hildegard von Bingen

(1098 bis 1179)

Charles Hallgarten

Wir kennen die Heilige von mehreren Miniaturen, farbigen Buchmalereien, die man einst ihren Werken mitgab: Hildegard in dunkelblauem Gewand und weinrotem Mantel, allein in ihrer Zelle oder auch gemeinsam mit ihren Mitarbeitern, dem gelehrten Mönch Volmar und der Nonne Richardis. Die berühmteste Darstellung stammt aus der verschollenen Rupertsberger Handschrift »Scivias« (Wisse die Wege) aus dem 12. Jahrhundert: Hildegard sitzt in einem gewölbten Raum, zwei Wachstafeln im Schoß, die Füße auf einem Schemel. In der Hand hält sie einen Griffel. Auffällig die rote Flammenlohe, die von oben kommend ihr Gesicht umgibt. Ein bärtiger Mönch reckt erwartungsvoll den Kopf in die Klause und lauscht ihren Worten. Die Goldgrundmalerei ist von zwei Türmen flankiert, die die klösterliche Abgeschiedenheit deutlich machen.
Die gotischen Miniaturen zeigen kein realistisches Bild der Heiligen, und ein Porträt gibt es nicht. Man hatte es vergessen oder auch unterlassen, einen Künstler damit zu beauftragen. Sicher auch einer der Gründe, warum Hildegard nie so bekannt wurde wie andere Heilige in der Kirche, denn die Anschauung wirkt allemal stärker als vergilbte Chroniken und schwerverständliche Texte, noch dazu in lateinischer Sprache. Wen könnte es darum wundern, daß sie länger als ein halbes Jahrtausend selbst in der Kirche so gut wie vergessen war.

Hildegard von Bingen wurde 1098 in Bermersheim bei Alzey in Rheinhessen geboren. Sie war das jüngste von zehn Kindern des Edelfreien Hiltebert von Bermersheim und dessen Ehefrau Mechthild. Mit acht Jahren gaben die Eltern das hochbegabte Mädchen zur Erziehung in das Benediktinerkloster Disibodenberg bei Böckelheim an der Einmündung des Glanbachs in die Nahe. Dort wuchs das Kind unter der Obhut der Meisterin Jutta von Sponheim auf, die mit ihren Nonnen in einer Klause in der Nähe des Mönchsklosters wohnte.

Johann Christoph Blumhardt

Johann Hinrich Wichern

Tafel XIII

Gustav Werner

Friedrich von Bodelschwingh *Charles de Foucauld*

Tafel XIV

»Mich dünkt«, so schließt eine zeitgenössische Lebensbeschreibung, »in dem Leben, das wir betrachtet haben, sei uns vielfach Jesus Christus entgegengetreten, um uns in neuem Licht zu zeigen, wer er war, wer er ist und wer er sein wird.«

Johann Christoph Blumhardt

wurde am 16. Juli 1805 in Stuttgart geboren. Von 1824 bis 1829 Studium der Theologie im Tübinger Stift, von 1829 bis 1830 Vikar in Dürrmenz-Mühlacker. 1830 wird er Dozent für Hebräisch bei der Basler Mission, 1837 Pfarrgehilfe in Iptingen. Von 1838 bis 1852 ist er Pfarrer in Möttlingen.

Um 1840 schreibt er das »Handbüchlein der Weltgeschichte für Schulen und Familien«, 1843 erfolgt die Heilung der körperlich und seelisch schwer gestörten Gottliebin Dittus.

1844 beginnt seine große Buß- und Erweckungsbewegung mit vielen Krankenheilungen und Bekehrungen. Von 1852 bis 1880 ist Blumhardt Geistlicher Leiter des Kurhauses Bad Boll, wo er am 25. Februar 1880 stirbt.

Der dienende Bruder Johann Hinrich Wichern

(1808 bis 1881)

Heinz Vonhoff

Am 11. Mai 1872 kehrt Johann Hinrich Wichern von Berlin nach Hamburg zurück. Er ist ein kranker, von zwei Schlaganfällen gezeichneter Mann, der nur noch um Entlassung aus dem preußischen Staats- und Kirchendienst und um seine Pensionierung nachsuchen kann. Fünfzehn Jahre lang hat er dem preußischen Staat als »Vortragender Rat in Angelegenheiten der Strafanstalten und des Armenwesens« gedient. Im Beamtenstand mußte der Hamburger Pastor und Armenhelfer seinen Dienst an den Strafgefangenen und den Armen als sehr eingeengt empfinden – er, der doch eigentlich Diakon, dienender Bruder, sein wollte, wie er seine Mitarbeiter aus dem Rauhen Haus in Hamburg und dem Johannesstift in Berlin nannte. Seine Gefängnisreform scheiterte an Gründen, wie sie Juristen und Politiker vorbringen. Seine Gedanken an eine Wiedereingliederung ehemaliger Strafgefangener in die Gesellschaft blieben Zukunftsmusik angesichts überfüllter Strafanstalten, die »die größte Ironie sind, die der Staat gegen sich selbst aufrichtet; er verhöhnt sich selbst in ihnen« und in denen »unter ungeheuren Kosten eine Verbrechergesellschaft großgezogen wird«.

Aber die Rückkehr nach Hamburg kann für den Kranken auch kein Weiterarbeiten dort bringen, wo er in jungen Jahren seine ganz persönliche Diakonie aus überzeugtem Glauben an die Barmherzigkeit Gottes begonnen und getan hat. Er, der zeitlebens so vielen Hilfsbedürftigen und Hilflosen helfen durfte, ist nun selbst ein Hilfsbedürftiger. Er vereinsamt immer mehr: »Alle Menschen haben mich bereits verlassen, daß ich nur Gott vertraue.« Und »in meinem Innern ist fortwährend Nacht«, schreibt er in sein Tagebuch, das er von Jugend auf geführt hat. Seine Kräfte schwinden, aber noch legt ihm Gott ein langes Krankenlager auf, eine schwere und dunkle Zeit mit schrecklichen Ängsten und schlaflosen Nächten, ehe er 1881 stirbt.

»Wenn es Gott beschlossen hat, mich zu sich zu nehmen, so sollt ihr, meine Lieben, wissen, daß mein einziges Gebet ist, daß ich selig werde, daß ich zu ihm komme und Frieden in ihm finde. Ich habe mich zu ihm immer

bekannt, aber in großer Schwachheit«, so liest seine Frau Amanda in dem Brief, den er ihr hinterlassen hat.
Und sie erinnert sich: Als junges Mädchen meldet sie sich Anfang 1833 in der Sonntagsschule des Pastors Johann Wilhelm Rautenberg von der St.-Georgs-Gemeinde in Hamburg als Mitarbeiterin an. Seit kurzer Zeit wirkt an ihr der Kandidat der Theologie, Johann Hinrich Wichern.
Schon bald erhält sie von Wichern Brautbriefe, in denen er eine Vision entfaltet, der als Leitmotiv vorangeht, »daß wir aus Gott, mit Gott, für Gott leben«. Die Vision gilt einem Rettungshaus für Kinder und Jugendliche. »Rettungsanstalten sind Ausgeburten der Liebe«, schreibt er und will sich, zusammen mit ihr, »der Sache ganz hingeben, um eine so wichtige Sache nicht halb zu tun«.
Die Kinder in der Sonntagsschule von St. Georg, die in Wichern und Amanda Böhme den Gedanken an ein Rettungshaus aufkommen lassen, stammen aus den berüchtigten Gassen und den verrufenen Winkeln der Hafenstadt. Es sind gefährdete, innerlich und äußerlich verschmutzte, verwilderte, zumeist auch ungetaufte Jungen und Mädchen. Manche sind bereits mit der Polizei in Konflikt geraten, haben gestohlen, Feuer gelegt, Alkohol getrunken, sind nächtens herumgestromert.
Im Hamburger Kindergefängnis leben mehr als zweihundert Kinder. Diesen durch die Schuld der Erwachsenen vernachlässigten und herumgestoßenen Kindern will Wichern in seinem Rettungshaus eine Heimat geben. Es soll, so denkt er, darin seiner Zeit weit voraus, kein Massenhaus werden, sondern eher ein Kinderdorf mit vielen kleinen Häusern, in denen die Kinder wie in Familien heranwachsen und froh werden dürfen.
Er ist Romantiker, dieser Wichern, und Amanda Böhme, seine Braut, ist es wohl auch. Aber sie sind beide Christen, die nicht dem dürren Verstandesglauben jener Zeit anhängen, sondern in ihren Herzen einen weiten und freien Glauben tragen, »aus dem die Liebe geboren wird wie aus dem Feuer die Wärme«.
Im Februar 1833 ruft der junge Wichern in einer von mehr als tausend Bürgern besuchten Versammlung zur Hilfe für die im Stich gelassenen Proletarierfamilien auf und gewinnt viele persönliche und finanzielle Unterstützung. Als ihm Senator Dr. Karl Sieveking von seinem eigenen großen Grundbesitz einen weiten Garten mit einer strohgedeckten Bauernkate zur Verfügung stellt, gibt es kein Halten mehr. Die Kate heißt seit alters das »Rauhe Haus«, und unter diesem Namen ist dann das Werk Wicherns bis in unsere Gegenwart hinein bestehen und bekannt geblieben. Noch im September wird ein Trägerverein gegründet. Ende Oktober zieht Wichern

in das Haus ein. Er, der früh seinen Vater verloren hat und für sieben Geschwister Verantwortung mittragen mußte, nimmt die Mutter und zwei Geschwister mit ins Haus auf. Kurz danach kommen die ersten drei Kinder.
Je mehr Kinder kommen, desto wichtiger werden zwei Aufgaben. Einmal braucht Wichern Mitarbeiter. Wenn die Kinder in nicht zu großen Gruppen an Elternstatt erzogen werden sollen, müssen verantwortliche Erzieher bereitstehen. Also gründet Wichern eine Diakonenanstalt, das »Brüderhaus«, in dem junge Männer auf diese Aufgabe vorbereitet werden. Außerdem müssen entsprechende Wohnräume geschaffen werden, keine Kasernen, vielmehr Einzelhäuser, in denen je eine »Familie« mit etwa zwölf Kindern leben kann. Die Jungen helfen beim Bau eines jeden neuen Häuschens, machen es also zu ihrem gemeinsamen Werk. Dazu kommt der Bau eines Werkstättenhauses, in dem jeder Junge ein Handwerk erlernen kann, und die Einrichtung einer Mädchenschule.
Am 29. Oktober 1835 holt Wichern seine Braut in das Jugenddorf. Im neuen Häuschen »Grüne Tanne« wird die Hochzeit gefeiert. Am anderen Morgen sagt ein Junge »Mutter« zu ihr. Das ist sie dann nicht nur den eigenen sechs Kindern, die sie gemeinsam mit Wichern ins Leben geleitet hat, sondern all den vielen jungen Menschen, die im Hamburger »Rauhen Haus« Heimat und Zukunft gefunden haben.
Das Elend der Kinder gibt es ja nicht nur in Hamburg. Es hängt, das sieht Wichern klar, vor allem mit dem Siegeszug der Maschine und der daraus sich ergebenden raschen Entwicklung großer Industriebetriebe zusammen. Zwar wird die ärgste Kindernot gemildert, als 1839 Preußen die Arbeit von Kindern unter neun Jahren in Fabriken, Berg- und Hüttenwerken ganz verbietet, aber weiterhin dürfen ältere Kinder bis zu zehn Stunden täglich arbeiten. Die familiären Handwerksbetriebe geraten wegen der Maschinen in wirtschaftliche Nöte. Für die Fabrikarbeiter, das Proletariat, gibt es keine Schutzgesetze.
An vielen Orten sehen Christen zuerst die Not der Kinder und suchen zu helfen. Vereine werden gegründet, die sich im Gegensatz zu den Vereinen für die Missionierung fremder Völker im Ausland als »innere« Mission verstehen. Wichern wird immer öfter als Berater gerufen, hält Vorträge in verschiedenen Gemeinden und Städten und schreibt seine Gedanken und Erfahrungen seit 1844 in den »Fliegenden Blättern aus dem Rauhen Haus«, für deren Druck er eine eigene Druckwerkstatt einrichtet.
Was er bei seinen Reisen durch Deutschland an Not nicht nur in den Großstädten und bei den Fabrikarbeitern sieht, auch die zunehmende Kluft

zwischen einer der Obrigkeit zu sehr verhafteten Kirche und dem neuen Stand der Arbeiterschaft, treibt ihn in großer Sorge um. Er schreibt über die »Notstände der protestantischen Kirche und die Innere Mission« und fordert, daß sich die Kirche aus der allzu engen Staatsbindung heraus zu einer »brüderlichen Gemeinschaft« entwickelt.
Was im Untergrund einer immer unchristlicher werdenden Umwelt brodelt, muß er 1842 erkennen, als in Hamburg eine furchtbare Brandkatastrophe wütet und selbst das »Rauhe Haus« vor Plünderungen bewahrt werden muß, während die Brüder freiwillig in der Stadt beim Löschen helfen.
1844 wird der preußische König auf Wichern aufmerksam und veranlaßt einen Vertrag mit ihm, wonach Diakone des »Rauhen Hauses« zum Betreuungsdienst in den Gefängnissen ausgebildet werden sollen. Das ist ein erstes Signal für die spätere Aufgabe Wicherns in Berlin.
Dann kommt das Jahr 1848. Es bringt zunächst in Schlesien eine furchtbare Typhusepidemie. Wichern geht mit zehn Brüdern in das Seuchengebiet und setzt seine Tatkraft und auch sein Organisationstalent für die Hilfsmaßnahmen ein, an denen eine starre Behördenbürokratie scheitert. Ehe er seinen abschließenden Bericht dem König in Berlin übermitteln kann, bricht die Revolution aus.
In der ersten Begeisterung wird auch nach einer deutschen Nationalkirche gerufen und ein gesamtdeutscher Kirchentag in Wittenberg abgehalten. Dieser Kirchentag hat die eine Kirche, einen Bund der vielen protestantischen Landeskirchen, nicht zustande gebracht, wie auch die Revolution erstickt wurde.
Aber in Wittenberg geschieht am 22. September dennoch etwas, das für die evangelischen Kirchen Deutschlands zukunftweisend werden soll. Aus dem Stegreif spricht Wichern vor der Versammlung der Kirchenführer über sein Programm der Inneren Mission. Es wird ein schonungsloser Ruf zur Buße und zur Tat der Liebe. »Die Liebe muß in der Kirche als die helle Gottesfackel flammen, die kundtut, daß Christus Gestalt in seinem Volk gewonnen hat.«
Er entdeckt auch die neu aufbrechende soziale Frage, aber weil er als Romantiker die bestehende Gesellschaftsordnung für unantastbar und heilig hält, findet er keinen Zugang zur Arbeiterbewegung, vermag er selbst nichts zu tun, die von ihm erkannte Kluft zwischen Kirche und Proletariat zu überbrücken.
Zu Marx und Engels, die der Arbeiterbewegung ihre Impulse geben, findet er keinen Zugang. Aber was er in den verschiedenen Volksnöten tut, seit dem Wittenberger Kirchentag zusätzlich in ganz Deutschland als der

bewegende Referent der Inneren Mission, das zeigt Wirkung, bringt vielfältige Hilfe. Nicht nur für Kinder; unter anderem auch für wandernde Handwerker in den Herbergen zur Heimat, in der Auswanderermission für die vielen Deutschen, die damals die Heimat verlassen und nach Amerika ziehen, und vor allem für die Strafgefangenen.

Ihnen zu helfen, läßt er sich 1857 vom preußischen König nach Berlin rufen, zieht er mit Amanda und der Familie in die Hauptstadt. Das Rauhe Haus wird von einem seiner Mitarbeiter gut und treu weiter verwaltet. Er aber verzehrt sich in der neuen Aufgabe bis in die lange Krankheit hinein, die ein langsames Sterben wird, den Glauben aber nicht verdrängen kann, aus dem heraus er wirkte.

Amanda weiß es, die Witwe. Auch familiäre Leiden haben diesen Glauben nicht brechen können, nicht der Tod des jüngsten Sohnes im Krieg 1870/71, nicht die geistige Umnachtung, in die eine Tochter nach der Auswanderung nach Amerika fällt. Amanda setzt auf den Grabstein ihres Mannes, der seine letzte Ruhestätte neben seiner Mutter findet, das Wort der Bibel: »Unser Glaube ist der Sieg, der die Welt überwunden hat.«

Wicherns begeisterndes und erschütterndes Leben ist ein Zeugnis für diese Botschaft.

Johann Hinrich Wichern

wurde am 21. April 1808 in Hamburg geboren und mußte als 16jähriger nach dem Tod des Vaters für die Mutter und sieben Geschwister sorgen. Trotzdem konnte er in Göttingen und Berlin Theologie studieren und 1832 in Hamburg sein Examen ablegen. Hier wurde er Oberlehrer der St.-Georgs-Sonntagsschule und gründete 1833 die Rettungsanstalt »Zum Rauhen Haus«, zu dem später ein Brüderhaus als Seminar für diakonische Ausbildung kam. 1835 heiratete er Amanda Böhme, die mit ihm in der diakonischen Arbeit tätig war. Durch seine Rede auf dem Kirchentag in Wittenberg 1848 wurde er zum Gründer der Inneren Mission der evangelischen Kirchen in Deutschland. 1857 trat er in Berlin in den preußischen Staats- und Kirchendienst, um die von ihm seit 1851 begonnene Gefängnisreform durchführen zu können. In Spandau gründete er das Johannesstift als Brüderhaus. Schwer krank kehrte er 1872 nach Hamburg zurück und starb nach langem Leiden am 7. April 1881 in Hamburg.

Der phantastische Realist Gustav Werner

(1809 bis 1887)

Heinz Schanbacher

Die theologische Wissenschaft seiner Zeit ist an Vernunft und Rationalismus orientiert. Sie läßt den Studenten an der evangelischen Fakultät in Tübingen leer und unberührt. Denn der sucht die Übereinstimmung von Lehre, Glaube und Leben. Die Botschaft des Neuen Testaments, daß die Liebe des Gesetzes Erfüllung sei, und das Gebot: »Du sollst deinen Nächsten lieben wie dich selbst« werden für ihn sein Leben lang praktische Konsequenzen haben.

Gustav Werner trifft sich mit anderen Studenten in einem geheimen Zirkel und sucht aus den Schriften des schwedischen Naturforschers und Gottsuchers Emanuel Swedenborg zu erfahren, was ihm die Universität nicht bietet. Er schreibt dazu: »Wie ich der Menschheit am besten dienen kann, das hat mir Swedenborg gezeigt.« Swedenborg lehrt zum Beispiel, daß niemand mehr Glauben habe, als er in der Liebe beweise. Seine Lehre hat aber auch okkulte Elemente. Ihnen widersetzt sich der Schwabe Werner: »Nach Geistern frage ich nicht, sondern ich freue mich in der Seele, wenn ich einen Menschen gefunden habe. Was mich anzog, ist seine (Swedenborgs) Erklärung der Heiligen Schrift, in deren Reinheit, Vernünftigkeit ich stets volle Befriedigung fand.« Der Ketzer Swedenborg wird zum wichtigsten theologischen Lehrer des jungen Gustav Werner. Nach seinem Studium läßt er sich für ein Jahr beurlauben und reist nach Straßburg. Offiziell nimmt er eine Stelle als Lehrer an, heimlich will er Zeit gewinnen und Schriften von Swedenborg ins Deutsche übersetzen.

In Straßburg begegnet Werner dem Kaufmann Caspar Wegelin. In dessen Haus und Lebenskreis ist die Erinnerung an den Pfarrer Johann Friedrich Oberlin (1740 bis 1826) lebendig. Pfarrer Oberlin hatte das heruntergekommene Schulwesen in seinem Dorf neu aufgebaut, eine Kinder- und Strickschule gegründet, Vorratshäuser und eine Leih- und Sparkasse geschaffen. Er hatte Straßen und Brücken gebaut und jedes Brautpaar verpflichtet, zur Hochzeit einen Baum an der Dorfstraße zu pflanzen.

Indem er die Lebensbedingungen der Menschen verbesserte und sozial absicherte, machte er aus dem weltabgelegenen und armen Steintal in den Vogesen ein blühendes Gemeinwesen.
Dieser phantasiereiche, erfinderische Pfarrer aus dem Steintal ist der zweite große Lehrmeister von Gustav Werner: »In Oberlin hatte ich mein Ideal gefunden, und praktisches Christentum zu treiben wie er in seinem Steintal, stand mir als meine Lebensaufgabe vor Augen.«
Von Straßburg kommend, nimmt Werner 1834 ein Vikariat in Waldorf bei Tübingen an. Er wird zum leidenschaftlichen Prediger gegen fromme Selbstgerechtigkeit: Der Glaube an Christus sei kein Gnadenpolster zum Ausruhen. Der wahre Glaube müsse sich in der Liebe betätigen. Eine so fordernde Predigt bringt Unruhe unter die Leute. Die Selbstgerechtigkeit wehrt sich. Eines Tages muß der Vikar in Waldorf eine Taglöhnersfrau beerdigen. Sie läßt sechs Kinder unversorgt zurück. In seiner Beerdigungspredigt appelliert Werner an die Gemeinde, die unversorgten Kinder in die Familien aufzunehmen. Sein Aufruf findet kein Echo.
»Während ich meine Zuhörer anklagen wollte, klagte mich mein Gewissen gleicher Schuld an und sagte mir, daß ich zuerst selbst tun solle, was ich von meinen Zuhörern verlange.«
Werner nimmt das jüngste Kind, ein zweijähriges Mädchen, zu sich, sorgt für seinen Unterhalt und vertraut es einer seiner Helferinnen an. Das Beispiel wirkt. Auch die anderen Kinder kommen jetzt in Familien unter und werden von Gemeindegliedern unterstützt. In Waldorf gründet Werner auch seine erste »Kinder- und Industrieschule«. Er läßt auf seine Kosten das alte Backhaus ausbauen und eine Helferin zur Handarbeitslehrerin ausbilden.
Gustav Werner hält zeit seines Lebens der evangelischen Kirche in Württemberg die Treue. Aber aus Gewissensgründen entsagt er 1840 dem Pfarramt. Seine eigene Auffassung von der Rechtfertigung aus dem Glauben gründet sich nicht auf die Bekenntnisschriften der evangelischen Kirche. Er mißtraut symbolischen Büchern und vertraut dem Wort, das ihn ergreift. Er mißtraut menschlicher Vernunft und vertraut der Liebe als des Gesetzes Erfüllung. Diese Liebe will er leben!
Am 14. Februar 1840 verläßt Werner mit 10 Kindern und zwei Helferinnen Waldorf und zieht nach Reutlingen in eine Mietwohnung. 1841 heiratet er Albertine Zwißler. Seine Familie besteht zu dieser Zeit aus 30 Kindern. In 37 Jahren Ehe wird Albertine Werner zur Mutter unzähliger hilfsbedürftiger Kinder und behinderter Menschen, ohne selbst das Glück eigener Mutterschaft zu erleben. Die Schaffung einer familiären Heimat für

verwaiste, verlassene, geistig, seelisch und körperlich behinderte Kinder ist die Zelle von Gustav Werners Lebenswerk. Werner hatte sein Leben lang eine große Arbeitslast zu tragen und war häufig unterwegs. Aber er blieb immer der Hausvater und nahm sich seiner Kinder persönlich an, bis zur Austeilung des täglichen Brotes. Der Glaube an Jesus Christus, den Herrn und Erlöser der Welt, erprobt und gefestigt im eigenen Leben, mußte sich auswirken in tätiger Liebe um der Barmherzigkeit Gottes willen. Das war sein Erziehungsgrundsatz. Werner durchschaute, daß Zwang in der Erziehung Kinder zur Heuchelei verführt. Deshalb vermied er Zwang, wo er nur konnte.

Pflegegeld für die Kinder gab es kaum einmal. Die Einkünfte waren bescheiden. Man gründete einen Strickwarenladen und verkaufte, was die Kinder und Frauen in der Familie gefertigt hatten. Als Reiseprediger besuchte Werner Gemeinden in ganz Württemberg. Er kam bis in die Schweiz und nach Frankfurt. An manchen Tagen war er bis zu zehn Stunden zu Fuß unterwegs, hielt an mehreren Orten Bibelstunden und Vorträge. Es wurde ihm verboten, für seine Vorträge Kirchen zu benutzen; deshalb predigte er in Gasthäusern oder in Scheunen. In der einen Gemeinde erfährt ihn der Pfarrer als Helfer, in der nächsten ist er als Konkurrent unerwünscht. Auf seinen Reisen begegnet ihm viel Not unter der Bevölkerung. Überall aber bilden sich Kreise um ihn, aus denen er seine nächsten Mitarbeiter gewinnt.

Seine lebensbezogene Bibelauslegung bewegt viele Menschen zu Opfer und Unterstützung. In seinem Wirkungskreis wächst die Bereitschaft zur gegenseitigen Hilfe. Er bringt Spenden heim. Man gibt ihm hilfsbedürftige Kinder mit. Junge Frauen und Männer folgen ihm. So entwickelt sich in Reutlingen seine Hausgenossenschaft. Für die Dauer ihrer Zugehörigkeit stellen die Hausgenossen ihre Arbeitskraft ohne Entgelt zur Verfügung und bringen ihr Vermögen ohne Verzinsung ein. Dafür erhalten sie volle Versorgung in gesunden und kranken Tagen. Seiner Zeit weit voraus, bildet Werner Frauen aus der Hausgemeinschaft zu Erzieherinnen und Lehrerinnen aus. Junge Handwerker und Weingärtner kommen und werden zu Hausvätern. Zwischen 1853 und 1860 gründen Gustav Werner und seine Anhänger 28 Anstalten für Behinderte und Versorgungsbedürftige aller Altersstufen. 1862 leben in seinem Werk 1748 Menschen, darunter 227 Hausgenossen und 437 Kinder.

Die Zeit ist in Bewegung und fordert Werner heraus. Landwirte verarmen durch Mißernten, Hagelschlag und Kartoffelfäule. Ihr Besitz wird verpfändet. Viele wandern aus. Die wachsende Industrialisierung verunsichert

Handwerker und Mittelstand. Die Arbeiterschaft wächst und ist der Willkür der neuen Herren ausgeliefert. Gegen diese Entwicklung entwirft Werner ein Gegenmodell, »eine Stadt auf dem Berge, in der die modernen Verhältnisse mit biblischen Grundideen der Liebe und Gerechtigkeit durchdrungen sind«.

Zur Verwirklichung dieses Ziels kauft er 1850 eine bankrotte Papierfabrik auf und richtet acht handwerkliche Betriebe ein. 1851 eröffnet er eine Maschinenfabrik. 1852 gründet er den »Verein zur gegenseitigen Hilfeleistung« für Bauern und Handwerker, der rasch über 500 Mitglieder zählt. Zur gleichen Zeit entsteht der »Verein zur Beschäftigung brotloser Arbeiter«.

Bei der Gründung der Werkstätten und Fabriken geht er zunächst von der Ordnung seiner Hausgenossenschaft aus und will ihre Grundsätze auf den industriellen Betrieb übertragen. Dies gelingt nur zum Teil. Denn zu den Hausgenossen muß er zusätzlich von außen kommende Mitarbeiter einstellen. Technische Schwierigkeiten ergeben sich; der Standort der Papierfabrik erweist sich als ungünstig, denn Gerber verunreinigen den Fluß, aus dem die Papierfabrik klares Wasser braucht. Die Dampfmaschine muß mit Holz statt mit Kohle geheizt werden, weil noch keine Eisenbahnlinie nach Reutlingen führt und Kohle nicht herbeigeschafft werden kann. Krisen und Niederlagen scheinen für Gustav Werner vorprogrammiert zu sein.

1857 baut er in Dettingen an der Erms in vierjähriger Bauzeit eine neue Papierfabrik. Die Papiermaschinen werden in der eigenen Maschinenfabrik gebaut. Diese stellt auch Holzbearbeitungsmaschinen her, die ausprobiert werden müssen. Daraus entwickelt sich eine Möbelfabrik.

Bei jeder Neugründung bürgt Werner mit dem ganzen vorhandenen Besitz. 1863 kommt er durch Überschuldung in eine bedrohliche Finanzkrise, muß sich von Einrichtungen trennen und eine gerichtliche Vermögensuntersuchung beantragen. Im folgenden Jahr erhält er Unterstützung vom württembergischen Königshaus. Seine Freunde gründen einen Aktienverein. Sie stehen für die Schulden ein und übernehmen die Gläubigerforderungen als Aktien. Der ganze Besitz geht an den Verein über. Werner behält die geistliche Leitung. Später kann er den Besitz, erst durch Pacht, dann durch Rückkauf zurückerwerben.

Als Gustav Werner am 2. August 1887 stirbt, umfaßt sein Werk 11 Anstalten und 6 industrielle Betriebe. Als Stiftung besteht dieses Werk bis heute. Es hat sich gewandelt und entfaltet, steht aber auf demselben Grund, den Werner in einem Brief an Wichern einmal so bezeichnet: »In all meinem Wirken leitet mich der Hauptgrundsatz: Die Liebe ist das Größte, sie in alle Lebensverhältnisse einzuführen, ist mein Ziel.«

Gustav Werner hat die Probleme am Anfang des Industriezeitalters aufkommen sehen. In allen seinen Gedanken hat er vom Menschen und seiner Würde her argumentiert. Werner sah unendlich viel, weil sein Glaube ganz nah bei den betroffenen Menschen war. Er sah Arbeiter, die keinen gerechten Lohn und keine geregelte Arbeitszeit hatten. Dieses Unrecht wollte er abschaffen und die Arbeiter am Ertrag ihrer Arbeit beteiligen. Für Arbeitslose und Behinderte schuf er Arbeitsplätze und integrierte sie nach ihren Fähigkeiten in den Arbeitsprozeß. Lehrlingen gab er eine solide praktische und theoretische Ausbildung und zahlte ihnen von Anfang an Lohn.

Er hat Arbeitsplätze für viele hundert Menschen geschaffen. Aber das ganze Wirtschaftsleben zu beeinflussen und umzugestalten, ist ihm nicht gelungen. Er hat Konflikte zwischen dem Gesetz der Nächstenliebe und den Gesetzen des Marktes erleben und erleiden müssen. Der fromme Mann hat mit Gott gehadert: »Bist du, der du bist? Habe ich dich mißverstanden, als ich deine Armen versorgen wollte?«

Gustav Werner hat Probleme zu lösen versucht, deren Lösungsprozesse Generationen brauchen und heute noch nicht abgeschlossen sind.

Gustav Werner

ist am 12. März 1809 in Zwiefalten geboren. Er studiert in Tübingen evangelische Theologie und wird beeinflußt von Emanuel Swedenborg und Johann Friedrich Oberlin. 1840 verzichtet er auf das Pfarramt, um in unbedingter Liebe zum Nächsten nach dem Liebesgebot des Neuen Testaments verlassene und verwaiste Kinder aufzunehmen, für behinderte Menschen zu sorgen und andere Menschen zu tätiger Nächstenliebe zu motivieren. Er gründet Genossenschaften, Werkstätten und Fabriken. Sein Lebenswerk gibt Antwort auf die Nöte seiner Zeit, des aufkommenden Industriezeitalters. Mit Johann Hinrich Wichern gilt er als einer der Väter diakonischer Arbeit. Sein Werk besteht bis heute fort in der »Gustav-Werner-Stiftung zum Bruderhaus« in Reutlingen mit über 35 Heimen und Einrichtungen. Gustav Werner ist am 2. August 1887 in Reutlingen gestorben. Die von ihm begründete einmalige Verbindung von Diakonie und Industrie wurde 1981 mit dem Konkurs der Papierfabrik aufgelöst.

Der Gesellenvater Adolf Kolping

(1813 bis 1865)

Uwe Natus

Kerpen, eine kleine Stadt zwischen Düren und Köln: In der einklassigen Volksschule sitzen Jungen und Mädchen in ihren Bänken und hören gespannt ihrem Lehrer und Schulleiter Jakob Wilhelm Statz zu.
Seit drei Generationen unterrichtet der erfahrene Pädagoge die Kinder der näheren Umgebung. Seine Kunst des Erzählens läßt unter den jungen Zuhörern keine Langeweile aufkommen. Und wenn Lehrer Statz mit seinen Schilderungen über die Grenzen der kleinen Stadt hinausgeht und von den großen Männern und Frauen dieser Welt erzählt, hängen die Kinderaugen an seinen Lippen.
In einer der Bänke sitzt Adolf Kolping. Seinen Hunger nach Geschichten und Begebenheiten kann sein heißgeliebter Lehrer nicht oft genug stillen. Jakob Wilhelm Statz war ein Glücksfall für den Jungen Adolf, wenn wir wissen, wie wichtig gerade die erste Bezugsperson für einen jungen Menschen ist. Nicht die reine Wissensvermittlung allein prägt den Charakter in der frühen Kindheit, sondern das Erleben und Erlernen moralischer Grundwerte auf der Grundlage eines gelebten Vorbilds.
Über seinen Lehrer Jakob Wilhelm Statz schreibt Adolf Kolping später: »Die Schulzeit war meine glücklichste Zeit. Die glücklichsten Stunden meines Lebens habe ich unter den Augen meines Lehrers zugebracht, wenn er mit der Liebe eines Vaters seinen aufhorchenden Schülern die Lebensgeschichten großer Männer erzählte oder ihnen Kenntnisse mitteilte. Aber gerade dadurch wurde jener Trieb nach einer höheren Ausbildung in meine Seele gepflanzt, den ich später nicht mehr unterdrücken konnte.«
Adolf Kolping wird am 8. Dezember 1813 als Sohn eines Schäfers und Ackerers in Kerpen geboren. Die vielköpfige Familie ist arm, und der junge Adolf erlebt auf diese Weise sehr früh, welchen Härten die untere Schicht des Volkes ausgesetzt ist, will sie im täglichen Existenzkampf bestehen.
Die Dorfschule besucht der Junge ohne Unterbrechung. Noch keine dreizehn Jahre alt, beginnt er in Kerpen eine Schuhmacherlehre. Neben

seiner Ausbildung verschlingt Adolf ein Jugendbuch nach dem anderen. Von seinem Meister, so wird es uns überliefert, steckt er wegen seiner »Lesewut« manchen Tadel ein.
Diese Lehrzeit und Lesegier legt in ihm den Grund für eine unerklärbare Ruhelosigkeit, die später dazu führen soll, daß er nach zehn Gesellenjahren als Schuhmacher seine Heimat verläßt. »Ich fand mich an eine Lebensweise gebunden, die mir allmählich Grauen einflößte«, berichtet er später. Seinen Eltern, die ihm bei aller Einfachheit der häuslichen Verhältnisse eine glückliche, harmonische und in tiefer Religiosität wurzelnde Liebe mitgeben konnten, ist er immer herzlich verbunden geblieben.
Die Erfahrung eines zufriedenen Familienlebens ist für Adolf Kolping von prägender Bedeutung und wurzelt in seiner Kindheit. Die Religion war für ihn zu einem weiteren und wichtigen Eckpfeiler seines Lebens geworden. Ohne diese könne der Mensch im Leben nicht zurechtkommen. Seinem Heimatpfarrer vertraut er an, daß er nun aufs Gymnasium gehen wolle, um anschließend Priester zu werden. Der Unterstützung seiner Eltern gewiß, lernt er privat, gefördert von der Geistlichkeit in seiner Umgebung, Latein und Griechisch. Im Herbst 1837 wird er in die Tertia des Marzellen-Gymnasiums in Köln aufgenommen, wo er bereits nach dreieinhalb Jahren das Abitur erhält. Dies ist um so erstaunlicher, wenn man weiß, daß er wiederholt wegen Krankheiten den Schulbesuch unterbrechen muß. Hinzu kommt, daß er sich seinen Lebensunterhalt durch Nachhilfeunterricht oder andere Arbeiten selbst verdient.
Nach dem Abitur steht es endgültig fest: Adolf Kolping will Priester werden. Er löst sich von seiner Jugendliebe Margarete Statz, was nicht ohne schwere innere Kämpfe geschieht.
Zum Studium geht der frischgebackene Abiturient nach München. Wie er sein Studium überhaupt bezahlen kann, belegt folgende Geschichte: Durch einen anonymen Brief wird Adolf an das Sterbebett eines Theologiestudenten geschickt mit der Bitte, diesem Beistand bis zur letzten Sekunde zu geben. Adolf entspricht dieser Bitte. Die Absenderin des Briefes, eine Gutsbesitzerstochter aus der Nachbarschaft, gelobt, Adolf Kolping das Studium zu finanzieren. Durch diesen glücklichen Umstand werden ihm die finanziellen Sorgen wie durch eine Fügung abgenommen.
Die Zeit in München prägt den jungen Mann für sein ganzes Leben. Die Qualität des wissenschaftlichen Angebots gegenüber anderen Universitäten beschreibt er immer wieder in Briefen und Tagebüchern. Seine Wißbegierde geht so weit, daß er auch Vorlesungen anderer Fakultäten besucht.
1842/43 kehrt er nach Bonn zurück. Nach dem Besuch des Kölner Prie-

sterseminars wird er 1845 zum Priester geweiht und zu Ostern desselben Jahres zum Kaplan an der St.-Laurentius-Kirche in Elberfeld bestellt.
Die Elberfelder Jahre sind für Adolf Kolping eine harte Zeit. Hatte er in München schnell Anschluß zum Kreis der katholischen Erneuerungsbewegung gefunden, deren Anschauungen er sich aneignete, so beeindruckten und beeinflußten ihn in Elberfeld die Aktivitäten des um einige Jahre jüngeren Lehrers Johann Gregor Breuer (1820 bis 1897). Diesem Gründer verschiedener katholischer sozialer Vereine war es in den vergangenen Jahren gelungen, die männlichen Mitglieder seiner Gemeinde in den »Katholischen Jünglingsverein zu Elberfeld« einzugliedern. Adolf Kolping ist von der Idee, jungen Menschen eine »Heimat« zu geben, begeistert. Er arbeitet mit ganzer Kraft in diesem Verein mit, nachdem er 1847 zum Präses der Organisation gewählt wird.
Nach zwei Jahren zieht es Adolf Kolping zurück nach Köln. Die bis in unsere Tage bestehende Bezeichnung »Gesellenvater« scheint ihren Ursprung in der Abschiedsrede von damals in Elberfeld zu haben. Sie endet mit dem Satz: »Mit dem schönen Namen ›Vater‹ begrüßen wir dich heute in dieser Abschiedsstunde.«

Zurück in Köln, beginnt Adolf Kolping mit der Verarbeitung seiner eigenen Jugendjahre und Seelsorgeerlebnisse.
»Der Handwerksstand, endlich der Arbeiterstand überhaupt, ist im Grunde besser, als man gewöhnlich glaubt, und der Zugang zu seinem Herzen leichter als anderwärts ...« Diese Analyse und Einschätzung der Situation des unteren Standes ist der Ausgangspunkt für sein aktives Handeln in der Zukunft. Unter dem Motto »Tätige Liebe heilt alle Wunden, bloße Worte mehren nur den Schmerz« nimmt er sich jener jungen Menschen an, die in einer fremden Stadt kein Zuhause haben. In einer Bedarfsanalyse stellt er fest, daß es neben den Herbergen und Wirtshäusern Stätten geben muß, in denen sich diese Menschen wie zu Hause fühlen können, wo sie Zuflucht finden und unter der geistigen Führung eines »Vaters« Standfestigkeit und Halt erwarten dürfen. Das pädagogische Ziel ist der tüchtige Bürger, gestärkt durch Berufsfortbildung, Freude am Leben und durch eine christliche Bildung.
Adolf Kolping will »ein tüchtiges Familienleben«, und dazu gehören in erster Linie Häuser mit einem entsprechenden Angebot an Büchern, Zeitschriften und Vorträgen. Er sieht den Gesellenverein als eine bürgerliche Anstalt, die das Ziel hat, soziale Mißstände zu beheben und Ruhe in das unruhige Leben junger Handwerker zu bringen. Gerade die Geselligkeit als

Ausgleich zur täglichen Arbeit will er fördern. Gibt es zunächst nur einen Verein in Elberfeld, so tragen die Gesellen die Idee des Elberfelder Modells in alle Windrichtungen, bis hin nach Amerika.
1849 werden Vereine in Köln und Düsseldorf gegründet. Eine neue Form der christlichen Sozialarbeit ist geboren. Die zahllosen Vereine in der ganzen Welt haben Adolf Kolping ein großes Denkmal gesetzt. Bis zu seinem Tod setzt er sich auf vielen Reisen, in Aufsätzen und Zeitungen (die er zum Teil selbst herausgibt), in Gesprächen mit Persönlichkeiten, in Reden und durch aktives Handeln für die Weiterentwicklung der großen Kolpingfamilie ein. Er ist und bleibt deren großer Vater.
Am 4. Dezember 1865 stirbt der große Vordenker und Pragmatiker Adolf Kolping nach schwerer Krankheit. Unter den geistlichen Sozialreformern seiner Zeit nimmt er eine herausragende Stellung ein.
Fragt man nach der aktuellen Bedeutung, die Kolpings Wirken in der heutigen Zeit ausmacht, so wäre ganz sicher, abgesehen von den Inhalten und dem Tun dieser Bewegung, festzuhalten, daß eine Übereinstimmung von Theorie und Praxis, von Ideen und ihrer Umsetzung in die Tat die Ausbreitung des Kolping-Werkes so großartig ermöglicht hat.
Kolping war als katholischer Christ tolerant gegenüber anderen Konfessionen. Er nahm die Botschaft des Neuen Testaments ernst.
Theodor Heuss hat einmal über Kolping gesagt: »Er ist der Schöpfer eines neuen Typus im katholischen Klerus.«
Erich Kästner könnte einen seiner schönen Verse Adolf Kolping gewidmet haben, der da heißt: »Es gibt nichts Gutes, außer man tut es.«

Adolf Kolping

wurde am 8. Dezember 1813 in Kerpen als Sohn eines Schäfers geboren. Er erlernt das Schuhmacherhandwerk und beginnt 1837 nach zehn Gesellenjahren noch einmal die Schule zu besuchen. 1845 wird er mit 32 Jahren zum Priester geweiht und zum Kaplan in Elberfeld bestellt, wo er 1847 den ersten katholischen Gesellenverein gründet, dem sich 1849 weitere Gründungen in Köln und Düsseldorf und bald in ganz Deutschland und Österreich anschließen. Als Domvikar in Köln und als späterer Rektor der Minoritenkirche (ab 1862) hat Kolping dazu Zeit und Möglichkeiten. Kurz vor seinem Tod – er stirbt am 4. Dezember 1865 in Köln – kann er noch die erste Gründung eines Gesellenvereins in Amerika erleben.

Der Freund der Trinker und Landstreicher Johannes von Kronstadt

(1829 bis 1908)

Michael Marsch

Johannes Sergiew, in Rußland bekannt geworden als Johannes von Kronstadt oder einfach Vater Johannes, wurde 1829 als Sohn eines Dorfpsalmisten im Kreis Archangelsk in Sibirien geboren, wo er in bitterer Armut aufwächst. Erst zehnjährig kommt er unter großen Opfern der Eltern zur Volksschule, danach als Stipendiat an das Theologische Seminar in Archangelsk und schließlich an die Akademie in St. Petersburg. Dort wird er 1855 zum Priester der Orthodoxen Kirche geweiht und sogleich zum Pfarrer an der St.-Andreas-Kathedrale in Kronstadt (30 km von St. Petersburg entfernt) ernannt, wo er 53 Jahre lang wirkt.

Beim Betreten der Kathedrale erblickt er die gleiche Ikonenwand, die er Jahre zuvor im Traum geschaut hat. Er weiß, hier will Gott ihn haben. Dabei ist Kronstadt bekannt als Hafen- und Industriestadt, vor allem aber als Verbannungsort für Trinker, Landstreicher, Verbrecher, die eher ihrem gewohnten Dasein nachgehen als einer geregelten Arbeit und die ihre Kinder in gleicher Weise erziehen. Ihnen gilt Vater Johannes' Liebe von Anfang an. Von ihnen wird er nach der morgendlichen Messe umringt, für sie gibt er sein Vermögen, seine Kleider und sogar seine Schuhe her. In ihre Lehmhütten und Keller kommt er barfuß, um ihnen Brot zu bringen, vor allem aber die Liebe und das Wort Gottes: Gott soll durch ihn gegenwärtig sein unter denen, die von den Reichen und »Anständigen« verachtet und gemieden werden.

25 Jahre hindurch wirkt Vater Johannes so im verborgenen. Durchaus nicht jeder der 30000 Einwohner von Kronstadt bekehrt sich sogleich. Viele fühlen sich von dem neuen Priester eher bedroht in ihren Gewohnheiten, vor allem in ihrer Gleichgültigkeit Gott und den Armen gegenüber. Aber Vater Johannes erobert schnell das Herz der Kinder. Seine Güte ist oft größer als die der Eltern. Die Kinder laufen ihm einfach nach – und die Eltern folgen ihnen beschämt. Für viele ist dies ein Weg der Umkehr:

Die Kinder wissen schon viel mehr vom Evangelium als die Eltern – und sie versuchen es auch zu leben.
Vater Johannes lehrt Eltern und Kinder eindringlich beten. »Entscheidend ist die Herzensnähe zu Gott. Das Herz muß die Wahrheit dessen empfinden, was es ausspricht, muß heiß ersehnen, was es erbittet. Der Herr erhört und erfüllt jedes Wort unserer Gebete, wenn es nur von Herzen kommt. Unser eigenes Stammeln freut ihn besonders. Innig sprechen wir wenige Worte, kosten aber eine Seligkeit wie bei keinem noch so anhaltenden fremden Gebet.«
Sein Leben mit den Ärmsten und Verkommensten als Ausdruck der ihm von Gott offenbarten Liebe bleibt freilich nicht ohne Widerspruch bei kirchlichen und staatlichen Behörden. Der Polizei wird sein Eintreten für die Obdachlosen und Verbrecher lästig. Andere Priester bezichtigen ihn der Vernachlässigung seiner Pflichten, eines ungeordneten Lebens, der Ehrsucht und des Sektierertums. Ein Bischof rügt seine ungewöhnlich strenge Disziplin, was Essen und Schlafen angeht. Bis zu 20 Stunden am Tag ist Vater Johannes unterwegs, zum Essen bleibt kaum Zeit.
Seine Frau Elisabeth reicht die Scheidungsklage ein. Vater Johannes aber kann sie überzeugen, mit ihm wie Bruder und Schwester dem Herrn zu dienen. Gemeinsam erziehen sie eine mittellose Nichte. Gemeinsam errichten sie 1881 das »Haus der Arbeitsamkeit« für Obdachlose, Jugendliche und Kinder, in dem es Lehrwerkstätten, kostenlose Schulen und Kindergärten, Fortbildungskurse für Erwachsene, eine Buchhandlung, eine Druckerei, eine Arztpraxis, ein Altersheim und schließlich eine Gärtnerei für den Eigenbedarf gibt. Später entsteht noch ein Pilgerheim für alle, die aus ganz Rußland zu Vater Johannes strömen.
Dieses Haus ist für eine Pfarrei des 19. Jahrhunderts an sich schon eine bahnbrechende Einrichtung durch die Vielfalt des Angebots. Es wird aber im ganzen Land bekannt durch den Geist des Gebets und der Liebe, der dort herrscht – und durch die Heilungen, die bald zum Alltag gemeinsamen Lebens gehören. Ein Arzt wird von Blindheit geheilt, eine Fürstin von einer Gehirnhautentzündung, ein Fürst von einer Lähmung, ein bei einem Grubenunglück tödlich Verunglückter wird durch Gebet ins Leben zurückgeholt. Vater Johannes heilt Schwermütige, Epileptiker, Alkoholabhängige. Die entscheidende heilende Wirklichkeit ist dabei für ihn die Eucharistie: Die Kranken sollen das Abendmahl empfangen, nachdem sie ihre Sünden bereut haben – und sie werden durch Jesus geheilt werden, predigt er ihnen.
Auch über die Gabe der Erkenntnis verfügt Vater Johannes. Er kann in den

Seelen lesen, Unbekannte beim Namen nennen und ihnen ihre Probleme sagen – und meist auch die Lösung dazu. Einem Offizier sagt er zu dessen Gelächter, er werde Theologie studieren, Priester und Bischof werden – was prompt eintritt. Einem unbekannten Kaufmann sagt er, er habe 17 Jahre nicht gebeichtet, er solle sich »bereiten«. Der Kaufmann beichtet und empfängt das Abendmahl. Zwei Wochen später stirbt er in Frieden an einem Herzschlag.

Vater Johannes erhält Millionen geschenkt von vielen Reichen und Armen. Nichts behält er für sich: In Kronstadt entstehen ganze Siedlungen durch seine Initiative, in Rußland vier neue Klöster. Aber noch auf andere Bereiche erstreckt sich seine Fürsorge und sein Gebet.

Ab 1890 reist er fast jährlich quer durch Rußland in seine sibirische Heimat, das Dorf Sura. Dort baut er eine Kirche, eine Schule, ein Frauenkloster, eine Ziegelei, eine Sägerei, eine Mühle, eine Konsumgenossenschaft – und schenkt der Gemeinde sein eigenes Dampfschiff zum kostenlosen Warentransport.

Aber nicht nur dieses abgelegene Dorf besucht er jetzt. In allen großen Städten Rußlands wird er von der Volksmenge ebenso geehrt wie von den »Großen« der Kirche und des Staates. 1894 muß er in Kiew unter freiem Himmel Gottesdienst halten, weil die Kirche nicht reicht. Auf 60000 hat man die Zahl der Gläubigen geschätzt. Im Oktober 1894 ist er auf Wunsch Zar Alexanders III. bei dessen Tod auf der Krim gegenwärtig, einen Monat später bei der Hochzeit seines Nachfolgers, Nikolaus II., in St. Petersburg, 1895 bei der Kaiserkrönung in Moskau.

Täglich empfängt er jetzt bis zu 500 Geldsendungen, bis zu 6000 Briefe. Er legt sie in den Altarraum, betet für die Anliegen. Viele erkennt er, ohne die Briefe zu öffnen. An seinen Gottesdiensten in St. Andreas in Kronstadt nehmen täglich rund 5000 Menschen teil. Immer neu predigt er ihnen die Jüngerschaft im Herzensinnern, um mit dem Herzen sehen, verstehen und lieben zu lernen, sich nicht von den äußeren Erscheinungen der Menschen und der Dinge täuschen zu lassen. Scharf wendet er sich gegen den Materialismus, den aufkommenden Atheismus, vor allem aber gegen zu verstandesmäßige Formen der Frömmigkeit und des Gottesdienstes. Man verhöhnt ihn in Schmähschriften, bedroht ihn mit dem Tod, schlägt ihn zusammen. Er dankt seinen Feinden für diese Verfolgungen und betet öffentlich für sie.

Bis zu seinem 75. Lebensjahr arbeitet Vater Johannes rund 20 Stunden pro Tag, ein bis zwei Stunden Schlaf müssen oft genügen. Dann lassen die Kräfte nach. Er leidet unter ständigen Magenschmerzen, ißt kaum mehr –

arbeitet aber weiter. Erschöpft schleppt er sich 1908 in die Kuppel der von ihm in 15jähriger Arbeit errichteten Morskoi-Kathedrale in Kronstadt und berichtet dem Zaren seine Freude über das gelungene Werk. Drei Monate später ist er tot. Seine Prophezeiung hat sich erfüllt: »Wenn diese Kathedrale vollendet ist, bin ich nicht mehr unter den Lebenden.«

Johannes Sergiew,

genannt Johannes von Kronstadt, wurde am 19. Oktober 1829 in Sura, Sibirien, geboren. Nach dem Besuch des Theologischen Seminars in Archangelsk und der Geistlichen Akademie St. Petersburg wird er 1855 zum Priester der Orthodoxen Kirche geweiht. Von 1855 bis 1908 ist »Vater Johannes« Pfarrer in Kronstadt bei St. Petersburg, wo er sich vor allem der Sozialarbeit unter den Ärmsten annimmt: den Trinkern, Obdachlosen, Verbrechern und Verbannten.
1881 errichtet er das »Haus der Arbeitsamkeit« mit Schulen, Werkstätten, Buchläden, Arztpraxis und Asylräumen. Von da an Predigtreisen und Sozialarbeit in ganz Rußland. Am 20. Dezember 1908 stirbt er in Kronstadt. 1964 wird er von der Freien Russisch-Orthodoxen Kirche heiliggesprochen.

Der Erbauer von Bethel
Friedrich von Bodelschwingh

(1831 bis 1910)

Klaus Lehner

Wunderschön waren die Sonntagabende, wenn Vater Bodelschwingh im Kreis seiner Familie saß: Man erzählte sich lustige Erlebnisse und Geschichten, und Bodelschwingh konnte alle mit seinem Lachen anstecken. Dies ist ein Wesenszug Bodelschwinghs, der all seinen Tätigkeiten einen unverwechselbaren Stempel aufdrückte.

Friedrich von Bodelschwingh, in Tecklenburg geboren, stammte aus altem westfälischen Adel. Sein Vater war preußischer Finanz- und Innenminister bis 1848, und schon in der Jugend wurde Friedrich mit sozialen Gegensätzen konfrontiert. Doch auch die Freundschaft mit Prinz Friedrich Wilhelm von Preußen begleitete ihn von Jugend an.

Nach dem Abitur wandte sich Friedrich zunächst dem Bergbau, später der Landwirtschaft zu und arbeitete dann als Landwirt im Oderbruch und in Gramez. Auch hier gewann er Einblick in die soziale Not.

Während einer Predigt in der pommerschen Erweckungszeit traf ihn der Ruf Gottes, in die Mission zu gehen. Als Dreiundzwanzigjähriger begann er in Basel das Theologiestudium. Doch nach dem Studienabschluß ging er nicht nach Afrika, sondern nach Paris. Dort sammelte er unter deutschen Straßenkehrern und Lumpensammlern eine Gemeinde im Vorort La Vilette. Er rief vor allem die Kinder von der Straße und gab ihnen eine Sammelstelle durch den Bau einer bescheidenen Kirche. »Dies Unternehmen ist der erste Versuch jener Kunst, worin er später Meister werden wird: Seelen in Bewegung setzen und Hände gebefreudig machen« (Theodor Heuss). Wobei sich Bodelschwingh später nie vornehmlich an die potenten Geldgeber wandte, sondern an die Kleinen, Schwachen und Armen und ihre kleine, regelmäßige Pfenniggabe erbat. So konnte aus den verborgensten Rinnsalen der Strom entstehen, der das wachsende Elend trug.

Nach sechsjähriger Tätigkeit in Paris mußte Bodelschwingh wegen der

angegriffenen Gesundheit seiner Frau nach Deutschland zurück. Er wurde Pfarrer in Dellwig an der Ruhr.
In die Dellwiger Zeit fällt ein schwerer Schicksalsschlag, der Bodelschwingh entscheidend geprägt hat: Innerhalb von 14 Tagen starben 1869 vier seiner Kinder. In diesen schweren Wochen lernte er Mitleid und Barmherzigkeit – Eigenschaften, die bei ihm zwar schon im Ansatz da waren, nun aber zur vollen Entfaltung kommen sollten.

Drei Jahre danach wird Bodelschwingh als Pfarrer und Anstaltsleiter nach Bethel berufen, das bereits 1867 von Friedrich Wilhelm Heermann gegründet worden war. Hier entfaltet sich sein eigentliches Lebenswerk. Aus dem kleinen Heim für Fallsüchtige wurde das größte Hilfswerk der deutschen Inneren Mission: mit Diakonen- und Diakonissenanstalten, Kranken-, Alten- und Erholungsheimen, Schulen, Theologischer Hochschule sowie der Mission in Ostafrika. Trotz späterer Ehrungen (zum Beispiel Ehrendoktorat der Universität Halle) sagte Bodelschwingh immer: »Die Anstalt gehört der ganzen Christenheit.« Sie wurde das weithin sichtbare Zeichen gelebten Glaubens, der über die widergöttlichen Kräfte dieser Welt siegt.
Daß die Kräfte des Glaubens auch bei Kranken am Werk sein können, war Bodelschwinghs Überzeugung. Obwohl er oftmals grauenhafte Lästerreden von Kranken anhören mußte, sagte er einmal: »Ich kann nicht glauben, daß solch eine Flut von Schmutz aus dem Herzen eines reinen Mädchens emporsteigt. Das stammt aus einer anderen Welt.« Für Bodelschwingh gab es keine Hoffnungslosigkeit: »Das Wort ›unheilbar‹ steht nicht im Wörterbuch eines Christen.«
War es der geniale Geist oder ein phänomenales Planungsgenie, das ein so großes Werk hervorbrachte? Wenn er auch alle Pläne – selbst Baupläne – eigenhändig entwarf, so hatte er vorher doch keine Gesamtschau. Bodelschwingh überließ vielmehr alles Gottes Führung. Er konnte Gedanken reifen lassen und hatte die Fähigkeit, auf andere zu hören.

Nach zehn Jahren Tätigkeit in Bethel, in denen die Anstalt ständig erweitert wurde, beobachtete Bodelschwingh die zunehmende Zahl der Arbeitslosen. Auch an seine Tür kamen sie und bettelten. Vorübergehend hatte 1882 solch ein Wanderer in Bethel Arbeit gefunden, nun sollte er weiterziehen. Er wollte nicht. Bodelschwingh mußte ihm sagen, daß die Häuser nur für Fallsüchtige seien. Darauf jener: »Auch wir sind Fallsüchtige.« Dieser Satz machte Bodelschwingh zum Sozialreformer. Zunächst gründete er die

Arbeiterkolonie Wilhelmsdorf für seine »Brüder von der Landstraße«. Später (1900 bis 1905) folgten weitere Kolonien: Freistatt im Wietingsmoor (Hannover), Hoffnungstal, Lobetal, Gnadental, Neu-Gnadental (östlich von Berlin).
Drei Jahre nach dem Gespräch mit dem Arbeitslosen wurde der »Deutsche Verein Arbeiterheim« gegründet, und Bodelschwingh setzte sich unermüdlich für den Eigenheimbau der Arbeiter ein. Bei Löscharbeiten zu gelegten Bränden in Bethel hatte ihn ein Satz der johlenden Zuschauer tief ins Herz getroffen: »So ist's recht, daß Bodelschwingh brennt; warum hat er uns aus unseren Häusern vertrieben!« – In der Tat: im Lauf der Jahre wurden viele Häuser und Felder, deren Besitzer wegen ihrer Trunksucht verarmt waren und verkaufen mußten, für die Anstalten aufgekauft. Aber niemand machte sich Gedanken, wo die Bewohner hingekommen waren. Jene Beschuldigung ließ Bodelschwingh keine Ruhe. Es entsprach seinem Wesen, wenn ihm Ablehnung entgegengebracht wurde, zuerst die Schuld bei sich selber zu suchen. Und hatte er sie gefunden, so reifte in ihm ein Plan zur Linderung der Not.
Die Liste der Einrichtungen, die durch Bodelschwingh im Lauf seines Lebens gegründet wurden, ist lang. Denn Bodelschwingh sah sein Wirken als Dienst vor den Toren der Ewigkeit. Sein Leben war auf die Gewißheit des wiederkommenden Herrn ausgerichtet.

Bodelschwingh war vornehmlich Seelsorger, zu dem man jederzeit kommen konnte, mit jedem Anliegen. Niemals wirkte er gehetzt oder in Eile. Kam jemand mit finanziellen Bitten, so hielt er sich an den Grundsatz, nicht zu leihen, sondern entweder zu schenken oder Arbeit zu geben. Kam ein Schneider, so suchte er immer wieder den Ausweg: »Lieber Freund, können Sie mir eine Weste machen?« – Nach dem Tod Bodelschwinghs fand man eine Lade voll mit Westen.
Er war kein Theoretiker, sondern ein Praktiker, der sich von seinem Instinkt und »der tiefen Sittlichkeit seiner Natur« (Heuss) leiten ließ. So wurde er einer der Begründer der »Arbeitstherapie«. Schon früh sorgte er für mannigfaltige Beschäftigung der Kranken. Es entstanden zahlreiche Werkstätten und Erhaltungsbetriebe der Anstalt. Einmal wollte ein Patient Altwaren sammeln. Ihm wurde die Möglichkeit zu einer Wiederverwertungsanlage gegeben.
Aber was wurde aus jenen, deren Arbeitskraft versagte? »Ihr könnt noch die Hände falten«, rief Bodelschwingh den Schwächsten und Elendesten zu.

Vater Bodelschwinghs Grundhaltung war stets eine tiefe und wahre Demut, in der er vor Gott lebte. Er stand unter seinen Kranken nicht nur als Hoffender unter Hoffnungslosen, sondern auch als Schuldiger unter Schuldigen. Darum gab es für ihn auch bei Kranken keine Entschuldigung: »Ich täte meinen Kranken das größte Unrecht, wenn ich ihnen die Verantwortung nähme und alles bei ihnen entschuldigen wollte... Nichts ist feiger als die Entschuldigung, nichts größer als das Zugeben der Schuld.«

Bodelschwingh klagte die falsche Barmherzigkeit von Pflegern, Eltern und Verwandten der Kranken an, die das Verhalten der Patienten mit ihrer Krankheit entschuldigten. Dadurch gaben sie sich nur noch haltloser ihren Stimmungen hin. Bodelschwingh half den Kranken, ihre Taten und Stimmungen vor Gott und den Menschen zu verantworten.

Daneben widmete sich Bodelschwingh auch eingehend der Fortbildung von Diakonissen und Theologen. Vor allem die geistliche Entwicklung lag ihm am Herzen. So gab es für die Diakonissen zweimal pro Woche eine Erbauungsstunde in Gesprächsform über das praktische Christentum.

Betheler Schwestern arbeiteten in zahlreichen Krankenhäusern in ganz Europa unter den zwei Bedingungen, daß die Patienten nicht Karten spielten und daß den Schwestern Andachten erlaubt seien. Es sollte nicht nur der Leib, sondern auch die Seele gesunden.

Der Theologenüberschuß Ende des 19. Jahrhunderts bewog Bodelschwingh, ein Kandidatenkonvikt einzurichten. Hier lernten angehende Pfarrer, auf Krankenstationen zu arbeiten. Das Tragen der Pflegerschürze wurde vielen wertvoller als der Talar. 1905 wurde die Theologische Hochschule gegründet, um »der Kirche gläubige, in der Heiligen Schrift und im reformierten Glauben gegründete Pfarrer auszubilden«.

Mit 72 Jahren wurde Bodelschwingh zum Parlamentsabgeordneten gewählt. Seine unkonventionelle erste Rede am 5. Mai 1904 schuf ihm Freunde und Feinde zugleich. Er konnte und wollte sich keiner Parteilinie zuordnen lassen, sondern nur sein Anliegen – die Vertretung der sozial Schwachen – vorbringen. Ergebnisse dieser Tätigkeit waren ein Ministerialerlaß über Beleihung von Zwergrentengütern, die Einrichtung der Wanderarmenfürsorge und der Bau von Arbeitslosenkolonien.

Einen geruhsamen Lebensabend kannte Bodelschwingh nicht. Unermüdlich war er bis zum letzten Tag tätig, wenn auch mit zunehmendem Alter manches schwerer ging.

Am Mittwoch nach Ostern 1910 war der letzte Abend, den er mit seiner Familie verbrachte. Nach der Andacht schloß er das Gebet mit den Worten:

»Sorget nichts, Kinder! Alle eure Sorgen werfet auf ihn!« Im Schlafzimmer traf ihn ein Schlaganfall, der ihm das Bewußtsein nahm. Drei Tage lang konnte ganz Bethel von ihm Abschied nehmen. Und von der Zionskirche wehte die Fahne in der Abendsonne, auf der man las: »Lobe, Zion, deinen Gott!«

Friedrich von Bodelschwingh

wurde am 6. März 1831 in Tecklenburg geboren. Nach Abitur, Studium der Landwirtschaft und einigen Jahren Praxis studierte er ab 1854 Theologie in Basel. 1858 wird er Hilfsprediger in Paris, 1864 Pfarrer in Dellwig a. d. Ruhr. 1872 wird er zum Leiter der Fallsüchtigenanstalt in Bethel berufen. Bodelschwinghs Wende zum Sozialreformer (Arbeiterkolonie Wilhelmsdorf) erfolgt 1882. Politische Anerkennung seiner Arbeit kann in der Wahl zum preußischen Parlamentsabgeordneten 1903 gesehen werden. Bodelschwingh starb am 2. April 1910 in Bethel bei Bielefeld.

Der Beter in der Wüste
Charles de Foucauld

(1858 bis 1916)

Esther Schöler

Charles de Foucauld lebte in einer unruhigen Zeit. Seine Heimat Frankreich wurde 1870 und 1914 vom Krieg heimgesucht, und auch im entstehenden Kolonialreich Französisch-Westafrika ging es keineswegs friedlich zu. Frankreichs geistiges Klima war beherrscht von einer zunehmend antireligiösen Strömung. Der junge Foucauld konnte sich diesem Einfluß nicht entziehen. Mit dreizehn Jahren war er ein frommes Kommunionkind gewesen, aber schon mit sechzehn hatte er sich so weit vom Glauben entfernt, daß er sogar die Existenz Gottes in Frage stellte. Was die politischen Ereignisse anging, so zeigte er kein Interesse dafür.
Foucauld wählte die Offizierslaufbahn, nicht aus Idealismus, sondern weil ihm nichts Besseres einfiel. Der militärischen Disziplin entzog er sich, wo immer es möglich war. Seine reiche Erbschaft erlaubte es ihm, sich eine Privatwohnung zu leisten und ein geradezu fürstliches Leben zu führen. Dazu gehörten: eine luxuriöse Einrichtung mit kostbarer Bibliothek, eine Kutsche, der Vorrat erlesener Weine, Delikatessen, teure Zigarren und prächtige Feste, die er zu Ehren seiner Geliebten Mimi veranstaltete.
Die Offiziersausbildung betrachtete er als Nebensache, die Vorgesetzten als seine unerfreulichsten Zeitgenossen, an denen er sich mit üblen Streichen nach Kräften rächte. Und seine Feste wurden immer zahlreicher und immer länger. Er steigerte sich oft in große Orgien hinein, weil er Angst hatte vor dem Danach, Angst vor der tiefen Trostlosigkeit und Leere, die ihn dann immer beschlich.
Zweihundert Jahre früher wäre dieser Lebensstil für einen Adligen nichts Ungewöhnliches gewesen, aber jetzt erregte er Aufsehen und Mißfallen, besonders als Foucauld nach seiner Versetzung in eine algerische Garnison sein Fürstentum im Kleinformat samt Mimi dorthin verlegte. Von seiner Familie wurde er schon seit langem als »schwarzes Schaf« gemieden, und nur seine Cousine stand zu ihm und betete halbe Nächte durch

für seine Bekehrung. Als sich der Konflikt mit seinen Vorgesetzten zuspitzte, ging er nach Paris zurück.
Nordafrika und seine Bewohner aber faszinierten ihn so sehr, daß er bald wieder zurückkehrte, um seinem Regiment beizustehen, das in harte Kämpfe verwickelt war. Zur Überraschung aller bewies er, daß er wider Erwarten doch das Zeug zu einem guten Kolonialoffizier hatte, und mit geographischen Forschungen in Marokko und der Sahara trug er dazu bei, daß die damals noch sehr unvollständige Landkarte Nordafrikas um vieles genauer wurde. Innerhalb weniger Jahre hatte sich Foucauld glänzend rehabilitiert.
Trotzdem war er gerade, als ihm in Paris die Goldene Medaille der Geographischen Gesellschaft verliehen wurde, in einer recht kläglichen Verfassung. Er mußte sich nämlich eingestehen, daß die ungelösten Probleme, die er mit sich herumschleppte, schwerer wogen als die gelösten. Je mehr Entfernungen und Höhen er gemessen hatte, um so klarer war ihm geworden, welche Bedeutung dem Nichtmeßbaren und Unauslotbaren zukam in den weiten Wüsten und gewaltigen Gebirgen, in der grenzenlosen Einsamkeit und Stille.
Je eifriger er sich Notizen über die Bewohner des Landes gemacht hatte, um so deutlicher hatte er erkannt, daß er ihr größtes Geheimnis nicht fassen konnte. Zum erstenmal war es ihm begegnet, als mohammedanische Kameltreiber seines Soldatentrupps ihr Abendgebet anstimmten: »Der Anblick dieses Glaubens, dieser Seelen, die beständig in Gottes Nähe wandeln, ließ mich etwas ahnen, das größer und wahrer war als alles, was ich bis dahin in dieser irdischen Welt gesehen hatte.«
Aus dem Forscher Foucauld wurde unversehens ein Gottsucher. Mit derselben Ausdauer und Gründlichkeit, die seine Forschungen zum Erfolg geführt hatten, ging er nun der Frage nach Gott nach. Er beobachtete gläubige Menschen, er griff nach einem religiösen Buch, er dachte nach. Sehr mühsam tastete er sich weiter, denn er war nur schwer zu überzeugen. Die Lektüre seines Buches vermittelte ihm nur die Vermutung, »daß vielleicht die christliche Religion die wahre sei«. Und die Begegnungen mit seiner Cousine, einer frommen Katholikin, führten ihn zu der vorsichtigen Überlegung: Da diese Seele so klug, so gütig, so milde ist, »kann die Religion, an die sie so fest glaubt, nicht eine Torheit sein, wie ich meine«.
Doch dann kam Foucauld mit seinen Überlegungen keinen Schritt mehr vorwärts. Seine Unruhe wurde immer quälender, bis es ihm eines Tages einfiel, in eine Kirche zu gehen. Er wollte nicht beten, nur in der Stille

wieder nachdenken. Das erwies sich als eine wohltuende Rast. Von nun an ging er öfter in Kirchen, um zur Ruhe zu kommen.
Eines Tages brachte er ein sehr seltsames Gebet über die Lippen, das noch immer vom Zweifel geprägt war: »O Gott, wenn du existierst, laß mich dich erkennen!« Diese Worte sagte er wieder und wieder vor sich hin. Er erwartete keine Wunder davon, keine Erscheinung. Er bemühte sich zugleich, die natürlichen Voraussetzungen dafür zu schaffen, daß Gott sich ihm zu erkennen geben konnte. Deshalb trat er an einem frühen Oktobermorgen 1886 in der Pariser Kirche St. Augustin in den Beichtstuhl von Abbé Huvelin, den er flüchtig kannte, und sagte: »Monsieur l'Abbé, ich habe keinen Glauben, bitte, unterweisen Sie mich.«
Huvelin war ein ebenso erfahrener wie bescheidener Seelsorger. Er vertraute mehr auf Gott als auf seine eigene Kraft. Er wußte, daß alle Belehrung nichts vermochte, wenn ein Mensch sich nicht Gottes Gnade öffnete. Darum forderte er Foucauld auf: »Knien Sie nieder und beichten Sie!«
Es kam wohl einem Wunder gleich, daß der eigenwillige Foucauld der überraschenden und für ihn unbegreiflichen Aufforderung gehorchte. Er beichtete, empfing die Kommunion und – glaubte. Später sagte er von diesem Augenblick: »Als ich erkannte, daß es Gott gibt, wußte ich auch, daß ich nichts anderes tun konnte, als ihm allein dienen.«
Die behutsame Führung Huvelins in der darauffolgenden Zeit vollendete Foucaulds Bekehrung. Sein Glaube festigte und entfaltete sich. Seine Berufung zu einem ausschließlich gottgeweihten Leben zeichnete sich ab. Die Frage, wie er diese Berufung erfüllen sollte, beschäftigte und beunruhigte ihn jahrelang. Der Trappistenorden wurde für ihn nur eine Durchgangsstation zu seiner persönlichen Berufung. Es entsprach Foucaulds Natur, daß er nicht auf den Wegen blieb, die andere schon gebahnt hatten. Einer Spur aber blieb er stets treu: der Spur Jesu während seines Erdenlebens. Foucauld wollte das Leben Jesu so genau wie möglich nachahmen. Ein unauffälliges, unendlich bescheidenes Leben wollte er führen, ausgefüllt von Gebet und Nächstenliebe. Damit er diese Spur nicht verlor, richtete er immer wieder beim Beten seine Augen auf die geweihte Hostie, in der er Christus wahrhaftig gegenwärtig wußte, die ein sichtbares Zeichen der Liebe Christi war.
Schließlich erkannte Foucauld seine Berufung: die Mission unter den Mohammedanern, eine Mission besonderer Art. Seine Aufgabe hieß: »Geh hin und bring mich zu denen, die mich nicht kennen, indem du dort einen Altar errichtest. Bring ihnen das Evangelium, ohne zu predigen, durch dein Beispiel.«

So kam es, daß er Priester wurde und am 7. September 1901 mit einem tragbaren Altar im Hafen von Algier an Land ging. Am 30. Oktober feierte er bereits die erste Messe in seiner Einsiedelei am Rand der Oase Beni Abbès. Foucauld hielt sich sehr genau an sein Programm. Er versuchte, ohne zu predigen, durch ganz einfache Zeichen etwas von seiner Frohen Botschaft auszudrücken. Sein Lachen sollte den anderen aufmuntern, seine offene Tür ihm bedeuten: »Du bist willkommen!« Er gewährte Durchreisenden Gastfreundschaft, wenn sie ihn aufsuchten, und Kranken gab er Medikamente. Es sollte nicht bei diesen materiellen Wohltaten bleiben, er wollte damit nur eine erste Brücke schlagen, Vertrauen wecken. Er wollte mit ihnen ins Gespräch kommen.

Alles, was er tat, war eingebunden in seine Gebete: bis zu dreizehn Stunden am Tag. Dazu kamen sechs Stunden Arbeit und fünf Stunden Schlaf. Zum Essen brauchte er nicht viel Zeit. Er lebte von Wasser, Brot und Datteln. Allerdings geriet seine Gebetsordnung bald durcheinander. Sechzig bis hundert Besucher kamen jeden Tag, viele Kinder waren darunter. Foucauld ließ sie nicht stehen, weil seine Gebetsstunde begann. Er disponierte um. Die Messe feierte er schon vor Tagesanbruch. Und den angefangenen Bau der Klostermauer ließ er vorerst ruhen. Er wurde nie fertig.

Als Foucauld seine Einsiedelei in Tamanrasset bei den Tuareg errichtete, hatte er inzwischen gelernt, sich den jeweiligen Umständen anzupassen. Für jeden anderen Europäer wäre ein Leben in Tamanrasset – 3000 km von der Küste entfernt – die schlimmste Verbannung gewesen. Tamanrasset, das waren ein paar Lehmhütten auf einer unfruchtbaren Hochebene, ein einziger Baum und einige Brunnen, wo sich die Tuaregkarawanen einfanden. Die nächste Telegraphenstation war fast 700 Kilometer entfernt. Foucauld war das alles gerade recht. Er wollte ja Christus zu den Ärmsten bringen und wie Jesus am Kreuz »den letzten Platz« unter den Menschen einnehmen.

Es focht ihn nicht an, daß diese Ärmsten recht verächtlich auf Christen herabsahen. Christus selbst war ja verachtet worden. Foucauld fügte sich bescheiden in ihre Gemeinschaft ein. Er zeigte sich dankbar dafür, daß ein paar Bewohner ihm beim Bau seiner Lehmhütte halfen. Er arbeitete selbst mit und begegnete den Tuareg so behutsam, wie er es sich in Beni Abbès zur Gewohnheit gemacht hatte. Er begann nicht nur unter ihnen zu leben, sondern mit ihnen.

Die Tuareg gingen bei ihm ein und aus, und er wiederum war ihr Gast. Er saß mit ihnen zusammen und trank – wie es Brauch war – grünen Tee. Er hörte zu, wenn die Frauen die Lieder ihres Stammes sangen und Geschichten erzählten. So erfuhr er von ihren Fragen, Wünschen und Ängsten, von ihren alten Bräuchen. Dabei lernte er nicht nur sprechen, sondern auch denken wie sie. Er war mit ihnen so vertraut wie Jesus mit seinen Jüngern. Nach Jesu Vorbild wurde er ihnen gleich.

Er übersetzte die Bibel in die Sprache der Tuareg, die er bald ebenso gut sprach wie sie selbst. Er erstellte eine Grammatik und ein Wörterbuch. Den Frauen besorgte er Stricknadeln, dem Sohn des Scheichs eine Schulausbildung in Frankreich. Er half, wo immer man ihn brauchte.

Als die Franzosen 1914 ihre Truppen abziehen mußten, kam wieder Bewegung in die räuberischen Stämme. Am 1. Dezember 1916 kommt ein Trupp Nomaden von weit her. Foucaulds Behausung soll geplündert werden. Ein 15jähriger bedroht ihn mit einer Flinte. Als Kamelreiter nahen, verliert der Junge die Nerven und drückt ab.

So bleibt Charles de Foucauld auch noch im Tod der letzte Platz: Er erhält keine Märtyrerwürde. Er wurde nur aus Versehen erschossen.

Nach dem Ersten Weltkrieg findet man die Aufzeichnungen Charles de Foucaulds, und Männer und Frauen beginnen im Geist dieses Mannes zu leben. Heute gibt es die »Kleinen Brüder und Schwestern Jesu« in fast allen Ländern der Welt. Die Visionen, Sehnsüchte und Gebete des einsamen Beters in der Wüste erfüllten sich. Das Weizenkorn, das in die Erde fiel, bringt reiche Frucht.

Charles de Foucauld

wurde am 15. September 1858 in Straßburg geboren. Er schlug die Offizierslaufbahn ein. Nach einer Forschungsreise ins Innere Marokkos bekehrte er sich 1886 und wurde 1890 Trappist. 1897 verließ er den Orden, um als Einsiedler in Palästina seine Berufung zu erfüllen. 1901 erhielt er die Priesterweihe und widmete sich von da ab dem Leben der Saharabewohner, insbesondere der Tuareg.

Sein Apostolat – Nachfolge Christi in nichtchristlichem Milieu – verstand er als Vorstufe der Mission. Bei einem Senussi-Aufstand wurde er am 1. Dezember 1916 in Tamanrasset erschossen. Seine Bemühungen um die Gründung einer Ordenskongregation im Sinn seines Apostolats kamen erst nach seinem Tod zum Tragen (»Kleine Brüder« und »Kleine Schwestern Jesu«). Von seinen zahlreichen Schriften erschienen u. a. in Übersetzung: Die Schriften von Charles de Foucauld (1961), Die geistlichen Schriften (1963), Aufzeichnungen und Briefe (1962), Beten – Lieben – Glauben (1969).

Der Heilige ohne Heiligenschein
Albert Schweitzer

(1875 bis 1965)

Werner Hehl

Es gibt in der Kirchengeschichte eindrucksvolle Beispiele von plötzlichen Bekehrungen: Durch göttliche Einwirkungen werden Menschen aus der Nacht des Heidentums gerissen und ins Reich des Lichts versetzt. Andere, die als Glieder der Kirche in Gleichgültigkeit dahinleben, vernehmen den Ruf und werden zur Umkehr aus der Gottesferne in die Gottesnähe gebracht.

Albert Schweitzer gehört weder zur ersten noch zur zweiten Kategorie. Auch ihm wurde eine Erleuchtung zuteil: Am Pfingstmorgen des Jahres 1896 wurde der 21jährige Student von dem Gedanken ergriffen, daß er das Glück seines Daseins »nicht als selbstverständlich hinnehmen« dürfe, sondern daß er sein Leben von seinem dreißigsten Lebensjahr an »unmittelbarem menschlichen Dienst« weihen solle.

Neun Jahre später erhielt er Klarheit darüber, daß er diesen Dienst als Arzt in Äquatorialafrika zu verrichten habe. Also beschloß der nunmehr 30jährige Doktor der Philosophie und Lizentiat der Theologie, die glänzende wissenschaftliche Karriere aufzugeben, die er als Hochschullehrer und Autor epochemachender Schriften bereits begonnen hatte. Und der begnadete Organist und gefeierte Bachbiograph verzichtete auf die Lorbeeren des Künstlers, die auf ihn warteten.

Schweitzer mußte nicht zu Jesus bekehrt werden. Die Stimme des Meisters hatte er früh vernommen. Seit langem war er umgetrieben durch dessen rätselhaftes Wort: »Wer sein Leben behalten will, der wird's verlieren; wer es aber verliert um meinetwillen, der wird's finden.« Seine Erinnerungsbücher bezeugen es: Schon der Günsbacher Pfarrersbub konnte sich nicht satthören an den wunderbaren Jesusgeschichten der Evangelien. Dem Achtjährigen drang das Gebot »Du sollst nicht töten« mit der Gewalt einer Offenbarung ins Herz. Der Mülhausener Gymnasiast war durchdrungen von der Wahrheit der Bergpredigt Jesu und von der Erkenntnis, daß »Liebe,

Friedfertigkeit, Sanftmut und Gütigkeit stärker sind als alle Gewalt«. Niemals war Schweitzer fern vom Reich Gottes gewesen. Aber nun mußte aus dem Glauben die Tat erwachsen; die Wahrheit des Evangeliums wollte er leben!

Uns Heutigen, die wir Schweitzers Weg kennen, scheint der Schritt des 30jährigen zwingend: Er hat gleichsam die »Dritte Welt« entdeckt und den Grundstein für das gelegt, was wir »Entwicklungshilfe« nennen. Die Zeitgenossen aber und seine Freunde und Verwandten waren irritiert. Dieser geistvolle Gelehrte und kraftstrotzende junge Mann war gewiß kein fernwehkranker Romantiker, der »aussteigen« wollte aus den Zwängen der Zivilisation! Aber durfte ein Mensch mit solchen Gaben seine Pfunde vergraben?

Schweitzer litt unter diesen Äußerungen des Unverstandes. Auch später haben ihn zuweilen Zweifel an seinem Vorhaben gequält. Aber niemals hat er sich aus der Bahn werfen lassen, die ihm vorgezeichnet war. Gelassen setzte sich der Straßburger Privatdozent wieder auf die Schulbank: An der Universität, an der er früher studiert hatte und noch jetzt lehrte, begann er 1905 sein Medizinstudium und schloß es acht Jahre später mit der Doktorarbeit ab. Dabei setzte er seine bisherige Tätigkeit fort. Er hielt weiterhin theologische Vorlesungen und schrieb gewichtige Bücher; er spielte Orgel und reiste als Sachverständiger durch die Lande, um kostbare alte Orgeln zu retten; er scharte seine Konfirmanden um sich und bestieg fast jeden Sonntag die Kanzel der Straßburger Nikolaikirche. Nicht aus Ehrgeiz nahm er diese vielen Anstrengungen auf sich, sondern um seinem Herrn »auf mannigfache Weise« zu dienen.

Endlich kam der Augenblick, wo er seinen Entschluß des »unmittelbar menschlichen Dienens« in die Tat umsetzen konnte. Ausgestattet mit Instrumenten und Medikamenten (verpackt in 70 Kisten!), begleitet von seiner jungen Ehefrau, unternahm Albert Schweitzer im Jahr 1913 jene denkwürdige Ausfahrt nach Gabun im Inneren Afrikas, die zur Gründung von Lambarene führen sollte.

Die Anfänge waren schwer, die Verhältnisse primitiv. Es bedurfte einer festen Zuversicht und eines eisernen Willens, damit aus dem »OP im Hühnerstall« und aus der Wellblechstation das Werk werden konnte, das viele Menschen mit Trost und Hoffnung erfüllt bis zum heutigen Tag. Schier übermenschlich war die Arbeitslast, die der junge Elsässer als Operateur und Seelsorger, als Dachdecker und Baumfäller, als Richter und Schlichter tagtäglich zu bewältigen hatte.

Und die Eingeborenen strömten ihm zu. Ihre Schmerzen zu lindern, sie von der Geißel der Tropenkrankheiten – Typhus und Malaria, Schlafkrankheit und Lepra – befreien zu dürfen, betrachtete Schweitzer als eine Gnade seines Lebens. Seine Arbeit war für ihn kein Opfer, sondern eine selbstverständliche Sühne für manches Unrecht, das der weiße Mann den Schwarzen zugefügt hat. Diese Erkenntnis verdoppelte seine Kräfte. Und die wunderbare Möglichkeit, Menschen von Jesus zu erzählen, denen »diese Botschaft etwas Neues war«, beflügelte ihn.

Nach einem Jahr brach der Erste Weltkrieg aus und drohte Schweitzers Werk zu vernichten. Im Jahr 1917 wurden er und seine Gattin nach Frankreich verfrachtet und in ein Internierungslager gesteckt. Nach all den Strapazen und Enttäuschungen brach er zusammen. Er wurde krank und mußte zweimal operiert werden. Hatte er sein Leben hingegeben, um es zu verlieren?

Doch es kam Hilfe, spät, aber nicht zu spät. 1920 durfte er einer Einladung des lutherischen Bischofs Söderblom nach Schweden folgen, um dort über sein Werk zu berichten, religionsphilosophische Vorlesungen zu halten und die Leute mit seinem unvergleichlichen Bachspiel zu beglücken. Bald gewann er Freunde und Mittel, und im günstigen Klima Skandinaviens fand er auch seinen Humor und die alte Tatkraft wieder.

Nach siebenjährigem Exil sehen wir ihn mit frischen Helfern – doch ohne die kranke Gattin und die jüngst geborene Tochter – wiederum in Gabun. Lambarene, in der Zwischenzeit vom Urwald überwuchert, erstand wieder. Mit der ihm eigenen Zähigkeit und Selbstdisziplin machte sich der 50jährige »Oganga« erst an den Wiederaufbau, dann an den weiteren Ausbau; schließlich – als die Verhältnisse eine Verlegung des Spitals erzwangen – an den Neubau seines Lebenswerks. Jetzt war er nicht mehr allein. Tüchtige Ärzte und treue Pfleger und Schwestern standen dem Urwalddoktor helfend zur Seite.

Vier Jahrzehnte noch durfte Albert Schweitzer »in heroischem Kampf gegen Alter und Müdigkeit« ausharren bei seinem Werk. Gewiß gab es Unterbrechungen: Selbst die Vitalität eines Schweitzer konnte sich im mörderischen Klima der Tropen nicht pausenlos entfalten. Doch auch die Pausen in Europa und Amerika waren mit Tätigkeit und mit den Versuchen des Urwalddoktors angefüllt, die Augen der Welt auf Lambarene zu lenken. Denn ihm genügte es nicht, die Schlafkrankheit der Schwarzen zu bekämpfen; er wollte auch die schlafenden Gewissen seiner weißen Brüder wecken. Weilte er in Gabun, so saß er nach des Tages Müh allabendlich am Schreibtisch, um in unzähligen Briefen seine kulturphilosophischen Gedanken darzulegen und den »im Sumpf des Skeptizismus« versinkenden

Albert Schweitzer

Teilhard de Chardin

Tafel XV

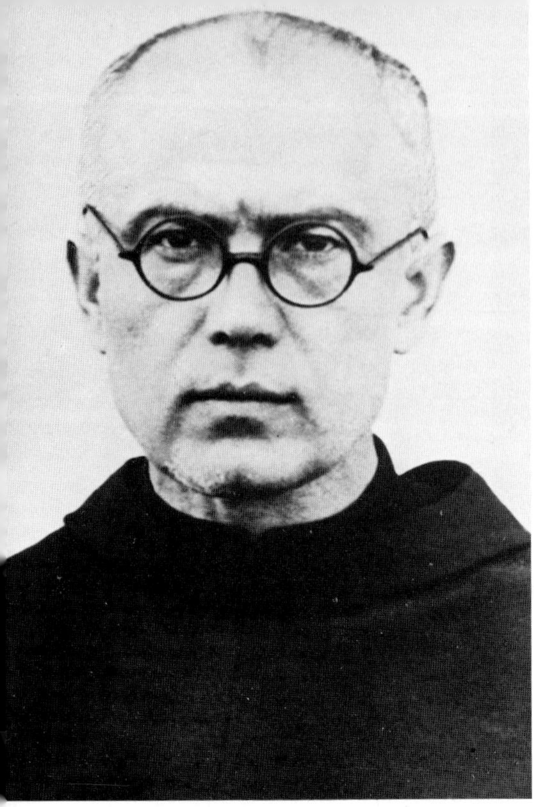

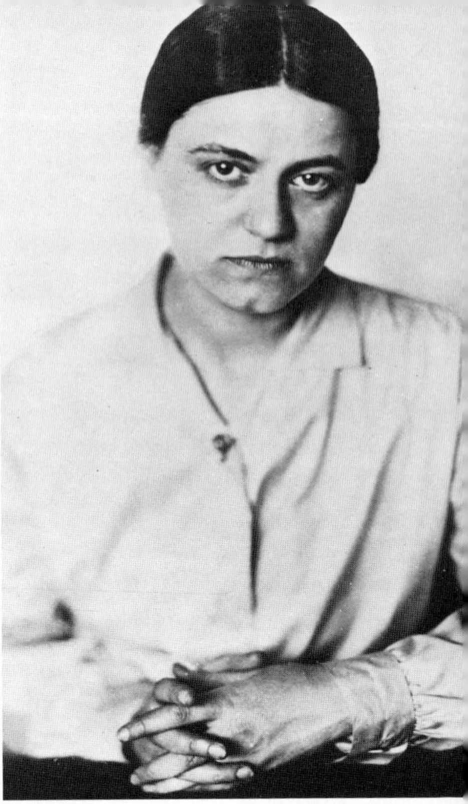

Maximilian Kolbe *Edith Stein*

Martin Luther King

Tafel XVI

Europäern Vertrauen auf die Macht des Geistes und Achtung vor der Würde des einzelnen einzuflößen. In einer Zeit kalter Menschenverachtung war er leidenschaftlich darum bemüht, der Welt die Ehrfurcht vor jeglichem Leben als ein Grundgesetz menschlichen Handelns vor Augen zu stellen. Was er aus dem Evangelium geschöpft und in beharrlichem Nachdenken erkannt hatte, hat er einmal so ausgedrückt: »Gut ist: Leben erhalten, Leben fördern. Böse ist: Leben vernichten, Leben schädigen.«
Schweitzers Appelle verhallten nicht ungehört. Die Zahl seiner Anhänger wuchs und erreichte nach dem Zweiten Weltkrieg ihren Höhepunkt. Schier unübersehbar sind die Ehrungen, die diesem »Heiligen ohne Heiligenschein« zuteil wurden: Unter anderem der Goethepreis der Stadt Frankfurt 1928, das Kreuz der Ehrenlegion 1948, der Friedenspreis des deutschen Buchhandels 1951, die Paracelsus-Medaille für wegweisende Forschungen auf dem Gebiet der Tropenmedizin und der Friedensnobelpreis 1952.
Für Frieden und Gerechtigkeit war Schweitzer seit vielen Jahren eingetreten. Das letzte Jahrzehnt seines Lebens widmete er der Rettung der Menschheit vor dem atomaren Untergang. Unermüdlich und unerschrokken erhob er seine Stimme, um die Einstellung der Kernwaffenversuche und die Ächtung der atomaren Rüstung zu fordern. Sein prophetischer Blick sah nur einen Ausweg aus der tödlichen Gefahr, die uns bedroht: »Daß der Geist Gottes mit dem Geist der Welt streite und ihn überwinde.«
Noch der 90jährige, der zuletzt seine »Heimat« Lambarene nicht mehr verlassen hat, war als »Leidender und Wirkender« am Werk. Im September des Jahres 1965 fand er – 90jährig – den Frieden des Herrn, dem er gedient hat.
Was ist geblieben von Albert Schweitzer? Lambarene natürlich! Noch zu Lebzeiten des Urwalddoktors modernisiert und heute aufs beste eingerichtet, steht es im dunklen Erdteil auf seinem Platz als ein weithin sichtbarer Leuchtturm christlicher Liebe. Daneben legen zahlreiche Spitäler und Kinderdörfer, die Schweitzers Namen tragen, Zeugnis ab von jener »Ehrfurcht vor dem Leben«, für die er selbst mit Wort und Tat eingetreten ist. Geblieben ist ferner das Bild eines Mannes, der sich den Mächten der Zerstörung tapfer entgegengestellt und seine Autorität eingesetzt hat für die Kräfte der Versöhnung. Nicht nur Weiße und Farbige hat er zusammengeführt. Er war auch bestrebt, Frömmigkeit und Vernunft, Theologie und Philosophie miteinander zu verbinden. »Vernünftiges Denken und christlicher Glaube«, so meint er, »können nicht in Streit miteinander geraten, weil beide nur eine Wahrheit kennen: den elementaren Sinn des Menschseins.« Als Denker und als Mann der Tat hat er dem Geist der Bergpredigt

Raum verschafft in einer Situation, da »eine weltferne Kirche und eine entkirchlichte Welt einander ratlos gegenüberstanden«.
Geblieben ist uns das Bild eines Menschen, der die Macht der Liebe angebetet und dabei erfahren hat, daß in unserer finsteren Welt »kein Sonnenstrahl verlorengeht«. Man kann manches vorbringen gegen Schweitzers Theologie, namentlich gegen das Bild vom schlichten »Menschensohn aus Nazareth«, das der junge Straßburger Forscher einst gemalt hat. Alle Einwände aber müssen verstummen vor dem Bekenntnis, das der »große alte Mann« im Jahr 1953 vor der Welt abgelegt hat: »Jesus, der uns der höchste Offenbarer religiöser und geistiger Wahrheit ist, bleibt unser Herr. Er gebietet. Er zwingt uns in den Staub. Für den neuzeitlichen Glauben nimmt das Reich Gottes durch Jesus und durch den Geist, der mit ihm in die Welt gekommen ist, seinen Anfang. Für die Menschheit handelt es sich darum, das Reich Gottes zu verwirklichen oder unterzugehen.«
Albert Schweitzers Leben und Werk schenkt uns die ermutigende Erkenntnis, daß der das Leben gewinnt, der es um Jesu willen hingibt.

Albert Schweitzer

wurde am 4. Januar 1875 in Kaysersberg/Elsaß geboren. Er verlebte seine Kindheit in Günsbach und studierte Theologie und Philosophie in Straßburg. 1899 promovierte er zum Doktor der Philosophie und wurde Vikar an der Straßburger Nikolaikirche. 1901 Lizentiat (Dr. theol.), ab 1902 Lehrtätigkeit an der theologischen Fakultät. Schon als Student war er ein Orgelvirtuose von internationalem Rang.
Nach dem Medizinstudium (1905 bis 1913) Ausreise nach Lambarene/Gabun. Ab 1917 Kriegsgefangenschaft in Frankreich. 1924 Rückkehr nach Lambarene. Wiederaufbau des Spitals, daneben ausgedehnte Vortrags- und Konzertreisen nach Europa und Amerika. Zahlreiche Ehrungen und Doktordiplome ehrenhalber. Nach mehr als 40jähriger Tätigkeit in Afrika stirbt Schweitzer am 4. September 1965 in Lambarene.
Wichtigste wissenschaftliche Veröffentlichungen: 1899 »Das Abendmahlproblem«; 1902 »Das Messianitäts- und Leidensgeheimnis«; 1905 »J. S. Bach«; 1906 Erstfassung von »Geschichte der Leben-Jesu-Forschung«; 1923 »Kultur und Ethik« und »Das Christentum und die Weltreligionen«; 1930 »Die Mystik des Apostels Paulus«. Erzählende Schriften: 1921 »Zwischen Wasser und Urwald«; 1924 »Aus meiner Kindheit und Jugendzeit«; 1931 »Afrikanische Geschichten« und »Aus meinem Leben und Denken«.

Der verkannte Forscher Teilhard de Chardin

(1881 bis 1955)

Dieter Böhler

Mühsam bahnten sie sich einen Weg durch den Dschungel. Die Natur war an dieser Stelle völlig unberührt; es war sehr anstrengend, hier voranzukommen. Sie stapften das Rinnsal entlang, das mühelos durch die indische Wildnis plätscherte. Der Schweiß rann ihnen die Stirn herunter, aber Teilhard war nicht zu bremsen. Zu dritt hatten sie die Expedition begonnen, Teilhard und sein Freund Helmut de Terra mit dessen Frau Rhoda. Alle drei waren Paläontologen, sie erforschten die menschliche Frühgeschichte.
Auch jetzt waren sie wieder unterwegs zu einigen Höhlen, die früher von Menschen bewohnt gewesen waren. Teilhard wünschte leidenschaftlich, die Entstehung und die wahre Geschichte des Menschen aufzudecken. Das spornte ihn an, alle Hindernisse zu überwinden. Nicht lange zuvor, im Jahr 1930, war er bei der Entdeckung des Pekingmenschen dabeigewesen, eines sehr frühen Vorfahren unserer Gattung. Die führenden Forscher der menschlichen Frühgeschichte hatten Teilhard immer gern auf ihre Reisen mitgenommen. Sie schätzten seine persönliche Anspruchslosigkeit, die er als Ordensmann hatte. Vor allem aber rühmten sie seinen wissenschaftlichen Eifer und die Ausdauer, wie man sie den Jesuiten nachsagt.
Helmut de Terra bewunderte diesen Mann, der mit seinen 54 Jahren noch voller Energie war. Sein ganzes Leben schien Gott und der Wissenschaft zu gehören. Als Ordensmann hatte er ja weder Familie noch Eigentum und war so ganz frei für sein eigentliches Ziel. Darüber schien er alles andere zu vergessen, auch zum Beispiel, daß man jetzt endlich eine Pause machen könnte.
»Pierre!« rief Helmut ihm zu, »können wir nicht einmal rasten? Rhoda ist wohl auch ziemlich erschöpft.« Teilhard drehte sich um; er wischte sich den Schweiß von der Stirn und lachte: »Ja, Sie haben recht. Wir sind ja auch ganz gut in der Zeit.« Er setzte sich auf einen bemoosten Stein. Man hätte ihn in seiner verschmutzten Khakihose kaum für einen Priester gehalten. Wenn man ihn allerdings näher kannte, spürte man, daß er ständig im

Gebet mit Gott verbunden war. Selbst sein Eifer für die Wissenschaft und die Wahrheit schien ganz aus dieser Liebe zu Gott zu kommen.
»Sagen Sie einmal«, begann Rhoda de Terra zaghaft, »wie bringen Sie denn das zusammen? Sie sind überzeugter katholischer Priester, Jesuit sogar, und dabei ein Forscher von Weltrang. Die Wissenschaft hat sich doch gerade in den letzten 80 Jahren seit Darwin immer mehr von der Kirche abgesetzt. Die Kirche ihrerseits doch auch! Wie können Sie als anerkannter Fachmann noch an die Bibel mit ihren Geschichten glauben – Adam und Eva und so ...?«
Teilhard lachte. Doch dann wurde er wieder sehr ernst, fast bekümmert: »Ja, Sie haben recht. Alles sieht danach aus, als müsse man sich zwischen Wissenschaft und Glauben entscheiden. Religion und Naturwissenschaft scheinen einander unversöhnlich gegenüberzustehen. Als Kind hatte ich damit überhaupt keine Probleme. Mein Vater nahm mich bei seinen Streifzügen durch die Wälder meiner französischen Heimat mit. Wir sammelten Steine und hörten den Vögeln zu. Ich habe die Natur immer schon geliebt. Meine Mutter lehrte mich, mit Gott zu sprechen ...«
»Aber da waren Sie doch zweigeteilt!« – »Nein, im Gegenteil! Die Größe und Liebe Gottes sah ich an der Schönheit der unberührten Natur. Und das unendliche All zu lieben vermochte ich nur, weil ich wußte, daß es sich nicht in Sinnlosigkeit und dunkler Kälte verliert. Wer die Natur kennt, spürt eine tiefere Geborgenheit, einen Sinn, der alles hält. Würde Gott das All nicht tragen, wäre alles sinnlos. Die Natur würde mich mit ihrer Geborgenheit anlügen. Die ganze Weltentwicklung selbst strebt doch nach oben: Zuerst war die unbelebte Materie; dann entstand das Leben; und schließlich kam der Mensch, das heißt der Geist, die Person.«
»Das stimmt natürlich. Das nennen wir in der Wissenschaft Evolution: Das Tierreich entfaltet sich in vielen Arten, eine aus der anderen. Insgesamt aber gibt es eine Achse bis zum Menschen; sozusagen eine zielstrebige Entwicklung nach oben. Aber die Kirche lehnt doch die Evolutionslehre ab!«
»Ich würde eher sagen, die Kirche hat diese Lehre noch nicht ganz verdaut. Sie sagten selbst: zielstrebige Entwicklung nach oben. Die Natur ist zielgerichtet. Alles will sein und leben; der Mensch verlangt nach einem Sinn für sein Dasein. Alles strebt zu einem Ziel. Entweder entwickelt sich alles immer höher auf Gott hin, oder aber es rennt ins Leere. Die Entwicklung nach oben zeigt mir, daß es dieses letzte Ziel gibt. Die Natur hätte den Durst nicht gemacht, wenn es das Wasser nicht gäbe – und wir suchen nur deswegen nach Sinn, weil es ihn wirklich gibt.«
Das konnte Rhoda de Terra einsehen: Wenn die Materie und das Leben sich zielstrebig nach oben entwickeln, mußte es wohl dieses Ziel über der Welt,

Gott also, geben. Aber eines verstand sie immer noch nicht: »Der Schöpfungsbericht der Bibel läßt sich doch mit der Evolution nicht vereinbaren!« Teilhard schmunzelte; zu viele Leute waren dieser seltsamen Ansicht.

»Warum sollte sich das nicht vereinbaren lassen? Sehen Sie, die Bibel will uns ja nicht Naturwissenschaft erzählen – dafür sind die Wissenschaftler zuständig. Die Heilige Schrift will sagen, daß Gott der Ursprung und das Ziel unseres Lebens ist. Das Ziel der Welt und den Sinn meines Lebens gibt es nur, wenn es Gott gibt. Also versuche ich, mit ihm zusammen zu leben; auf ihn hin will ich mich orientieren, so wie sich die ganze Natur höherentwickelt auf ihn hin. Das will die Bibel uns sagen. Darum erzählt sie, daß bei der Entstehung der Welt Gott als Ursprung dabei war. Später berichtet sie, wie Menschen früher versuchten, mit Gott zu leben: Abraham, Mose und andere. Das drückten die Menschen damals in der Sprache ihrer Zeit aus: Gott trägt die Welt von Anfang an; in seiner Liebe ist alles geborgen.« – »Aber wenn in der Bibel steht, wir stammen von Adam und Eva ab, dann stimmt das doch nicht!«

»Wir verstehen heute die Symbolsprache fast nicht mehr. Bei einem Kunstwerk sagen Sie ja auch nicht: Diese Statue lügt, weil sie tut, als ob sie aus Fleisch wäre, und dabei ist sie doch aus Stein. Oder wenn Sie ein Sprichwort gebrauchen, vielleicht: ›Der Apfel fällt nicht weit vom Stamm‹, dann meinen Sie auch nicht Obst und einen Baum, sondern etwa Vater und Sohn. Da verstehen Sie Symbolsprache und bei der Bibel auf einmal nicht mehr? Die Heilige Schrift ist ein Kunstwerk, und so will sie auch gelesen werden. Sie sagt: Die Menschheit hat ein gemeinsames Elternpaar. Das bedeutet: Wir Menschen sind verwandt und gehören zusammen. Wir sitzen alle in einem Boot – das müßten Sie doch heute besser verstehen als je! Es geht mich etwas an, was mit meinem Nachbarn oder mit den Menschen in Afrika passiert. Das meint die Bibel, wenn sie von einer Menschheitsfamilie und einem Elternpaar spricht.«

Rhoda de Terra war fasziniert: »So ist das gemeint? Das ist ja ein sehr schönes Symbol. Warum erklärt einem das keiner?« Teilhard lächelte: »Nun, ein klein wenig muß man sich schon selbst bemühen, diese Texte zu verstehen. Aber ich glaube, jetzt müssen wir weiter, sonst schaffen wir's nicht mehr vor Anbruch der Dunkelheit.«

Sie nahmen die Rucksäcke wieder auf und marschierten los. Helmut hatte nur zugehört. Irgendwie war Teilhard zu beneiden: Er wußte, wofür er lebte und arbeitete. Das gab ihm wohl auch die Kraft, in allen Schwierigkeiten durchzuhalten. Wenn die ganze Weltgeschichte einen Sinn hat, dann

lohnt es sich natürlich zu leben. Teilhard strebte einfach mit der Natur zusammen auf Gott hin.
Endlich waren die Höhlen in Sicht. Die drei Wissenschaftler kamen ans Ziel ihres langen Marsches. Sie errichteten ihr Nachtlager. Während Helmut und Rhoda de Terra sich erschöpft zur Ruhe legten, ging Teilhard nochmals hinaus. Er entzündete eine Fackel und steuerte auf eine der Höhlen zu, in denen vor langer Zeit Menschen gelebt hatten. Hier war er mit der jahrtausendealten Geschichte der Menschheit und mit Gott allein.
Ein heiliger Schauer zog über seinen Rücken, als er die dunkle Höhle betrat. Das Flackern der Fackel machte sie nur noch gespenstischer. Er kniete sich auf den Boden, um ein kleines, unscheinbares Steinchen aufzuheben. Es war als Klinge zurechtgeschliffen . . .

»Mein Gott, die Geschichte der Menschen ist überwältigend! Unsere Werkzeuge und Instrumente sind heute zwar bei weitem besser als damals. Aber die Fragen und Sorgen des Lebens haben sich seit Jahrtausenden nicht verändert. Die Probleme der Naturgewalten, von Krankheit und Tod, Glück und Leid, Liebe und Haß – all das hat die Menschen immer schon bewegt. Und in allen Zeiten wußte der Mensch, daß alles vergänglich ist – außer dir. Ja, Herr, nur wer sich in dir festmacht, kann Beständigkeit, Ruhe und Glück erfahren. Auf dich zielt die ganze Welt. Du allein bist auch das Ziel meines Lebens. Wie ich heute hier, so haben unsere Vorfahren in dieser Höhle zu dir gebetet. Sie wußten, daß sie eins sind mit dem Kosmos, mit den Tieren und allen Geschöpfen, geborgen in dir.
Viele verstehen meine Forschung nicht. Die Leitung der Kirche tut sich schwer, die Evolutionslehre und meine Wissenschaft anzunehmen. Aber du weißt, daß ich alles nur tue, um dem Menschen die Wahrheit über sich selbst zu zeigen. Ich will ihm deutlich machen, daß du sein Ziel bist.
Die wissenschaftliche Welt schätzt meine Arbeit. Meine kirchlichen Vorgesetzten aber verbieten mir jede Veröffentlichung. Das ist bitter, denn ich darf den Erfolg meines Lebenswerkes nicht sehen. Warum muß das so sein? Warum braucht die Kirche oft so lange, bis sie etwas einsieht? Ich weiß, Herr, die Wahrheit ist nicht darauf angewiesen, daß ich ihr zum Sieg verhelfe. Du kannst sie durchsetzen, auch wenn ich es nicht mehr erlebe. Es geht um die Wahrheit, nicht um meinen Erfolg. Es fällt mir sehr schwer, das immer wieder annehmen zu müssen.«

Teilhard kniete noch immer auf dem Boden, auf dem kalten, harten Steinboden. Wie so oft rang er mit sich. Einige Leute in der Kirche machten ihm das Leben schwer, weil sie seine Lehren für gefährlich hielten. Dabei hatten sie überhaupt nicht verstanden, was er meinte. Und doch hatte er nie daran gedacht, sich von der Kirche zu trennen. Er wollte ihr helfen, nicht sie bekämpfen.

»Es geht um dich, Christus. Dir will ich dienen, auch wenn es mich persönlich schwere Opfer kostet. Irgendwann werden Kirche und Wissenschaft einsehen, daß die Entwicklung von der Materie zum Leben, vom Leben zum Geist und zur Person dich zum Ziel hat. Alles strebt auf dich hin, Christus. Die Kirche kennt dich, das Ziel, aber nicht die Entwicklung. Die Wissenschaft kennt die Entwicklung, die Evolution, aber nicht dich, das Ziel. Ich liebe die Wissenschaft und diese Welt, weil ich dich liebe, mein Christus. Wenn am Ende der Weltentwicklung nicht du stehst, sondern Leere und Kälte, dann kann ich diese Welt nicht lieben. Aber du ziehst alles an dich, in deine liebende Nähe. Mit der Natur und der ganzen Welt zu dir zu wandern – das ist der Sinn meines Lebens.«

Marie-Joseph Pierre Teilhard de Chardin

wurde am 1. Mai 1881 in Sarcenat bei Clermont-Ferrand/Frankreich geboren. Von 1892 bis 1899 besuchte er das Gymnasium, wo sich bereits seine große Liebe zu den Naturwissenschaften zeigte. 1899 trat er in den Jesuitenorden ein und lebte von 1902 bis 1912 in England. Anschließend studierte er Geologie und Paläontologie in Paris. Von 1914 bis 1918 ist er Sanitäter im Ersten Weltkrieg. 1922 wird er Professor für Geologie am Institut Catholique in Paris und Präsident der Französischen Geologischen Gesellschaft.
1926 begibt er sich in ein 20jähriges Exil nach China, wo er Forschungen betreiben darf, aber Veröffentlichungsverbot hat. Zu Kongressen kommt er immer wieder in die USA. Während er schon viele Manuskripte geschrieben hat (»Christus in der Materie«, »Der göttliche Bereich«, »Wie ich glaube«, »Der Mensch im Kosmos«), wird er weiterhin heftig angegriffen und des Modernismus verdächtigt. Da das Publikationsverbot aufrechterhalten wird, leidet er oft an Depressionen. Teilhard stirbt am Ostersonntag des Jahres 1955 (10. April) in New York. Erst nach dem 2. Vatikanischen Konzil wurde Teilhard in seinem Anliegen rehabilitiert. Sein damals mitangeklagter Freund Henri de Lubac wurde 1982 zum Kardinal ernannt.

Die große Sucherin Edith Stein

(1891 bis 1942)

Karl Hillenbrand

»Von meinem 13. bis zum 21. Lebensjahr war ich Atheistin, weil ich nicht an das Dasein Gottes glauben konnte.« Die Frau, die diesen Satz niederschrieb, war Edith Stein. Heute, mehr als 40 Jahre nach ihrem Tod in der Gaskammer von Auschwitz, wird gerade ihr Leben von immer mehr Menschen als Hilfe entdeckt, dem Dasein Gottes auf die Spur zu kommen. Bewegendes Motiv dabei ist ein radikales Suchen nach Wahrheit, das die einzelnen Stationen auf dem Weg Edith Steins als verbindendes Element kennzeichnet. In alldem zeigt sich eine Entwicklung, die vom Ringen um die Lösung wichtiger Lebensfragen ausgeht und dabei mehr und mehr entdeckt, was Erlösung ist.

In ihrem Suchen nach Wahrheit stößt Edith Stein mehr und mehr auf das »Geheimnis der verborgenen Weisheit Gottes« (1. Korinther 2,7): In Jesus geht Gott selbst für die Menschen gewissermaßen aufs Ganze, indem er nicht einmal vor der letzten Armseligkeit des Lebens in Leiden und Tod haltmacht. Gottes Wahrheit besteht darin, daß sie sich in der Ohnmacht des Kreuzes und in der Wehrlosigkeit des Sterbens bewährt. Edith Stein spürte immer konsequenter, daß solche Wahrheit im letzten nicht begreifbar ist und die einzig angemessene Haltung darin besteht, sich von ihr ergreifen zu lassen. Nur so erwächst aus der Freude darüber, daß Gott in Jesus alles mit uns geteilt hat, jene einladende, ansteckende Gelöstheit und Gelassenheit, die jene Menschen kennzeichnet, die wissen, daß sie seit Jesus Christus von Gott nie mehr alleingelassen sind. Denn seit Ostern ist »Ohnmacht des Kreuzes« ein anderer Name für »Allmacht Gottes«: Weil Gottes Wege so tief hinunterführen, gibt es nichts, was von vornherein seiner Liebe entzogen wäre.

Leid und Tod werden dadurch nicht verharmlost, aber sie erfahren eine Umwertung. Der Weg in den scheinbaren Zerfall, ins Nichts, ins Vergessen, wird durch Jesu Geschick der Weg zum Leben Gottes. Seine verborgene Weisheit ist also kein Geheimnis im Sinn eines Rätsels ohne Lösung – diese

Weisheit Gottes erscheint eher wie eine Lichtquelle, in die man selbst nicht schauen kann, ohne geblendet zu werden, die aber doch der Grund dafür ist, daß das Leben hell wird, die es möglich macht, sich selbst und alles andere wahrzunehmen, besser: die Wahrheit Gottes anzunehmen.
Es ist wichtig, sich diesen Kern der christlichen Botschaft zu vergegenwärtigen, wenn man den Lebensweg Edith Steins deutet. In einer Art »Spurensicherung« lassen sich dabei verschiedene Erlebnisse festhalten, die diese Frau zu einem bewußten Leben aus dem Glauben führten:

1891 in Breslau als jüngstes von sieben Kindern einer wohlhabenden jüdischen Familie geboren, studierte sie nach dem Abitur zunächst in ihrer Heimatstadt, später in Göttingen. Ein bereits bei der Schülerin feststellbarer Drang, den Dingen intellektuell auf den Grund zu gehen, konnte im Studium der Psychologie und dann vor allem der Philosophie weiter zur Entfaltung kommen. Als Hörerin und Mitarbeiterin des berühmten Philosophen Edmund Husserl (1849 bis 1938) entwickelte sie sich zu einer selbständigen Denkerin, deren wissenschaftliches Werk mehrere Bände umfaßt. Nach der Promotion 1917 rückte eine akademische Laufbahn in greifbare Nähe; sie wäre damit eine der ersten Frauen auf einem Universitätslehrstuhl gewesen.
Doch da erfuhr Edith Steins Leben eine entscheidende innere Wende. Nachdem Gott für sie jahrelang keine Rolle gespielt hatte, traf sie erstmals in überzeugender Weise auf die Wirklichkeit des christlichen Glaubens: Sie durfte miterleben, wie die Witwe eines von ihr hochgeschätzten Professors, der im Ersten Weltkrieg gefallen war, an ihrer Trauer nicht zerbrach, sondern in der Bindung an Gott den entscheidenden Halt und den Mut zum Neubeginn fand. Später kann Edith Stein über dieses Erlebnis schreiben: »Es war dies meine erste Begegnung mit dem Kreuz und der göttlichen Kraft, die es seinen Trägern mitteilt.«
Ein noch entscheidenderes Erlebnis fällt in den August 1921. Eine Freundin, bei der sie zu Gast ist, fordert Edith auf, sich ein Buch aus ihrer Sammlung auszuwählen. Rückblickend erzählt Edith Stein selbst: »Ich griff hinein aufs Geratewohl und holte ein umfangreiches Buch hervor. Es trug den Titel: ›Leben der heiligen Teresa von Avila‹, von ihr selbst geschrieben. Ich begann zu lesen, war sofort gefangen und hörte nicht mehr auf bis zum Ende. Als ich das Buch schloß, sagte ich mir: ›Das ist die Wahrheit.‹«
Jahre hindurch hatte sie die Wahrheit gesucht. Nun spürte sie, daß das Finden dieser Wahrheit keine Eigenleistung des Menschen darstellt, sondern zuallererst Geschenk Gottes ist. Das Wort Teresas: »Gott allein

genügt« wurde ihr von nun an zur zentralen Lebenswirklichkeit. Am Neujahrstag 1922 folgte die Taufe. Eine entscheidende Bewährungsprobe begann, als Edith ihrer tief im jüdischen Glauben verwurzelten Mutter die Entscheidung nahezubringen versuchte.
Die folgenden zehn Jahre sind durch die Tätigkeit am Lehrerinnenseminar der Dominikanerinnen in Speyer sowie durch Vortragsreisen in die verschiedensten deutschen und ausländischen Städte gekennzeichnet. Gleichzeitig sind es Jahre intensiver Glaubensvertiefung. Immer mehr wächst in dieser Zeit der Wunsch nach dem Ordensleben. Das Jahr 1932 bringt jedoch zunächst nochmals den Wechsel auf eine Dozentenstelle am Pädagogischen Institut in Münster. Durch ihre jüdische Abstammung unter dem Naziregime gefährdet, gibt sie diese Stellung bereits ein Jahr später zwangsweise auf. Im gleichen Jahr erfolgt der Eintritt in den Kölner Karmel. Diese Lebensform hatte sie seit ihrer ersten Begegnung mit den Schriften Teresas zunehmend angezogen.
Edith Stein trägt nun den Ordensnamen Teresia Benedicta a Cruce – die vom Kreuz Gesegnete. Der Name klingt wie ein Programm. Ein Gespräch aus dieser Zeit faßt sie rückblickend in der Überzeugung zusammen: »Nicht die menschliche Tätigkeit kann uns helfen, sondern das Leiden Christi. Daran Anteil zu haben, ist mein Verlangen.«
Der Ordenseintritt erfolgte – soviel wird deutlich – aus dem Wunsch nach tiefer Christusverbundenheit und nicht etwa, um Schwierigkeiten mit den neuen Machthabern zu entgehen. Gerade als überzeugte Christin geht Edith Stein nicht auf Distanz zu den Juden. In solidarischer Erkenntnis der Lage kann sie vielmehr Sätze wie den folgenden schreiben: »Jetzt ging mir auf, daß das Schicksal dieses Volkes auch das meine war.«

Wenn das Wort von der Christusverbundenheit nicht als leeres Klischee wirken soll, muß zunächst einmal deutlich werden, worin im »ganz normalen« Ordensalltag der Anteil am Kreuz, von dem die Rede war, bestand. Edith Stein ging zunächst einmal in die Unauffälligkeit. Im Kloster galt ihr bekannter Name nichts. Wie alle anderen Schwestern mußte sie häusliche Arbeiten übernehmen, mit denen sie sich nach eigenem Eingeständnis sehr schwer tat. Einer ehemaligen Schülerin schrieb sie, dies sei eine gute Schule der Demut, nachdem sie bisher so übermäßig geehrt worden sei. Ihre Novizenmeisterin berichtete: »Tatsächlich war der Eintritt in den Karmel für Edith Stein ein Herabsteigen von der Höhe der Ruhmeslaufbahn in die Tiefe der Bedeutungslosigkeit.« Ein solcher Schritt wird nur verständlich von dem Motiv her, den Weg Jesu in die Tiefen menschlichen Lebens konsequent mitzugehen. Sichtbarer Ausdruck für diese Bereitschaft war für Schwester Teresia Benedicta die Ablegung der sogenannten »Ewigen Profeß« im Jahr 1938, mit der sie sich ganz an die Lebensform des Karmel band.

Mittlerweile hatte sich der Judenhaß der Nationalsozialisten immer mehr gesteigert. Edith Stein wurde sich dessen bewußt, daß ihre Anwesenheit eine Gefährdung der Mitschwestern bedeuten konnte, und willigte deshalb ein, in den Karmel im holländischen Echt überzusiedeln. Dort beschäftigte sie sich intensiv mit der Gestalt des heiligen Johannes vom Kreuz, der im 16. Jahrhundert zusammen mit Teresa von Avila entscheidend zur Erneuerung der Lebensform des Karmel beigetragen hatte. Zum 400. Jahrestag seiner Geburt sollte sie im Auftrag ihrer Oberen über ihn ein großangelegtes Werk mit dem Titel »Kreuzwissenschaft« verfassen. Es blieb unvollendet. 1940 besetzten deutsche Truppen Holland; nun setzten auch hier Judenverfolgungen ein. Schwester Teresia mußte den gelben Judenstern auf dem Ordenskleid tragen. Die Haltung, mit der sie solchen und ähnlichen Schikanen begegnete, wird in einer ihrer schriftlichen Notizen aus jenen Monaten deutlich: »Ich bin mit allem zufrieden. Eine Scientia Crucis (Weisheit des Kreuzes) kann man nur gewinnen, wenn man das Kreuz gründlich zu spüren bekommt.«

Am 2. August 1942 wurde sie zusammen mit ihrer Schwester Rosa, die ihr in den Orden nachgefolgt war, von SS-Offizieren abgeholt und über mehrere Zwischenetappen ins Sammellager Westerbork gebracht. Ihr Verhalten angesichts der immer bedrohlicher werdenden Umstände ist erstaunlich. Ein Kölner Jude, welcher der Deportation entgehen konnte, berichtete: »Unter den am 5. August eingelieferten Gefangenen fiel Schwester Benedicta auf durch ihre große Ruhe und Gelassenheit. Der Jammer im Lager und die Aufregung bei den Neueingetroffenen waren unbeschreiblich. Schwester Benedicta ging unter den Frauen umher, tröstend, helfend, beruhigend ... Viele Mütter, fast dem Wahnsinn nahe, hatten sich schon tagelang nicht um ihre Kinder gekümmert und brüteten in dumpfer Verzweiflung vor sich hin. Schwester Benedicta nahm sich sofort der armen Kleinen an, wusch und kämmte sie, sorgte für Nahrung und Pflege. Solange sie im Lager weilte, entwickelte sie mit Waschen und Putzen eine rege Liebestätigkeit, so daß alle darüber staunten.«

Am 7. August wurden die Gefangenen weitertransportiert und kamen zwei Tage später in Auschwitz an. Man weiß, daß die deportierten Juden damals sofort in die Gaskammern geführt und umgebracht wurden. So steht der 9. August als Todestag Edith Steins fest. Die Leiche wurde verbrannt – so verliert sich ihre irdische Spur im scheinbaren Nichts, im totalen Zerfall. In Wirklichkeit aber war es für Edith Stein in der Nachfolge Jesu der Weg in ein Leben, das durch keine Gewalt zerstört werden kann. Die lebenslange Suche nach der Wahrheit hatte ihre extremste Bewährungsprobe bestanden und wurde so zum bleibenden Wahr-zeichen christlicher Hoffnung.

Edith Steins Geschichte ist ein packendes Zeugnis dafür, was Gott aus dem Leben eines Menschen machen kann, wenn dieser mitmacht. Dabei kann es Umwege und Durststrecken geben – Gott geht diese Wege mit, unerkannt und doch wirklich, wie auch Edith Stein aus dem Rückblick späterer Jahre erkennen konnte. Sucht man nach einem Wort aus der Schrift, das ihre Entwicklung und gewissermaßen die Summe ihres Lebens kurz und prägnant zugleich charakterisiert, wären dafür die Sätze aus dem Philipperbrief (3,7.10–11) am besten geeignet: »Was mir damals ein Gewinn war, das habe ich um Christi willen als Verlust erkannt. Christus will ich erkennen und die Macht seiner Auferstehung und die Gemeinschaft mit seinen Leiden; sein Tod soll mich prägen. So hoffe ich, auch zur Auferstehung von den Toten zu gelangen.«

Edith Stein

wurde am 12. Oktober 1891 in Breslau als siebtes Kind einer begüterten jüdischen Familie geboren. Das Psychologie- und Philosophiestudium führte sie als Schülerin und später als Mitarbeiterin von Edmund Husserl nach Göttingen und Freiburg im Breisgau. 1922 konvertierte sie zum katholischen Glauben, nachdem für sie die Lektüre einer Lebensbeschreibung Teresa von Avilas zum entscheidenden Schlüsselerlebnis geworden war. Nach einer Tätigkeit als Lehrerin in Speyer und als Dozentin in Münster trat sie unter dem Ordensnamen Schwester Teresia Benedicta a Cruce 1933 in den Kölner Karmel ein. 1938 erfolgte die Übersiedlung nach Echt/Holland infolge der zunehmenden Bedrohung durch die Nationalsozialisten. Im Sommer 1942 wurde sie zusammen mit ihrer Schwester deportiert und am 9. August in einer der Gaskammern des Konzentrationslagers Auschwitz umgebracht. Edith Stein wurde am 1. Mai 1987 in Köln durch Johannes Paul II. seliggesprochen.

Der Häftling im Hungerbunker Maximilian Kolbe

(1894 bis 1941)

Margarete von Schwarzkopf

Raimund Kolbe, das zweite Kind eines armen polnischen Webers aus Zdunska, war ein verträumtes Kind. Er wollte hoch hinaus zu den Sternen, träumte davon, mit einer Rakete zum Mond zu fliegen und auf fernen Planeten zu wandeln. Wie anders aber sollte sein Schicksal werden. Aus dem Sternenwandler wurde ein Priester, aus dem Weltraumeroberer ein Märtyrer, der sich für die Mitmenschen opferte. Wäre sein Jugendtraum in Erfüllung gegangen, hätte ihn sein Ruhm sicherlich für einige Jahrzehnte überlebt. Durch seine Opfertat jedoch wurde ihm der Ruhm auf ewige Zeiten gewiß.

Dabei war Kolbe alles andere als ruhmsüchtig. Als er sich Ende Juli 1941 im Konzentrationslager Auschwitz für einen zum Tode verurteilten Häftling opferte und an dessen Stelle in den Hungerbunker ging, tat er dies mit der gleichen Selbstverständlichkeit, mit der er sein Leben lang für andere Menschen gesorgt und sich eingesetzt hatte. In einer unmenschlichen Zeit, da täglich Tausende von unschuldigen Menschen in Konzentrationslagern aus politischen, religiösen und rassistischen Gründen ermordet wurden, war Pater Kolbes Tat jenes leuchtende Beispiel, das den Funken Hoffnung noch nährt und die gequälten Opfer nicht vollends verzweifeln läßt.

Blickt man auf das kurze Leben des polnischen Priesters zurück, der am 14. August 1941 mit 47 Jahren nach wochenlangem Hungern und Dursten in der Zelle des Auschwitzer Todesbunkers durch eine Giftspritze getötet wurde, so scheint sein Märtyrertod fast die logische Konsequenz seines Wirkens zu sein. Sein ganzes Leben lang wagte Kolbe, dessen zarter Gesundheitszustand im Grunde nach einer beschaulichen Existenz verlangte, immer das Außergewöhnliche. Er scheute keine Opfer, um den einmal eingeschlagenen Weg gradlinig weiterzugehen – vielleicht direkter zu den Sternen, als er es als Raumfahrer hätte schaffen können.

Es wird erzählt, daß dem neunjährigen Raimund eines Abends die Gottesmutter erschien und ihn fragte: »Willst du mein Soldat werden?« Als

Raimund dies bejahte, zeigte ihm Maria zwei Kränze, die Kronen ähnelten. »Welchen möchtest du?« fragte sie den Jungen. »Der weiße Kranz bedeutet, daß du die Reinheit bewahren wirst, der rote Kranz, daß du dich für meinen Sohn opfern wirst.« Raimund zögerte nur kurz und antwortete dann: »Ich will beide Kronen.« Da lächelte die Mutter Gottes und verschwand.
Dieses Erlebnis beeindruckte den Jungen so stark, daß er seinen Eltern mitteilte, er wolle Priester werden und seine Zukunft der Gottesmutter, der Schutzpatronin Polens, weihen. Doch das Geld war knapp im Haus der Kolbes, und Raimund verdankte es nur einem befreundeten Apotheker, der den Jungen in Latein unterrichtete, daß er die Aufnahmeprüfung für die Höhere Schule in Lemberg bestand. Dort glänzte er vor allem in naturwissenschaftlichen Fächern und erwies sich als ein begabter Schachspieler.
In jenen Jahren aber überkamen den Jungen oft Zweifel, ob er sich wirklich für den Priesterberuf eigne. Plötzlich erschienen ihm die strengen Ordensregeln als hinderlich für sein Ziel, ein Streiter der Gottesmutter zu sein. Er stand schon kurz davor, seine Pläne über den Haufen zu werfen, als ein Entschluß seiner Eltern ihn jäh wieder auf den Pfad seines spontanen Kindheitsentschlusses zurückbrachte. Die Mutter teilte ihm mit, sie wolle nun, da die Kinder erwachsen seien, in ein Kloster gehen, und auch der Vater habe sich dazu entschlossen, einem Orden beizutreten. Plötzlich sah Raimund, daß auch sein Weg klar vorgezeichnet sei. Er schloß sich dem Franziskanerorden an und erhielt 1910 den Namen Maximilian. Den alten Namen streifte er zusammen mit seinem früheren Leben ab, ähnlich wie eine Schlange, die sich häutet.
Nun hätte Maximilian Kolbe ein beschauliches Dasein führen können, fern der hektischen Welt, die sich während des Ersten Weltkrieges blutig zerfleischte, und fernab von allen machtpolitischen Intrigen. Doch sein Kindheitserlebnis verfolgte ihn und sein Versprechen, ein Streiter für die Gottesmutter zu sein. Er nahm diesen Auftrag sehr wörtlich und gründete 1917 in Rom eine »Gefolgschaft der Unbefleckten«, die dem Bösen in der Welt den Kampf ansagte. Maximilian Kolbe hatte erkannt, daß seine Waffen geistiger Natur sein müßten, um den ärgsten Feind der Menschheit, den Teufel, zu bekriegen. Für ihn war der Erste Weltkrieg ein Beweis mehr für die Existenz des Bösen, der die Menschheit wie ein Dämon heimsucht und zu Besessenen werden läßt.
Auch eine schwere Lungenkrankheit, die 1917 erstmals aufflackerte und Pater Kolbe bis zu seinem Tod immer wieder heimsuchte, konnte seinen Willen nicht bezwingen, den Kampf gegen das Böse in der Welt fortzusetzen. Es ist erstaunlich, wie dieser kränkelnde Mann sich immer wieder

aufraffte und seine Botschaft in alle Welt trug. Zwar zwang ihm sein angegriffener Gesundheitszustand Beschränkungen auf, aber das hinderte ihn nicht, zu Beginn der dreißiger Jahre nach Japan zu gehen, um in Nagasaki ein Kloster zu gründen. Seine Zeitschrift »Ritter der Unbefleckten« erschien 1922 erstmals in Polnisch, 1930 sogar in Japanisch.

Während Maximilian Kolbe mit unglaublicher Energie und Anstrengung daranging, sein Ziel zu verwirklichen, ballten sich in Europa bereits wieder düstere Wolken zusammen. In Deutschland hatte Adolf Hitler 1933 die Macht übernommen, und Europa raste auf einen neuen Weltkrieg zu. Aber nicht nur das. Hunderttausende von Menschen wurden aus politischen und rassistischen Gründen verhaftet, in Gefängnisse und Lager gesperrt. Wieder einmal, so schien es, triumphierte das Böse. Pater Kolbe und seine Gefolgsleute versuchten ununterbrochen, sich gegen diesen Strom zu stemmen. Ihre Zeitschrift »Ritter der Unbefleckten« brachte es auf die stattliche Auflage von einer Million. Hinzu kamen noch weitere Zeitschriften für Kinder und Jugendliche.

Auch im fernen Japan hatte Kolbes Werk Erfolg. Die Auflage seiner Zeitung stieg rasch auf 10000, dann noch höher, bis sie schließlich die größte katholische Zeitung Japans war. Sein Plan, die Welt für die Gottesmutter zu »erobern«, schien sich zu erfüllen. Aber die Zeit wurde knapp, und Pater Kolbe reiste in jenen Jahren mehrmals zwischen Polen und Japan hin und her, um seine Gefolgsleute zum Glaubenseifer und Mut anzuhalten. Sein Plan, auch in Indien ein Zentrum der Gottesmutter zu gründen, blieb unerfüllt.

Bei seiner dritten Rückkehr von Japan nach Polen wählte man ihn zum Oberen von Niepokalanow – ein Kloster, das er 1927 selbst gegründet hatte. Er sollte nie wieder nach Japan fahren. Als im Jahr 1945, vier Jahre nach seinem Tod, die Atombombe auf Nagasaki fiel, blieb sein Kloster, der »Garten der Unbefleckten« (Mugenzei-no-Sono), unversehrt. Aus einer Ahnung oder einer Offenbarung heraus hatte Pater Kolbe sein Kloster auf einem abgelegenen Berghang errichtet, der von der Bombe und ihren Ausstrahlungen verschont blieb.

Die Stärke seines Glaubens und seine unerschütterliche Liebe zu den Menschen konnte Pater Kolbe schon bald nach seiner Heimkehr nach Polen unter Beweis stellen. Denn es sind zwei verschiedene Dinge, von Gott zu reden und theoretisch als Kämpfer für das Gute in der Welt aufzutreten, und für Gott und die Menschen zu leiden, ja, zu sterben.

Kaum war der Blitzkrieg der Nationalsozialisten gegen Polen Anfang September 1939 beendet, wurde Pater Kolbe verhaftet und ins Gefängnis geworfen. Kurz zuvor war der größte Teil seines Klosters, das immerhin 772 Mitglieder zählte, noch rasch evakuiert worden. Doch als die SS einmarschierte, fand sie noch genügend Brüder und den Oberen vor, um an ihnen ihren Haß auszulassen. Ende 1939 wurde Pater Kolbe zwar noch einmal aus der Haft entlassen. Aber er ahnte, daß ihm nicht mehr viel Zeit bleiben werde, für die Menschen zu leben, wie er sagte, sondern »höchstens noch die Gelegenheit, für die Menschen zu sterben«.

Prophetische Worte. Denn bereits eineinhalb Jahre später verhaftete ihn die Gestapo erneut und schleppte ihn in das Todeslager Auschwitz. Gewiß wird Pater Kolbe sich in jenen harten Wochen voller Entbehrungen an jene Erscheinung der Mutter Gottes erinnert haben, die ihm zwei Kronen gezeigt hatte. Die weiße hatte er durch seinen Kampf gegen das Böse längst errungen. Jetzt war noch die rote Krone übrig.

Mithäftlinge Maximilian Kolbes, die wie durch ein Wunder das KZ überlebten, berichteten, mit welcher Heiterkeit und Gelassenheit der Priester alle Not auf sich nahm. Er betete mit den Häftlingen, hörte die Beichte, spendete den Sterbenden Trost. Täglich starben unzählige Häftlinge, durch Krankheit, Hunger und Mißhandlungen geschwächt. Pater Kolbe hatte sich seine Liegestatt nahe des Ausgangs des Krankenreviers gesucht, in das er schon bald aufgrund des wieder aufgeflackerten Lungenleidens eingewiesen wurde. Von dort aus konnte er die Toten, die man hinaustrug, noch segnen.

Wir können uns heute, 50 Jahre nach jener grauenvollen Epoche, wohl gar nicht mehr das volle Ausmaß des Entsetzens von Auschwitz vorstellen. Wenn es die Hölle auf Erden gibt, dann gab es sie gewiß dort. Viele Menschen verzweifelten an Gott, gaben jede Hoffnung auf und drohten in dieser verzweifelten Lage, voll von Haß in den Tod zu gehen. Maximilian Kolbe, der im Haß eine der Quellen für das Böse sah und deshalb gerade diese Gefühle mit aller Macht bekämpfte, bemühte sich, den Haß aus den Seelen der Todgeweihten zu vertreiben. Einer seiner oft zitierten Sätze lautet: »Haß ist keine aufbauende Kraft, nur die Liebe baut auf.« Er selbst hielt sich an dieses Wort, auch unter Gegebenheiten, die uns unmenschlich, unerträglich und zutiefst hassenswert erscheinen mögen.

Jene rote Krone, die der kleine Raimund Kolbe von der Gottesmutter gefordert hatte, erhielt Pater Kolbe am 14. August 1941. Als im Rahmen einer Strafaktion mehrere Gefangene für den Tod ausgesucht wurden, da meldete er sich freiwillig, um einem bereits verurteilten Familienvater das Leben zu retten. Der Häftling, an dessen Stelle er in die Todeszelle ging, hat Auschwitz überlebt und kehrte zu seiner Familie zurück.

Auch im Hungerbunker gab Pater Kolbe seinen Kampf nicht auf. Sein Sterben dauerte fast drei Wochen. In diesen Tagen voller Grauen kümmerte er sich noch um die anderen Todgeweihten und zwang sich selbst, am Leben zu bleiben. Denn er wollte nicht vor den anderen sterben, um sie des Trostes nicht zu berauben, den nur noch er ihnen geben konnte.
Es ist ein Wunder, wie dieser geschwächte, zarte Mann für die anderen lebte, bis er zuletzt allein übrigblieb. Dann erst starb er – nicht am Hunger und am Durst, sondern durch eine Giftspritze, die ihm die ungeduldigen Henker von Auschwitz verabreichen ließen. Ihnen dauerte Pater Kolbes Sterben zu lange. Sie brauchten die Todeszelle für neue Opfer.
Maximilian Kolbe starb als Kämpfer für Recht und Menschlichkeit, in der Liebe zum Nächsten. Einer seiner Wächter sagte später über den Tod des Paters, der 1982 heiliggesprochen wurde: »Die Toten des Hungerbunkers waren oft verschmutzt und trugen einen verbitterten Gesichtsausdruck. Pater Maximilians Gesichtsausdruck jedoch war heiter, und sein Körper rein.«

Maximilian Kolbe

wird unter dem Namen Raimund Kolbe am 8. Januar 1894 als zweiter Sohn von Marianna und Juliusz Kolbe in Zdunska geboren. Im Jahre 1910 tritt er in den Orden der Franziskaner-Minoriten ein und erhält den Namen Maximilian. 1912 geht er nach Rom und wird 1918 zum Priester geweiht.
1917 gründet er die »Gefolgschaft der Unbefleckten«. Wenig später erkrankt er an einem schweren Lungenleiden, das ihn für sein ganzes Leben schwächt. 1927 gründet Pater Kolbe das Kloster Niepokalanow, 1930 den »Garten der Unbefleckten«, ebenfalls ein Kloster, in Nagasaki in Japan.
1936 kehrt er nach Polen zurück und wird Oberer von Niepokalanow. 1939 wird er kurz nach Ausbruch des Krieges verhaftet. 1941 kommt er in das Konzentrationslager Auschwitz, wo er am 14. August stirbt. Papst Johannes Paul II. spricht Maximilian Kolbe am 10. Oktober 1982 heilig.

Der Märtyrer des Glaubens Dietrich Bonhoeffer

(1906 bis 1945)

Werner Hehl

In der Morgenfrühe des 9. April 1945, wenige Wochen vor dem Zusammenbruch des »Dritten Reiches«, starb der evangelische Theologe Dietrich Bonhoeffer durch Henkershand. Mit ihm zusammen wurde eine Handvoll anderer Männer hingerichtet, die sich gleich ihm verschworen hatten, Deutschland von der Schmach der nationalsozialistischen Gewaltherrschaft zu befreien. Als man ihn zu seinem letzten Gang abholte, rief er einem gefangenen englischen Offizier zu: »Dies ist das Ende, für mich aber der Anfang!« – »Er war einer jener ganz wenigen Männer, die ich je getroffen habe, denen ihr Gott immer nahe und wirklich war«, hat jener englische Gefangene später berichtet.

Die Wirkung von Bonhoeffers Leben und Werk hält noch immer an in der evangelischen Kirche, weit über Deutschland hinaus. Wenn die von Hause aus staatsfromme lutherische Kirche inzwischen noch besser gelernt hat, daß sie den Herrschaftsanspruch Christi auch über den weltlichen Bereich auszurufen hat, so hat Bonhoeffer dazu kräftige Anstöße gegeben.

Dietrich Bonhoeffer wurde am 4. Februar 1906 in Breslau geboren. Als sechstes von acht Geschwistern wuchs er in einer geistig lebendigen Familie unbeschwert heran: Der Vater war Professor der Psychiatrie an der Breslauer Universität, die Mutter entstammte einem bekannten Theologengeschlecht. Alle Kinder waren hochbegabt; einige von ihnen haben später als Naturwissenschaftler oder Juristen von sich reden gemacht. 1912 wurde der Vater an die Berliner Universität berufen. So ist die ehemalige Reichshauptstadt Bonhoeffers eigentliche Heimat geworden.

Dann brach der Erste Weltkrieg aus, nach dessen Ende manches niedergerissen wurde von dem, was zuvor für unzerstörbar gegolten hatte. Die Bonhoeffers gehörten zu denen, die schwer trugen am Unglück des Vaterlandes, die aber dem gestürzten Kaiserreich nicht nachtrauerten.

Als Dietrich fünfzehn Jahre alt war, überraschte er seinen Vater mit der

Mitteilung, er wolle nach dem Abitur Theologie studieren. Der Vater, obwohl er den begabten Sohn lieber auf den Weg der naturwissenschaftlichen Forschung gebracht hätte, widersetzte sich dessen Wunsch nicht.
Zwei Jahre später bezog der siebzehnjährige Dietrich erst die Tübinger, später die Berliner Universität, um sein Vorhaben auszuführen. Wir hören, daß er fleißig die Vorlesungen besucht hat, doch scheinen ihn zunächst Wissensdurst und intellektuelle Neugier eher als tiefe religiöse Erlebnisse in die Hörsäle gelockt zu haben. 1927 beendete er sein Studium mit dem ersten Examen und schloß unmittelbar danach seine Doktorarbeit ab. Drei Jahre später, nachdem er zwischendurch in Barcelona Vikarsdienste versehen hatte, stand er als Berliner Universitätsdozent auf dem Katheder.
Bonhoeffer muß ein begeisterter und begeisternder Lehrer gewesen sein. Gleichwohl hat ihn der akademische Lehrbetrieb nicht voll ausgefüllt. Namentlich seit seinen Aufenthalten in London und New York hatten sich ihm praktische Aufgaben aufgedrängt. Er lernte in den USA die Rassenprobleme kennen, sah aber auch, wie entschlossen manche christliche Gruppen an ihre Lösung herangingen.
Überaus wichtig für seine weitere innere Entwicklung wurde die Begegnung mit der »ökumenischen Einigungsbewegung« der christlichen Kirchen, die – trotz aller konfessionellen und nationalen Schranken – im Glauben an den gemeinsamen Herrn einander näherkamen. Die Erfahrungen, die er »draußen« gemacht hatte, kamen ihm bei den politischen und weltanschaulichen Auseinandersetzungen in Deutschland zustatten.
Hitler war am 30. Januar 1933 an die Macht gekommen. Bald wurden weite Teile des Volkes wie von einem Rausch erfaßt. Sahen sie doch in Hitler den Retter, der die Massenarbeitslosigkeit beseitigen, den Parteienhader überwinden und der deutschen Nation wieder einen Platz an der Sonne erkämpfen würde. Auch viele Christen setzten ihre Hoffnung auf den »Führer«, der in seinen Reden immer wieder die »Vorsehung« beschwor und den »Allmächtigen« anrief.
Schon seit Anfang der dreißiger Jahre gab es die »Deutschen Christen«, die evangelisch und nationalsozialistisch zugleich sein wollten. Hitler unterstützte die »DC« ostentativ und trug dazu bei, daß sie in den turbulenten Ereignissen des Jahres 1933 in fast allen evangelischen Kirchenleitungen vorübergehend an die Macht kamen. Indessen, während der »Führer« mit allen übrigen Organen und Organisationen des öffentlichen Lebens gründlich aufräumte – die Kirchen »gleichzuschalten« ist ihm nicht gelungen. Nach den ersten Überrumpelungsversuchen sammelten sich in ganz Deutschland viele Gemeinden um »bekenntnistreue« Pfarrer. Entschlossen

widersetzten sie sich den Machenschaften der »Deutschen Christen«, die unter anderem lauthals »die Abschaffung des Alten Testaments und seiner jüdischen Lohnmoral und ein artgemäßes Christentum« forderten. Gegen den nationalsozialistischen Staat und seinen »Führer« hat die »Bekennende Kirche« ihre Stimme freilich nie oder nur in Einzelfällen erhoben.
Zu den wenigen Theologen, die die antichristlichen und barbarischen Züge der nationalsozialistischen Weltanschauung von Anbeginn klar erkannt haben, zählt Dietrich Bonhoeffer, der inzwischen seine Lehrtätigkeit an der Berliner Universität wieder aufgenommen hatte. Unmittelbar nach der Machtübernahme prangerte er in einer Rundfunkrede den »Führerkult« und die Rassenlehre der neuen Herren als gotteslästerlich an. Als die »Deutschen Christen« darangingen, Judenchristen aus der Gemeinschaft der Gläubigen auszuschließen, gehörte Bonhoeffer zu denen, die Alarm schlugen: »Wenn ein Wahnsinniger mit seinem Auto durch die Straße rast, so genügt es nicht, daß man Überfahrene tröstet oder beerdigt, man muß dazwischenspringen und ihn stoppen. Wenn ein Staat die Menschenrechte mit Füßen tritt, so hat die Kirche nicht nur die Opfer unter dem Rad zu verbinden, sondern dem Rad selbst in die Speichen zu fallen!«

Im Zuge der andauernden weltanschaulichen Auseinandersetzungen übertrug man Bonhoeffer in seiner Heimat eine für das kirchliche Leben überaus wichtige Aufgabe, die er zunächst zusätzlich zu seinen Vorlesungen, danach – als ihm der Staat 1936 die Lehrerlaubnis entzog – hauptamtlich wahrgenommen hat: Er wurde zum Leiter des Predigerseminars Finkenwalde bei Stettin bestellt. Die »Bekennende Kirche« hatte diese und ähnliche Institute eingerichtet, um ihre Vikare nach dem Universitätsstudium ohne äußeren Druck auf das Pfarramt vorzubereiten.
Mit dem ihm eigenen Elan machte sich Bonhoeffer ans Werk. Dabei ging es ihm nicht nur um eine qualifizierte theologische Fortbildung seiner Schützlinge. Vielmehr suchte er mit ihnen feste Formen eines »gemeinsamen Lebens« zu entwickeln, zu dem das Bibelstudium, die tägliche Meditation und die Beichte ebenso gehörten wie fröhliche Geselligkeit und gemeinsames Wandern. Insbesondere aber suchte er ihnen die radikale Liebes- und Friedensbotschaft der Bergpredigt Jesu nahezubringen, aus der er in jenen Jahren Kraft schöpfte. Rückhaltlos wandte er sich gegen die Lehre von der »billigen Gnade«, das heißt gegen die bequeme Anschauung, als ob der »liebe Gott« es mit dem Tun und Treiben der Menschen nicht so genau nehme. Statt dessen forderte er seine Schüler zur entschlossenen »Nachfolge« Jesu auf. Bonhoeffers Finkenwalder Erfahrungen fanden ihren

Niederschlag in seinem Buch »Nachfolge«, das Theologen und Laien bis heute immer wieder lebhaft bewegt.
Angesichts des kompromißlosen Bekenntnisses des Institutsdirektors konnte es nicht ausbleiben, daß staatliche Organe ihn mit Argwohn beobachteten. 1937 griff die Gestapo ein und schloß die kirchliche Ausbildungsstätte wegen »staatsfeindlicher Umtriebe«. Bonhoeffer rief daraufhin die Vikare zu Kursen an wechselnden Orten zusammen, bis die Gestapo den Kursleiter unter strenge polizeiliche Aufsicht stellte.
Inzwischen hatten sich die politischen Verhältnisse in Europa zugespitzt: Hitler hatte das Reichsgebiet in gefährlichem Maße erweitert. Die Gefahr eines Krieges wurde immer bedrohlicher. Längst hatte sich um Männer wie die Generale Beck und Oster sowie um Admiral Canaris eine Oppositionsgruppe zusammengetan, die Hitler das Handwerk legen wollte, um einen Krieg zu verhindern. Das Vorhaben konnte aus den verschiedensten Gründen nicht in die Tat umgesetzt werden. So brach 1939 der Krieg aus, der Europa verheeren sollte.
Während der ersten Kriegsjahre stand Bonhoeffer weiter im Dienst der »Bekennenden Kirche«. Um ihn dem Zugriff der Gestapo zu entziehen, verpflichtete ihn die Abwehrorganisation von Canaris als »zivilen Abwehrmann«. Als solcher hatte er immer wieder Gelegenheit, Reisen ins neutrale Ausland zu machen und dabei die Kontakte mit seinen ökumenischen Freunden zu erneuern.
Mit seinem Eintritt in das Amt von Canaris vollzog Bonhoeffer den letzten Schritt in den Kreis der aktiven Verschwörer. Lange hatte er geschwankt, ob er sich ihnen anschließen durfte: War man als Christ nach den Worten des Apostels Paulus nicht verpflichtet, der Obrigkeit in allen Stücken Gehorsam zu leisten und notfalls eben zu leiden? Aber nach schwerem inneren Ringen hatte er Gewißheit darüber erlangt, daß er sich um seines Gewissens willen der furchtbaren Aufgabe nicht entziehen durfte: den Diktator zu entmachten, in die »Räder des Wahnsinnigen« zu greifen.
Zum Tyrannenmörder ist Bonhoeffer freilich nicht geworden. Bevor die Dinge in ein entscheidendes Stadium traten, ist er am 5. April 1943 im Zuge einer gegen Canaris' Organisation unternommenen Aktion des »Sicherheitsdienstes« der SS verhaftet worden, weil man dabei auch auf seinen Namen gestoßen war.
Die ersten eineinhalb Jahre seiner Haft hat er in der Militärabteilung des Gefängnisses Berlin-Tegel zugebracht. Da man ihm nichts Gravierendes nachweisen konnte, waren die Haftbedingungen erträglich. Wohlwollende Wächter schmuggelten seine Tegeler Aufzeichnungen aus dem Gefängnis.

Sie wurden von seinem Freund Bethge gesammelt und haben in Buchform unter dem Titel »Widerstand und Ergebung« Berühmtheit erlangt. Er berichtet darin von seinem Hoffen und Zweifeln und von seinen inbrünstigen Gebeten um die Kraft, sich in Gottes Willen zu ergeben.
In seiner Häftlingszelle hat er sich vor allem Gedanken um die Zukunft der Kirche in einer Welt gemacht, die nach seiner Erkenntnis in naher Zukunft »religionslos und mündig« werden müsse. Mit Vehemenz forderte er von den Kirchen, daß sie künftig nicht für sich selbst, sondern für die Menschen in der Welt da sein müßten: »Die Kirche muß an den weltlichen Aufgaben des menschlichen Gemeinschaftslebens teilnehmen, nicht herrschend, sondern helfend und dienend. Nur durch Vorbild bekommt ihr Wort Nachdruck und Kraft.«
Nachdem das Attentat auf Hitler am 20. Juli 1944 gescheitert war, verschlimmerte sich das Los der Häftlinge. Bonhoeffer mußte fortan in den Kerkern der Gestapo schmachten, bis er im April 1945 hingerichtet wurde. Das letzte Zeugnis, das die Außenwelt von diesem Märtyrer des Glaubens erhalten hat, ist sein Gedicht zum Jahreswechsel 1944/45. Es ist inzwischen vielen Menschen zum Trost geworden. Seine letzte Strophe lautet:

Von guten Mächten wunderbar geborgen,
erwarten wir getrost, was kommen mag.
Gott ist mit uns am Abend und am Morgen
und ganz gewiß an jedem neuen Tag.

Dietrich Bonhoeffer

wurde am 4. Februar 1906 in Breslau geboren. Er ist in Berlin aufgewachsen. 1923 bis 1929 Theologiestudium in Tübingen und Berlin, danach Promotion mit »Sanctorum Communio«, Vikariat in Barcelona. Aufenthalte in England und Amerika. 1931 ökumenischer Jugendvertreter. Im selben Jahr Dozent an der Universität Berlin und Studentenpfarrer. April 1935 Leiter des Pfarrerseminars Finkenwalde. 1936 verliert Bonhoeffer die Lehrerlaubnis an der Universität. 1937 wird das Finkenwalder Seminar gewaltsam geschlossen. 1938 erscheint Bonhoeffers Buch »Nachfolge«, 1939 seine Schrift »Gemeinsames Leben«. Von 1940 bis 1943 ist Bonhoeffer Abwehrmann im Amt Canaris. 5. April 1943 Verhaftung. Am 9. April 1945 wird Bonhoeffer im KZ Flossenbürg mit Canaris und Oster gehängt.

Der gewaltlose Befreier
Martin Luther King

(1929 bis 1968)

Volkmar Zühlsdorff

»Unseren weißen Brüdern überall in den Südstaaten, die uns niederhalten wollen, müssen wir sagen: Wieviel Leid ihr uns auch zufügen könnt – wir werden dem unsere Kraft entgegensetzen, Leid zu ertragen. Eurer tätlichen Gewalt werden wir unsere seelische Stärke entgegensetzen. Wir werden euch nicht hassen. Aber wir können auch nicht reinen Gewissens euren üblen Gesetzen gehorchen. Macht mit uns, was ihr wollt. Bedroht unsere Kinder, und wir werden euch dennoch weiter lieben. Sagt, wir seien zu niedrig, zu entwürdigt, und wir werden euch dennoch lieben. Werft Bomben in unsere Häuser, wenn ihr wollt, und sprengt in der Morgenfrühe unsere Kirchen in die Luft – wir werden euch noch immer lieben. Wir werden euch durch unsere Kraft zu leiden überwinden. Durch unseren Sieg werden wir nicht nur unsere Freiheit gewinnen: Wir werden euch so ans Herz greifen und so ins Gewissen dringen, daß wir zugleich euch selber für uns gewinnen werden!«

Der Mann, der mit solchen Worten im Jahr 1963 zu seinen weißen Brüdern sprach, war ein Neger aus Atlanta im Staat Georgia. Er war unter der Rassentrennung aufgewachsen, wie sie in den amerikanischen Südstaaten damals noch bestand, durfte keine Schule mit weißen Mitschülern besuchen, in keiner Gaststätte mit Weißen an der gleichen Theke sitzen, ja nicht einmal den gleichen Trinkwasserhahn benutzen. In den Bussen der Stadt mußte er im hinteren Wagenteil sitzen und einem Weißen jederzeit seinen Platz räumen. Als Kind hatte er erlebt, wie sein Vater, ein würdiger, geachteter Geistlicher, von einem weißen Polizisten mit »mein Junge« angeredet wurde.

Martin Luther King jun. (»der Jüngere« genannt zur Unterscheidung von seinem gleichnamigen Vater), Doktor der Philosophie der Universität Boston, Pastor einer Baptistengemeinde erst in Montgomery, Hauptstadt des Staates Alabama, dann gemeinsam mit seinem Vater in Atlanta, war ein Mann hoher Bildung. Er hatte Augustinus, Thomas von Aquin und Hegel studiert und seine Dissertation über einen Vergleich des Gottesbegriffs bei Paul Tillich und Henry Nelson Wieman geschrieben. Als er jene wahrhaft christlichen Worte sprach, war er bereits weithin berühmt für sein mutiges Eintreten für die Bürger- und Menschenrechte, begehrt als Redner in stets überfüllten Sälen in den ganzen Vereinigten Staaten und bald auch in anderen Ländern.

Für diesen Mann war die demütigende Rassentrennung im Süden seines Vaterlandes nicht nur eine persönliche Wunde. Ihm, dem hochbegabten Akademiker, wäre es ein leichtes gewesen, sich dem zu entziehen. Ein Leben der Gelehrsamkeit hätte ihm in der Tat am meisten gelegen, er hatte jede Chance für eine glänzende Laufbahn. Und was ein freies Leben ohne Rassentrennung bedeutete, das hatte er in Neuengland erfahren.

Aber das wäre ihm wie eine Flucht vor der Verantwortung erschienen. Die fühlte er für seine Mitmenschen gleichen Schicksals in besonderem Maß, weil ihm vor so vielen der Vorzug der Bildung zuteil geworden war. Daher hatte er sich 1954 entschieden, in den Süden zurückzukehren, als Pfarrer einer Negergemeinde ins Herz der Rassentrennung, nach Montgomery. Zwar war er damals erst fünfundzwanzig Jahre alt. Aber wer im Süden an solcher Stelle steht, ist, gleich welchen Alters, Führer seiner Gemeinde. Diese Führung mit all ihrer Verantwortung auf sich zu nehmen, dazu war er entschlossen.

Was Martin Luther King dort vorfand, stellvertretend für die Haltung der Neger in den Südstaaten überhaupt, waren ganz verschiedenartige Reaktionen auf ihre Stellung minderen Rechts. Da waren jene, die es zu einigem Wohlstand und Ansehen gebracht und für gewisse, herablassend gewährte Privilegien ihren Frieden mit der Vorherrschaft der Weißen gemacht hatten. Ihnen lastete Martin Luther King an, daß sie aus selbstsüchtigen Gründen dazu beitrugen, eine für die Neger und, wie er es sah, auch für die Weißen entwürdigende Lage zu verfestigen.

Dann gab es die große Mehrheit derer, die unter alldem litten, es aber aus Furcht vor Vergeltung hinnahmen. Ihnen, so King, mußte man Selbstvertrauen und Mut einflößen. Hinzu kam die nicht geringe Gruppe jener Ärmsten der Armen, denen das Gift der Demütigung so ins Herz gedrungen war, daß sie am Ende selber glaubten, sie seien minderwertig. Und schließlich noch die wenigen, die sich wehrten, der Mißachtung widerstanden; nicht nur innerlich, die Faust in der Tasche geballt, sondern entschlossen, von den Weißen das gleiche Recht offen zu fordern. Freilich, weil dies eine kleine Minderheit war und der Kampf hoffnungslos schien, schlug ihr Freiheitsbegehren leicht in glühenden Haß auf alle Weißen um. Nur zu

schnell wurde aus ihrem Widerstand zügellose Gewalt und manches Mal amoklaufender Terror.
Daß diese kleine Schar sich auflehnte, daß sie ausbrach aus der stillschweigenden Hinnahme des Unrechts, das begrüßte Martin Luther King mit Freuden. Das war der Geist, den er selber entzünden wollte. In seiner Ebenezer-Baptistenkirche in Montgomery gelang ihm dies von der ersten Predigt an. Hätte er gewollt, er hätte diese lange unterdrückten Menschen gleich einem Revolutionär zu erbitterten Kämpfen und hemmungslosen Ausschreitungen hinreißen können.
Gerade das aber wollte King nicht. Daß er es nicht wollte, war nicht eine Frage der Taktik. Natürlich hatte er erkannt, daß solche Gewalt zu blutigem Scheitern verurteilt gewesen wäre. Der wahre Grund aber war sein tiefer christlicher Glaube. Er wollte nicht nur keine Gewalt, er wollte keinen Haß. Er selber haßte die Weißen nicht, er nahm das Gebot ernst: »Liebt eure Feinde, tut Gutes denen, die euch hassen.« Und eben das forderte er auch von seinen schwarzen Brüdern, forderte es selbst dann, wenn sie Opfer brutaler Polizisten oder terroristischer Rassenhasser wurden.
Und er forderte es nicht nur, er gab das Beispiel. Als Terroristen am 30. Januar 1956 in sein Haus in Montgomery eine Bombe warfen und eine aufgebrachte schwarze Menge die Weißen dort zu lynchen drohte, rief er ihnen zu: »Ich will, daß ihr nach Hause geht und eure Waffen niederlegt!« Und wiederum: »Wir müssen unsere weißen Brüder lieben, was immer sie uns antun. Wir müssen sie wissen lassen, daß wir sie lieben. Noch immer ruft Jesus uns über die Jahrhunderte hinweg zu: Liebet eure Feinde!« Und die Menge gehorchte ihm.
Daß er die Bedrückten zur offenen Verteidigung ihres Rechtes erwecken, sie aber zugleich zum Verzicht auf Gewalt anhalten konnte – das war die Größe dieses Mannes Martin Luther King. Wie machtvoll das Instrument der Gewaltlosigkeit ist, das hatte er erkannt und erprobt nach seinem Vorbild Mahatma Gandhi, und oft zitierte er dessen Wort: »Ströme von Blut müssen vielleicht noch fließen, ehe wir unsere Freiheit erringen, aber es muß unser Blut sein.«
King war kaum ein Jahr in Montgomery, als die Herausforderung an ihn herantrat. Eine Negerfrau, Rosa Parks, war verhaftet und bestraft worden. Sie hatte sich geweigert – müde von der Tagesarbeit als Hilfskraft in einem Kaufhaus –, im Bus ihren Platz für einen jungen weißen Mann zu räumen. Dieser Tag, der 1. Dezember 1955, war der Auftakt für eine Protestaktion in der Stadt, einen Boykott aller Omnibusse durch die schwarze

Bevölkerung. Und es war Martin Luther King, der bei den so lange mut- und hoffnungslosen Menschen erreichte, daß sie trotz aller Härten und Mühen den Boykott mittrugen und durchhielten – nicht ein paar Tage oder Wochen, sondern ein ganzes Jahr. Daß dies gelang, das nannte King selber das »Wunder von Montgomery«.

Wilde Drohungen der geheimen Terrororganisation Ku-Klux-Klan, Bomben in Häuser und Kirchen, Verhaftung und Gefängnis – nichts konnte King und, nach seinem Beispiel, die schwarzen Mitbürger von ihrer Entschlossenheit abbringen, die Rassentrennung in den Bussen zu beendigen. Aber das noch größere Wunder war vielleicht, daß es King gelang, sie trotz aller Demütigung und Gewalt, die man ihnen antat, von Vergeltung und Rache abzuhalten. Dadurch gewann er die Sympathien der gutgesinnten Weißen, erst in der Stadt, dann in ganz Amerika, und schließlich von vielen auch Unterstützung. Als dann im November 1956 Amerikas Oberster Gerichtshof die Rassentrennung in öffentlichen Verkehrsmitteln für verfassungswidrig erklärte, war der Sieg errungen.

Von da an war Martin Luther King eine Persönlichkeit von nationalem Ruhm, begehrt bei fast jedem Bürgerrechtskampf der Neger als Führer. Nun schritt er von Aktion zu Aktion, immer gewaltlos. In seiner Heimatstadt Atlanta erzwang er 1960 die Aufhebung der Rassentrennung in Gaststätten. Er kam ins Gefängnis – daß John F. Kennedy, damals Präsidentschaftskandidat, seine Freilassung durchsetzte, war vielleicht entscheidend für seinen knappen Wahlsieg im gleichen Jahr. Seitdem hatte King Zugang zum Weißen Haus; nach Kennedys Ermordung am 22. November 1963 auch bei Präsident Lyndon B. Johnson.

Damals, als er von dem Mord an Kennedy erfuhr, so berichtete Kings Biograph Stephen B. Oates, sagte er zu seiner Frau, er werde selber wohl das vierzigste Lebensjahr nicht erreichen – in düsterer Vorahnung, aber entschlossen und bereit, sein Leben für Freiheit, Recht und Menschenwürde, die Ideale seines Vaterlandes Amerika, zu opfern.

Nach einem Fehlschlag in Albany im Staat Georgia 1961/62, durch den er sich nicht entmutigen ließ, gewann er 1963 einen glänzenden Erfolg in Birmingham, Alabama. Noch im selben Jahr war er in Washington am 28. August der Mittelpunkt bei einer Bürgerrechtskundgebung von zweihundertfünfzigtausend Menschen. Seine ergreifende Rede »Ich hatte einen Traum«, den Traum der Freiheit und Gleichheit aller Menschen als Brüder, war der Höhepunkt seines Wirkens. Bald darauf, am 2. Juli 1964, verkündete Präsident Johnson das Bürgerrechtsgesetz, das die Bundesregierung ermächtigte, die Aufhebung der Rassentrennung zu erzwingen. Ein Jahr später, im August 1965, folgte ein weiteres Gesetz zur Durchsetzung des Wahlrechts für alle.

Weltweit war King auf dem Höhepunkt seines Ruhms, als er 1964 in Gegenwart König Olafs V. in Oslo den Nobelpreis erhielt, begrüßt als »unerschrockener Kämpfer für den Frieden, der erste Mann in der westlichen Welt, der uns gezeigt hat, daß Kampf ohne Gewalt möglich ist«.

Als er in den rückständigeren Südstaaten so große Fortschritte erreicht hatte, wandte er sich dem Norden und Westen zu, Chicago, New York, Los Angeles. Dort war die gesetzliche Rassentrennung lange überwunden, aber die Ghettos von Armut und Elend der Neger waren geblieben. Ihre Bereinigung konnte nur langfristig Erfolg haben. Hier im besonderen suchte King die Zusammenarbeit mit den Gewerkschaften, er plante 1968 einen »Marsch der Armen« aller Rassen nach Washington. Und er setzte sich ein für die Beendigung des Krieges in Vietnam.

Im Norden allerdings, wo die terroristischen »Schwarzen Moslems« des Elijah Muhammed und Stokely Carmichaels »Black Power« stark waren, hatte Gewaltlosigkeit es schwer. Aber in dieser Frage gab es für King keinen Kompromiß. Das bewies er bis zuletzt. Wann immer bewaffnete Gewalt ihm entgegentrat, pflegte er mit seinen Gefährten niederzuknien zum Gebet. Als in Selma, Alabama, 1965 die Polizei daraufhin den Weg

Martin Luther King

wurde am 15. Januar 1929 in Atlanta, Georgia, geboren. Er studierte Theologie und Philosophie und wurde 1955 Doktor der Philosophie der Universität Boston. Er wird Pfarrer einer Baptistengemeinde in Montgomery, Alabama, und – ab 1960 in Atlanta – der charismatische Führer der Bewegung für die Gleichberechtigung der Neger, der ersten bürgerrechtlichen Massenbewegung in den Vereinigten Staaten; sie gründet sich auf den christlichen Glauben und auf die Liebe zu den amerikanischen Idealen von Freiheit, Recht und Menschenwürde. Durch Massendemonstrationen bei vollkommener Gewaltlosigkeit nach Gandhis Muster rüttelt King das Gewissen Amerikas auf und führt die amerikanische Bundesgesetzgebung zur Durchsetzung der Gleichberechtigung herbei. 1964 erhält er den Friedensnobelpreis. Am 4. April 1968 wird er in Memphis, Tennessee, ermordet; er ist beigesetzt in Atlanta.

überraschend freigab, erklärte King die Demonstration für beendet. Das eigentliche Ziel, den feindlichen Sinn der Menschen zu wandeln, war erreicht.

Noch kurz vor seinem Tod, als Demonstranten in Memphis, Tennessee, Fensterscheiben zu zertrümmern begannen, verließ King den Zug sogleich, weil sie den Geist der Gewaltlosigkeiten verrieten.

Das war am 28. März 1968. Nur eine Woche später, am 4. April, traf ihn, neununddreißigjährig, die tödliche Kugel eines fanatischen weißen Südstaatlers.

Der Tod dieses christlichen Märtyrers wurde, vom Präsidenten offiziell hierzu erklärt, zum nationalen Trauertag für das ganze amerikanische Volk. Für ihn galt wahrlich das Wort der Bibel, niemand habe größere Liebe als der, der sein Leben gibt für seine Freunde. An seinem schlichten Begräbnis in Atlanta nahmen Vizepräsident Hubert Humphrey, hohe Kirchenfürsten und Würdenträger, fünfzig Abgeordnete und hundertfünfzigtausend Trauernde teil.

Bild- und Fotonachweis

Tafel I
Paulus: Bildarchiv Foto Marburg

Tafel II
Augustinus: Bildarchiv Foto Marburg
Kilian: Bildarchiv Foto Marburg
Benedikt: KNA-Bild
Bonifatius: KNA-Bild

Tafel III
Kyrill und Methodios: KNA-Bild
Bernhard: KNA-Bild

Tafel IV
Dominikus: KNA-Bild
Franziskus: Bildarchiv Foto Marburg

Tafel V
Elisabeth: KNA-Bild

Tafel VI
Katharina: Bildarchiv Foto Marburg
Nikolaus von Kues: KNA-Bild
Nikolaus von Flüe: Bildarchiv Foto Marburg

Tafel VII
Thomas Morus: KNA-Bild
Luther: Bildarchiv Foto Marburg
Zwingli: epd-Bild-S-Lachmann

Tafel VIII
Ignatius: Bildarchiv Foto Marburg
Melanchthon: Bildarchiv Foto Marburg

Tafel IX
Franz Xaver: Bildarchiv Foto Marburg
Calvin: epd-Bild-S-EVA Berlin

Tafel X
Teresa: KNA-Bild
Mary Ward: KNA-Bild

Tafel XI
Andreä: epd-Bild-S-Kirschner
Francke: epd-Bild-S-Lachmann
Gerhardt: epd-Bild-S-EVA Berlin

Tafel XII
Bengel: epd-Bild-S-EVA Berlin
Zinzendorf: epd-Bild-S-Lachmann

Tafel XIII
Blumhardt: epd-Bild-S-Kirschner
Wichern: epd-Bild-S-Lachmann

Tafel XIV
Werner: epd-Bild-S-Kirschner
Bodelschwingh: epd-Bild-S
Foucauld: KNA-Bild

Tafel XV
Schweitzer: Fritz Eschen (Bavaria)
Teilhard de Chardin: KNA-Bild

Tafel XVI
Kolbe: KNA-Bild
Stein: KNA-Bild
King: Len Sirman (Bavaria)

In ähnlicher Art liegen vor:

Die Großen der Liebe

In vier großen Abschnitten versuchen bekannte Autoren, die Liebe in den vielfältigsten Formen und Facetten aufleuchten zu lassen: Liebe in der Dichtung – Die großen Liebenden von der Antike bis zur Neuzeit – Geistige Liebe – Gottesliebe.

»Die 58 Beiträge zeigen, wie Menschen in Dichtung und Wirklichkeit Liebe erfahren und gelebt haben: Liebe, die alles wagt, alles einsetzt, alles hergibt; Liebe, die alles erhofft, alles erduldet, alles verändert.«
(Fränkisches Volksblatt)

»Ganz gewiß das schönste, unerschöpflichste Thema. Es offenbart sich das Phänomen der Zuneigung in seinen zahllosen Variationen zwischen Leid und Lust. Gebildet wird man nebenbei auch noch.« (Hör Zu)

»Ein Buch, das man immer wieder mit Gewinn zur Hand nehmen wird.«
(Buch-Journal)

Die Großen der Bibel

»Nach den ›Großen der Welt‹-Bänden legt Georg Popp mit seinem neuesten Großband 60 faszinierende Lebensbilder über ›Die Großen der Bibel‹ vor. Von den Patriarchen bis zu den Christen um Paulus und Petrus spannen sich die eindrucksvollen Berichte . . . Die angefügten biographischen Daten und die Bibel-Hinweise machen den Band zu einem wertvollen Nachschlagewerk.« (Der neue Tag)

»Ein großangelegter und gutgegliederter Band, der einen vielversprechenden Zugang zum Buch der Bücher eröffnet.« (EKZ Reutlingen)

»Ein bewegendes Dokument von Gottes Handeln in der Welt.«
(Christliches Verlagshaus)

Weitere Bücher von Georg Popp

Aus Gottes Kraft leben

»Mit praktischen Beispielen zeigt Georg Popp auf, wie wir Gottes Kraft und Führung in vielen Situationen unseres Alltags erfahren können.«
(Heinrichsblatt, Bamberg)

»Dabei wird einmal mehr die Gabe des Autors spürbar, schwierige Lebens- und Glaubensfragen erfrischend unbelastet mit anzupacken.«
(Kirche und Welt)

Der uns die Angst nimmt

Leben aus der Kraft des Heiligen Geistes

»Leicht faßbar und zugleich kraftvoll ist dieses Buch ... Der zeugnishafte Charakter und die praxisbezogenen Ausführungen machen den Wert dieser Handreichung aus, die etwas von der Weisheit geistlicher Führung enthält.«
(Zeitschrift »Erneuerung«)

Die Macht der kleinen Schritte

Wie bewältige ich meine Ängste und Probleme

»Schritt für Schritt zeigt Georg Popp auf, wie wir unser Leben ruhiger, gelassener und ausgeglichener gestalten können; wie wir ohne große Anstrengung mit ein wenig Mut und Hoffnung das Leben positiv verändern können.«
(Neue Bücherschau)

Einander zum Segen werden

»Mit vielen praktischen Beispielen versteht es der Verfasser, dem Leser eine neue, heitere Sicht des Lebens zu schenken. Es ist ein frohmachendes, befreiendes Buch.«
(Evang. Kirchenbote Speyer)

Erhältlich in allen Buchhandlungen